D1661669

Hans Maier
Revolution und Kirche

Hans Maier

Revolution und Kirche

Zur Frühgeschichte der Christlichen Demokratie

Fünfte, neubearbeitete und erweiterte Auflage

Herder Freiburg · Basel · Wien

Die Einleitungszitate sind entnommen aus: A. de Tocqueville: L'Ancien Régime et la Révolution, Kap. II (Œuvres complètes, éd. déf., hrsg. von J. P. Mayer, Paris 1951 ff., Bd. II, S. 84); aus einem Brief von H. D. Lacordaire an A. F. Ozanam vom 2. Oktober 1839 (Œuvres complètes de A. F. Ozanam, Paris 1881, Bd. I, S. 341); aus der Enzyklika „Immortale Dei" von Papst Leo XIII. (ASS, vol. XVIII [1885], p. 174).

1. Auflage 1959
2. Auflage 1964
3. Auflage 1973
4. Auflage 1975

Alle Rechte vorbehalten – Printed in Germany
© Verlag Herder Freiburg im Breisgau 1988
Herstellung: Freiburger Graphische Betriebe 1988
ISBN: 3-451-21278-1

Croire que les sociétés démocratiques sont naturellement hostiles à la religion est commettre une grande erreur : rien dans le christianisme, ni même dans le catholicisme, n'est absolument contraire à l'esprit de ces sociétés, et plusieurs choses y sont très favorables. TOCQUEVILLE

La Révolution fera le tour du monde, comme l'a dit Mirabeau, mais ayant derrière elle l'Église catholique. LACORDAIRE

Immo neque illud per se reprehenditur, participem plus minus esse populum rei publicae: quod ipsum certis in temporibus certisque legibus potest non solum ad utilitatem, sed etiam ad officium pertinere civium. LEO XIII.

Inhaltsverzeichnis

Aus dem Vorwort zur ersten Auflage 9
Vorwort zur fünften Auflage 10

EINFÜHRUNG
Christliche Demokratie – heute und einst 11
  I. Die Christliche Demokratie in der europäischen Politik . 13
  II. Zur Soziologie der Parteibildung 37
  III. Historische Voraussetzungen 50
  IV. Methodische und terminologische Fragen 67

ERSTER TEIL
Demokratie und Kirche: der revolutionäre Verschmelzungsversuch (1789–1794) 73
  I. Vorbereitung 81
  II. Aufbruch 101
  III. Scheitern 120

ZWEITER TEIL
Der traditionalistische Widerspruch (1795–1829) 137
  I. de Maistre 143
  II. de Bonald 151
  III. Lamennais 157

DRITTER TEIL
Liberaler Katholizismus und Christliche Demokratie
(1830–1850) 167
  I. Lamennais 173
  II. Buchez 189
  III. 1830–1848 201
  IV. Die Ideen 216

VIERTER TEIL
Die Christliche Demokratie im Zeichen der Ralliementspolitik (1891–1901) 233
  I. Die katholische Sozialbewegung 237

II. Léon Harmel 242
III. Leo XIII. und die Christliche Demokratie 246
IV. Ergebnis und Ausblick 259

Exkurse

I. Über revolutionäre Feste und Zeitrechnungen 269
II. Zum Problem „katholischer" und „evangelischer" Politik 290
III. Die Christliche Demokratie als politische und soziale Bewegung 300
IV. „Liberaler Katholizismus", „sozialer Katholizismus", „Christliche Demokratie" 304

Nachwort 311

Bibliographie 317

Personenregister 335

Sach- und Wortregister 343

Abkürzungsverzeichnis 352

Aus dem Vorwort zur ersten Auflage

Herkunft und geistige Grundlagen der christlich-demokratischen Parteien Europas zu untersuchen ist der leitende Gedanke der hier vorgelegten Studien gewesen. Diese Absicht führte den Betrachter mit innerer Notwendigkeit auf Frankreich zurück, wo die Idee der Christlichen Demokratie zum ersten Mal Form angenommen hatte. Es zeigte sich, daß die Geschichte der katholisch-liberalen und katholisch-sozialen Bewegung in diesem Land eng verbunden war mit der Bildung einer christlich-demokratischen Schule und daß sich beide Strömungen im Verlauf jenes Kampfes zwischen Revolution und Kirche entfaltet hatten, der im ganzen 19. Jahrhundert das Denken und Handeln der französischen Katholiken bewegte.

Die Betrachtung der ersten Verbindungen von Demokratie und katholischer Kirche in Frankreich ist für Historiker wie Soziologen reizvoll und lehrreich. Sie gibt nicht nur Gelegenheit, das Wachstum einer politischen Theorie und ihre Wirkungen auf die praktische Politik zu beobachten, sie gewährt zugleich einen höchst aufschlußreichen Einblick in die inneren Veränderungen, die sich im nachrevolutionären Katholizismus zu vollziehen beginnen. Man verfolgt im Spiegel der Auseinandersetzungen über die Christliche Demokratie das Hervortreten des Laientums in der französischen Kirche, seine politischen Kämpfe, Siege und Niederlagen, seine allmähliche Aussöhnung mit dem demokratischen Staat und sein Hineinwachsen in eine Gesellschaft, deren Band nicht mehr in ihrer religiösen Einheit liegt. Aber auch die Wandlungen auf der Gegenseite werden sichtbar: die Abkehr des Staatsdenkens vom jakobinischen Modell; die Gewinnung eines positiven Toleranzbegriffs, der es erlaubt, das Verhältnis von Kirche und demokratischer Gesellschaft neu zu bestimmen; endlich die Überwindung einer rein individualistischen Auslegung der Demokratie, die mit den Erfordernissen des beginnenden Industriezeitalters in immer stärkere Spannung geraten war.

Vorwort zur fünften Auflage

In der fünften Auflage ist der Text überarbeitet und um eine Studie über revolutionäre Feste und Zeitrechnungen erweitert worden. Die Bibliographie wurde ergänzt. Über neue Perspektiven der Revolutionsforschung, die das Thema dieser Untersuchungen berühren, gibt das Nachwort Rechenschaft. Hingewiesen sei auch auf meine – gleichfalls bei Herder erschienenen – „Schriften zu Kirche und Gesellschaft" (I-III, 1983–85), welche die Thematik dieses Buches aufnehmen und mit ihm eine Einheit bilden.

Das Thema Revolution und Kirche – zur Zeit der Entstehung dieser Arbeit noch ein fast akademischer Stoff – ist in jüngster Zeit unerwartet aktuell geworden: einmal durch theologische Zeitströmungen („Politische Theologie", „Theologie der Revolution", „Theologie der Befreiung"), sodann durch neue Fragestellungen der Forschung. Aus der fast unübersehbaren Literatur der letzten Jahre seien stellvertretend die Autoren Baczko, Conzemius, Darnton, Furet, Greipl, Lönne, Mayeur, Menozzi, Mona, Ozouf, Plongeron, R. Reichardt, Th. Schleich, E. Schmitt, Soboul, Tackett, Vovelle, Ch. Weber und E. Weis genannt. Ihnen verdanke ich viele Anstöße zur Überprüfung, Erweiterung und Vertiefung der Thesen dieses zuerst 1959 erschienenen Buches, das der Verlag Herder zum Jahrhundert-Gedenken der Französischen Revolution (1789–1989) in überarbeiteter Form erneut vorlegt.

Für die Mithilfe an der Erstellung des Manuskripts sage ich Karin Osthues, Ricarda Weger und Joachim Nöthen herzlichen Dank.

München, im April 1988   *Hans Maier*

Einführung

Christliche Demokratie – heute und einst

I. Die Christliche Demokratie in der europäischen Politik

1. Unter den europäischen Parteien ist die Christliche Demokratie eine verhältnismäßig junge Erscheinung. Sie hat erst nach dem Zweiten Weltkrieg größere Bedeutung erlangt. Ende 1944 trat in Frankreich die *Republikanische Volksbewegung (Mouvement Républicain Populaire* [MRP]) hervor, ein Novum in der französischen Parteiengeschichte, „*das Kind einer Tradition und eines Unglücksfalls*" (des Krieges), wie Jacques Fauvet sie nannte.[1] Bereits ein Jahr zuvor war im befreiten Teil Italiens die *Democrazia Cristiana* (DC) entstanden, eine Partei, die auf dem Grundstock des alten *Partito Popolare Italiano* aufbaute und unter De Gasperi bald zur beherrschenden Figur der italienischen Nachkriegspolitik werden sollte. Deutschland folgte 1945 mit der *Christlich-Demokratischen und Christlich-Sozialen Union* (CDU/CSU).[2] Zu diesen Neugründungen gesellten sich nach dem Krieg äl-

---

[1] J. Fauvet: De Thorez à de Gaulle. Les forces politiques en France, Paris ²1951, S. 168. – Schon 1943 hatte der später von der Gestapo ermordete katholische Studentenführer Gilbert Dru ein Manifest redigiert, in dem es heißt: „C'est aux jeunes, aux forces neuves capables de rompre avec les routines du passé qu'incombe cette mission de concilier les droits de l'homme avec la mystique démocrate chrétienne." Nach L. Biton: La Démocratie chrétienne dans la politique française, Angers 1954, S. 65, liegt in den Gesprächen, die Ende Oktober und Anfang November 1943 in Paris zwischen Dru, Gilibert, Bidault und Colin geführt wurden, der eigentliche Ursprung des MRP.

[2] Aus der kaum mehr übersehbaren Literatur seien genannt: Für Frankreich: F. Goguel: Christian Democracy in France. In: M. Einaudi u. F. Goguel: Christian Democracy in Italy and France, University of Notre Dame Press 1952; außerdem das schon genannte Buch von Biton. R. E. Irving, Christian Democracy in France, London 1973; P. Letamendia: Le MRP, Diss. Bordeaux 1975; ders.: La démocratie chrétienne (Que sais-je), 1977; R. Bichet: La démocratie chrétienne en France. Le Mouvement Républicain Populaire, Besançon 1980; J.-M. Mayeur: Des Partis catholiques à la Démocratie chrétienne, 1980. Für Italien: M. Einaudi: Christian Democracy in Italy, in dem Sammelwerk von Einaudi-Goguel. L. Somma: De Gasperi o Gronchi, Rom 1953. G. Tupini: I Democratici Cristiani, Mailand 1954. F. Magri: La Democrazia Cristiana in Italia, 1897–1954, Mailand 1954; J. P. Chasseriaud: Le parti démocrate chrétien en Italie, 1965; G. Baget-Bozzo: Il partito cristiano al potere. La DC di De Gasperi e di Dossetti, 1945–1954, Florenz 1974; ders.: Il partito cristiano e l'apertura a sinistra. La DC di Fanfani e di Moro, 1954–1962, Florenz 1977; G. Galli: Storia della Democrazia Cristiana, Rom/Bari

tere und kleinere christlich-demokratische Schwesterorganisationen in Belgien, Holland, Luxemburg und Österreich hinzu, Parteien, die während des Krieges, beziehungsweise nach dem Anschluß, von den Nationalsozialisten unterdrückt worden waren. Sogar in Osteuropa wagten sich in einigen Ländern christlich-demokratische Parteien hervor, doch konnten sie sich dort nur kurze Zeit behaupten. Sie wurden später teils verboten, teils gingen sie in den nationalen Blocksystemen ihrer Länder auf.[3] Im Westen fand diese erste Ausbreitung der Christlichen Demokratie ihre Grenze an den Ländern protestantischer und katholisch-monarchistischer Tradition; weder im angelsächsischen noch im skandinavischen oder iberischen Bereich haben sich zunächst christlich-demokratische Parteien entwickeln können. Erst in den achtziger Jahren bildeten sich in Spanien, Portugal, Norwegen, Schweden und Dänemark christlich-demokratische Parteien.[4] Das

1978; C. Giovannini: La Democrazia Cristiana dalla fondazione al centro-sinistra, 1943–1962, Florenz 1978; M. Di Lalla: Storia della Democrazia Cristiana, I, II, Turin 1979/1981. Für Deutschland: G. Hahn: Bibliographie zur Geschichte der CDU und CSU 1945–1980, Stuttgart 1982; L. Schwering: Vorgeschichte und Entstehung der CDU, Köln 1952; H. G. Wieck: Die Entstehung der CDU und die Wiedergründung des Zentrums im Jahre 1945, Düsseldorf 1953; E. Deuerlein: CDU/CSU 1945–1957. Beiträge zur Zeitgeschichte, Köln 1957; A. J. Heidenheimer: Adenauer and the CDU, Im Haag 1960; G. Müchler: CDU/CSU. Das schwierige Bündnis. München 1976; G. Pridham: Christian Democracy in Western Germany. The CDU/CSU in Government and Opposition, 1945–1976, London 1977; A. Mintzel: Die CSU, Anatomie einer konservativen Partei 1945–1972, Opladen ²1978; J. Rovan, Le catholicisme politique en Allemagne, 1956; K. Gotto, Christlich-Demokratische Union, in: Staatslexikon, hrsg. v. d. Görres-Gesellschaft 7. Aufl., Freiburg 1985ff., Bd. I (dort weitere Lit.). Zusammenfassend: M. Vaussard: Histoire de la Démocratie chrétienne (France, Belgique, Italie), Paris 1956; M. P. Fogarty: Christian Democracy in Western Europe, 1820–1953, London 1957 (dt. Christliche Demokratie in Westeuropa, Freiburg 1959); H. Hürten (Hrsg.): Christliche Parteien in Europa, Osnabrück 1964; W. Allemeyer, Christliche Demokratie in Europa und Lateinamerika, Bonn 1965; La Démocratie Chrétienne dans le monde. Resolutions et déclarations des organisations internationales démocrates chrétiennes de 1947 à 1973, Rom 1973; W. Becker, Christliche Parteien, in: Staatslexikon ⁷1985ff., Bd. I (dort weitere Lit.).
[3] Einen Überblick geben Z. M. Ossowski, J. Pechaček und W. Juhasz in dem von J. Moody herausgegebenen Sammelwerk: Church and Society, New York 1953. Die in Mittel- und Osteuropa verbotenen christlichen Parteien sind seit 1950 in der (in New York gegründeten) Exilorganisation *Christian Democratic Union of Central Europe (CDUCE)* zusammengefaßt.
[4] So in Spanien der von Oscar Alzaga gegründete Partido Democrata Popular, der sich 1988 unter der Führung von Javier Ruperez in Democrazia Cristiana umbenannt hat; in Portugal das Centro Democratico Social (seit 1976). Die in Norwegen, Schweden und Dänemark in den letzten 15 Jahren neugegründeten christlich-demokratischen Parteien sind aus dem Widerstand gegen eine forcierte Säkularisierung (Ehescheidungs- und Abtreibungsgesetzgebung) entstanden.

Hauptverbreitungsgebiet der Christlichen Demokratie liegt nach wie vor in West- und Südeuropa, ungefähr in der Mitte zwischen den rein katholischen und den rein protestantischen Gebieten, in jener Zone, deren Achse von der Linie Flandern-Venedig gebildet wird. Die christlich-demokratischen Parteien Westeuropas haben lange auf ihre Stunde gewartet. Nach dem Krieg jedoch sind sie vom Erfolg geradezu überrascht worden. Fast über Nacht gelangten viele ihrer Führer, oft gänzlich unvorbereitet, in den Besitz wichtiger politischer Schlüsselstellungen. Dabei hat der jähe Aufstieg der bis dahin ziemlich unbedeutenden französischen *Démocratie chrétienne* mit Recht größtes Aufsehen erregt. Es schien, als seien die lange Zeit von der Kirche mit Mißtrauen betrachteten, als „rouges-chrétiens" verdächtigen Wortführer der katholischen Linken im Begriff, nicht nur im klassischen Land des Laizismus über ihre Gegner zu triumphieren, sondern durch ihr Beispiel zugleich auch eine neue Welle übernationaler Parteibildungen – eine christlich-demokratische nach der liberalen und sozialistischen – auszulösen. Zwar, dieser erste Eindruck täuschte: die Verbindung der christlich-demokratischen Parteien war zunächst viel lockerer als die vor allem der sozialistischen Parteien; erst allmählich entwickelten sich dichtere organisatorische Strukturen der Zusammenarbeit. Die *Nouvelles Équipes Internationales (NEI)*, an Bemühungen Don Luigi Sturzos anknüpfend, faßten seit 1947 als lose Arbeitsgemeinschaft die christlich-demokratischen Parteien Westeuropas zusammen (Sitz in Paris); aus ihnen bildete sich 1965 nach einer Satzungsänderung die *Europäische Union Christlicher Demokraten (EUCD)*.[5] Ein Weltverband der christlich-demokratischen Parteien, die *Christlich-Demokratische Weltunion (CDWU)* wurde 1961 in Chile gegründet. Doch auch ohne sogleich die Form einer Internationale anzunehmen, hat sich die Christliche Demokratie in den Ländern, in denen sie nach dem Krieg hervortrat, als dauerhafte politische Erscheinung erwiesen. Ihre Wählerzahlen sind im Zeitraum 1945–1960 –

---

[5] Ihr gehören heute christlich-demokratische Parteien aus Deutschland, Italien, Österreich, der Schweiz, aus Belgien, Luxemburg, den Niederlanden, aus Frankreich, Spanien, San Marino, Malta, Portugal, Irland und Norwegen an. Aus der 1970 gebildeten Konferenz der christlich-demokratischen Parteiführer der EG-Länder, ging 1976 die *Europäische Volkspartei (EVP)* hervor. Neben ihr steht die *Europäische Demokratische Union (EDU)*, eine Allianz christlicher und konservativer Parteien (gegründet 1978 in Salzburg). – Th. Jansen, Generalsekretär der EUCD, urteilt, daß die Christlichen Demokraten heute auf europäischer Ebene besser organisiert sind als z. B. die Sozialisten (Brief an mich vom 11. April 1988); vgl. auch UECD: Jahresbericht des Generalsekretärs vor den Politischen Bureaus von EVP und EUCD am 2. Februar 1988.

von geringen Schwankungen abgesehen – stabil geblieben.[6] Und über die bedeutende Rolle, welche die Christliche Demokratie in der europäischen Nachkriegspolitik gespielt hat, kann heute wohl kein Zweifel mehr bestehen. Es genügt, an den Beitrag, den die westeuropäischen christlich-demokratischen Parteien zur italienischen, französischen und deutschen Sozialgesetzgebung geleistet haben, oder an die höchst folgenreiche Europapolitik Schumans, De Gasperis und Adenauers zu erinnern: schon dieser Impuls allein – der einzige, zu dem sich das in Hegemoniekämpfen zerrüttete Europa nach dem Ende des letzten Krieges aufraffen konnte – würde hinreichen, um der Parteibewegung, die ihn trug, das Interesse des Politikers und die Aufmerksamkeit des Historikers zu sichern.

Aber wer sind diese christlich-demokratischen Parteien? Ihrer ganzen Struktur nach machen sie dem Betrachter, der sie zu beschreiben versucht, den Zugang nicht leicht. Vielfältig gegliedert, in die verschiedensten Milieus hineinwirkend und aus den mannigfachsten Bevölkerungsschichten sich rekrutierend, erhebt sich die christliche Demokratie über einem dichten Netzwerk von Organisationen vor- und außerpolitischer Natur: angefangen von religiösen Jugend- und Laiengruppen, Standesvereinen und Berufsverbänden bis hin zu den christlichen Gewerkschaften und jenen, älteren christlichen Parteien, in denen man ihre eigentlichen historischen Vorläufer erblicken kann.[7] Denn die Christliche Demokratie der Nachkriegszeit ist keineswegs eine Schöpfung aus dem Nichts. Sie baut auf zahlreichen älteren Organisationen auf. Besonders offenkundig ist die Verflechtung mit den organisatorischen Formen des politischen und sozialen *Katholizismus* in den romanischen Ländern: hier, wo der christlich-demokratische Politiker meist zu den Honoratioren des katholischen Verbandswesens oder zum Führungspersonal der christlichen Ge-

---

[6] Eine Ausnahme bildet Frankreich. Hier haben die Volksrepublikaner, die in den Wahlen von 1945 und 1946 bedeutende Erfolge erzielen konnten, schon vor dem Siegeszug des Gaullismus so stark an Stimmen abgenommen, daß sie mehr und mehr zu einer Regionalpartei geworden sind, deren Einzugsgebiet sich auf die ausgeprägt katholischen Landschaften – Elsaß-Lothringen, Normandie, Bretagne – beschränkt; dazu J. Fauvet in: Dokumente, Jan. 1956, S. 36 ff., und neuerdings J.-C. Criqui in: H. Hürten, Christliche Parteien, S. 75 ff., ferner W. Bosworth: Catholicism and Crisis in Modern France, Princeton 1962, S. 239 ff. Ein ähnlicher, wenn auch in der Größenordnung weit geringerer Rückgang zeigt sich seit der „apertura a sinistra" und den Wahlen von 1962 in Italien; vgl. den Bericht von Lina Morino, der langjährigen Mitarbeiterin De Gasperis, bei Hürten, Christliche Parteien, S. 165 ff.
[7] Eine umfassende Analyse dieser „Infrastruktur" bei Fogarty, a.a.O. S. 186 ff. 294 ff., und – speziell für Frankreich – bei Bosworth, a.a.O. S. 156 ff., 238 ff.

werkschaften gehört, bestehen zwischen den religiösen Verbänden und den politisch-sozialen Vereinigungen und Parteien meist enge Beziehungen nicht institutioneller, aber personeller Art. In diesen Ländern hat die Christliche Demokratie auch sehr früh eine politische Tradition ausgebildet. So geht die italienische *Democrazia Cristiana* auf den von Luigi Sturzo begründeten *Partito Popolare Italiano* zurück, die Republikanische Volksbewegung Frankreichs auf den *Sillon* Marc Sangniers und auf den *Parti Démocrate Populaire* Champetier de Ribes'.[8] Aber auch der Erfolg der deutschen CDU ist ohne die Vorarbeit des alten Zentrums nicht zu denken. Schwieriger ist es, den Anteil des Protestantismus an der Bildung der heutigen christlich-demokratischen Parteien zu bemessen: obwohl keine dieser Parteien (mit Ausnahme vielleicht der holländischen *Katholischen Volkspartei*) ausgesprochen konfessionellen Charakter trägt, haben sich doch protestantische Gruppen und Flügel – sieht man von Deutschland und Frankreich ab – in ihnen erst verhältnismäßig spät gebildet. Das entspricht der Tatsache, daß der Beitrag des europäischen Protestantismus zur Bildung der Christlichen Demokratie nur gering gewesen ist. Die Vorläufer der heutigen christlich-demokratischen Parteien sind nicht aus evangelischen Kreisen, sondern aus dem politischen und sozialen Katholizismus hervorgegangen, und zwar zu einer Zeit, als die parteipolitische Aktivität der Protestanten in Europa in ganz andere Richtung ging und die evangelischen Parteien teils noch ausgesprochen konservativ waren, teils im Bereich des Religiös-Caritativen und Christlich-Sozialen – oft in bewußter Gegenstellung zur politischen Demokratie – verharrten.[9] Es ist daher nicht übertrieben, wenn man sagt, daß vor 1945 Idee und Bewegung der Christlichen Demokratie

---

[8] L. Sturzo war Senator der Democrazia Cristiana im italienischen Senat, M. Sangnier Ehrenpräsident des MRP. Der Parti Démocrate Populaire, der 1944 zunächst neu gegründet wurde, schloß sich nach kurzem Zögern dem MRP an; seine Zeitung „Aube" wurde zum offiziellen Parteiorgan der Volksrepublikaner (sie bestand bis 1951).

[9] Erinnert sei hier an die preußischen Christlich-Konservativen sowie an die holländische Antirevolutionäre Partei und ihre Absplitterung, die Christlich-historische Union. Die jüngeren evangelischen Parteibildungen sind zumindest in ihrem Staatsdenken konservativ geblieben. Für Stoecker und Naumann ist die Verbindung christlicher Sozialpolitik mit der Idee eines demokratischen und sozialen Kaisertums charakteristisch. Erst nach dem Ersten Weltkrieg haben sich einzelne evangelische Parteien – so die Evangelische Volkspartei der Schweiz und der deutsche Christlich-Soziale Volksdienst – zur Republik und zur politischen Demokratie bekannt. Aber noch 1928 konnte Erik Peterson über die deutschen Verhältnisse schreiben: „Geistig-soziologisch korrespondiert die evangelische Kirche ungefähr dem geistigen und soziologischen Status der Deutsch-nationalen Volkspartei."

zumindest in *Kontinentaleuropa*[10] im wesentlichen auf die Gebiete katholischer Konfession beschränkt geblieben sind. Erst die veränderte Lage nach dem Zweiten Weltkrieg und die engere Verbindung der Konfessionen, die im Kampf gegen den Totalitarismus entstanden war, haben Bedingungen geschaffen, die der Christlichen Demokratie den Vorstoß über die Grenzen der Konfession, den Durchbruch zur Massenpartei erlaubten. Und gerade in jüngster Zeit, seit den siebziger und achtziger Jahren, sind verstärkt protestantische Anstöße bei der Bildung christlich-demokratischer Parteien zu verzeichnen, so in den skandinavischen Ländern und in den Niederlanden, wo es in jüngster Zeit zu einer Fusion der *Katholischen Volkspartei* mit den beiden protestantischen Parteien, der *Anti-Revolutionären Partei (ARP)* und der *Christlich-Historischen Union (CHU)*, in einem *Christlich-Demokratischen Appell (CDA)* kam.

Dieser Auszug der christlichen Demokraten aus dem Ghetto einer Konfessionspartei ist von der Öffentlichkeit mit unterschiedlichen Gefühlen aufgenommen worden. Theologische Kritiker – vor allem aus protestantischen Kreisen – glaubten auf den gefährlichen Säkularismus des Experiments verweisen zu müssen[11], Politiker haben je

---

(Briefwechsel mit Adolf Harnack und ein Epilog, in: Hochland, Nov. 1932; wiederabgedruckt in: Theologische Traktate, München 1951, S. 301.)
Zum ganzen vgl. die vorzügliche Darstellung vom W. O. Shanahan: Der deutsche Protestantismus vor der sozialen Frage 1815–1871, München 1962, bes. S. 118 ff., 476 ff. Schon früher H. H. Schrey: Die Generation der Entscheidung, München 1955, S. 105 ff., und K. Kupisch: Zwischen Idealismus und Massendemokratie. Eine Geschichte der Evgl. Kirche in Deutschland 1815–1945, ²1959.
[10] Anders liegen die Verhältnisse in den angelsächsischen Ländern. Hier ist die Christliche Demokratie als Idee stets lebendig gewesen. Wenn ihr in neuerer Zeit keine politische Bewegung oder Partei entsprach, so deswegen, weil deren Aufgabe – die Versöhnung von Revolution und Kirche – hier bereits geleistet war. Gerade weil aber die angelsächsische Form der Demokratie den angelsächsischen Kirchenbegriff und die angelsächsische Kirchengeschichte voraussetzt, sind auch ihre Verhältnisse auf den kontinentalen Protestantismus nicht ohne weiteres übertragbar. Für ihn gilt vielmehr, was Rudolf Smend 1932 zum Thema Protestantismus und Demokratie ausgeführt hat: „Die Gemengelage von religiösen und demokratischen Überzeugungen in Amerika, die die Demokratie geradezu auch als religiöse Forderung erscheinen läßt, beruht auf den besonderen Verhältnissen der amerikanischen Geschichte. In Deutschland bedeutet die Revolution geradezu die Religionslosigkeit, mindestens die religiöse Neutralität des Staates – jene konzentrische Lagerung der religiösen und politischen Gedankenwelt, die dem Angelsachsen selbstverständlich ist, ist seitdem und war schon lange vorher auf deutschem Boden ausgeschlossen." (In: Krisis. Ein politisches Manifest, Weimar 1932, S. 187; jetzt in: Staatsrechtliche Abhandlungen, Berlin 1955, S. 297 ff.). Vgl. auch Exkurs II, unten S. 290 ff.
[11] So Karl Barth in seiner Schrift: Christengemeinde und Bürgergemeinde, München 1946, S. 32 ff.

nach ihrem Standort den allzu revolutionären oder allzu reaktionären Charakter der neuen Partei getadelt. Scharf ablehnend war das Urteil des katholischen Philosophen und Publizisten Emmanuel Mounier: „Das plötzliche Anschwellen der christlich-demokratischen Parteien in ganz Europa, von denen einige sich sogar einer inneren Erneuerung erfreuen, ist, täuschen wir uns nicht, nur ein Geschwür am kranken Körper der Christenheit. Der individuelle Wert vieler ihrer Vorkämpfer, ihre Absichten und ihre Brauchbarkeit stehen dabei nicht in Frage. In der soziologischen Lage, in der sich die christlichen Kreise Europas befinden, müßte man diese Parteien erfinden, wenn es sie nicht gäbe ... Aber die gelassene Einmütigkeit, mit der sie im befreiten Europa ihren Platz als linkes Zentrum eingenommen haben, als wäre er ihnen vom Schöpfer von jeher bestimmt gewesen, die naive und zugleich unduldsame Begeisterung, mit der sie sich als Internationale der Weisheit ausgeben, stempeln zwar nicht ihr Vorhandensein, wohl aber ihr Streben zu einer der Hauptgefahren für das Schicksal des Christentums in Europa ... Geschaffen, um die christliche Welt von ihren reaktionären Bindungen zu befreien, drohen die christlich-demokratischen Parteien in einer eigenartigen Verkettung der Umstände deren letzte Zufluchtstätte zu werden. Erstanden gegen das Bündnis von Thron (oder Bank) und Altar, hinken sie fünfzig Jahre hinter der Geschichte her, bestrebt, an die Stelle des Heiligen Reiches oder des Königtums von Gottes Gnaden eine nicht minder fragwürdige Art von ‚Heiliger Demokratie' zu setzen." [12] Ähnlich kritisch, wenn auch mit anderer Begründung, hat sich der französische Sozialistenführer Guy Mollet über die christlich-demokratischen Parteien geäußert. Er hat die christlich-demokratischen Politiker offen des Verrats an ihren nationalen Pflichten bezichtigt. Sein Wort vom *Vatikanischen Europa* als einer drohenden Gefahr hat nicht nur im laizistischen Frankreich lebhafte Zustimmung gefunden, sondern ist im Streit um die Europäischen Verträge auch vom deutschen Liberalismus (Thomas Dehler) und von einer maßgebenden Gruppe der Evangelischen Kirche Deutschlands (Martin Niemöller) aufgegriffen worden. [13]

Nicht überall ist freilich die – vermeintliche oder tatsächliche – Verklammerung der Christlichen Demokratie mit den politischen Traditionen des Katholizismus so negativ beurteilt worden. Neutrale Beobachter haben vielmehr gerade den Wert dieser Verbindung in der kritischen Lage Europas nach dem Zweiten Weltkrieg hervorgehoben. So schrieb der Schweizer Herbert Lüthy: „Kein reiner diplomatischer

---

[12] Esprit, Mai 1946, S. 718.
[13] Europe Vaticane: siehe Biton, a.a.O. S. 149.

Zufall ist auch dieses Ärgernis, über das so viele Fortschrittler von gestern nicht hinwegzukommen vermögen: daß dieser erste konkrete Ansatz Europas das Werk weniger war, das Werk einer Handvoll alter katholischer und konservativer Staatsmänner, deren Weltbild aus der Zeit Franz Josephs und Wilhelms II. stammt und die als einzige im Chaos der Nachkriegszeit ein gemeinsames Ethos, eine gemeinsame Tradition und eine gemeinsame Sprache besaßen..."[14]

Man sieht aus diesen wenigen Beispielen, daß es – abgesehen von tiefer fundierten theologischen Bedenken – vor allem der „europäische" und der „katholische" Charakter der Christlichen Demokratie war, der Anstoß erregt hat; wo immer die Kritik besondere Schärfe annimmt, spürt man in den Äußerungen das Nachzittern nationaler und antiklerikaler Ressentiments. Immerhin scheint die Polemik im Lauf der letzten Jahre abgeklungen zu sein; man beginnt die Erscheinung der Christlichen Demokratie allmählich unvoreingenommener zu würdigen und verzichtet auf die fragwürdigen Hilfen, die eine der Kulturkampfzeit entnommene Terminologie zu ihrer Erklärung darbieten kann.

2. Worin liegt die *Einheit* der europäischen christlich-demokratischen Parteien? Zunächst nicht (oder doch nicht in erster Linie) im *Politischen:* hier weisen die christlich-demokratischen Parteien Westeuropas eine solche Vielzahl von Richtungen auf, daß von einer einheitlichen Erscheinung – wenigstens im Vergleich zum Liberalismus oder Sozialismus – kaum gesprochen werden kann. Das gilt vor allem für die Anfänge der Parteibildung: hier gibt es christlich-demokratische Parteien, die man als konservativ, andere, die man als liberal bezeichnen könnte; auch sozialistische Gruppierungen kommen vereinzelt vor. Im traditionellen parlamentarischen Schema von rechts und links hat die Christliche Demokratie keinen festen Platz. Am besten umschreibt wohl die Maxime des früheren französischen Außenministers Bidault ihre Stellung zwischen den Parteien: *gouverner au centre et faire, avec les moyens de la droite, la politique de la gauche.* Doch ist selbst diese Formel noch zu prinzipiell. Der politisch-parlamentarische Ort der christlich-demokratischen Parteien wechselt je nach Zeit und Situation. So sind die ersten „christlich-demokratischen" Parteibildungen, die um 1830 in Belgien, Irland und Frankreich hervortraten, liberal, ihre französischen und deutschen Nachfolger nach 1848 konservativ gewesen, während die zu Ende des 19. Jahrhunderts in Frankreich und Italien entstandenen (nun auch ihrem Namen nach

---

[14] H. Lüthy: Frankreichs Uhren gehen anders, Zürich 1954, S. 308.

christlich-demokratischen) Parteien dazu neigten, ausgeprägt soziale Forderungen in ihr Programm aufzunehmen. Und auch die christlich-demokratischen Parteien nach 1945 sind in ihrer politischen Physiognomie voneinander verschieden und stimmen nicht einmal in ihrer allgemeinen Bewegungsrichtung überein; wenn man bei der deutschen CDU und beim französischen MRP eine Tendenz von links nach rechts feststellen zu können glaubte, so ließ sich bei der italienischen Democrazia Cristiana seit dem Tod De Gasperis und der Übernahme der Parteiführung durch Fanfani und Moro genau das Gegenteil beobachten: eine Bewegung nämlich, die von dem rechten nach dem linken Flügel ging. Nicht daß die Partei politisch prinzipienlos wäre, daß sie kein politisches Programm hätte. An solchen Programmen fehlt es keineswegs, und die ständige kritische Besinnung ist in den christlich-demokratischen Parteien nicht schwächer gewesen als anderswo. Aber ebenso klar (weil in der besonderen weltanschaulichen Situation dieser Parteien begründet) ist auch, daß politische Programme für sie immer nur Standortbestimmungen im jeweiligen Augenblick sein können und sich daher auch mit den jeweils wechselnden geschichtlichen Lagen wieder wandeln. Ein mit dem *Kommunistischen Manifest* vergleichbares Programm, das ganz auf dem Glauben an einen berechenbaren geschichtlichen Prozeß beruht und danach folgerichtig ein Muster revolutionärer Verwirklichungen zeichnet, fehlt – worauf Biton hingewiesen hat[15] – der Christlichen Demokratie vollkommen. Es muß ihr fehlen, weil ihr Ziel ein anderes ist als die Vorbereitung revolutionärer Aktionen. Denn *christliche Politik,* wie immer man ihre positive Form im einzelnen bestimmen mag, läuft ihrer Absicht nach niemals auf ein selbstherrliches Schöpfertum, ein revolutionäres „Geschichte-Machen" hinaus; sie zielt vielmehr auf die Selbstbehauptung und -bewahrung des Christen in *jeder* der ständig wechselnden und daher immer unvorhersehbaren geschichtlichen Situationen ab. Nicht daß die Geschichte fortschreitet, interessiert sie in erster Linie, sondern wie in jedem ihrer Augenblicke christliches Leben verwirklicht werden kann. Noch weniger als die wechselnden Äußerungen christlich-demokratischer Parteien zu politischen Fragen stellen daher die päpstlichen Sozialenzykliken – obwohl sie tatsächlich zur Bildung der Christlichen Demokratie mehr beigetragen haben als irgendein anderes Dokument – ein *politisches,* ja auch nur ein *wirtschaftspolitisches*

---

[15] „Il n'y a eu dans la tradition démocrate chrétienne aucun équivalent de ce qu'a pu être le ‚Manifeste' de Marx. Aucun écrit ne rassemble avec cette précision et ce dogmatisme, une pensée qui s'est élaborée d'elle-même au contact des faits." Biton, a.a.O. S. 71.

Programm im obigen Sinn dar.¹⁶ Dazu fehlt ihnen nicht nur der messianische Glaube an die alleinige Heilkraft politisch-sozialer Veränderungen, der alle revolutionäre Programmatik durchzieht, sondern auch die eindeutige Richtung auf eine bestimmte, zum Handeln berufene Gruppe, Klasse oder Nation.¹⁷ Auch ermangelt ihnen – was gerade in ihrer inneren Absicht liegt – notwendig die zum politischen Handeln erforderliche Konkretheit der Aussage. Daher wird der belgische oder deutsche Politiker, der französische Industrielle, der italienische Gewerkschaftsführer in ihnen keine direkte Anweisung für seinen speziellen Fall – freilich auch nicht die Möglichkeit einer einseitigen Inanspruchnahme – finden. Im Gegenteil: die naturrechtlich-personale Begründung ihrer Politik bietet der Christlichen Demokratie gerade jenes breite Fundament, das im Aufbau der praktischen Tagespolitik so viele Variationen zuläßt, wie es nationale und konfessionelle Sonderformen christlicher Parteien gibt.

Schon eher ist die Einheit der christlich-demokratischen Parteien in ihren *sozialen Anschauungen* zu suchen. Hier hat sich ihre Eigenart am frühesten ausgeprägt. Eine weitgehende Übereinstimmung besteht vor allem in den Grundsätzen und der Praxis der *Sozialpolitik*, sie tritt bei einer vergleichenden Untersuchung der sozialpolitischen Gesetzgebung in den westeuropäischen Ländern (die ja zum großen Teil auf die christlich-demokratischen Parteien zurückgeht) klar hervor. Auf diesem Feld ist es auch am ehesten möglich, eine Bilanz des Wirkens der christlich-demokratischen Parteien zu ziehen. Es ist kein Zweifel, daß sie in Europa zur Lebenssicherung der breiten Massen und zur sozialpolitischen Befriedung der Klassengegensätze ebenso beigetragen haben, wie sie anderseits die Bewegung zum Sozialstaat verstärken und beschleunigen halfen. Dabei war es im Ergebnis gleichgültig, ob diese Parteien einer mehr marktwirtschaftlichen oder einer mehr plan-

---

¹⁶ „Aus der Bestimmung dessen, was zum Heil notwendig ist, ergeben sich allerdings Maßstäbe auch für zeitliche Einrichtungen ..., welche die Heilssituation stören oder den Menschen am Heilsnotwendigen hindern. Der Grund für die Äußerungen der Kirche im Hinblick auf solche Maßstäbe für zeitliche Belange sind jedoch nicht die Belange selbst, sondern ist das transzendente Heil. Die Hinsicht, unter der also sozialwissenschaftliche Aussagen gemacht werden, ist nicht der Sozialbereich an sich, sondern ist die Bedeutung dieses Bereiches für das Verhältnis des Menschen zu Gott. Es handelt sich im Grunde stets um theologische Aussagen." M. Hättich: Wirtschaftsordnung und katholische Soziallehre, Stuttgart 1957, S. 2.
¹⁷ Technische Reformen politischer und sozialer Art genügen nicht; Zuständereform und Sittenbesserung gehören zusammen: vgl. Quadragesimo anno 77 u. 127–129; ähnlich schon Rerum novarum 22 (dort auch die Ablehnung des Klassenkampfes 15–21).

wirtschaftlichen Richtung anhingen – ein Beweis, wie sehr sich das sozialpolitische Denken der Christlichen Demokratie unabhängig von ihren wirtschaftstheoretischen Vorstellungen entwickelt hatte. Die Gründe sind bekannt. Historisch bildet die der Christlichen Demokratie vorauslaufende *katholische und evangelische Sozialbewegung* eine Gegenströmung gegen die sozialpolitische Abstinenz der Wirtschaft des Laissez-faire. Von diesem antiliberalen Einsatz her sind in den ersten christlich-demokratischen Parteien starke stimmungsmäßige Vorbehalte gegen eine liberal konzipierte, nicht mit sozialen Sicherungen umgebene Marktwirtschaft zurückgeblieben. Dieses Mißtrauen hat die Entstehung der modernen, die sozialpolitischen Daten berücksichtigenden Wirtschaftswissenschaft ebenso überdauert wie den sozialen Aufstieg der Arbeiterschaft; es ist unabhängig von der späteren Entwicklung des wirtschaftspolitischen Denkens in den christlich-demokratischen Parteien selbst und bis heute den verschiedensten, selbst gegensätzlichen Strömungen in ihnen gemeinsam. Hier wie dort herrscht ein grundsätzliches Mißtrauen gegenüber dem Glauben an eine aus dem individuellen Glücksstreben zwangsläufig sich ergebende soziale Harmonie; hier wie dort wird die Aufgabe, dem Einzelnen – und nicht nur dem Tüchtigen – freie Bahn zu schaffen und das zum Leben Nötige zu sichern, ernster genommen und energischer angepackt, als eine Politik des Laissez-faire dies tut und tun kann. Dabei wirkten verschiedene Motive zusammen: der Einfluß christlicher Soziallehren; der Wunsch kirchlicher Kreise, sich von dem sozialen Egoismus der Besitzenden zu distanzieren, um auf diese Weise der religiösen Sezession der Arbeiterschaft Herr zu werden; schließlich auch die Tatsache, daß die Christliche Demokratie – soweit sie auf der Tradition des politischen und sozialen Katholizismus fußte – auch soziologisch Ausdruck einer (nicht selten gerade im eigentlich sozialen Sinne *proletarischen*) Minderheits- und Sezessionspolitik gegenüber einer „herrschenden Klasse" gewesen ist.[18] Daher ein gewisser Anti-Individualismus in Theorie und Praxis der Christli-

---

[18] Im politischen Sinn trifft das vor allem auf die irischen, belgischen und deutschen katholischen Parteien von 1820–1850, im kulturellen und kirchenpolitischen Sinn auch auf das spätere deutsche Zentrum und die katholischen Parteien im Frankreich der Dritten Republik zu. Alle diese Parteien sind – in dem erweiterten Sinn, den Toynbee dem Wort gegeben hat – „proletarische" Parteien, insofern sie Bevölkerungsgruppen vertreten, die der konkreten staatlichen Verfassung ihrer Länder nicht eingegliedert sind, sondern als „Reichsfeinde" (Bismarck) oder „ultramontains" (Combes) außerhalb der „Gesellschaft" stehen. Darüber hinaus sind die christlich-demokratischen Parteien gegenüber ihren konservativ-katholischen oder -evangelischen Bruderparteien freilich auch in ihrer sozialen Zusammensetzung stärker auf den unteren Schichten aufgebaut.

chen Demokraten, eine Neigung zum Denken in Quantitäten, zum Glauben an die Macht der großen Zahl; daher auch jene immer wieder festzustellende Spannung zum kulturellen Katholizismus, die sich in Frankreich in der gegenseitigen Fremdheit von literarisch-künstlerischem *renouveau catholique* und *katholischer Sozialbewegung*, in Deutschland in der latenten Gegnerschaft von „*Zentrums*"- und „*Hochland*"-*Katholizismus* geäußert hat.

Am leichtesten erschließt sich jedoch die Einheit der christlich-demokratischen Parteien, wenn man sie *weltanschaulich* versteht: als Gemeinsamkeit von Menschen, die aus einer gleichen – vorpolitischen – Überzeugung heraus den Weg in die Politik eingeschlagen haben. Sieht man die Dinge so, dann erklärt sich vieles, was auf den ersten Blick befremdlich erscheint: der offenkundige Zusammenhang der individuell so sehr verschiedenen christlich-demokratischen Parteien untereinander; die geistige Übereinstimmung bei unterschiedlicher politischer Akzentuierung; das Vorhandensein einer Theorie, die gleichwohl nicht starr gehandhabt wird, sondern einem weitgehenden politischen Pragmatismus Raum läßt. Zweifellos liegt im Weltanschaulichen das eigentliche Bildungs- und Bauprinzip der Christlichen Demokratie. Nirgends berühren sich daher Ideengeschichte und Parteigeschichte so eng wie gerade bei den christlichen Parteien.[19] Doch ist der Satz, die Grundlage der Christlichen Demokratie sei weltanschaulich bestimmt, im Hinblick auf das Verhältnis von Religion und Weltanschauung sogleich zu differenzieren. Wenn ein Christ sich in bestimmten Situationen zu politischem Handeln veranlaßt sieht, so braucht hier noch keine Weltanschauung im Spiel zu sein. Auch eine nähere – beispielsweise aus biblischen oder naturrechtlichen Postulaten gewonnene – Bestimmung solchen Handelns kann noch durchaus in der Linie der rein *religiösen* Ausgangsposition liegen.[20] Die eigentliche Zone des Weltanschaulichen betritt erst, wer aus der Zustimmung zu einem bestimmten politischen System eine religiöse Lehrkonsequenz macht, wer also – auf unsern konkreten Fall angewandt – von der *positiven Zuordnung von Christentum und Demokratie* als einem theologischen Faktum ausgeht, das auch die praktische Politik bestimmt. Insofern eine derartige „politische Theologie" (die an sich weder biblisch noch naturrechtlich begründbar ist) den christlich-demo-

---

[19] Dazu H. Rothfels: Ideengeschichte und Parteigeschichte, DVLG 8 (1930), S. 753–786, bes. S. 776f.
[20] Zu beachten ist, daß die Grenzlinie zwischen der katholischen und der evangelischen Auffassung des Politischen genau zwischen der naturrechtlichen und der biblischen Begründung des politischen Handelns hindurchgeht. Dazu Exkurs II, unten S. 290ff.

kratischen Parteien zugrunde liegt und ihr politisches Handeln bestimmt, insofern – und nur insofern – kann man von ihnen als von *Weltanschauungsparteien* sprechen.[21] Dem kontinentaleuropäischen Betrachter mag der Einschlag des Weltanschaulichen – oder gar des Religiösen – in den christlich-demokratischen Parteien von heute nicht mehr allzu deutlich sein. Er wird sich fragen, ob nicht politischer Pragmatismus und Orientierung am Augenblick die ideellen Ausgangspunkte längst verwischt haben. Daß die christlich-demokratischen Parteien sich von ihrem geistigen Ursprung gelöst hätten, daß sie vielfach eine handfeste Interessenpolitik betrieben, die mit den von ihnen laut und feierlich bekannten Grundsätzen in Widerspruch stehe, ist eine oft geäußerte Klage. Und selbst die politischen Praktiker in ihren Reihen, die von einer ideologischen Fundierung der Partei nicht viel halten, sind geneigt zuzugeben, daß die wachsende „Entideologisierung" der kontinentaleuropäischen Parteien die Christliche Demokratie in eine besonders schwierige Lage gebracht hat: erscheint sie doch heute vielen als eine Weltanschauungspratei ohne Weltanschauung.

Anders freilich empfindet, wer aus außereuropäischen, insbesondere angelsächsischen Verhältnissen kommt: er spürt gerade in den christlich-demokratischen Parteien des Kontinents das Gewicht theoretischer und weltanschaulicher Ansprüche, die der ihm vertrauten pragmatischen Auffassung des Politischen widerstreiten. Michael Fogarty, der englische Labourpolitiker und Biograph der Christlichen Demokratie, steht ganz deutlich unter diesem Eindruck, wenn er schreibt: „Man besuche einen Vertreter der holländischen protestantischen Parteien, und in fünf Minuten ist man mitten in einer Debatte über die politischen Konsequenzen der Theologie Karl Barths oder über die der kirchlichen Sezession und der Bildung der ‚Klagenden Kirche', die die Reformierte Kirche Hollands im 19. Jahrhundert spaltete.[22] Man frühstücke mit seinem katholischen Gegenspieler, und das Gespräch wird – oft ganz unbewußt – von ‚Quadragesimo anno' und der Philosophie des Solidarismus bestimmt. Leben und Sprache politischer Parteien wie des französischen MRP oder der italienischen De-

---

[21] Zum Problem der politischen Theologie vgl. die so benannte Schrift von C. Schmitt, München 1922, und E. Peterson: Der Monotheismus als politisches Problem, in: Theologische Traktate, S. 44–147.
[22] Gemeint sind die beiden großen Abspaltungsbewegungen von der holländischen Reformierten Kirche im 19. Jahrhundert: die Bildung der „Abgeschiedenen Kirche" (1834) und der „Klagenden Kirche" (1886), die sich beide 1891 zu den „Gereformeerde Kerken in Nederland" zusammenschlossen. Sie bilden bis heute den eigentlichen Kern des politischen Protestantismus in Holland.

mocrazia Cristiana und vieler anderer sozialer Bewegungen sind tief geprägt von der Schulung, die viele ihrer Führer in der katholischen Jugendbewegung erhalten haben. Dieser Eindruck wird bestätigt durch einen Einblick in die Statuten dieser Parteien und Bewegungen, die regelmäßig einen Verweis auf die Offenbarung und die christliche Tradition des Naturrechts enthalten."[23]

3. Hier muß nun genauer bestimmt werden, in welchem Verhältnis die Christliche Demokratie zu dem, was man *politischen, liberalen* oder *sozialen Katholizismus* nennt[24], sowie zu den entsprechenden Erscheinungen auf *protestantischer* Seite steht. Ist die Christliche Demokratie nur einfach eine Form des politischen Katholizismus (oder Protestantismus), wie sie sich im 20. Jahrhundert gebildet hat? Oder hat sie einen eigenen, von jenen Überlieferungen getrennten Ursprung? Und wie steht es mit ihren Beziehungen zu den modernen Sozialbewegungen der christlichen Konfessionen? Eine Antwort auf diese Fragen ist nicht leicht zu geben; sie wird vor allem dadurch erschwert, daß die angeführten Begriffe allesamt politisch belastet und – besonders in Deutschland – von Kulturkampfreminiszenzen getrübt sind. Versuchen wir zunächst, durch ein paar einfache Unterscheidungen festeren Boden zu gewinnen.

a) Gleich zu Anfang ist der umstrittene Begriff des *politischen Katholizismus* schärfer abzugrenzen. Versteht man darunter den Versuch der Katholiken, sich im modernen Verfassungsstaat bestimmte religiöse und politische Freiheiten zu sichern oder ganz allgemein einen ihrem Gewicht entsprechenden Einfluß zu erlangen (wobei die Formalien des Liberalismus: Presse-, Versammlungs-, Vereinigungs- und Bekenntnisfreiheit vielfach als Mittel dienen), so kann man ohne Frage *alle* politische Tätigkeit katholischer Kreise, die sich im Rahmen der Verfassungsstaaten des 19. Jahrhunderts abspielt, als politischen Katholizismus bezeichnen, gleichgültig ob sie im einzelnen eine mehr liberale oder eine mehr konservative Richtung einschlug. Politischer Katholizismus in diesem Sinne ist nichts anderes als eine „Entscheidungsform der katholischen Religiosität im Politischen",[25] ein Versuch religiöser Selbstbehauptung mit politischen Mitteln, ausgelöst

---

[23] Fogarty, a.a.O. S. 18.
[24] Vgl. hierzu H. Maier: Politischer Katholizismus, sozialer Katholizismus, Christliche Demokratie, in: Civitas. Jahrbuch für christliche Gesellschaftsordnung 1 (1962), S. 9 ff.
[25] C. Bauer: Politischer Katholizismus in Württemberg bis zum Jahr 1848, Freiburg 1929, S. 4.

durch die Schwächung der öffentlichen Stellung der Kirche in der Revolution und Säkularisation und durch die Auflösung der im absoluten Fürstenstaat bestehenden religiös-kirchlichen Einheit.[26] Er ist das unvermeidliche Ergebnis der veränderten Lage der Kirche in der Zeit nach der Französischen Revolution. In einer Gesellschaft, in der die Freiheiten der Kirche nicht mehr selbstverständlich gegeben sind, sondern ganz und gar von den Handlungen ihrer Mitglieder, vor allem der Laien, abhängen, *muß* der Katholizismus politische Formen entwickeln. Der politische Katholizismus ist daher das legitime Kind des Katholizismus überhaupt. Doch empfiehlt es sich, hier eine nähere Unterscheidung zu treffen. Nicht alle Formen politischer Aktivität von Katholiken sind nämlich dem politischen Katholizismus zuzurechnen. *Politischer Katholizismus* kennzeichnet sich vornehmlich durch seine defensive Natur, er zielt in erster Linie auf die Sicherung bestimmter kirchlicher Rechte und Freiheiten ab, nicht aber unmittelbar auf die Neugestaltung des gesamten öffentlichen Lebens im katholischen Geist. Tritt *dieser* Gesichtspunkt in den Vordergrund, ist also das einigende Moment nicht negativer, sondern positiver Natur, so spricht man zweckmäßig von *katholischer Politik*.[27] Politischer Katholizismus und katholische Politik sind nicht dasselbe. Jenem ist ein defensiver Charakter, dieser ein offensives Programm zu eigen. Auf den politischen Katholizismus trifft zum größten Teil das zu, was wir über den politischen Charakter der Christlichen Demokratie sagten: er ist inhaltlich unbestimmt, kann sich mit wechselnden politischen Strömungen verbinden und entwickelt seine konkrete Gestalt aus der jeweiligen geschichtlichen Situation. Katholische Politik dagegen ist überzeugt von der zeitüberdauernden Richtigkeit ihrer Ansätze und neigt daher dazu, bestimmte politische Formen – bis hin zur Staatsform – als ein für allemal gültige *katholische* Formen für sich in Anspruch zu nehmen.[28]

---

[26] Vgl. H. Maier: Kirche und Politik. Eine geschichtliche Besinnung, in: Hochland 55 (1962/63), S. 320 ff.
[27] Diese Unterscheidung bereits bei Bauer, a.a.O., wo politischer Katholizismus als die Haltung, der „das Politische nur Mittel zum Zweck für das Kirchliche wird", katholische Politik dagegen als „Anwendung katholischer Prinzipien in der Politik" umschrieben wird.
[28] Der Begriff katholische Politik kann in einer umfassenderen Bedeutung verwendet werden und ganz allgemein das Bemühen kennzeichnen, Staat und Gesellschaft nach katholischen Grundsätzen zu ordnen; so bei Bauer, a.a.O. Im folgenden ist er – ohne daß damit ein Urteil ausgesprochen werden soll – auf den Versuch beschränkt, bestimmte politische Formen dem Christentum theologisch zuzuordnen. Die besondere Problematik dieses Versuchs steht hierbei nicht zur Diskussion. Soweit die Gleichsetzung von Demokratie und Christentum in der Geschichte der

Daß die Katholiken im 19. Jahrhundert sich in ihrem Kampf um religiöse Selbstbehauptung vielfach liberaler Mittel und Methoden bedienten, hat – besonders in den romanischen Ländern – Anlaß gegeben, den politischen Katholizismus als *liberalen Katholizismus (catholicisme libéral)* zu bezeichnen.[29] Zweifellos ist dieses Wort treffender und plastischer als der verschwommene Begriff *politischer Katholizismus,* schon deswegen, weil es unmißverständlich auf den Bezug zur liberalen Bewegung hinweist, der für die Frühformen des politischen Katholizismus kennzeichnend ist. Allein, es ist auch enger und kann daher eigentlich nur für jene frühen Formen verwendet werden.[30] O'Connel, Montalembert, Sterckx, der junge Ketteler sind liberale Katholiken; dagegen trifft diese Bezeichnung für Veuillot, de Mun und Vogelsang nicht zu. Und selbst Lamennais, der Theoretiker der Einheit von Kirche und Demokratie, ist, obwohl er jener frühen Bewegung angehört, dem liberalen Katholizismus nur bedingt zuzurechnen.[31] Denn gerade er ist ein politischer Dogmatiker großen Stils;

Christlichen Demokratie tatsächlich eine Rolle gespielt hat, gelten Einwände, wie sie von Mounier erhoben sind, zu Recht. Es ist jedoch zweierlei zu bedenken: 1. daß bei der Bildung der ersten christlich-demokratischen Parteien ein katholisch-demokratischer Integralismus unentbehrlich war, um den katholisch-monarchistischen Integralismus aus dem Feld zu schlagen; 2. daß die Christlichen Demokraten, auch wenn das theologische Fundament ihrer Politik brüchig war, stets überzeugt waren, aus religiöser und kirchlicher Verantwortung zu handeln. Im Hinblick darauf mag die Wahl der Bezeichnung katholische Politik gerechtfertigt sein.

[29] Zur Bedeutungsgeschichte des Begriffs vgl. Exkurs IV. – Eine Einführung in die Geschichte des liberalen Katholizismus in Frankreich geben – von entgegengesetzten Standpunkten aus – G. Weill in seiner mit spürbarer Sympathie geschriebenen, der theologischen Dimension des Gegenstandes jedoch nicht immer gewachsenen Histoire du catholicisme libéral en France, Paris 1909, und E. Barbier in seiner materialreichen, trotz ihrer antiliberalen Schärfe unentbehrlichen Histoire du catholicisme libéral et du catholicisme social en France, Bordeaux 1924. Vgl. jetzt das Internationale Kolloquium über den liberalen Katholizismus in Grenoble vom 30. September – 3. Oktober 1971: Les catholiques libéraux au XIXe siècle, Grenoble 1974; wichtig darin vor allem die Diskussion der „Géographie du mouvement catholique libéral" im 19. Jahrhundert (S. 15 ff.) mit Beiträgen u. a. von V. Conzemius, R. Aubert, R. Ruffieux, H. Passerin d'Entrèves, J.-M. Cuenca Toribio, K. Gorski.

[30] Bei Weill und Barbier schließt der Begriff catholicisme libéral jedoch auch die Ralliementskatholiken der Dritten Republik ein.

[31] Daran möchte ich trotz der Kritik von K. Jürgensen (HZ 193 [1961], S. 412) – und neuerdings von G. Valerius, Deutscher Katholizismus und Lamennais, Mainz 1983, S. 347 – im Hinblick auf die von Gurian herausgearbeitete Herkunft Lamennais' aus dem Traditionalismus (dem L. geistig zeitlebens verpflichtet blieb) festhalten – ungeachtet der Tatsache, daß Idee und Bewegung des liberalen Katholizismus Lamennais den entscheidenden Anstoß verdanken.

Ausflüge in die politische Ideologie und Theologie aber – sei diese nun konservativ oder demokratisch – liegen der liberal-katholischen Gedankenwelt durchaus fern. Daher hat sich der Charakter des liberalen Katholizismus dort am reinsten ausgeprägt, wo die Berufung auf den Liberalismus rein formal und instrumental gemeint war. Das ist vor allem bei Montalembert der Fall gewesen, der in seinen *Mechelner Reden* wohl die umfassendste politische Kasuistik für die Katholiken des liberalen Zeitalters entwickelt hat; hier kann von einer ausgeprägten religiös-politischen Zielvorstellung oder gar von einer Verknüpfung des Christentums mit bestimmten politischen Herrschaftsformen keine Rede sein.[32]

Ist der liberale Katholizismus noch ein Teil des politischen Katholizismus, so kann das von der *katholischen Sozialbewegung* nicht mehr in gleicher Weise gesagt werden. Nicht daß sie deshalb den mannigfachen Formen *katholischer Politik* zuzurechnen wäre, die es auch im liberalen Zeitalter gegeben hat: wenn frühe Theoretiker der katholischen Sozialbewegung gelegentlich von einem *règne social du Christ* sprechen, das es aufzurichten gelte,[33] so ist damit nicht ein *politisches* Reich gemeint. Und vollends die orthodoxe katholische Sozialbewegung nach 1870, die in die Sozialenzykliken der Päpste mündet, ist frei von jeder Bindung an eine bestimmte politische Doktrin. Doch hebt sich die katholische Sozialbewegung, je mehr sie ihre eigene Form gewinnt, auch vom politischen Katholizismus immer entschiedener ab. Denn dieser ist seinem ganzen Wesen nach ein Ausgleichssystem; er bemüht sich um die Sicherung kirchlicher Freiheiten, sucht ein erträgliches Verhältnis zum demokratischen Staat herzustellen und zielt im ganzen auf Verständigung, auf konkordatäre Lösungen hin. Er stellt einen Appell dar an den „besser zu unterrichtenden Souverän" – ob dieser nun ein absoluter oder konstitutioneller Monarch ist oder eine liberale Parlamentsmehrheit –; seine Mittel sind politisch-diplomatischer Natur, und sein Wirken vollzieht sich im Rahmen von Institutionen: Verbänden, Parteien, Parlamenten. Nichts dergleichen beim sozialen Katholizismus. *Er* setzt gerade dort an, wo konkordatäre Regelungen nicht mehr hinreichen: in der Sphäre der individuellen und gesellschaftlichen Existenz. Er wirkt nicht institutionell, sondern personal. Sein Aufstieg fällt in eine Zeit, in der politische Absprachen zwischen Staat und Kirche infolge der zunehmenden Brüchigkeit der Staatsformen und des Dahinschwindens der nationa-

---

[32] Ch. de Montalembert: L'Eglise libre dans l'Etat libre. Discours prononcés au Congrès Catholique de Malines, Paris 1863.
[33] So vor allem Ozanam; vgl. unten S. 207 ff.

len Souveränitäten ihren alten Wert allmählich einzubüßen beginnen, in der sich daher die Kirche auf staatliche Garantien nicht mehr allein verlassen kann und sich – um im Leben der Völker gegenwärtig zu bleiben – genötigt sieht, in die weitverzweigten Bereiche der Gesellschaft hinabzusteigen, indem sie ihr Apostolat spezialisiert, eigene Soziallehren ausbildet und sich missionarisch um Einzelne wie Gruppen bemüht. So sind es zwei ganz verschiedene Aufgaben, die sich dem politischen und dem sozialen Katholizismus stellen: einerseits die Zuordnung der Kirche zum *liberalen Verfassungsstaat,* anderseits ihre Einbeziehung in die *moderne Industriegesellschaft.*[34] Die Absicht des politischen Katholizismus ist es, der Kirche im modernen Staat ein Lebensrecht zu sichern – in einem Staat, der nicht mehr von der religiös-politischen Einheit früherer Zeiten geprägt und daher auch nicht mehr daran interessiert ist, die Stellung der Kirche mit staatlichen Mitteln zu schützen. Dagegen zielt der soziale Katholizismus, die staatlich-politische Existenz des civis christianus mit der stärkeren Klammer des Sozialen umspannend, unmittelbar auf die *Gegenwart der Kirche in der Gesellschaft* ab.[35]

In welchem Verhältnis steht nun die *Christliche Demokratie* zum politischen und sozialen Katholizismus? Zweifellos hat sie an beiden Bewegungen Anteil, wie ja diese auch anfänglich eng miteinander verbunden sind; aber sie geht in wichtigen Punkten zugleich über beide hinaus. So übernimmt sie vom politischen (und liberalen) Katholizismus wesentliche Forderungen in kirchlichen, Ehe- und Erziehungsfragen; wie jener besitzt sie ein konkretes Freiheitsprogramm, das auf der gegenseitigen Unabhängigkeit – nicht Trennung[36] – von

---

[34] Ansätze zu einer derartigen Betrachtungsweise bei J. C. Murray: Contemporary Orientations of catholic thought on church and state in the light of history, ThSt 10 (1949), S. 177–234, und bei C. Bauer: Bild der Kirche – Abbild der Gesellschaft, in: Hochland 48 (1955/56), S. 519–527.

[35] Dieses Zurücktreten des Politischen vor dem Sozialen, das übrigens nicht nur positive Aspekte hat (vgl. dazu Exkurs III), wird besonders deutlich in der katholischen Soziallehre. Eine repräsentative Darstellung wie Herders Sozialkatechismus (gearbeitet von P. E. Welty, Freiburg 1951 ff.) räumt den politischen Fragen im engeren Sinne nur noch ein Viertel des gesamten Textes ein. Man vergleiche damit, um den Unterschied zu ermessen, die Heftigkeit der Diskussion, die nach 1871 in Frankreich, nach 1919 in Deutschland unter Katholiken über die Zulässigkeit der demokratischen Staatsform entbrannten. Von den zahlreichen, meist politische Gegenstände behandelnden Enzykliken Papst Leos XIII. ist bezeichnenderweise nur die Sozialenzyklika Rerum novarum bekannt geworden.

[36] Die französische Démocratie chrétienne des 19. Jahrhunderts – Lacordaire, Maret, Arnaud de l'Ariège – steht freilich dem Gedanken einer völligen Trennung von Staat und Kirche zumindest näher als der liberale Katholizismus.

Staat und Kirche aufgebaut ist. Was sie jedoch von ihm unterscheidet, ist die Überzeugung, daß dieses Freiheitsprogramm sich in der politischen Demokratie mit innerer Notwendigkeit realisieren werde, weil Christentum und Demokratie dem gleichen Ursprung entstammen.[37] Mit anderen Worten: die Christliche Demokratie glaubt an die Demokratie als ein Faktum von providentieller Bedeutung, während der politische Katholizismus in ihr vor allem ein Experimentierfeld praktischer Politik sieht. Und ähnlich steht es mit dem Verhältnis der Christlichen Demokratie zum *sozialen Katholizismus*. Gemeinsam ist beiden der Wunsch nach einer engeren Verbindung mit dem Volk, der Wille, die Gesellschaft – in die der politische Katholizismus nur Einlaß begehrte – nach einem positiven Bilde neu zu formen. Aber die Christliche Demokratie stützt diese Forderungen nicht allein oder vor allem (wie die katholische Sozialbewegung) auf ein caritatives Wirken von Mensch zu Mensch oder auf soziale Zuständereform; sie hofft und erwartet vielmehr, daß das von ihr gewünschte Gesellschaftsbild von der Geschichte in ihrem Gange selbst verwirklicht werde. So kann man sagen: *Christliche Demokratie entsteht dort, wo sich die Absicht des politischen und sozialen Katholizismus mit einer geschichtsphilosophischen Konzeption trifft, die in der Demokratie nicht nur die providentielle Staats- und Gesellschaftsform des christlichen Zeitalters, sondern auch die sicherste Bürgschaft für die Freiheiten der Kirche sieht.* Die natürliche Konsequenz einer solchen Gedankenrichtung ist es dann, die Kirche auch theologisch auf demokratische Lösungen zu verpflichten.

Daß dies nicht bloße Vermutung oder gedankliche Konstruktion ist, zeigt die Geschichte selbst. In ihr hat der Begriff der *Christlichen Demokratie* bald einen sehr spezifischen Sinn angenommen, der sich von seiner heutigen, stark verblaßten Bedeutung scharf abhebt. In der Revolution von 1848 bezeichnete das Wort *démocratie chrétienne* in Frankreich die Gruppe jener Katholiken, die – in schroffem Gegensatz zum Traditionalismus de Maistres und zur konservativen Verherrlichung der Monarchie – für ein Zusammengehen der Kirche mit der republikanischen Bewegung eintraten, eine Richtung, die, von schwärmerischem Enthusiasmus fortgerissen, nicht selten zur fakti-

---

[37] Dazu ausführlich unten S. 216 ff. – Die These von der inneren Übereinstimmung von Christentum und Demokratie ist besonders in der angelsächsischen Welt verbreitet. In Frankreich tritt sie gleichfalls auf, zuerst in der Großen Revolution, später im romantischen Sozialismus. In unseren Tagen ist diese These eindrucksvoll erneuert worden von J. Maritain in: The Rights of Man and Natural Law, New York 1943; Christianisme et Démocratie, Paris 1945, und: Man and the State, Chicago 1951. Zur Kritik vgl. E.-W. Böckenförde: Das Ethos der modernen Demokratie und die Kirche, in: Hochland 50 (1957/58), S. 4 ff.

schen Gleichsetzung von Christentum und Demokratie gelangte.[38] Und als nach 1891 in Frankreich, Belgien und Italien eine zweite *Démocratie chrétienne* entstand, traf sie in eine ähnliche Situation: das Wort vereinigte die Richtung derer, die in der sozialen Botschaft Leos XIII. nicht nur ein Programm zur Sozial- und Sittenreform, sondern zugleich einen Ansatzpunkt für die politische Neugestaltung der Gesellschaft sahen, ein *politisches* Programm also, durch das vor allem die katholische Arbeiterschaft in die Lage versetzt werden sollte, den Kampf mit den sozialistischen Parteien aufzunehmen und zu bestehen.[39]

In beiden Fällen ist das kirchliche Amt von jener kleinen Vorhut der katholischen Laienbewegungen abgerückt: das erste Mal nach dem Vorspiel der gegen den liberalen Katholizismus gerichteten Enzykliken *Mirari vos* (1832), und *Singulari Nos* (1834) im *Syllabus* (1864), das zweite Mal – in vorsichtigerer Form – in der von Leo XIII. erlassenen Enzyklika *Graves de communi* (1901).[40] Das letzte Dokument ist für unsere Erwägungen besonders aufschlußreich, weil sich in ihm – das erste und einzige Mal in einer päpstlichen Enzyklika – der Name „Christliche Demokratie" *(Democratia Christiana)* findet. Allein der Begriff wird hier, unter deutlicher Abhebung von aller politischen Nebenbedeutung, als eine *benefica in populum actio christiana,* also rein sozial-caritativ, umschrieben.[41] Diese Vorsicht ist begreiflich: mußte doch die an sich schon problematische Gleichsetzung des Christentums mit einer politischen Herrschaftsform in jener Situation, in der die Enzyklika erschien, doppelt gefährlich erscheinen.[42] Immerhin finden sich bei Leo XIII. auch Äußerungen, die als eine wenn auch vorsichtige Annäherung an die politische Demokratie ausgelegt werden können. Es sei an sich nicht zu tadeln, heißt es in der Enzyklika *Immortale Dei* (1885), wenn das Volk in mehr oder minder großem Umfang an der Ausübung der Staatsgewalt beteiligt sei, ja eine solche

---

[38] Um die Aufhellung der Geschichte dieser linkskatholischen Bewegung hat sich vor allem J.-B. Duroselle verdient gemacht. Vgl. außer seinem grundlegenden Werk zur Frühgeschichte des sozialen Katholizismus: Les débuts du catholicisme social en France (1822–1870), Paris 1951, die beiden Aufsätze: L'attitude politique et sociale des catholiques français en 1848, RHEF 34 (1948), S. 44–62, und: L'esprit de 1848, in: 1848, Révolution créatrice, Paris 1948.
[39] Zur Geschichte dieser zweiten Démocratie chrétienne siehe unten S. 233 ff.
[40] Die Texte in Acta Gregorii Papae XVI, 1901 sqq., vol. I, pp. 169–174 (Mirari vos) u.p. 433 f. (Singulari Nos); der Syllabus: Acta Pii IX, Rom 1857 sqq. pars prima, vol. III, pp. 701–717; Graves de communi: ASS 33 (1900/01), pp. 385–396.
[41] Graves de communi, p. 387.
[42] Dazu Exkurs II.

Teilnahme könne in bestimmten Zeiten und unter bestimmten Gesetzen nicht nur zum Nutzen der Bürger beitragen, sondern geradezu zu ihren Pflichten gehören.[43] Hier ist die Zurückhaltung früherer päpstlicher Verlautbarungen bereits überwunden; eine Tür wird behutsam aufgetan. Damit sie sich vollends öffnete, mußten freilich noch einige Jahrzehnte vergehen. Denn erst nach 1918 hat der Heilige Stuhl die moderne Demokratie endgültig als Tatsache anerkannt. Und erst die Weihnachtsansprache Papst Pius XII. von 1944 entwickelte – ohne das Wort zu nennen – aus religiösen Voraussetzungen das positive Konzept einer *Christlichen Demokratie*.[44]

b) Weniger dramatisch nimmt sich die Auseinandersetzung mit der modernen Demokratie im *Protestantismus* aus.[45] Sie hat wesentlich später eingesetzt und ist im allgemeinen flacher verlaufen als in den katholischen Ländern des Kontinents. Das gilt nicht nur für die angelsächsische Welt mit ihrem vergleichsweise blasseren Kirchenbegriff und ihrer freieren Auffassung der Demokratie, sondern auch für den kontinentaleuropäischen Protestantismus: in keinem Land (vielleicht mit Ausnahme Hollands und der Schweiz) hat der Aufstieg der modernen Demokratie zu einer religiösen Gewissenskrise ähnlich derjenigen geführt, die der Katholizismus nach 1789 durchlebte. Freilich hatte sich im Protestantismus der Übergang vom kirchlichen Mittelalter zur Neuzeit auch nicht mit der gleichen Wucht und Schnelligkeit vollzogen wie in der Französischen Revolution; die schroffe Zäsur der Säkularisation war den protestantischen Kirchen erspart geblieben – nicht zuletzt deswegen, weil hier ein längerer Prozeß der Säkularisierung schon vorweggenommen hatte, was dem Katholizismus in einem jähen Schlage widerfuhr. Ein großer Teil der neuen Ideen, die in den amerikanischen und französischen Revolutionen aufstiegen, war im Protestantismus bereits heimisch gewesen, und wo die evangelischen Länder mit den demokratischen und liberalen Ideen in Berührung kamen, verschmolzen sie diese vielfach mit ihrem religiösen Ethos; nur der politische Absolutismus des Jakobinerstaates – ein umgestülpter und laisierter Katholizismus, wie man empfand – verfiel allgemeiner Ablehnung. Aber eine grundsätzliche, religiös fundierte Demokratie-

---

[43] ASS, vol. XVIII (1885), p. 174. Den lateinischen Text siehe in den Vorsprüchen dieser Arbeit.

[44] AAS 37 (1945), pp. 10–23; vgl. dazu H. Maier: Politischer Katholizismus ... a.a.O. S. 23ff.

[45] Zum Gesamtthema Protestantismus und Demokratie vgl. außer dem schon genannten Aufsatz von Smend: A. Siegfried: Le Protestantisme, in: Les forces religieuses et la vie politique (Cahiers de la fondation nationale des Sciences Politiques, 23), Paris 1951. Vgl. auch oben Anm. 9.

und Revolutionskritik hat sich nur im Luthertum entwickelt, wo die liberalen Ideen auf einen festgefügten Kirchenbegriff und wenig biegsame Auffassungen über die Pflichten des Christen gegenüber der weltlichen Obrigkeit stießen, während die dem Calvinismus entstammenden freikirchlichen Gemeinschaften der angelsächsischen Welt der Demokratie nicht nur keinen Widerstand entgegensetzten, sondern ihr im Gegenteil vorgearbeitet haben.[46]
Im protestantischen Bewußtsein hat erst die religiöse Sezession der Arbeiterschaft um die Mitte des 19. Jahrhunderts jenen Zwiespalt zwischen Kirche und moderner Welt aufgerissen, der im Katholizismus schon mit der Französischen Revolution und der Heraufkunft der modernen Demokratie offenbar geworden war. Während daher die liberale Bewegung den Protestantismus zwar da und dort zu konservativen Reaktionen veranlaßt, nicht aber zu einer umfassenden religiös-politischen Sammlung genötigt hatte, trat die Notwendigkeit einer derartigen Sammlung mit dem Aufstieg des Sozialismus und dem religiösen Abfall der Arbeiterschaft, der ihm folgte, immer gebieterischer hervor. Die letzten Jahrzehnte des 19. Jahrhunderts sahen daher an verschiedenen Stellen in Europa protestantische Parteibewegungen im Zeichen eines christlichen Sozialismus entstehen. Je mehr Menschen sich außerhalb der Kirche stellten, desto stärker wurden die Anstrengungen, durch *innere Mission* den Verfall der normalen seelsorglichen Institutionen aufzuhalten: die Einsicht setzte sich durch, daß ohne

---

[46] Tocquevilles Urteil, nichts im Christentum sei der demokratischen Gesellschaft fremd (L'Ancien Régime et la Révolution, Kap. II, Œuvres complètes, Paris 1951 ff., Bd. II, S. 84; Text in den Vorsprüchen dieser Arbeit), ist aus amerikanischen Erfahrungen geboren; wie sehr es zutrifft, geht schon aus der Tatsache hervor, daß die angelsächsische Welt das typisch kontinentaleuropäische Phänomen des Kulturkampfs nicht kennt. Auf die religiöse Fundierung speziell der amerikanischen Demokratie hat P. F. Drucker hingewiesen: „Wo anders als in Amerika befinden sich der weltliche Staat und die religiöse Gemeinschaft in einer Symbiose, die wahrlich zum Fundament des amerikanischen Staatenverbandes geworden ist? In welchem anderen Staat ist die Säkularisation so früh und gründlich durchgeführt worden wie in Amerika? Dennoch lebt in diesem Land die einzige Bevölkerung der westlichen Welt, die den Glauben an einen persönlichen Gott als selbstverständlich angenommen hat, und dennoch üben in diesem Land die traditionellen religiösen Verbände – die Kirchen – noch viele wichtige Funktionen des öffentlichen Lebens aus, ohne auf Widerstand zu stoßen ... In allen Ländern entwickelte sich der weltliche Staat aus der Revolte gegen die Religion. In diesem Land verdankt der Staat seine Existenz weitgehend den Führern herrschender und althergebrachter Glaubensgemeinschaften, die verlangten, daß man zum Wohl der Religion und der Kirche die Zivilgewalt von der Religionsgemeinschaft scharf getrennt halten solle." (Der Genius Amerikas ist politisch, in: Perspektiven [Deutsche Ausgabe] 3 [1953] S. 108 f.).

den Erwerb neuer Substanz auch die liebevollste Pflege des Überkommenen zur Unfruchtbarkeit verurteilt war. „Ich treibe als Pastor Politik, damit die Politik die Kirche nicht völlig überwältige", erklärte Stoecker, der Gründer der evangelischen *Christlich-Sozialen Arbeiterpartei*[47]; das Wort enthüllt ein zentrales Motiv der evangelischen Sozialbewegung im 19. Jahrhundert.

Was den *sozialen Protestantismus* aber von seinem katholischen Gegenbild unterschied, war die Tatsache, daß ihm kein *politischer Protestantismus* vergleichbarer Art vorausgegangen war. Die Auseinandersetzung mit den neuen Formen des demokratischen Zeitalters begann also auf der untersten Stufe, im Bereich des privaten und gesellschaftlichen Lebens, ohne daß vorher die Aufgaben, die die politische Demokratie der Kirche stellte, institutionell gelöst worden waren.[48] Das mochte dort hingehen, wo – wie in den angelsächsischen Ländern – ein freireligiöser Kirchenbegriff den Stilgegensatz von Kirche und politischer Demokratie verbarg. In Deutschland aber, wo der fürstliche Summepiskopat Thron und Altar zur Einheit verschmolzen hatte, geriet die Kirche mit dem Zerfall des alten Staates selbst in eine revolutionäre Situation. Der Versuch, neue Formen der Öffentlichkeit zu entwickeln – jenseits des staatlichen Öffentlichkeitsbegriffs, den die Kirche nach 1919 nicht mehr in Anspruch nehmen konnte, wie auch des katholisch-dogmatischen Kirchenbegriffes, für den der evangelischen Theologie aus inneren Gründen die Anknüpfungspunkte mangelten –, schlug fehl. Die protestantische Ausprägung des christlichen Sozialismus nahm teils sektiererische Züge an, teils suchte sie den obrigkeitsstaatlichen Charakter, der ihr anhaftete, in einer veränderten Umwelt zu bewahren. Dies war nicht das Klima, in dem eine Verbindung von Demokratie und Protestantismus oder gar der Gedanke einer Christlichen Demokratie gedeihen konnte. Vielmehr hat sich die alte Opposition gegen die Demokratie westlicher Prägung im deutschen Protestantismus bis in die Weimarer Republik hinein fortgeerbt. Die Anpassung an die demokratische Umwelt vollzog sich schließlich als Erschöpfungs- und Ermattungsprozeß, nachdem die Folgen des sozialen Schismas abgeklungen waren und der offene Antiklerikalismus der Arbeiterschaft einer Haltung religiöser Indifferenz zu weichen begann; aber das Experiment der Christlichen Demokratie, das auf dem Grund des gemeinsamen Kampfes der christlichen Konfessionen im Dritten Reich erwuchs, ist doch nur von einer – wenn auch beträchtlichen – Minderheit der evangelischen Christen in Deutsch-

---
[47] Deuerlein, a.a.O. S. 26.
[48] Vgl. W. O. Shanahan, a.a.O. S. 43 ff., 181 ff.

land getragen worden. Freilich muß man bedenken, daß der deutsche Protestantismus erst 1919 mit dem Problem der Demokratie konfrontiert wurde – das überdies von Anfang an mit der Frage der Kirchenverfassung verquickt war: viele Unsicherheiten des Verhaltens erklären sich aus integralistischen oder liberalen Mißverständnissen, wie sie auch die Frühzeit des politischen Katholizismus begleitet haben; und in vielen Punkten haben die evangelischen Christen inzwischen neue Formen des Umgangs mit der Demokratie entwickelt, so daß die alte Haltung der Fremdheit heute im wesentlichen als überwunden angesehen werden kann.[49]

---

[49] Wenn H. Asmussen beklagt, „daß wir in Westdeutschland seit zehn Jahren eine Partei haben, die gerne nach christlichen Gesichtspunkten Politik treiben möchte, daß aber führende kirchliche Kreise und die Pfarrer mit dieser Partei nichts zu tun haben wollen" und dies daraus erklärt, „daß die evangelische Kirche wohl Laien rufen kann, aber dann keine Wege sieht, diese Laien wirklich in Dienst zu stellen" (Rom, Wittenberg, Moskau. Zur großen Kirchenpolitik, Stuttgart 1956, S. 36 f.), so ist das eine durchaus richtige Beobachtung. Die Frage ist nur, ob ein massives Engagement für eine Partei überhaupt der Struktur des Protestantismus angemessen ist. Vgl. etwa die Bemerkungen Smends (Staatsrechtliche Abhandlungen, 307), der schon 1932 feststellte, daß die Leistung des Protestantismus für die Demokratie „nicht eine autoritative, einhellig befolgte Lehrmeinung ..., aber eine religiös-geistige Kraftwirkung" sei und daß der Protestantismus diese Wirkung entfalte „nicht als formell geschlossene Macht, wie der Katholizismus, sondern als ein diffuses Element, verteilt und wirksam durch alle geistigen, politischen, religiösen Kreise des heutigen Deutschland hindurch". – Zum theologischen Problem einer „evangelischen Politik" vgl. unten Exkurs II.

II. Zur Soziologie der Parteibildung

1. Parteien bilden sich in den westeuropäischen Staaten zumindest bis (– und –) 1848 (in Deutschland noch weit länger) nur dort, wo eine *Weltanschauung,* eine Ideologie zugrunde liegt.[50] *Une réunion d'hommes qui professent la même doctrine politique* – so hat Benjamin Constant den Charakter der Parteien des liberalen Zeitalters umschrieben.[51] Seine Definition ist in Übereinstimmung mit den politischen und sozialen Verhältnissen seiner Zeit. Es gibt im Vormärz keine Parteien außer Weltanschauungsparteien. Man kann zwar einwenden, daß auch diese frühen Bildungen nicht allein von weltanschaulichen Kräften geprägt wurden, daß insbesondere die konservativen Parteien, die den liberalen als Opponenten gegenübertreten (wie auch diese ihrerseits), einen kräftigen Einschlag handfester Klassen- und Interessenpolitik aufweisen. Das ist unbestreitbar, ändert jedoch nichts an der Tatsache, daß – von einigen wenig bedeutenden Parteibildungen wie den *Enragés* der Französischen Revolution oder den *Gleichen* Babeufs abgesehen – keine Partei im Zeitraum 1789–1848 sich soziologisch eindeutig klassifizieren, einer bestimmten sozialen Gruppe zurechnen läßt.[52] Was die Eigenart dieser Parteien ausmacht,

---

[50] Zum folgenden: M. Duverger: Les partis politiques, Paris ²1954 (dt. Die politischen Parteien, Tübingen 1959). S. Neumann (Ed.): Modern political Parties. Approaches to comparative politics, Chicago 1956; vor allem aber die Aufsätze von Th. Schieder: Das Verhältnis von politischer und gesellschaftlicher Verfassung und die Krise des bürgerlichen Liberalismus, HZ 177 (1954), S. 49–74; Die Theorie der Partei im älteren deutschen Liberalismus, in: Aus Geschichte und Politik. Festschrift für Ludwig Bergstraesser, Düsseldorf 1954, S. 183–196; und: Der Liberalismus und die Strukturwandlungen der modernen Gesellschaft vom 19. zum 20. Jahrhundert, in: Relazioni del X Congresso Internazionale di Scienze Storiche, vol. V, Florenz 1955, S. 145–172. (Jetzt vereinigt in dem Sammelband Staat und Gesellschaft im Wandel unserer Zeit, München 1958.) Eine Erprobung der Duvergerschen und Schiederschen Begriffe am Material der deutschen Parteigeschichte bietet Th. Nipperdey: Die Organisation der deutschen Parteien vor 1918, Düsseldorf 1961. Vgl. auch E. Faul: Verfemung, Duldung und Anerkennung des Parteiwesens in der Geschichte des politischen Denkens, PVS 5 (1964), S. 60 ff.
[51] Duverger, a.a.O. S. IX.
[52] Die scharfsinnigste Analyse dieser Art, K. Mannheims Studie über Das Konservative Denken (ASO 57 [1927], S. 68–142 und S. 470–495) zeigt deutlich die Grenzen der Methode einer soziologischen Auflösung der konservativen Ideologie.

ist nämlich nicht so sehr die Zusammensetzung ihrer Anhängerschaft
– in allen finden sich Aristokraten und bürgerliche Notabeln, wenn
auch in verschiedenem Mischungsverhältnis –, es ist vielmehr die politische Doktrin, die Ideologie, die sie vertreten. Und diese Doktrin reduziert sich meist auf ein einfaches dialektisches Moment: die
Stellung zur Französischen Revolution. Ob man deren Ideen bekämpft, sie übernimmt und weiterbildet oder sich mit ihnen identifiziert, macht einen wichtigen, in diesem Frühstadium der Parteibildung sogar den wichtigsten Unterschied zwischen den verschiedenen
Weltanschauungsgruppen aus. *Konservativ, liberal, radikal* sind hier
noch nicht bloße Schlagworte, politische Ideen nicht einfach ein Interessenkostüm, das beliebig gewechselt werden kann; vielmehr haben
diese Ideen eine eigene Realität, die sich in wechselnden geschichtlichen Situationen behauptet und allen Versuchen wissenssoziologischer Destruktion widersteht. Ja, eine voreilige soziologische Auflösung der hier vorliegenden weltanschaulichen Daten läuft Gefahr, die
für dieses Stadium der Parteibildung grundlegende Tatsache zu übersehen, daß die Entstehung von Parteien in dieser Zeit noch ganz und
gar vom Vorhandensein von *familles spirituelles*, von der Existenz weltanschaulicher Gesinnungsgemeinschaften abhängt; und ähnliches gilt
von einer Betrachtungsweise, die nicht von der Ideologie, sondern von
der Organisation der Partei ausgeht.[53] Weil jedoch in dieser Frühzeit
die Geschichte der Partei noch mit der Geistesgeschichte ihrer politischen Doktrin zusammenfällt, kann ein Werk wie Henri Michels
L'idée de l'Etat, das die staatsphilosophischen Strömungen in Frankreich seit 1789 behandelt,[54] zugleich die tiefsten Einblicke in die Parteiengeschichte des Landes von der Großen Revolution bis weit hinein
in die Dritte Republik geben. Und in anderen Ländern ist es ähnlich.[55]

---

[53] Macht man die Organisation zum Kriterium der Parteientwicklung, so verschwindet die Epoche der Weltanschauungsparteien notwendig im Halbdunkel einer „préhistoire partisane" (Duverger). Das mag dort hingehen, wo es sich nicht um eine historische Analyse, sondern um eine soziologische Typenlehre der Parteien handelt. In der Partei*historie* dagegen droht die an sich begrüßenswerte Wendung von geistesgeschichtlichen zu soziologischen Methoden (Duverger, Neumann) oder von isolierter gesellschaftlich-dynamischer Betrachtung zu staatspolitischer Würdigung (Hennis, Conze, v. d. Gablentz) zu Verzeichnungen zu führen, sobald die frühen Parteibildungen nach dem Schema der späteren klassifiziert werden. An gewissen Formalismen der vom Ideologischen und Doktrinären ganz abstrahierenden Parteitypologie Duvergers übt mit Recht Kritik G.-E. Lavau: Partis politiques et réalités sociales (= Cahiers de la fondation nationale des Sciences Politiques, 38), Paris 1953. Vgl. auch P. Molt in PVS 3 (1962), S. 95ff.
[54] Paris 1895.
[55] Th. Schieder hat in seinem Aufsatz: Die Theorie der Partei im älteren deutschen Liberalismus, a.a.O., für Deutschland besonders auf den Einfluß der Hegelschen

Dieser eigentümliche Sachverhalt drückt aus, daß die politischen Strömungen sich in dieser Zeit noch am Ganzen der Nation orientieren; noch überlagern Klassengesichtspunkte kaum das theoretische Interesse am Staat, für dessen Gestaltung jede der Parteien ein eigenes Konzept bereithält. Dem Weltanschauungscharakter der Parteien des liberalen Zeitalters entspricht ein weitgehender *Verzicht auf technische Organisation.* Man kann das zum Teil daraus erklären, daß diese Parteien sich weniger als Teile eines schon bestehenden konkreten Staates denn als Repräsentanten eines zukünftigen Idealstaats fühlen: tatsächlich ist ja auch, solange ihr Weg zur Macht nur über eine Revolution führt, für ihren institutionellen Einbau in den Staatsorganismus weder Grund noch Möglichkeit vorhanden. Einer Organisation von unten her in Gruppen, Zellen und Sektionen aber widerspricht – das ist die andere Seite – die Ideologie der liberalen Partei selbst. Denn diese teilt mit dem klassischen Etatismus den Glauben an die Unteilbarkeit des nationalen Willens, an die *République une et indivisible:* sie möchte nicht Klassen- oder Gruppenvertretung sein, sondern das Volk in seiner Gesamtheit repräsentieren. Wenig geeignet, sich auf eine Vertretung von Partikularinteressen einzulassen (was einen ständigen Apparat und beharrliche Arbeitsleistung erfordern würde), stehen die liberalen Parteien vielmehr in Bereitschaft, dem Staat als ganzem ihren Willen aufzuprägen. Jede lebt von der Idee, „das Volk" zu sein. So ist denn ihre Organisation, vergleicht man sie mit derjenigen der hochgerüsteten Parteien des 20. Jahrhunderts, nur schwach entwickelt: keine Büros, keine zentralisierte überregionale Leitung, kein festes Programm (sogar die Namen der Parteien wechseln); meist lokale, vielfach auf die Hauptstadt beschränkte Komitees, oft auch nur lose Zirkel, die sich um eine bekannte Persönlichkeit gruppieren. Das heißt nun freilich keineswegs, daß das politische Leben stagniert. Es kann vielmehr durchaus entwickelt, lebhaft und intensiv sein. Nur erreicht und umfaßt es noch nicht (oder erst allmählich) das Ganze der Nation; es beschränkt sich noch auf wenige Punkte: die Salons, die literarischen Akademien, die Universitäten, das Parlament. All diese Orte wirken

---

Staatslehre hingewiesen, die den Staat als das „sittliche Ganze" dem „besonderen, zufälligen Interesse" der Partei gegenüberstellt. Von hierher konnte alle Parteibildung leicht als Partikularismus diskreditiert werden; vgl. E. Faul, a.a.O. passim. Solche Auffassungen sind aber nicht auf Deutschland beschränkt, sie treten auch in Frankreich auf und haben dort gleichfalls die Bildung moderner, nicht weltanschaulich orientierter Parteien lange Zeit hintangehalten; man setze statt Hegel Rousseau.

parteienbildend; hier kreuzen sich die Meinungen, bilden sich Zusammenschlüsse der wechselnden politischen Strömungen, zeichnen sich die Fronten der Gegner, die Gruppen der Sympathisierenden ab. Außerhalb dieser Zentren aber erwachen die politischen Strömungen und Parteien nur vor den Wahlen zu kurzem Leben, erweckt von den Kandidaten, die sich – meist auf eigene Faust und ohne die Unterstützung eines Parteiapparats – um ein Mandat bemühen und mit Aufrufen, Besuchen und Briefen an ihre Wähler herantreten.

In negativer Weise ist die locker organisierte Weltanschauungspartei allerdings dadurch institutionalisiert, daß das *Zensuswahlrecht* die politische Entscheidungsgewalt auf verhältnismäßig schmale, sozial und weltanschaulich homogene Gruppen beschränkt. Erst die Februarrevolution in Frankreich bringt den Dammbruch, der die plebiszitäre Flut tief ins Innere des Staates dringen läßt. Bis dahin aber spielt sich das politische Leben Westeuropas in überschaubaren kleinen Kreisen ab, Politik im Stil von Elite-Demokratien, der die Züge der Parteiherrschaft, wie sie sich später im angelsächsischen Caucus-System herausbilden, noch durchaus fehlen.[56] Die breiten Massen sind noch nicht politisiert. Das parlamentarische Leben ist von lückenloser Organisation noch weit entfernt. Parteien bilden sich und verschwinden wieder; niemand nimmt daran Anstoß, wenn sie sich verändern oder auflösen. Denn noch immer steht der Einzelne, nicht die Partei im Vordergrund des politischen Lebens, und während die politischen Strömungen fluktuieren und die Organisationen nur wenig zusammenhaltende Kraft besitzen, geschieht es, daß ein Buch, ein Salon, ein rhetorisches Temperament unversehens zum Kristallisationspunkt einer politischen Bewegung wird, die im Wechsel Dauer zeigt.

So konzentriert sich das politische Leben vorwiegend auf das *Parlament*. Hier werden die großen Redeschlachten geschlagen, hier geht das Spiel um Einfluß, Rang und Geltung vor sich, das die einzelnen Gruppen in Streit und Kompromiß zusammenführt, hier festigt die politische Opposition mit bald kühneren, bald vorsichtigeren Angriffen auf die Regierung ihre parlamentarische Stellung. Daß dieser Parlamentarismus noch unerfahren, noch nicht im eigentlichen Sinne *verantwortlich* ist, macht gerade seinen Reiz aus: die Gefährlichkeit, die der parlamentarischen Betätigung noch immer anzuhaften scheint, erhöht den Nimbus des Abgeordneten in der Öffentlichkeit, und die Tatsache, daß die Beschlüsse des Parlaments meist nur Empfehlungen

---

[56] Es ist kein Zufall, daß die ersten großen Parteisoziologien, Tocquevilles De la Démocratie en Amérique (1835/40) und Ostrogorskys La Démocratie et l'organisation des partis politiques (1903), am angelsächsischen Modell entwickelt wurden.

ohne Rechtskraft darstellen, gibt seinen Beratungen jenen Charakter eines zwar unverbindlichen, aber desto leidenschaftlicher genossenen Schauspiels, der einem Zeitalter, das „in Politik zu schwelgen" liebt, angemessen ist.[57] Nirgends hat sich der Charakter der *Fraktionspartei auf Honoratiorenbasis*[58] so lange und so zäh erhalten wie in Frankreich. Hier blieb die Gruppe der Gesinnungsfreunde, die ideelle Gemeinschaft, die *République des camarades*[59] noch lange stärker als die Macht organisierter Verbände und Parteien. Noch bis in die Dritte, ja zum Teil bis in die Vierte Republik hinein beherrschten locker strukturierte Komiteeparteien von der Art des *Parti Radical* das Feld, nur langsam zurückgedrängt von den modernen Massen- und Führerparteien sozialistischer oder kommunistischer Prägung. Und nicht minder gleichförmig bei aller Bewegung an der Oberfläche blieb das Bild des Personals, das auf der politischen Szene erschien; selbst Revolutionen haben an seiner traditionellen Zusammensetzung nicht viel geändert. Was sich wandelte, schien immer nur die Ideologie zu sein. So wollte 1848 fast jeder Abgeordnete als Arbeiter gelten, und wie erstaunt war man, als das Parlament, nachdem die Wahlen vorüber waren, fast die gleiche Zusammensetzung aufwies wie früher: der Masse der Advokaten und Literaten stand nur eine Handvoll wirklicher Arbeiter gegenüber![60] Auch die Konzentration des politischen Lebens auf die Hauptstadt und das Parlament blieb erhalten; dem vorübergehenden föderalistischen und plebiszitären Ausschlag des Pendels in der Ära Napoleons III. folgte sogleich das ängstliche Parlamentsregime der Dritten Republik, und auch später konnten sich die neuen Kräfte der Industrie und der Arbeiterschaft gegen das Übergewicht der Parteihonoratioren nur schwer durchsetzen.

Was bedeutet es, wenn in der Umgebung dieses frühen Parlamentarismus, wie es in Frankreich 1845 geschah, eine *katholische Partei* auftritt? Vom Standpunkt der liberalen Partei- und Staatstheorie etwas durchaus Ungewöhnliches. Denn eine solche Partei widerstreitet nicht nur den ideologischen Grundsätzen, die bis dahin im politischen Le-

---

[57] In Politik schwelgen: F. Schnabel: Deutsche Geschichte im 19. Jahrhundert, Bd. I, Freiburg ³1947ff., S. 309. Das Wort stammt von Friedrich Schlegel.
[58] Schieder spricht von der „Fraktionspartei, die praktisch nur im Parlament existiert und mit den Wählern im Lande nur über die Honoratioren-Kreise einen nicht immer festen und regelmäßigen Kontakt pflegt". Die Theorie der Partei, a.a.O. S. 187.
[59] So der Titel eines bekannten Buches von R. de Jouvenel, Paris 1914.
[60] P. Bastid, Doctrines et Institutions politiques de la Seconde République, Bd. I, Paris 1945, S. 180.

ben galten, sie durchbricht durch ihre Existenz auch die scheinbar selbstverständlichen soziologischen Regeln der Parteibildung. Einmal ist der *Parti catholique* im Gegensatz zu den anderen Parteien, die ein *neutrales Spiegelbild des ganzen Landes* zu sein beanspruchen, soziologisch streng umgrenzbar: er repräsentiert nicht ein anonymes Hundertstel der Bevölkerung, sondern eine Minderheit politisch aktiver Katholiken. Damit aber stellt er nach liberaler Auffassung ein Sonderinteresse, ein *intérêt particulier,* gegen die Einheit der Nation, dar. Symbolisch für diese „partikularistische" Tendenz ist das Auftreten katholischer Geistlicher und aristokratischer Laienführer im Parlament, ein Vorgang, der den alten Kampf der *trois ordres,* der 1789 bereits entschieden schien, erneut heraufbeschwört und dem liberalen Alptraum einer Rückbildung des staatlichen Lebens ins Ständische, Aristokratische, Kirchliche neue Nahrung gibt. Psychologisch anstößig wirkt dabei nicht nur die mögliche Einprägung kirchlicher oder ständischer Rangstufen in das egalisierte politische Leben der Nation. Noch bedenklicher ist die Tatsache, daß die katholische Partei sich vom liberalen Staatsbegriff und von der Praxis politischen Handelns in kleinen Elitegruppen überhaupt zu emanzipieren scheint. Indem sie ihre Tätigkeit nicht auf parlamentarische Aktionen beschränkt und zugleich die Klassenschranke „bürgerlicher" Politik durch die Parteinahme für die armen Stände durchbricht, sprengt sie einerseits die Institutionalisierung des politischen Lebens im Parlament und bedroht anderseits den Damm des Zensuswahlrechts, der die politischen Privilegien des Bürgertums schützt.

So ist der *Parti catholique,* obwohl Weltanschauungspartei wie die andern, doch unter den Weltanschauungsparteien des liberalen Zeitalters eine neue Erscheinung. Wenn sein besonderer Charakter beim ersten Auftreten in Frankreich noch nicht allgemein bemerkt wurde, so lag das vor allem daran, daß sich die Partei zunächst in den Spuren des politischen Konservatismus hielt und daher meist mit diesem gleichgesetzt wurde. Sie schien zunächst nichts anderes zu sein als eine neue Variante der konservativen und legitimistischen Parteien, obwohl der Kampf, den sie für die Unterrichts- und Verbandsfreiheit führte, schon andere, revolutionäre, „demokratische" Züge erkennen ließ. Diese verharmlosende Einschätzung wandelte sich jedoch, als ein Teil des *Parti catholique* in der Revolution von 1848 plötzlich auf die Republik umschwenkte. Obwohl diese Wendung nicht lange anhielt – sie wurde bezeichnenderweise gerade durch das allgemeine Wahlrecht, das eine konservative Mehrheit schuf, wieder korrigiert –, ließ sie doch einen höchst bezeichnenden Zug katholischer Parteien erkennen, die Tatsache nämlich, daß diese Parteien imstande waren, Ideologien rein taktisch zu gebrauchen, indem sie konservative oder liberale Programme als Mittel zur Erreichung spezifisch religiöser Ziele einsetzten. Damit aber war nicht nur der Charakter der an der *politischen Doktrin* orientierten Weltanschauungspartei, sondern auch die ihr zugeordnete Staatsidee in Frage gestellt. In dreifacher Weise also verstieß die Bildung katholischer Parteien gegen die Anschauungen des klassischen Liberalismus: die Hartnäckigkeit, mit der sie ein – mit der Staatseinheit und dem nationalen Interesse, wie es schien, unvereinbares – *Sonderinteresse* (das freilich das universalste war) zur Geltung brachte; durch die *Übertragung kirchlicher Hierarchieverhältnisse auf die Politik* (der alte Vorwurf des „Partiprêtre"); endlich durch den gefährlich *plebiszitären* Einschlag, den ihr politisches Programm aufwies. Alle drei Punkte laufen zusammen in dem Vorwurf, die katholische Partei subordiniere die Politik der Religion. Das aber war nach Lage der Dinge eine außerordentlich schwerwiegende Beschuldigung. Denn während die liberalen Parteien und ihre konservativen Gegner in ihrer Überzeugung vom Primat des Politischen bei aller sonstigen Gegensätzlichkeit einig waren, stellte sich eine Partei, deren eigentlicher Antrieb *jenseits* des Politischen lag, naturgemäß außerhalb der 1789 geschaffenen Ordnung, deren Ziel es war, das *politique d'abord* gegenüber allen Einmischungen ständischer und religiöser Kräfte durchzusetzen. Die katholische Partei erschien daher sowohl gegenüber dem Konservatismus wie gegenüber dem Liberalismus in einer revolutionären Position. Sowohl vom Standpunkt des klassischen Liberalismus wie von dem alten Etatismus und Absolutismus aus – und beide unterscheiden sich in diesem Punkt recht wenig – war ihre Gründung ein Verstoß gegen das Dogma der nationalen Einheit, ein Schritt zur pluralistischen Auflösung des Staates in weltanschauliche und soziale Partikulargewalten. Es nimmt daher nicht wunder, daß wir unter den Kritikern der katholischen Parteien im 19. Jahrhundert nicht nur liberale Politiker, sondern auch Verfechter des absoluten Staates finden. Vor allem Metternich und Bismarck sind hier zu nennen.[61]

---

[61] Das Urteil Metternichs über Lamennais und den Avenir: „L'Avenir confond l'égalité sociale avec l'égalité évangélique; il défend les théories les plus subversives de l'ordre social avec la même chaleur avec laquelle il défend la hiérarchie de l'Eglise." (Weisung an den österreichischen Botschafter Grafen Lützow in Rom, 2.12.1831, abgedruckt bei L. Ahrens: Lamennais und Deutschland, Münster 1930, S. 233–236). Auch in Bismarcks Äußerungen über das Zentrum verbindet sich der Vorwurf des „Klerikalismus" mit dem der Staats- und Gesellschaftsfeindlichkeit; so in der Sitzung des preußischen Abgeordnetenhauses vom 9.2.1872: „Ich habe

2. Die katholischen Parteien – und vor allem die christlich-demokratischen im engeren Sinne – sind nie Honoratiorenparteien im Sinn des klassischen Liberalismus gewesen. Sie entstanden nicht als *réunions d'hommes qui professent la même doctrine politique,* nicht als lose Vereinigungen einzelner Persönlichkeiten rings um ein politisches Programm, sondern als Zusammenschluß bereits organisierter religiöspolitischer Gruppen und Verbände.⁶² Standesvereine, Berufsverbände, Organisationen von Arbeitern, Gesellen, Bauern, Gewerbetreibenden bilden überall die Grundelemente der Christlichen Demokratie. Nicht Einzelne schließen sich zusammen, sondern Gruppen. Eine *politische Doktrin* (die ja etwas anderes ist als eine religiös bestimmte Weltanschauung) spielt dabei zunächst noch keine Rolle. Entscheidend ist der Einsatz des Katholizismus (in allen seinen sozialen Formen) im Rahmen des Verfassungsstaates und seiner politischen Möglichkeiten. Im Gegensatz zur liberalen Parteibildung liegt also hier nicht eine einfache Beziehung zwischen der politischen Doktrin und ihrem sozialen Korrelat, der Weltanschauungspartei, vor; viel-

---

neulich mein Erstaunen darüber ausgesprochen, daß sich auf einem rein politischen Gebiet eine rein konfessionelle Fraktion gebildet habe. Indessen, ich würde es doch noch als einen Vorteil betrachten, wenn diese Fraktion wirklich als eine ganz rein konfessionelle sich nicht belastet hätte mit der Prozeßführung für Elemente und Bestrebungen, die der friedlichen Aufgabe, die jede Kirche hat, und auch die katholische, eigentlich vollständig fremd sind" (Bismarck: Die gesammelten Werke, Berlin 1924–1935 Bd. XI [1929], S. 238). Ähnlich 14 Jahre später, beim Abbruch des Kulturkampfs, in der Sitzung des Herrenhauses vom 23. 3. 1886: „Die Verbitterung war auf beiden Seiten sehr lebhaft vorhanden und sehr erklärlich durch die Hitze und die Dauer des Gefechtes, das geführt war..., hauptsächlich aber dadurch, daß die Zentrumspartei aufhörte, eine rein konfessionelle zu sein, und es nützlich fand, eine antistaatliche Partei zu sein, den Staat überhaupt zu bekämpfen unter Zuhilfenahme aller Elemente, die dazu bereit waren." (op. cit. Bd. XIII [1931], S. 288).
⁶² Dazu F. Schnabel: Der Zusammenschluß des politischen Katholizismus in Deutschland 1848, Heidelberg 1910, sowie das bereits erwähnte Buch von C. Bauer. Ferner K. Bachem: Vorgeschichte, Geschichte und Politik der Deutschen Zentrumspartei 1815–1914, 9 Bde., Köln 1927–1932; A. Dempf: Demokratie und Partei im politischen Katholizismus, Wien 1932; K. Repgen: Märzbewegung und Maiwahlen des Revolutionsjahres 1848 im Rheinland, Bonn 1955, und jüngst K. Buchheim: Ultramontanismus und Demokratie. Der Weg der deutschen Katholiken im 19. Jahrhundert, München 1963. Wie sich die ersten katholischen Parteibewegungen in Deutschland auf schon bestehende Gruppen wie die Piusvereine stützen, so baut die französische Démocratie chrétienne der neunziger Jahre auf den nach 1870 von de Mun und de la Tour du Pin gegründeten katholischen Arbeiterzirkeln auf, die christlich-soziale Partei in Österreich auf katholischen Arbeiter- und Bauernverbänden. Der gleiche Vorgang wiederholt sich in Italien: hier gehören zur Frühgeschichte der Christlichen Demokratie die Fasci democratici cristiani, die nach 1890 in mehreren Städten entstehen.

mehr tritt zwischen beide als Mittelglied der Verband, der als solcher nicht politisch, sondern religiös und sozial bestimmt ist.

Was auf diese Weise entsteht, ist ein neuer, vom Liberalismus deutlich unterschiedener politischer Typus, nämlich eine Partei mit *indirekter Struktur*.[63] Man kann diesen Begriff hier in einem weiteren Sinn verstehen; dann besagt er nicht, daß die Parteimitgliedschaft (statt individuell) durch den kollektiven Beitritt der Verbände, in denen der Einzelne organisiert ist, erworben wird,[64] sondern drückt vielmehr den allgemeineren Sachverhalt aus, daß der Abgeordnete dieser Parteien (von denen sich viele ja erst im Parlament bilden) bereits aus „organisierten Gesellschaften" kommt, die je nachdem die Züge des Verbandes oder der religiösen Gemeinschaft tragen. Für das politische Wirken bedeutet das ein Doppeltes: einmal beschränkt sich die Christliche Demokratie nicht auf die parlamentarische Bühne; parlamentarisches Handeln ist für sie immer nur eine bestimmte Möglichkeit politischer Aktion, keineswegs die einzige, und nicht einmal in jedem Fall die wichtigste. Sodann setzt sich ihre Führungsschicht, dem inneren Aufbau der Bewegung entsprechend, weniger aus Honoratioren als aus Funktionären, aus Verbandsvertretern, Bauern- und Arbeiterführern zusammen, eine Struktur, die sich im Lauf der Zeit immer deutlicher ausprägt.[65] In beiden Fällen liegt ein klarer Strukturunterschied zum Liberalismus, jedoch ein Analogon zum Aufbau der sozialistischen Parteien vor.[66]

Freilich darf man solche Züge nicht zu stark betonen. Die „indirekte Struktur" ist kein dauerndes Merkmal der Christlichen Demokratie. Sie kennzeichnet vor allem ihre Anfänge. Und sie bleibt, ähnlich wie bei den sozialistischen Parteien, auch nur solange sichtbar, als die Einbeziehung des Katholizismus in den modernen Verfassungsstaat noch nicht vollendet ist. Die voll entwickelte politische Partei löst sich allmählich von dem Zellen- und Gruppengefüge, aus dem sie hervorgewachsen ist. Der parlamentarisch etablierte Katholi-

---

[63] Direkte und indirekte Parteistruktur: M. Duverger, a.a.O. S. 22 ff. Dazu Schieder, Der Liberalismus, S. 145.
[64] So Duverger, a.a.O. S. 22.
[65] Dabei sind freilich Unterschiede zu beachten. In den westeuropäischen Parteien, deren Personal sich meist aus den gleichzeitig entstandenen christlichen Gewerkschaften rekrutiert, herrscht die Figur des Gewerkschaftsführers, in den osteuropäischen dagegen die des bäuerlichen oder geistlichen Volkstribunen vor. Der liberalen Honoratiorenpartei steht die alte Zentrumspartei noch am nächsten.
[66] So auch Duverger, a.a.O. S. 23. Man denke etwa an die Rolle, welche die Gewerkschaften, aber auch Zirkel wie die Fabian Society bei der Bildung der englischen Arbeiterpartei gespielt haben.

zismus kann auf verstärkte soziale Gruppenbildung innerhalb der Konfession verzichten. Und es versteht sich, daß auch die *indirekte Struktur* im engeren Sinn (die übrigens bei den christlich-demokratischen Parteien, auch denen mit paralleler Gewerkschaftsbewegung, niemals so ausgeprägt war wie bei den sozialistischen Parteien) sich mit der Zeit verflüchtigt. Die modernen christlich-demokratischen Parteien, die nach dem Ersten Weltkrieg entstehen, beruhen durchweg auf individueller, nicht mehr auf kollektiver Mitgliedschaft.

Obwohl demnach die *Unterordnung des Politischen unter das Soziale* mehr für die Anfänge der christlich-demokratischen Bewegung als für deren weitere Geschichte charakteristisch ist, hat doch die Tatsache, daß diese Parteien den liberalen *Aufstand der Gesellschaft gegen den Staat* in einer neuen und folgenschweren Weise zu wiederholen schienen, verschiedentlich Anlaß zu Rückschlüssen auf ihren weltanschaulichen Charakter und ihre Staatsidee gegeben. So hat man versucht, die dem Staatsbegriff des klassischen Liberalismus widerstreitende Betonung der Gruppen und Verbände, die Pflege der kleinen Gemeinschaften, der *corps intermédiaires* in den frühen christlich-demokratischen Bewegungen aus der Eigenart der katholischen Gesellschaftslehre zu erklären, die auf einer organischen Auffassung der Gesellschaft beruhe und sich daher den Souveränitätsansprüchen des modernen Staates entgegenstelle. Der bemerkenswerteste, freilich auch problematischste Deutungsversuch dieser Art stammt von Joseph Hours. In einer historischen Studie, die in politische Polemik ausmündet, schildert er die Christliche Demokratie – und vor allem deren französische Spielart – als anti-staatliche und anti-nationale Bewegung, deren Ziel es sei, die Staatseinheit in einem Pluralismus von *pouvoirs intermédiaires* aufzulösen.[67] Er bedenkt dabei nicht, daß ein solcher Vorwurf auch gegen die Gewerkschaften, die nachliberalen Parteien, ja schließlich gegen jede Form partikularer Willensbildung außerhalb der *volonté générale* jakobinischen Stils erhoben werden können: sie alle verstoßen, sieht man sie mit den Augen von Hours, gegen das Prinzip der nationalen Einheit und wären somit, historisch betrachtet, Instrumente zur *Refeudalisierung* des modernen Staates gewesen. Doch der Staats- und Demokratiebegriff, den Hours gebraucht, ist eine ideologische Konstruktion. Die „reine Demokratie"

---

[67] J. Hours: Les origines d'une tradition politique. La formation en France de la doctrine de la démocratie chrétienne et des pouvoirs intermédiaires, in: Libéralisme, Traditionalisme, Décentralisation (= Cahiers de la fondation nationale des Sciences Politiques, 21), Paris 1952, S. 79–123. Dazu kritisch: E. Borne: La démocratie chrétienne contre l'Etat? in: Terre humaine, Juli–August 1952, S. 76–101.

Rousseauschen Stils, von der er ausgeht, hat in dieser Form nie bestanden.⁶⁸ Und man muß sich auch von dem Gedanken freimachen, daß die organische Staats- und Gesellschaftsauffassung eine eigens zur Widerlegung der Ideen von 1789 erfundene Doktrin darstellt, die zuerst vom katholischen Traditionalismus und dann von der Christlichen Demokratie monopolisiert worden wäre. Zwar haben tatsächlich schon 1848 republikanische Katholiken in Frankreich eine *démocratie des groupes* gefordert.⁶⁹ Aber solche Gedanken sind nie auf den politischen Katholizismus beschränkt gewesen. Auch vom Katholizismus weit entfernte Denker wie der Sozialist Proudhon und seine Schüler haben an der individualistischen Demokratie von 1789 Kritik geübt und sich als Föderalisten einer schematischen Reduzierung des politischen Organismus auf ein Gegenüber von Staat und Individuum widersetzt. Es handelt sich hier nicht um einen Widerspruch gegen den Staat schlechthin (wie er etwa im Anarchismus vorliegt), sondern um eine – historisch durchaus verständliche – Reaktion gegen den *absolutistischen* Staat in seiner monarchistischen wie jakobinischen Spielart, der, weil er nur eine ungegliederte Masse von Individuen kennt, jedem Versuch sozialer Selbstverteidigung von Minderheiten feindlich gegenübersteht. Soweit die Christliche Demokratie selbst zu diesen Minderheiten gehörte, hat sie sich begreiflicherweise auch der Theorie der *pouvoirs intermédiaires* bedient. Aber auf keinen Fall stellen solche Gedanken ein maßgebendes und organisierendes Prinzip der Parteibildung dar. Allenfalls kann man sagen, daß der Hinwendung zu den vorstaatlichen Gemeinschaften eine der Christlichen Demokratie wie dem französischen Syndikalismus gemeinsame personalistische Tradition zugrunde liegt, die jedoch, gerade weil sie *beiden Richtungen* gemeinsam ist, nicht aus altständischen Gesellschaftsvorstellungen oder aus einer romantischen *nostalgie du passé* (wie Hours meint) erklärt werden kann.⁷⁰

Im übrigen aber gibt es, ungeachtet der ähnlichen Konstellation, unter der katholische wie sozialistische Parteien gegen die jakobinische Demokratie antreten,⁷¹ zwischen beiden doch beträchtliche Un-

---

⁶⁸ Zur Kritik an der reinen oder idealen Demokratie vgl. W. Conze in seinem Nachwort zur Neuausgabe von R. Michels: Zur Soziologie des Parteiwesens in der modernen Demokratie, Stuttgart 1957, S. 388 ff. Ferner W. Hennis: Meinungsforschung und repräsentative Demokratie, Tübingen 1957, passim; E. Fraenkel: Die repräsentative und die plebiszitäre Komponente im demokratischen Verfassungsstaat, Tübingen 1958. S. 6 ff.
⁶⁹ Biton, a.a.O. S. 101.
⁷⁰ Hours, a.a.O. S. 93.
⁷¹ Über die Wirkungen des Sozialismus auf die Bildung der Christlichen Demokra-

terschiede. Vor allem ist die Christliche Demokratie, so weit sie sich auch von der liberalen Weltanschauungspartei entfernt, noch keine *Klassenpartei* im eigentlichen Sinn. Denn sie wendet sich an alle Schichten, ob es nun Arbeiter sind oder Bauern, Angestellte oder Angehörige der bürgerlichen Kreise. Sosehr die katholische Sozialbewegung des neunzehnten Jahrhunderts an der Bildung der christlich-demokratischen Bewegungen, vor allem in Frankreich, beteiligt ist,[72] der neue politische Typus, der hier entsteht, kann doch nicht einfach der Arbeiterschaft zugerechnet werden. Auch nicht der *christlichen* Arbeiterschaft. Und ebensowenig dem Bürgertum. Die Eigenart der Christlichen Demokratie liegt vielmehr darin, daß sie mehrere Klassen in sich vereinigen kann, weil ihr Gliederungsprinzip nicht im Bereich des Sozialen liegt. Das ist einerseits ihre Schwäche: ihre Beweglichkeit ist geringer als die der anderen Parteien, denn fortwährend durchkreuzen sich in ihr verschiedene Strömungen, wechseln die Interessen der einzelnen Gruppen. Es ist aber anderseits auch ihre Stärke, vorausgesetzt, daß es gelingt, die verschiedenartigen Interessen aufeinander abzustimmen. Der Ausgangspunkt der Christlichen Demokratie, die Konfession, ist also zwar schmaler als das Terrain, das von den Liberalismen und Sozialismen, Weltanschauungen von breiterer Strömung, aber weniger scharfer Kontur, beherrscht wird; doch innerhalb der selbstgewählten Grenzen verfügt der Katholizismus über ein viel weiter ausgedehntes soziales Einzugsgebiet als die liberalen und sozialistischen Parteien, entsprechend der inneren Spannweite der in ihm

---

tie am besten Dempf, a.a.O. S. 21 f.: „Mag anfänglich seine politische Eigenbedeutung noch nicht allzu groß gewesen sein – die bloße Tatsache seiner Existenz hat doch schon das Zweiparteiensystem in der politischen Dynamik durchbrochen. Besonders wichtig aber ist sein Einfluß auf die nun langsam entstehenden katholischen Parteien innerhalb des Konstitutionalismus gewesen. Dieser Einfluß beruht auf der Wahlverwandtschaft der katholischen Sozialethik mit den Forderungen der armen Stände ... So schwer es dem Katholizismus wird, sich mit der immanentistischen Lebensanschauung des Großbürgers zu vertragen, der mit seiner unreligiösen Lebenssicherheit, mit seinem Verhältnis zur Arbeit, zum Zins, zum Fortschritt und zum Erfolg in einer selbstgenügsamen, keiner Erlösung bedürftigen Welt lebt – so leicht ist es ihm, mit den Armen und Unterdrückten, ja auch mit dem Mittelstand und Kleinbürgertum zu sympathisieren, genau so wie dies schon die antike Sozialphilosophie getan hatte. Die soziale Haltung liegt ja gleichermaßen im Geist des Christentums wie in dem der philosophischen Politik. Diese Wahlverwandtschaft sollte der innere Weg des Katholizismus zur universalen Demokratie werden und zu Ende des 19. Jahrhunderts die Idee und Bewegung einer christlichen Demokratie erzeugen."
[72] Dazu außer der schon erwähnten Arbeit von Duroselle das Buch von H. Rollet: L'action sociale des catholiques en France (1871-1914), Paris 1948, das die spätere Zeit behandelt.

vereinigten sozialen Gruppen und entsprechend dem „klassenlosen" Charakter der katholischen Gesellschaft.

Die Christliche Demokratie ist keine *liberale* Partei: sie vereinigt nicht Einzelne um ein politisches Programm. Sie ist auch keine *sozialistische* Partei: sie beschränkt sich nicht auf eine Klasse. Zeitlich und typologisch steht sie zwischen dem liberalen *parti-doctrine* und dem sozialistischen *parti-classe* (Duverger). Sie sucht – wenn man eine verkürzende Formel anwenden will – „Klassen" auf den Nenner einer „Doktrin" zu bringen.[73] Der Katholizismus hat die Tendenz, sich auch politisch *als Ganzes* zu organisieren. Eine Partei, die sich aus Katholiken bildet, weist demnach notwendig eine „koordinierende Struktur" auf.[74] Von sozialer Gruppenbildung innerhalb der Konfession ausgehend, strebt der Katholizismus zur Koordination der einzelnen Gruppen hin, von da zu einer politischen Form, die die Konfession als Ganzes im Verfassungsstaat zur Geltung bringt.

Eine Lebensfrage der Christlichen Demokratie ist es dabei, wieweit die Koordination der verschiedenen Gruppen tatsächlich gelingt, und welches Gliederungsprinzip sich schließlich durchsetzt: die Klasse oder die Konfession. Ordnen sich die politischen Kräfte nach dem Prinzip der Konfession, so gewinnen sie dadurch einen Zusammenhalt, der auch sehr starke soziale Spannungen auszugleichen vermag. Dringt dagegen das Klasseninteresse vor, so ist der Zerfall der Partei unweigerlich die Folge. Eine konfessionelle Klassenpartei ist ein Widerspruch in sich selbst.[75]

---

[73] Wobei noch einmal auf den Unterschied zwischen politischer Doktrin und religiös bestimmter Weltanschauung hingewiesen sei.
[74] Koordinierende Struktur: Schieder, Der Liberalismus, S. 166.
[75] Das interessanteste Beispiel einer solchen Partei bietet die französische Démocratie chrétienne nach 1891, die sich zunächst im Schlepptau der aristokratischen classe-dirigeante-Ideologie de Muns und de la Tour du Pins hält, später jedoch eine nicht minder einseitige Wendung zur Arbeiterschaft hin nimmt – bis hin zu der Bestimmung, daß in das Direktorium neben Intellektuellen und Geistlichen nur Arbeiter aufgenommen werden dürfen. Dazu Rollet, a.a.O. Bd. I, S. 339 ff. und S. 384 ff. Hinter der Dialektik von Konfession und Klasse steckt die allgemeinere von konfessioneller und politischer Partei. Hier gilt, was A. Dempf, a.a.O. S. 27, ausführt: „Als Weltanschauungsparteien können Vertretungen des Katholizismus ihren gegebenen Wählerkreis fast vollständig hinter sich bringen. Ihre Problematik beginnt erst dann, wenn konkrete staats- oder wirtschaftspolitische Entscheidungen getroffen werden, d. h. wenn sie politische Parteien werden sollen. Das ist das einfache soziologische Grundgesetz ihrer Existenz, das leicht ihre Größe und Schwäche erkennen läßt." Ähnlich Bauer, a.a.O. S. 5. Vgl. jetzt auch für die Zentrumspartei der Weimarer Zeit den Aufsatz von J. Becker: Das Ende der Zentrumspartei und die Problematik des politischen Katholizismus in Deutschland, in: Die Welt als Geschichte 23 (1963), S. 149 ff.

III. Historische Voraussetzungen

1. Daß gerade Frankreich im neunzehnten Jahrhundert zum Versuchsfeld für die ersten Verbindungen von Kirche und Demokratie geworden ist, daß hier zum ersten Mal auch der Begriff *Christliche Demokratie* auftrat, hat seltsamerweise seinen Grund darin, daß in keinem Land die öffentliche Stellung des Katholizismus so stark erschüttert worden war wie hier. Die Revolution hatte die korporative Freiheit der Kirche zerstört; sie hatte versucht, die Geistlichen in den Dienst des Staates zu zwingen; sie war, als dieser Versuch mißlang, zum Angriff auf den Glauben übergegangen, indem sie dem katholischen Dogma den revolutionären Kultus der Vernunft entgegensetzte. Man war dem *écraser l'infâme* ganz nahe gekommen, und der Schock wirkte im französischen Katholizismus noch durch Jahrzehnte nach. Es war daher begreiflich, daß der Kampf um die Ideen von 1789 und die Auseinandersetzung mit dem demokratischen Laienstaat in Frankreich mit viel größerer Schärfe geführt wurde als in Ländern, in denen sich der Bruch mit der kirchlichen Vergangenheit unter weniger dramatischen Umständen vollzogen hatte. Der Riß zwischen den *deux Frances*, dem traditionalistischen und dem revolutionären, ging mitten durch den französischen Katholizismus hindurch.[76] Wie die katholischen Traditionalisten ihre gegen die Revolution gerichteten Argumente philosophisch unterbauten, so suchten auch Verfechter der Einheit von Kirche und Demokratie nach Gründen logischer und theo-logischer Ordnung, um ihre politischen Anschauungen zu stützen: man hielt für die Revolution bald den Exorzismus, bald die Taufe bereit. Im ganzen neunzehnten Jahrhundert wogte der Kampf unentschieden hin und her, die katholische Meinung über die Revolution blieb geteilt, und wenn im allgemeinen die konservativen Stimmen in der Kirche überwogen, so neigte doch eine Minderheit stets den republikanischen und demokratischen Gedanken zu, die von der Mehrheit verworfen wurden.

Gegenüber der einseitigen Heroisierung oder Dämonisierung der

---

[76] Aus der umfangreichen Literatur sei hier nur genannt: M. Darbon: Le conflit entre la droite et la gauche dans le catholicisme français 1830–1953, Paris 1953.

Revolution setzte sich freilich mit der Zeit eine Art der Betrachtung durch, die nicht so sehr die theologische Bedeutung als vielmehr die konkrete historische Gestalt der Ereignisse ins Auge faßte. Noch Michelet hatte gefragt: *La révolution est-elle chrétienne, anti-chrétienne?* und hinzugefügt: *Cette question, historiquement, logiquement, précède toute autre.*[77] 1848 war um den christlichen Sinn der Revolution gerungen worden. Acht Jahre später jedoch schnitt Tocqueville den theologischen Streit um die Revolution mit der Frage nach dem bloßen Wie des Gewesenen ab: *Quel fut le véritable sens, quel a été le véritable caractère, quels sont les effets permanents de cette révolution étrange et terrible? Qu'a-t-elle détruit précisément? Qu'a-t-elle créé?*[78] Tocqueville fand, daß die Verbindungen zwischen Ancien Régime und Revolution, selbst auf kirchlichem Gebiet, in vielem enger gewesen waren, als man unter dem Eindruck der revolutionären Erschütterungen gemeint hatte. Die Schuld an dem Konflikt zwischen Kirche und Revolution schrieb er nicht der bewußten Absicht *einer* Seite, sondern dem Zwang der sozialen Stellung zu, welche die Kirche in der alten Gesellschaft eingenommen hatte. „Viel weniger als religiöse Lehre denn als politische Institution hatte das Christentum diesen leidenschaftlichen Haß entzündet; nicht weil seine Priester die Dinge der anderen Welt regeln wollten, sondern weil sie Grundbesitzer, Feudalherren, Zehntherren und Administratoren in dieser Welt waren; nicht weil die Kirche in der neuen Gesellschaft, die man zu gründen im Begriff war, keinen Platz erhalten konnte, sondern weil sie damals schon den privilegiertesten und mächtigsten Platz in der alten Gesellschaft einnahm, die man in Staub verwandeln wollte."[79] Im übrigen, meinte Tocqueville, bestehe jedoch zwischen Christentum und Demokratie kein fundamentaler Widerspruch. Im Gegenteil: der christliche Gedanke der Gleichheit aller Menschen vor Gott komme dem demokratischen Egalitarismus entgegen.[80]

Tocqueville schrieb in den fünfziger Jahren des neunzehnten Jahrhunderts. Zu dieser Zeit hatte der katholische Traditionalismus, der einer Auflehnung der Katholiken gegen die Revolution entsprungen

---

[77] J. Michelet: Histoire de la Révolution française, Paris ²1868, Bd. I, S. 17.
[78] A. de Tocqueville: L'Ancien Régime et la Révolution (= Œuvres complètes, Paris 1951ff., Bd. II), S. 81.
[79] Tocqueville, a.a.O. S. 84; Text in den Vorsprüchen dieser Arbeit.
[80] Vgl. insbesondere die Einleitung zu De la Démocratie en Amérique (= Œuvres Bd. I), S. 1ff., wo von der Entwicklung zur politischen Gleichheit als einem „fait providentiel" gesprochen wird und wo es heißt: „Le christianisme, qui a rendu tous les hommes égaux devant Dieu, ne répugnera pas à voir tous les citoyens égaux devant la loi."

war, seine Wirkung längst eingebüßt. Er war mit der Monarchie Karls X. ins Grab gestiegen. Aber auch sein Gegenstück, der katholische Frühsozialismus aus der Zeit Louis Philippes, hatte mit der Revolution von 1848 seinen Höhepunkt überschritten. Er fand weder bei den Arbeitern noch beim Bürgertum, das im Zweiten Kaiserreich die Sprache der Revolution verlernte, nennenswerten Anklang. Tocqueville gab also einem weitverbreiteten Zeitgefühl Ausdruck, als er daranging, den Revolutionsmythos zu entzaubern. Seine Erkenntnisse waren auch für den französischen Katholizismus von größter Bedeutung. Indem er nämlich den Ideologiecharakter der revolutionären Religiosität enthüllte,[81] entzog er den romantischen Ideen vom heiligen und göttlichen Charakter der revolutionären Demokratie ebenso den Boden wie der traditionalistischen Gegenthese, die von einer „Apostasie des Staates" sprach; zugleich aber kam er durch genauere Beobachtung der Verbindungen zwischen Ancien Régime und Revolution dem *politischen* Ursprung der religiösen Krise auf den Grund, hierin Auffassungen liberaler Katholiken bestätigend, die im Staatskirchentum des alten Frankreich die Wurzel allen Übels und den eigentlichen Grund für das spätere Zerwürfnis zwischen Revolution und Kirche sahen.

Mit diesen Ideen stand Tocqueville in der Mitte zwischen zwei Strömungen im französischen Katholizismus, die zu einer Anerkennung der Demokratie – de facto oder de jure – bereit waren: dem *liberalen Katholizismus* und jener kleineren Gruppe der *katholischen Sozialbewegung,* die zu einer republikanischen Staatsform hinneigte. Beide Strömungen, die man als spezifisch französische Ausprägungen eines *politischen Katholizismus* beziehungsweise einer *katholischen Politik* ansehen kann, haben in den Revolutionen von 1830 und 1848 einen nicht unbeträchtlichen Teil der katholischen Öffentlichkeit Frankreichs – wenn auch keineswegs die Mehrheit – hinter sich bringen können. Sie sind für die Entstehung der *Christlichen Demokratie* in diesem Land besonders wichtig geworden und müssen daher an dieser Stelle im Hinblick auf unser Thema kurz charakterisiert werden.

Der *liberale Katholizismus,* der sich mit der Revolution von 1830 erhob, vermied es zwar, sich mit den demokratischen Bewegungen zu identifizieren; er hat jedoch, indem er die parlamentarischen und publizistischen Möglichkeiten ergriff, die der Verfassungsstaat der Kir-

---

[81] Dazu das dritte Kapitel von L'Ancien Régime, das die Frage erörtert „comment la Révolution française a été une révolution politique qui a procédé à la manière des révolutions religieuses, et pourquoi." Tocqueville nimmt hier in vielen Punkten bereits den modernen Ideologiebegriff vorweg.

che bot, das Hineinwachsen des Katholizismus in die Demokratie beschleunigt und erleichtert. Liberal nicht im dogmatischen, sondern im politischen Sinn, betonte er den Wert der Freiheit gegenüber den Gleichheitstendenzen der Zeit und suchte einen Damm gegen die wachsende Staatsmacht aufzurichten. Er sah den politischen Dualismus der Revolution und trennte scharf zwischen den Ideen von 1789 und denen von 1793; während er den jakobinischen Staat verwarf, glaubte er, daß in den Menschenrechten auch die Freiheiten der Kirche gesichert seien. So stellte er, wie der Liberalismus, Individuum und Gesellschaft dem Staat gegenüber; er schuf damit die Möglichkeit, daß die Kirche im Rahmen einer demokratischen Gesellschaft ihre Rechte zurückerlangen konnte, nachdem das Bündnis mit dem absoluten Staat zerbrochen war.[82]

Der *demokratisch-soziale Katholizismus,* der in der Revolution von 1848 hervortrat, unterschied sich vom liberalen Katholizismus einerseits durch eine schärfere ideologische Prägung, anderseits durch die Tatsache, daß er unmittelbar an die revolutionäre Tradition anzuknüpfen suchte. Er hielt in einer dem katholischen Dogma noch lange widersprechenden Weise am geheiligten Charakter der Französischen Revolution fest, wenn er auch die in ihr entwickelte Demokratie wegen ihrer individualistischen Grundhaltung scharf verurteilte. Den religiösen Kern der Ideen von 1789 erblickte er nicht im Gedanken der Freiheit, sondern in dem der Gleichheit. Indem er die liberale zur sozialen Revolution weiterzubilden strebte, hoffte er zur Ausbreitung des Evangeliums und zur Herbeiführung einer allgemeinen Brüderlichkeit unter den Menschen beizutragen, die von der Kirche in ihren Anfängen zwar verkündet, aber, wie er meinte, nicht verwirklicht worden war.[83]

Beide Richtungen, für die man stellvertretend die Namen Lamennais und Buchez anführen kann, haben sich mehrfach berührt und teils freundliche, teils feindliche Beziehungen miteinander unterhalten. Beide haben – mit durchaus verschiedenen Mitteln – an der Auflösung des Gegensatzes von Revolution und Kirche gearbeitet. Aus

---

[82] Zum Programm des liberalen Katholizismus vgl. die schon erwähnten Mechelner Reden Montalemberts (Anm. 32).
[83] Im Gegensatz zum liberalen Katholizismus verbindet der demokratisch-sozialistische Katholizismus sein Sozialprogramm mit Vorschlägen zur Kirchenreform; in der demokratischen Revolution soll zugleich die Ecclesia paupera des Evangeliums erneuert werden. Buchez, der maßgebende Theoretiker dieser Richtung, behandelt den „Abfall" der römischen Kirche von ihrer ursprünglichen sozialen Sendung in seiner Artikelreihe: Cours de politique chrétienne ou progressive, in: Européen, Dez. 1835 – Febr. 1837.

ihrer wechselseitigen Berührung, aus dem Austausch ihrer Prinzipien, Wirkungsweisen und Erfahrungen, aus der Annäherung von liberaler Praxis und demokratischer Ideologie ist das entstanden, was man als die *christlich-demokratische Tradition* Frankreichs bezeichnen kann.[84]

Eine größere Partei nach Art des deutschen Zentrums ist aus diesen frühen christlich-demokratischen Bewegungen freilich erst viel später und auch dann nur vorübergehend geworden. Im ganzen neunzehnten Jahrhundert vermochte sich die Christliche Demokratie in Frankreich nicht einzuwurzeln. Das hatte einen doppelten Grund: einmal entbehrte der liberale Katholizismus einer kirchlichen Legitimation; er wurde, wie wir gesehen haben, durch die Enzykliken *Mirari vos* und *Singulari Nos* sowie durch den *Syllabus* sogar ausdrücklich verurteilt.[85] Zum andern aber stieß der Versuch, katholische Sozialbewegung und politische Demokratie zu vereinigen, auf den heftigen Widerstand des französischen Bürgertums, und zwar keineswegs nur der katholischen Kreise: Man witterte in einer solchen Haltung der Katholiken einen, wie Renan sich ausdrückte, *appel peu sérieux à la démocratie*.[86] So ist die Christliche Demokratie in Frankreich immer wieder zwischen die Mühlsteine des katholischen und bürgerlichen Konservatismus auf der einen, der antiklerikalen Demagogie auf der andern Seite geraten. Als dann in den neunziger Jahren Papst Leo XIII., in Abkehr von der bisherigen Politik des Heiligen Stuhls, ein „Ralliement" anbahnte und den französischen Katholiken die Annahme der Republik empfahl,[87] war es bereits zu spät. *Nous avons pris une trop grande avance,* sagte Clemenceau zu Jacques Piou, dem Führer der „Ralliierten".[88] Erst im zwanzigsten Jahrhundert ist die Saat des liberalen Katholizismus im

---

[84] Das Verhältnis von liberalem Katholizismus, republikanisch-katholischer Sozialbewegung und Christlicher Demokratie soll im dritten Teil dieser Arbeit noch genauer bestimmt werden.
[85] Siehe oben S. 32 f. und Anm. 40.
[86] E. Renan: Étude sur Lamennais, in der Neuausgabe des Livre du peuple von Lamennais, Paris 1872, S. 19. – Auf einen weiteren Grund weist A. Dempf, a.a.O. S. 27 f., hin, wenn er den vorwiegend religiösen Charakter der katholischen Parteien für deren Mißerfolg in Frankreich verantwortlich macht: „Ein primär politisches Volk, wie das französische, (wird) nur sehr schwer eine katholische Partei aufbauen können. Die Kämpfe der achtziger und neunziger Jahre in Frankreich haben das mit aller Deutlichkeit bewiesen ... Sowohl Monarchisten wie Demokraten, sowohl die Action Française wie der Sillon strebten immer wieder eine radikale politische Partei mit dem Dogmatismus einer absoluten Staatsform an. Und eben dieser Doktrinarismus widerspricht der prinzipiellen Weltindifferenz des Katholizismus. Politik ist für ihn eine Sache zweiten Ranges nach der Religion, und das muß praktisch immer wieder sichtbar werden."
[87] Dazu vgl. unten S. 246 ff.
[88] D. Ferrata: Ma nonciature en France, Paris 1921, S. 51.

Sillon, im *Parti Démocrate Populaire,* in der katholischen Arbeiterbewegung und schließlich in der *Republikanischen Volksbewegung (MRP)* aufgegangen.

2. Den politischen Frontbildungen für und wider die Revolution entsprachen die Stellungnahmen der *Historiker.* Vom ersten Augenblick an war die Revolutionsgeschichtsschreibung von den gegensätzlichen Strömungen der Revolutions-Apotheose und der Revolutionsfeindschaft erfüllt.[89] Das Urteil über die Revolution bestimmte auch die Meinungen über den Versuch, Kirche und revolutionäre Demokratie einander anzunähern: wie man dieses Unternehmen einschätzte – ob als ernsthafte Möglichkeit oder als Utopie –, hing davon ab, ob man beide Mächte in einem absoluten oder in einem nur relativen, historisch auflösbaren Gegensatz zueinander sah.[90]

Mehr als ein halbes Jahrhundert lang haben sich in Frankreich die Meinungen über die Revolution in einer sich ausschließenden Antithetik von Lobpreisung und Verdammung bewegt. Man sah die Revolution als metaphysischen Geisterkampf himmlischer und höllischer Mächte. Revolutionsgegner wie Revolutionsanhänger bemühten sich um eine theologisch oder antitheologisch unterbaute Systematisierung des Gegensatzes. Dabei hatten die Philosophen und Theologen gegenüber der nur langsam vordringenden positiven Geschichtsforschung (die überdies stark von apriorischen Wertungen abhängig war) lange Zeit die Oberhand. So de Maistre, der als erster den katholischen Widerspruch gegen die Revolution mit schneidender Dialektik vortrug (von ihm stammt das Wort, die Revolution sei *satanisch*[91]) und

---

[89] Über die Vermischung von Politik und Historie in der französischen Revolutionsgeschichtsschreibung vgl. das sehr negative Urteil von P. Geyl in seinem Michelet-Essay (Die Diskussion ohne Ende. Auseinandersetzungen mit Historikern, Darmstadt 1958, S. 75 ff.).

[90] Eine allgemeine Einführung in die Revolutionshistorie geben P. R. Rohden in der Vorrede zur deutschen Ausgabe von C. Brinton: A Decade of Revolution = Europa im Zeitalter der französischen Revolution, Wien ²1951, und – unter speziellem Hinblick auf das Problem Staat und Kirche – K. D. Erdmann: Volkssouveränität und Kirche, Köln 1949, S. 11 ff. Die folgende Skizze rückt vor allem die Beurteilung des liberalen Katholizismus und der Christlichen Demokratie in der französischen Historie in den Vordergrund, wobei Historie hier in jenem weiteren Sinn zu nehmen ist, der in Frankreich bis zu Taine auch philosophisch-theologische und literarische Essayistik einschließt.

[91] J. de Maistre: Du pape, Discours préliminaire: „La révolution ne ressemble à rien de ce qu'on a vu dans les temps passés. Elle est satanique dans son essence." (Lyon ⁹1851, S. 12.) Ähnlich Considérations sur la France, Kap. 5: „Il y a dans la révolution française un caractère satanique qui la distingue de tout ce qu'on a vu et peut-être de tout ce qu'on verra" (Ed. Johannet-Vermale, Paris 1936, S. 63).

der jede Annäherung des katholischen Denkens an die Ideen von 1789 als Verrat an der Religion brandmarkte. Oder Proudhon, der als einziger der atheistischen Revolutionsphilosophen die Originalität und Tiefe de Maistres erreichte: er verstand das Jahr 1789 als Beginn einer neuen Epoche, die den Übergang der Gerechtigkeit aus den Händen der Kirche in die der Menschen einleiten und damit den Kampf zwischen göttlichem und menschlichem Recht zugunsten des letzteren entscheiden sollte.[92] Auch bei Michelet traten, wie wir gesehen haben, alle historischen Einzelprobleme vor der Frage zurück, ob die Revolution christlich oder antichristlich gewesen sei. Und für Autoren wie Thiers, Lamartine und Blanc gilt ähnliches. Wohin immer man in der ersten Hälfte des neunzehnten Jahrhunderts in Frankreich blickt, überall steht die Auseinandersetzung mit der Revolution unter theologischen und metaphysischen Vorzeichen, überall ist die Historie im Bann der Geschichtsphilosophie und -theologie damit beschäftigt, weniger der genauen Gestalt der Ereignisse nachzuspüren als dem in ihnen verborgen liegenden Sinn.

Ein solcher Sachverhalt stellt die Geschichtsforschung vor schwierige Fragen. Grundsätzlich kann das Recht theologischer Kritik gegenüber einem Ereignis wie der Französischen Revolution kaum bestritten werden. Wer sich die innerste Absicht von Religion und Revolution klargemacht hat, wird zugeben müssen, daß es sich hier in der Tat um einen Wesensgegensatz handelt.[93] Eine andere Frage ist es aber, ob dieser Gegensatz sich in der Französischen Revolution – oder in irgendeiner anderen – so rein und endgültig verwirklicht hat, daß eine Vermittlung für alle Zeiten ausgeschlossen bleibt. Vertritt man diese Ansicht – und die katholisch-konservative wie die revolutionär-

---

[92] Dieser Gedanke ist entwickelt in seiner Schrift De la justice dans la Révolution et dans l'Eglise, vor allem in Kap. 3–5 (Œuvres complètes de P. J. Proudhon, Paris 1868, Bd. XXI, S. 82 ff.).
[93] Vgl. dazu C. Brinkmann: Soziologische Theorie der Revolution, Göttingen 1948, S. 63: „Die Frage geht ... nach der zentralen Intention, dem innersten Lebensbereich der beiden Phänomene (sc. Religion und Revolution), und da kann Beobachtung und Wesensverständnis nicht anders als grundsätzlich Entgegengesetztes feststellen. Revolution ist und bleibt der Griff nach dem Schöpfertum einer neuen Natur und Welt; Religion, noch in den schroffsten Formen von Verneinung und Überwindung der ‚Welt', im Gegenteil Hinnahme von Freude und Leid aus Gottes Hand, vor allem aber Übergipfelung der menschlich-diesseitigen Forderungen von Gerechtigkeit in Verteilung und Vergeltung durch die Gedanken der Liebe und Gnade: Revolution die Sache der Hybris, der Technokraten und Eindimensionalen; Religion die Sache des Ausgleichs und Gleichgewichts menschlicher Maße und Möglichkeiten mit dem ‚Übergreifenden', worauf sie bezogen, festgebunden, ‚religiert' sind."

laizistische Geschichtsschreibung haben dies lange Zeit hindurch getan –, so schließt das zwei Voraussetzungen ein, die zumindest fraglich sind: 1. daß die Revolution vom Anfang bis zum Ende eine Einheit (nach dem berühmten Wort Clemenceaus *un bloc*) gewesen sei, ein Ereignis also, das sich nicht in verschiedene Phasen – eine liberale und eine antiliberale – zerlegen lasse; und 2. daß sie von Anfang an auch ein bestimmtes Ziel verfolgt habe, nämlich die Laisierung des öffentlichen Lebens und die Säkularisierung der Kirche. Beide Anschauungen sind abwechselnd von konservativ-katholischen und laizistischen Autoren vertreten worden. So findet sich die *Block-These* bereits bei de Maistre, der gegenüber der Ansicht, die Revolution habe einen Verfallsprozeß durchgemacht, betonte, die Revolutionsgeschichte umfasse zwar verschiedene Phasen, stelle aber im ganzen eine Einheit dar.[94] Veuillot, de Mun und Pierre de la Gorce haben ähnliches wiederholt. Umgekehrt ist die vorwiegend von Katholiken entwickelte *Komplott-These,* wonach die Revolutionäre von 1789 von vornherein die Absicht hatten, die Kirche zu säkularisieren, auch von laizistischen Schriftstellern vertreten worden, freilich mit anderem Wertakzent als bei den katholischen Autoren. Zumindest seit Michelet galt es nicht mehr als anstößig, sich zum Dechristianisierungsprogramm des Konvents zu bekennen,[95] und wenn auch die laizistischen Historiker geneigt waren, die Schuld an dem Bruch zwischen Kirche und Revolution der Kirche zuzuschreiben, so bestätigten sie, indem sie die Unvermeidbarkeit dieser Entwicklung betonten, doch indirekt, daß die Kirche, so wie sie war, nicht in den revolutionären Staat eingehen konnte – eine Tatsache, die am frühesten wiederum Michelet ausgesprochen hatte, wenn er schrieb: *La Révolution n'adopta aucune église. Pourquoi? Parce qu'elle était une église elle-même.*[96]

Es konnte jedoch nicht ausbleiben, daß gegenüber derartigen Auffassungen mit der Zeit auch andere Stimmen laut wurden und daß man sich daran gewöhnte, den historischen Verlauf der Revolution weniger thesenhaft und dafür kritischer und differenzierter zu sehen. Diese Neigung verstärkte sich im gleichen Maße, in dem der französische Katholizismus nach den Extremen der Restauration und der Re-

---

[94] „La révolution française a parcouru, sans doute, une période dont tous les moments ne se ressemblent pas; cependant, son caractère général n'a jamais varié, et dans son berceau même elle prouva tout ce qu'elle devait être." Considérations, Kap. 5, S. 66.
[95] Vgl. Erdmann, a.a.O. S. 16.
[96] J. Michelet: Histoire de la Révolution française, Paris 1847 ff., Bd. I, S. VIII f.; zit. bei Erdmann, S. 17.

volution von 1830 und 1848 im Zweiten Kaiserreich auf einer mittleren Linie die Verständigung mit den Ideen des demokratischen Zeitalters zu suchen begann. Von der Politik eines Montalembert oder Falloux, die mit taktischer Schmiegsamkeit auch in der Ära Napoleons III. die Politik des liberalen Katholizismus aufrechterhielten, führen deutliche Linien zu Tocqueville, und wenn auch der *Syllabus* solchen Ausgleichsbemühungen entgegentrat, so konnte er doch nicht verhindern, daß gerade das *Second Empire* zu einer Zeit wurde, in der der liberale Katholizismus in Frankreich und Belgien sich festigte. Für die Geschichtsbetrachtung bedeutete dies, daß die Revolution für die Katholiken allmählich ihre Schrecken verlor; eine Epoche ideologischer Entzauberung setzte ein, in der sich die revolutionären Ideen aufzulösen schienen und neue, vornehmlich soziale Fragen die Geister zu bewegen begannen.

Da erneuerte die Rückkehr zur Republik 1871 unerwartet die alten Problemstellungen. Dem neu gestärkten Katholizismus, der mit der Infallibilitätserklärung auch innerkirchlich den Weg straffster Zusammenfassung beschritten hatte, trat ein kämpferischer Laizismus entgegen, ausgestattet mit dem Prestige positiver Wissenschaft und den Waffen der Comteschen Soziologie, entschlossen, gegenüber allem „Klerikalismus" und „Ultramontanismus" die *République sans Dieu* zu verwirklichen. Wiederum wurden, ähnlich wie schon in der Großen Revolution, Schulfragen zum Anlaß des Streits: die Geister schieden sich an der Frage, ob die Kirche oder der Staat die französische Jugend erziehen sollte. Als das kirchenfreundliche Regiment des sogenannten *ordre moral* mit dem Rücktritt Mac Mahons zusammenbrach und die Zeit der eigentlichen *République républicaine* begann, ging die *radikale Partei* sogleich zum Angriff auf die Kirche über und schaltete durch eine Serie von Gesetzen den Einfluß der Orden auf das Erziehungswesen aus.[97] Sie leitete damit eine Entwicklung ein, die zu einem erbitterten Kampf zwischen der Republik und den aktiven Katholiken und schließlich zur Trennung von Staat und Kirche führen sollte.

Das erste Ergebnis der laizistischen Kampagne war eine Stärkung des konservativen Flügels der Katholiken. Unter dem Eindruck des sich verschärfenden Kirchenkampfes gewann die Partei derjenigen die Oberhand, welche die Republik überhaupt mit katholischen Grundsätzen unvereinbar erklärten und daher mit aller Energie die Rückkehr zur Monarchie betrieben. Wenn in dieser Situation das schmale Häuflein republikanischer Katholiken, das dem mächtigen Zug nach rechts widerstanden hatte, nicht ganz zerrieben wurde, wenn es seine

---

[97] E. M. Accomb: The French Laic Laws, Columbia Univ. Press 1941.

Bewegungsfreiheit behielt, ja sogar neue Stärkung erfuhr, verdankte es dies fast ausschließlich der Intervention Papst Leos XIII., der 1892 über den Kardinal Lavigerie seinen berühmten Versuch unternahm, in letzter Stunde einen Bruch zwischen der Kirche und der Dritten Republik zu verhindern und die französischen Katholiken mit der republikanischen Staatsform auszusöhnen.

Dem *Ralliement* ist zwar auf dem Feld der praktischen Politik der Erfolg versagt geblieben; er hat unter den französischen Katholiken eher neue Spaltungen hervorgerufen, als daß er zur Entstehung einer einheitlichen Front politischen Handelns beitrug. Innerkirchlich aber ist er ein Ereignis von schwer zu überschätzender Bedeutung gewesen. Mit ihm wurde eine Bresche in den Wall jenes antirepublikanischen Vorurteils geschlagen, an dem bis dahin alle Bemühungen gescheitert waren, den französischen Katholiken eine Möglichkeit politischer Aktivität dadurch zu eröffnen, daß man die Demokratie als *politische Form* vom Demokratismus der revolutionären *Weltanschauung* trennte. Nachdem die Möglichkeit einer solchen Trennung durch eine päpstliche Äußerung ausdrücklich festgestellt war, fiel es den konservativen Katholiken schwerer, gegenüber ihren republikanischen Gegnern das alte Verdikt der religiösen Häresie aufrechtzuerhalten. Damit war die innerkatholische Frontbildung gegen die Christliche Demokratie an einer entscheidenden Stelle durchbrochen. Der neue Weg, den Leo XIII. mit seinen politischen Enzykliken eröffnet hatte, blieb von da an den Katholiken offen und konnte auch durch die Tatsache, daß unter Pius X. ein erneuter Rückschlag eintrat und die Kurie die christlich-demokratische Jugendbewegung des *Sillon*, nicht aber die viel gefährlichere *Action française* verurteilte, nicht mehr zugeschüttet werden.

In die Jahre des *Ralliement* fallen eine Anzahl von Schriften katholischer Autoren, die sich mit den Problemen der modernen Demokratie beschäftigen. In ihnen wird dem Verhältnis von Kirche und Revolution eine neue, meist optimistische Auslegung gegeben. In der enthusiastischen Stimmung jener Jahre konnte sogar der alte Gedanke einer Gleichsetzung von Evangelium und Demokratie noch einmal aufgenommen werden. *Le fait politique et social de la démocratie, résultat heureux pour les peuples de l'évolution progressive des sociétés, est ... à notre avis, l'un des fruits de l'Évangile. Voilà notre point de départ*, schrieb 1899 der Abbé Gayraud, einer der Haupttheoretiker der französischen *démocratie chrétienne*.[98] Auch diese Bewegung sah, wie Tocqueville, die Brücke zwischen Christentum und Demokratie im Gedanken

---

[98] Abbé Gayraud: Les Démocrates chrétiens, Paris 1898, S. 30.

der Gleichheit aller Menschen vor Gott: *Il me semble,* bemerkte Gayraud, *que l'égalité démocratique est apparue sur la terre le jour où les hommes ont appris à nommer ensemble Dieu «notre père» et à s'asseoir à la même table, sans distinction de race, ni de fortune, ni de condition pour y communier, dans la foi, l'espérance et l'amour, au même Christ, premier-né de ce Dieu Père.*[99] Gedanken solcher Art beherrschen das ganze Schrifttum der *Christlichen Demokratie* und des späteren *Sillon;* sie klingen noch nach in der kurz vor dem Ersten Weltkrieg (1913) erschienenen, dem Andenken Buchez' gewidmeten *Histoire de la démocratie catholique en France* von A. Rastoul, der ersten Gesamtdarstellung des revolutionsfreundlichen Katholizismus in Frankreich, die über die Jahre 1848 und 1830 zurückgreift und auch die Große Revolution einbezieht. Aber auch dort, wo nicht aktuelle Erfordernisse die historische Sicht und die theologische Deutung bestimmten, wandelte sich der Ton gegenüber der Revolution. Deutlichstes Kennzeichen hierfür war das große Werk von A. Sicard *L'ancien Clergé de France,*[100] das auf die Vor- und Frühgeschichte der Revolution neues Licht warf und die ursprüngliche Einheit von revolutionärem und katholischem Reformwillen überzeugend nachwies.[101]

Es fehlte freilich auch in dieser Zeit nicht an Kritikern, die an der Unvereinbarkeit von Revolution und Kirche festhielten; und mit der Verschärfung des Konflikts zwischen der Kirche und der Dritten Republik gewannen sie erneut die Oberhand. So hat der einflußreiche antiklerikale Historiker A. Débidour[102] in seiner großen *Histoire des rapports de l'Église et de l'État en France*[103] die optimistischen Auffassungen über eine baldige Versöhnung der Kirche mit der modernen Demokratie zurückgewiesen. Er verhehlte nicht, daß es der Revolution nicht gelungen war, die Kirche aus dem Leben des Volkes zu verdrängen, und daß die materiellen Einbußen, die die Kirche erlitten hatte, durch die Entstehung eines um so festeren Überzeugungskatholizismus wettgemacht worden waren. Ja, er hielt die Gefahren, die der Demokratie von seiten des Katholizismus drohten, für weit größer als früher, da die Revolution die Kirche organisatorisch gestrafft und geistig vereinheitlicht habe.[104] Dennoch glaubte er einen Sieg des Katho-

---

[99] Gayraud, a.a.O. S. 26.
[100] Paris 1893–1903.
[101] Wobei es freilich aus der Sicht der Ralliementspolitik auch zu Verzeichnungen und Übertreibungen kam; vgl. Erdmann, a.a.O. S. 40ff.
[102] Er gab zusammen mit A. Aulard die Geschichtslehrbücher für die Schulen der Dritten Republik heraus.
[103] Paris 1898.
[104] Débidour, a.a.O. S. 643ff.

lizismus über die revolutionären Ideen ausschließen zu können: die Kirche, so meinte er, habe in der französischen Gesellschaft zuviel Boden verloren, als daß sie ihre alte Stellung wiedergewinnen könnte. *Si l'ancienne noblesse et l'ancienne bourgeoisie se sont rapprochées de l'Église, depuis un siècle, il semble que dans le même temps la masse populaire s'en soit éloignée quelque peu, pour une raison facile à comprendre... Le peuple sait ce qu'il doit à la Révolution, qui l'a fait libre et souverain. Il en garde pieusement au cœur le souvenir, le respect et l'amour. Les principes de 89 sont aussi devenus pour lui une religion, et toute atteinte portée à ce Credo laïque lui paraît non seulement un attentat à ses droits, mais une sorte de sacrilège.*[105] Mag auch die Demophilie, die in diesen Worten anklingt, wenig überzeugend sein, so stellte Débidour doch einen wahren Sachverhalt ans Licht, die Tatsache nämlich, daß die Rückkehr des Bürgertums und des Adels zur Kirche nach 1849 nicht entfernt die Verluste aufwiegen konnte, die durch den Abfall der Arbeiterschaft entstanden waren, und daß die Ideen von 1789 stärker waren als die Wirkungen eines katholischen Sozialismus, weil die Massen die Erfüllung ihrer sozialen Forderungen nicht im Rahmen einer ständisch gebundenen Wirtschaftsordnung, sondern auf dem Boden der politischen Gleichheit suchten.

Der schärfste Kritiker trat der *Christlichen Demokratie* jedoch nicht in dem Laizisten Débidour, sondern in dem Katholiken E. Barbier gegenüber. Barbier, der schon in den letzten Jahren des 19. Jahrhunderts und vor dem Ersten Weltkrieg durch seine heftige Polemik gegen die liberalen Katholiken bekannt geworden war, gab 1924 eine dreibändige *Histoire du Catholicisme libéral et du Catholicisme social en France* heraus, die trotz ihres außerordentlichen Materialreichtums und vieler unersetzlicher Informationen, die aus der Erfahrung eines Mitlebenden gewonnen sind, eine einzige große Anklageschrift gegen den liberalen und sozialen Katholizismus darstellt. Zu jener Zeit hatte das Wort *liberaler Katholizismus* durch den Modernismusstreit erneut einen theologischen Nebensinn bekommen, und mit der Kritik an der Politik der liberalen Katholiken versuchte Barbier zugleich die Theologie Loisys zu treffen. Bemerkenswerter ist freilich, daß er in seine Kritik auch den von Leo XIII. inspirierten Sozialkatholizismus einbezog: in dieser Wendung spiegelte sich der Verbürgerlichungsprozeß, den der französische Katholizismus seit dem Zweiten Kaiserreich durchgemacht hatte, ein Vorgang, der durch die Trennung von Staat und Kirche nicht gehemmt, sondern eher gefördert worden war, da

---

[105] A.a.O. S. 648 f.

der Wegfall der staatlichen Subventionen die Kirche ganz von den Leistungen der *classes élevées* abhängig gemacht hatte.

Für die Frühgeschichte der Christlichen Demokratie erbrachten die Forschungen Barbiers wenig Neues. Der eigentliche Wert seines Buches liegt in der minutiösen Schilderung der katholischen Sozialbewegung in der Zeit von 1870–1914, ihrer inneren Kämpfe und ihrer Beziehungen zum Papst. Sein Urteil über den *Modernisme social* ist scharf, oft ungerecht, aber man darf nicht vergessen, daß es mit den Erklärungen Pius X. über den *Sillon* übereinzustimmen schien. Das Scheitern der Ralliementspolitik hatte auch bei der Kurie eine neue, schärfere Haltung gegen die französische Republik hervorgerufen, und solche Intransigenz war mit der versöhnlichen und abwartenden Politik des liberalen und sozialen Katholizismus schwer zu vereinbaren.

Barbier sprach aus einer Situation, in der die Verurteilung des liberalen Katholizismus durch Pius X. endgültig zu sein schien. Wer freilich die lange und bewegte Geschichte der katholischen Linken in Frankreich überblickte, mußte sich fragen, ob die ablehnende Haltung der Kurie tatsächlich das letzte Wort gegenüber dem liberalen Katholizismus war. Galt sie nicht viel eher dem weltanschaulichen Anspruch des *Sillon* und seiner dogmatischen In-eins-Setzung von Christentum und Demokratie als dem Prinzip der Mitarbeit von Katholiken im demokratischen Verfassungsstaat? Bereits 1909, also nach der Trennung von Kirche und Staat, hatte Georges Weill den dreimaligen vergeblichen Anlauf des liberalen Katholizismus in Frankreich – 1830, 1848 und 1895 – geschildert, jenen Versuch einer Aussöhnung von Kirche und Demokratie, der dreimal durch päpstliche Stellungnahmen angehalten worden war. Jedoch hatte er, ein abschließendes Urteil abwehrend, hinzugefügt: *Ce serait pourtant une grave erreur de croire que l'œuvre des catholiques libéraux a été stérile, ni même qu'elle est terminée.*[106] In der Tat zeigte sich in der Zeit nach dem Ersten Weltkrieg, daß die Substanz des liberalen Katholizismus in den romanischen Ländern im wesentlichen erhalten geblieben war; die neuen christlich-demokratischen Parteibildungen, die in Frankreich und Italien entstanden, wären ohne seine Vorarbeit nicht möglich gewesen.

Im ganzen zuversichtlich ist das Bild, das Waldemar Gurian nach dem Ersten Weltkrieg von der Entwicklung des französischen Katholizismus seit der Großen Revolution gezeichnet hat.[107] Gurian war der

---

[106] G. Weill: Histoire du catholicisme libéral en France, Paris 1909.
[107] W. Gurian: Die politischen und sozialen Ideen des französischen Katholizismus 1789–1914, M.-Gladbach 1929.

erste Historiker, dem es gelang, die isolierte Behandlung des liberalen Katholizismus zu überwinden. Indem er Erscheinungen wie Lamennais, Montalembert und Lacordaire in den Gesamtablauf des katholischen Denkens seit der Revolution einordnete, traten überraschende Übereinstimmungen zwischen dem katholischen Traditionalismus und dem katholischen Liberalismus, die man bisher ausschließlich als Gegensätze betrachtet hatte, hervor. Gurian zeigte, daß die Dogmatisierung der Demokratie, die der späte Lamennais vornahm, auf dem Grund einer Gesellschaftsphilosophie erwachsen war, die dem positivistischen Ansatz de Maistres und Bonalds verpflichtet blieb; er hob von dieser Richtung, die zu Comte und Maurras weiterführte, die erneuerte religiöse Katholizität sozialer Katholiken vom Schlage Ozanams ab, die dann in der katholischen Sozialbewegung fruchtbar wurde. Seiner Studie verdanken wir vor allem eine genauere Kenntnis jener Wende von 1830–1848, in der die politische Ideenwelt des französischen Katholizismus ihre entscheidende Umwandlung einerseits zum Demokratisch-Republikanischen, anderseits zur kirchlichen Orthodoxie erfuhr. Auch die innerkatholische Bedeutung der französischen Ideenentwicklung, der Zusammenhang, der zwischen der politischen Entmachtung des Gallikanismus und dem neuen Aufstieg der päpstlichen Gewalt im 19. Jahrhundert bestand, fand bei Gurian erstmals genauere Beachtung. Wenn er sich auch nicht ganz davon befreien konnte, die Dinge ex eventu harmonischer zu sehen, als sie waren (so erscheint bei ihm das Papsttum bereits im 19. Jahrhundert in deutlicher Bewegung auf die Linie kirchenpolitischer Angleichung hin, die erst Leo XIII. fixieren sollte) und wenn er auch die Bedeutung der frühen christlich-demokratischen Bewegungen vielfach nach dem – für diese Zeit keineswegs stimmigen – Kriterium ihrer *kirchlichen Orthodoxie* bewertete,[108] so übertrifft doch seine Untersuchung als Gesamtbild alle vorangegangenen Darstellungen dadurch, daß sie geistesgeschichtliche und kirchenhistorische Forschung mit soziologischen Methoden und mit der Fähigkeit zu philosophisch-theologischer Analyse verband.

Gurians Buch, das mit dem *Ancien Régime* einsetzt, endet mit einem Ausblick auf den *renouveau catholique*, die katholische Erneuerungsbewegung nach dem Ersten Weltkrieg, die mit den Namen Psicharis und Péguys verknüpft ist. Es ist auf lange Sicht die einzige Gesamtdar-

---

[108] So wird besonders die Bedeutung Buchez' und der katholischen Saint-Simonisten unterschätzt; hier haben erst die Forschungen Durosselles die entscheidende Wendung gebracht, die freilich in bezug auf die *politische* Bedeutung der frühen christlich-demokratischen Bewegungen noch auszuwerten bleibt.

stellung der politischen Entwicklung des französischen Katholizismus seit der Revolution geblieben. In der Zeit zwischen den beiden Weltkriegen ist zwar der doktrinäre und theologische Aspekt der Frage weiter vertieft worden; so haben besonders Jacques Maritain – nach der Verurteilung der *Action française* durch Pius XI. der führende Theoretiker der katholischen Linken in Frankreich – und der italienische Popolarenführer Luigi Sturzo in grundsätzlichen Erörterungen die Möglichkeiten, die der demokratische Staat dem politischen Wirken der Christen bot, untersucht.[109] Aber die geringen Erfolge der neugegründeten christlich-demokratischen Parteien Frankreichs und Italiens machten Forschungen über die Geschichte des liberalen Katholizismus für die Historiker wenig attraktiv. Thibaudet, der 1928 in seinen *Idées politiques de la France* die *familles spirituelles* des modernen Frankreich beschrieb, rechnete zwar den republikanischen Katholizismus unter die geistigen Kräfte des Landes; seinen politischen Ausprägungen aber, vor allem dem *Parti Démocrate Populaire*, schrieb er keine große Bedeutung zu: eine leichte Krise, meinte er, könnte ihn hinwegfegen.[110] Dies war in der Tat der Eindruck, der sich jedem Betrachter des liberalen Katholizismus in Frankreich mitteilen mußte: auf kurze Epochen des Aufschwungs waren hier immer wieder lange Zeiten der Ermattung gefolgt.

Der Aufstieg der christlich-demokratischen Parteien nach dem Zweiten Weltkrieg hat indes die Lage erneut und grundlegend verändert. Er hat auch für die Forschung neue Bedingungen geschaffen.[111] Die Geschichte des liberalen und sozialen Katholizismus, die zu einem Randgebiet der Geschichtsschreibung geworden war, hat als *Vorgeschichte* der modernen *Christlichen Demokratie* neue Bedeutung gewonnen. Terminologisch drückte sich dieser Wandel darin aus, daß an die Stelle der alten Bezeichnungen des *politischen* und *liberalen Katholizismus* fast durchweg die Bezeichnung *Christliche Demokratie* getreten ist, auch dort, wo es sich um politische Formen handelt, die diesen Namen nur mit Einschränkung verdienen. Besonders in der Forschung der romanischen Länder tritt dieser Zug hervor; hier werden heute vom liberalen Katholizismus Lamennais' und vom italienischen Neoguelfentum Rosminis über den französischen und italienischen Sozialkatholizismus bis hin zu den christlich-demokratischen Parteien der Gegenwart fast *alle* Formen katholisch-politischer Aktivi-

---

[109] Maritain: siehe Anm. 37. L. Sturzo: Church and State, London 1939.
[110] Zit. bei J. Fauvet: Von Thorez bis de Gaulle, Frankreich 1951, S. 131.
[111] Vgl. meine Besprechung von Fogarty, Christliche Demokratie, HZ 193 (1961). S. 672 ff.

tät, die sich am modernen Verfassungsstaat orientieren, unter die Formel *Démocratie chrétienne (Democrazia Cristiana)* subsumiert. Dies gilt für die Arbeiten von Einaudi-Goguel und Tupini ebenso wie für die von Biton und Vaussard. Noch weiter schlagen die zusammenfassende Darstellung Fogartys und das von J. Moody herausgegebene Sammelwerk *Church and Society*[112] den Bogen: hier setzt die Geschichte der Christlichen Demokratie schon 1820 beziehungsweise 1789 ein, und der Begriff umschließt so disparate Erscheinungen wie den *liberalen Katholizismus* Frankreichs, das deutsche *Zentrum* und die holländisch-calvinistischen *Antirevolutionäre.* Fast überall ist dabei Frankreich das Zentrum der Betrachtung, entsprechend der Rolle, die es in der Ausbildung der christlich-demokratischen Theorie spielt. So hat K. Buchheim in seiner (in manchen Teilen stark harmonisierenden) *Geschichte der christlichen Parteien in Deutschland* dem französischen politischen Katholizismus ein eigenes Kapitel gewidmet,[113] während H. Guillemin in seiner leidenschaftlichen und parteiischen *Histoire des catholiques français au XIXe siècle*[114] den Kampf Lamennais' und seiner Gefährten als eine *bataille de Dieu* geschildert hat und R. Havard de Montagne in seinem in andere Richtung zielenden Pamphlet die Linie von Lamennais zu Georges Bidault auszieht.[115] Eine neue Gesamtdarstellung der politischen Ideen des französischen Katholizismus, die J. Roger 1951 erscheinen ließ, erreicht trotz verdienstlicher Bemühungen um objektive Schilderung nicht das Niveau Gurians.[116]

Der Zwang zur Neuorientierung, dem sich die Christliche Demokratie in dem veränderten Nachkriegseuropa gegenübersah, hat auch in der Forschung neue Akzente gesetzt und viele der bisher üblichen Wertungen in Frage gestellt. So ist neben die Beschäftigung mit dem *sozialen Katholizismus,* dessen Geschichte im wesentlichen abschließend dargestellt ist,[117] ein erneutes Interesse für den ihm vorausgehenden *liberalen Katholizismus* und die von Saint-Simon ausgehenden Frühformen der Christlichen Demokratie getreten. Der relative Ab-

---

[112] Vgl. oben Anm. 3.
[113] München 1953, S. 31–66.
[114] Paris 1947.
[115] Histoire de la Démocratie chrétienne. De Lamennais à Georges Bidault, Paris 1949. Mir war nur die spanische Ausgabe des Werkes (Madrid 1950) zugänglich.
[116] Ideas politicas de los Catolicos franceses, Madrid 1951.
[117] Vgl. außer den schon erwähnten Werken von Duroselle und Rollet, die die französischen Verhältnisse behandeln, für Deutschland: E. Ritter: Die katholischsoziale Bewegung Deutschlands im 19. Jahrhundert und der Volksverein, Köln 1954.

schluß, den die Auseinandersetzung zwischen den Christlichen Demokraten und der Kirche erreicht hat, erleichtert dabei die unvoreingenommene Würdigung auch der heterodoxen Vorläufer der modernen christlich-demokratischen Parteien,[118] wie umgekehrt mit dem Schwinden des Mißtrauens gegenüber dem politischen Katholizismus auch in nichtkatholischen Kreisen allmählich eine klare Einsicht in die Notwendigkeit wie in die Problematik katholischer Politik im nachrevolutionären Zeitalter sich durchzusetzen beginnt. Die Frühgeschichte der Christlichen Demokratie in Europa, die in den vorhandenen Darstellungen noch zu sehr im Licht der „leoninischen Wende" gesehen oder am (erst später entwickelten) Gehalt katholischer Soziallehren gemessen wird,[119] dürfte durch eine solche Blickverschiebung nicht nur neue Farbe, sondern auch stärkere Aktualität gewinnen.

---

[118] Eine Übersicht über den Stand der Forschung geben R. Aubert, J.-B. Duroselle und A. Jemolo: Le Libéralisme religieux au XIXe siècle, in: Relazioni del X Congresso Internazionale di Scienze Storiche, Vol. V, Florenz 1955; Les catholiques liberaux au XIXe siècle (siehe Anm. 29) und J.-M. Mayeur, Des Partis catholiques à la Démocratie chrétienne. 1980.

[119] Die Schwierigkeit, den liberalen und den sozialen Katholizismus auf eine einheitliche Formel zu bringen, ist wohl auch der Grund dafür, daß die vorhandenen Darstellungen, so verdienstlich sie in vielen Punkten sind, in der doktrinären Bestimmung der Christlichen Demokratie fast durchweg versagen. Fogarty hilft sich mit sehr weiten Formeln über diese Verlegenheit hinweg (nicht ohne die Problematik seines Versuchs zu empfinden), während Vaussard nur eine soziologische, nicht aber eine doktrinäre Bestimmung der Christlichen Demokratie gibt (vgl. dazu die Kritik von M. Reinhardt, RH 217 [1957]).

IV. Methodische und terminologische Fragen

1. Die ersten christlich-demokratischen Bildungen in Frankreich gehören noch der Vorgeschichte der Parteien an. Es handelt sich noch nicht um fertige Parteien, sondern um lose Parteiungen, um Gruppen von verschiedener Struktur und wechselnder Festigkeit des Zusammenhalts. Da sind literarische und philosophische Zirkel, die sich um eine berühmte Persönlichkeit gruppieren, wie der Kreis um Chateaubriand und Lamartine; klösterliche Vereinigungen wie die Lamennais-Schule in La Chênaie; logenartige Gruppen wie die um den von den *Amis de la vérité* abgesprungenen Buchez; schließlich parteiähnliche Verbindungen wie der von Arnaud de l'Ariège 1849 begründete *Cercle de la Démocratie catholique*, dem freilich keine lange Lebensdauer beschieden war.[120] Die wichtigsten Richtungen des demokratischen Katholizismus verfügen über eigene Organe, die einen bequemen Zugang für Nachforschungen bieten; so kommt der demokratische Spiritualismus der Revolution in zahlreichen Zeitschriften und Broschüren, von denen die des sogenannten «*Cercle social*» die wichtigsten sind, zu Wort, der liberale Katholizismus von 1830 im *Avenir,* die Buchez-Schule im *Européen* und im *Atelier,* die Christliche Demokratie von 1848 in der *Ère nouvelle.* Neben den publizistischen Tageserzeugnissen stehen größere Werke, die nicht nur als literarische, sondern auch als politische Ereignisse gewirkt haben, wie die Schriften von Lamennais, Buchez und Lacordaire. In ihnen spiegelt sich, was den Katholizismus der Revolutions- und Restaurationszeit in Frankreich bewegt: die Auseinandersetzung mit den Ideen der Aufklärung; der Kampf um die gallikanische Tradition; die Abwehr der staatskirchlichen Übergriffe der Regierung; die erste tastende Beschäftigung mit den sozialen Problemen, welche die Revolution unerledigt gelassen hatte. Hier ist der Ort, wo die lebendigsten Kräfte im französischen Katholizismus sich begegnen und gemeinsam nach einer religiös-politischen Neuorientierung suchen.

Die Frühgeschichte der christlich-demokratischen Parteien läßt

---

[120] J.-B. Duroselle: Arnaud de l'Ariège et la Démocratie chrétienne (1848–1851), Paris 1949 (Maschinenschrift).

sich nicht darstellen als ein Kapitel politischer Soziologie unter andern; sie kann auch nicht in den engen Rahmen der Parteiengeschichte gefaßt werden. Denn ebensogut ist sie ein Kapitel *Religionssoziologie* und *Kirchengeschichte.* Die Zeugnisse bestätigen es auf Schritt und Tritt: der unmittelbare Anstoß zur Bildung christlich-demokratischer Parteien ist in der veränderten Lage der Kirche nach der Französischen Revolution zu suchen. [121] Dabei sind die Veränderungen in der äußeren Stellung der Kirche nicht zu trennen von den Wandlungen in ihrem Innern: der Rang, den die Kirche in der Öffentlichkeit einnimmt, die soziale Verfassung, in der sie lebt, wirken auf die Theologie ein und umgekehrt. Es ist kein Zufall, daß Lamennais sowohl die staatskirchliche Praxis des Bourbonenregimes wie deren gallikanische Substrukturen bekämpfte [122] und daß anderseits dem Hervortreten des Laientums in der französischen Kirche die Entstehung einer spezifischen *Laientheologie* vorausging, deren Ouvertüre das Papstbuch Joseph de Maistres bildete. [123]

Hier wird man die Mahnung beherzigen müssen, „daß Religionsgeschichte nicht einfach als Geistesgeschichte betrieben werden kann" [124]. Ein Organismus, der in so viele Lebensbezirke hineinreicht wie die Kirche, läßt sich nicht künstlich auf die Dimensionen einer religiösen Weltanschauungslehre verkleinern. In unserm Fall scheint es zwar angemessen, den geistesgeschichtlichen Gesichtspunkt in den Vordergrund zu rücken und, dem Sprachgebrauch des 19. Jahrhun-

---

[121] Es sei hier nochmals an die bereits zitierte Äußerung E. Mouniers erinnert (vgl. S. 19), der schreibt: „Dans la situation sociologique où se trouvent les milieux chrétiens d'Europe, si ces partis n'existaient pas, il faudrait les inventer." L'Agonie du Christianisme? in: Esprit, Mai 1947. Dieser Satz war auf die christlichen Parteien gemünzt, die in Europa nach dem Zweiten Weltkrieg entstanden. Es gilt aber mutatis mutandis für den gesamten nachrevolutionären Katholizismus. „Le parti catholique, d'abord repoussé par l'Eglise officielle, tend à devenir officiel à son tour", bemerkte schon Renan, a.a.O. S. 27.

[122] Lamennais begann seine schriftstellerische Laufbahn mit den (gemeinsam mit seinem Bruder veröffentlichten) Réflexions sur l'état de l'Eglise en France pendant le dix-huitième siècle, et sur sa situation actuelle (1808), einer historischen Kritik des Gallikanismus, die von Napoleon verboten wurde.

[123] de Maistre entschuldigte sich in der Vorrede noch ausdrücklich „qu'un homme du monde s'attribue le droit de traiter des questions qui, jusqu'à nos jours, ont semblé exclusivement dévolues au zèle et à la science de l'ordre sacerdotal." Du pape, Œuvres Bd. III, S. 1. – Zur Entstehung der modernen Laientheologie vgl. die Bemerkungen von S. Merkle in seinem Aufsatz: Die Anfänge französischer Laientheologie im 19. Jahrhundert, in: Wiederbegegnung von Kirche und Kultur in Deutschland (Festgabe Karl Muth), München 1929.

[124] O. Brunner: Abendländisches Geschichtsdenken, Hamburger Universitätsreden 17, 1954, S. 32.

derts folgend, von „Katholizismus" statt von *Kirche*, von „Christentum" statt von *Christenheit* zu sprechen. Denn wir bewegen uns ja mit unserm Thema nicht im Zentralbezirk des Glaubens, sondern im Zwischenbereich einer politischen Theologie; wir haben es, zunächst wenigstens, nicht mit den Inhalten der kirchlichen Verkündigung, sondern mit säkularisierten Formen des Christentums zu tun, deren Ursprünge in den Schriften Rousseaus, Chateaubriands und Saint-Simons liegen. Doch darf darüber nicht vergessen werden, daß die Randpositionen der Christlichen Demokratie, die vor hundert Jahren noch häretisch schienen, vom kirchlichen Bewußtsein im Lauf des 19. und 20. Jahrhunderts allmählich eingeholt worden sind. Das katholische Urteil über die Demokratie dürfte heute kaum anders lauten als jenes, das Lamennais vor hundertdreißig Jahren formulierte. Indem aber die Kirche den Auffassungen der Christlichen Demokraten entgegenkam [125] – während gleichzeitig in der Christlichen Demokratie ein Zug zur kirchlichen Orthodoxie hervortrat, der diese Annäherung erleichterte –, konnten Ideen, die sonst nur geistesgeschichtliches Interesse hätten, geschichtsformenden Rang und politische Wirkungskraft erhalten.

Was wir beobachten, ist also ein Doppeltes: ein Vorgang innerhalb der *Kirche* und ein Vorgang in der Geschichte der modernen *Demokratie*. Das eine, die *Anpassung der Kirche an den modernen demokratischen Laienstaat*, ist durch die Schriften von Maritain [126], Lecler [127] und Murray [128] in seinen religiösen und theologischen Konsequenzen bereits erhellt worden. Das andere, die *Herausbildung einer Sonderform der Demokratie aus christlicher Inspiration* (in Auseinandersetzung mit dem jakobinischen Staatstyp), harrt, trotz der Vorarbeiten von Rohden [129], Gurian, Roger, Hours, Biton, Vaussard und Fogarty, noch einer zusammenfassenden Darstellung. Unsere Arbeit will diese Darstellung nicht geben; sie beschränkt sich ausdrücklich auf die *Vor- und Frühgeschichte der Christlichen Demokratie in Frankreich*. Sie will jedoch die vorhandenen Untersuchungen nach zwei Richtungen hin ergänzen: in Hinsicht auf das Problem des *revolutionären Ursprungs* der Christli-

---

[125] Dazu W. Gurian, in: Perspektiven 3, 1953, S. 69 ff., u. J. C. Murray, ThSt X (1949), S. 177 ff. u. S. 409 ff.
[126] J. Maritain: Humanisme intégral, 1936, und die in Anm. 37 zitierten Werke.
[127] J. Lecler: L'Eglise et la souveraineté d'Etat, Paris 1946.
[128] Dazu der oben erwähnte Aufsatz von Murray und vom gleichen Verfasser: Leo XIII on Church and State: The General Structure of the Controversy, und Leo XIII: Separation of Church and State, ThSt XIV (1953), S. 1 ff. und S. 145 ff.
[129] P. R. Rohden: Zur Soziologie des politischen Katholizismus in Frankreich, ASO Bd. LXII (1919), S. 498 ff.

chen Demokratie, und in Hinsicht auf den Zusammenhang von katholischem *Liberalismus* und katholischem *Traditionalismus*.[130]

2. Noch ein Wort zur *Terminologie*. Wenn im folgenden von *Christlicher Demokratie* die Rede ist, so wird dieses Wort in einer doppelten Bedeutung gebraucht. Im engeren Sinne steht es dort, wo der französische Gegenbegriff *démocratie chrétienne* seine Anwendung rechtfertigt: hier bezeichnet es die *christlich-demokratische Idee und Ideologie* im eigentlichen Sinn. In einer weiter gefaßten Bedeutung steht es, um zusammenfassend die verschiedenen Formen des politischen Katholizismus in nachrevolutionärer Zeit zu kennzeichnen, jene eingeschlossen, die, wie die konservativ-katholische Sozialbewegung in Frankreich, nicht demokratisch sind oder die, wie der liberale Katholizismus, die Demokratie nur als Experiment, nicht aber als eine Weltanschauung betrachten.[131]

Weiter wird von einer *soziologischen Kirchenauffassung*, von *soziologischem Katholizismus* gesprochen werden. Damit ist nicht so sehr die soziale Seite der Kirche als vielmehr, im Anschluß an Waldemar Gurian, eine geistige Haltung gemeint, die in der Kirche *nichts als eben diese äußere soziale Seite* sieht: eine Auffassung also, die den Offenbarungsanspruch des Christentums verneint und das katholische Dogma umdeutet in eine positive menschliche Setzung.[132]

Endlich wird an vielen Stellen von *Gallikanismus* und *gallikanischem*

---

[130] Durch diese zeitliche Abgrenzung soll ein doppeltes Extrem vermieden werden, das vor allem in der französischen Forschung hervortritt. Hier hat man entweder den Ursprung der christlich-demokratischen Ideenwelt bis in die Zeit des „parti dévot", der Ligue, ja der Bourguignons zurückverfolgt (Hours), oder man ließ die Geschichte der Christlichen Demokratie mit dem liberalen Lamennais von 1830 beginnen (Borne, Vaussard), ohne dessen Ursprung aus dem katholischen Traditionalismus zu beachten. Die vorliegende Arbeit sucht nachzuweisen, daß die Geschichte der Christlichen Demokratie in Frankreich mit der Französischen Revolution beginnt.

[131] Diese doppelte Verwendung des Begriffs wurde gewählt, um den geschichtlichen Zusammenhang zwischen katholischen Traditionalisten, Liberalen und Demokraten nicht zu zerreißen. Beschränkt man sich auf die engere Bedeutung des Wortes, so stößt man freilich auf ein Paradox, das J. Hours, a.a.O. S. 113, so formuliert hat: „Les fondateurs de la ‚démocratie chrétienne' n'étaient pas des démocrates."

[132] Diese Auffassung hat ihre klassische Prägung gefunden bei Voltaire, Saint-Simon, Comte, Taine, Maurras. Zum Problem des katholischen Positivismus vgl. H. Friedrich: Das antiromantische Denken im modernen Frankreich. Sein System und seine Herkunft (= Münchner romanistische Arbeiten 4), München 1935, S. 216 ff. und S. 297, und H. de Lubac: Le drame de l'humanisme athée, Paris 1945, Teil II.

System die Rede sein. Man wird sich dabei vor Augen halten müssen, daß der Gallikanismus in der Zeit, die wir betrachten, bereits im Begriff ist, sich aus einem kirchenpolitischen System in eine nationalistische Ideologie zu verwandeln und sich in die Literatur zurückzuziehen.[133] Denn seine sozialen und politischen Voraussetzungen sind seit der Revolution zerstört. Der Zusammenhang zwischen der Entstehung der christlich-demokratischen Bewegungen und den inneren Veränderungen im französischen Katholizismus nach der Revolution wird hier noch einmal deutlich. Die Ausbildung eines politischen Katholizismus läuft parallel der Ablösung der französischen Kirche vom gallikanischen Wurzelgrund der Vergangenheit. Die Kirche zieht sich aus ihrem politischen Dominium zurück, sie überläßt den katholischen Laien das Feld der Temporalien, ein Zeichen, daß das *Ancien Régime* auch auf religiösem Gebiet zu Ende geht und daß für die französischen Katholiken eine neue Zeit begonnen hat.

---

[133] J. Wilhelm: Das Fortleben des Gallikanismus in der französischen Literatur der Gegenwart (= Münchner romanistische Arbeiten 2), München 1933.

Erster Teil

Demokratie und Kirche: der revolutionäre Verschmelzungsversuch (1789–1794)

In der Geschichte der Beziehungen von Kirche und moderner Demokratie bildet die Französische Revolution einen Abschnitt von besonderer Wichtigkeit. Die Folgen, die sie für die Stellung der Religion im öffentlichen Leben Europas gehabt hat, sind kaum zu überschätzen. Doch verdankt die Revolution diese Bedeutung nicht eigentlich ihrem religiösen, sondern vielmehr ihrem antireligiösen Charakter. Sie unterscheidet sich damit von allen vorangegangenen europäischen Revolutionen. Denn diese hatten sich dem religiösen Sinn der Zeitgenossen gerade dadurch eingeprägt, daß sie in Einklang standen mit den mächtigsten religiösen Bewegungen ihrer Zeit; in der Französischen Revolution dagegen scheint von Anfang an alles auf eine Machtprobe zwischen religiöser und politischer Autorität hinauszulaufen; der Konflikt bricht schon im ersten Stadium der Revolution aus und steigert sich rasch zu einem blutigen Ringen, das alle anfängliche Gemeinsamkeit der beiden Mächte mit sich reißt. Es überrascht nicht, daß sowohl den Revolutionären als auch ernsthaften Katholiken eine Versöhnung zwischen Kirche und Revolution lange Zeit unmöglich schien: zu mächtig war der Zusammenprall gewesen, zu viele Opfer waren auf beiden Seiten gebracht worden, als daß ein Einlenken anders erscheinen konnte denn als Verrat an der Sache eines Glaubens.

Dieser Ablauf der Dinge ist um so erstaunlicher, als die Französische Revolution, sieht man genauer hin, der Beimischung religiöser und christlicher Elemente (die sich ja mehr oder minder in allen Revolutionen finden) keineswegs entbehrt. Man braucht sich nur in ihre Dokumente zu vertiefen, ihre Reden und Erklärungen zu hören, um in dem bald schwärmerisch-exaltierten, bald feierlich-sonoren Ton die Stimme des Predigers, die Gebärde des Propheten wiederzuerkennen. Nicht umsonst hat man gerade im Hinblick auf die Revolution von 1789 von einer *explosion d'idéalisme chrétien laïcisé* gesprochen.[1] Auch für die praktische Kirchenpolitik gilt, daß die Revolution keineswegs als eine antikirchliche Bewegung begonnen hatte; vielmehr

---

[1] J. Maritain: Christianisme et Démocratie, Paris 1945, S. 20.

standen ihre Anfänge im Zeichen einer engen Allianz kirchlichen und politischen Reformwillens. Das beweisen die *Cahiers*, die voll sind von Loyalitätsäußerungen gegenüber der katholischen Religion,[2] das beweisen zahlreiche Erklärungen von Geistlichen am Vorabend des Zusammentritts der Generalstände,[3] das beweisen die kirchlichen Feierlichkeiten, mit denen der Akt der Eröffnung und die späteren Beratungen der Versammlung umkleidet wurden. Die berühmte, oft geschilderte Szene, wie die Vertreter der drei Stände in feierlicher Prozession, brennende Kerzen in den Händen, zur Kirche des heiligen Ludwig in Versailles ziehen, rückt die politisch-religiöse Einheit ins hellste Licht. Und wie die Generalstände, so behielt auch die aus ihnen hervorgegangene Nationalversammlung den Brauch bei, politische Entscheidungen von besonderer Tragweite mit religiösem Zeremoniell zu umgeben; so lieh sie dramatischen Höhepunkten den Glanz kirchlichen Gepränges, feierte Messen für die Bastillestürmer und ließ die berühmte Nachtsitzung vom 4. August 1789, in der die Privilegien der alten Stände fielen, mit einem feierlichen Tedeum ausklingen. Wo immer sich die maßgebenden Wortführer der Revolution über kirchliche Probleme äußerten – und sie taten es oft und ausgiebig –, da betonten sie ihre Anhänglichkeit an die römische Kirche und brachten ihren Willen zum Ausdruck, dieser Kirche auch in dem neuen Staatsbau einen würdigen Platz zu schaffen. Es blieb dabei nicht bei bloßen Versicherungen; vielmehr war die Kirchenpolitik der Nationalversammlung, wie heute allgemein anerkannt wird, anfangs tatsächlich von dem Wunsch nach enger Zusammenarbeit mit der katholischen Kirche geleitet. Man wollte Kirche und Staat keineswegs trennen, sondern im Gegenteil zur Einheit verschmelzen. Selbst die Zivilkonstitution des Klerus – obwohl sie später zum Anlaß des Konflikts zwischen Kirche und Revolution werden sollte – war ursprünglich nur ein besonders augenfälliger Ausdruck dieser Verschmelzungstendenzen, die der laizistische Historiker Albert Mathiez wohl auf die knappste Formel gebracht hat, wenn er – nicht ohne guten Anhalt in

---

[2] Dazu A. Denys-Buirette: Les questions religieuses dans les cahiers de 1789, Paris 1919; ferner P. de la Gorce: Histoire religieuse de la Révolution française, Paris 1909 (hier zit. nach der Neuauflage von 1948), Bd. I, S. 97 ff.
[3] Hier sind besonders die Schriften des königlichen Hofpredigers Claude Fauchet zu erwähnen: Oraison funèbre de Louis, duc d'Orléans, Paris 1786; De la religion nationale, Paris 1789. – Zur politischen Haltung des Klerus vor der Revolution vgl. A. Wahl: Vorgeschichte der französischen Revolution, Tübingen 1905/07, Bd. II, S. 227 ff., M. Göhring: Geschichte der Großen Revolution, Bd. I, Tübingen 1950, S. 303, 324 ff. und 327, und Gurian, a. a. O. S. 15 ff. Ferner K. Heinrichs: Die politische Ideologie des französischen Klerus bei Beginn der großen Revolution (Phil. Diss.), Kiel 1934.

den Quellen – von einem *mariage de L'Église et de l'État,* einer Hochzeit von Staat und Kirche sprach.⁴

Erscheint es aber dann nicht wie ein historisches Paradox, daß gerade die Absicht, die Kirche mit dem revolutionären Staat aufs engste zu verschmelzen, ja sie gänzlich in ihm aufgehen zu lassen, zu jener scharfen Gegenüberstellung beider Mächte führte, die in einen jahrelangen Kampf und schließlich in die Trennung von Staat und Kirche münden sollte? Der laizistischen Geschichtsschreibung jedenfalls ist dieser Ausgang stets unverständlich erschienen. Sie hat daher auch immer wieder nach dem Schuldigen gesucht und ihn in der katholischen Kirche zu finden vermeint – nicht ohne dabei freilich den Widerspruch der katholischen Historiker herauszufordern.⁵ Bis heute droht so in Frankreich jede Erörterung über die Ursachen des Konflikts von Kirche und Revolution in einen Wirbel politischer Auseinandersetzungen zu geraten.

Eine sachliche Beurteilung wird daher nur möglich sein, wenn man die Partner, die an diesem ungleichen Kampf beteiligt waren, näher betrachtet: die katholische Kirche und den revolutionären Staat. Daß beide nämlich zu Anfang der Revolution über ihr eigenes Wesen durchaus im unklaren waren – so daß sich ihnen erst im Angriff aufeinander enthüllte, wer sie waren und was sie wollten –, hat zur Entstehung jener Mißverständnisse, die im Ruf nach einer Verschmelzung von Kirche und Revolution gipfelten, nicht unwesentlich beigetragen und damit auch das historische Urteil in einer bestimmten Weise vorgeprägt.

Was die katholische Kirche angeht – genauer muß man von der gallikanischen Kirche sprechen –, so war sie 1789 zwar zur Mitarbeit an der Neugestaltung des Staates bereit und beteiligte sich dementsprechend auch an den Verfassungsarbeiten der Nationalversammlung. Aber sie suchte in den Beratungen nicht nur politische Ziele zu verwirklichen; ebensosehr lag ihr daran, die eigenen überlieferten Rechte mit verfassungsmäßigen Mitteln zu sichern. Im Hinblick auf die politische Neugestaltung Frankreichs verfocht die Kirche ein revolutionä-

---

⁴ A. Mathiez: Le mariage de l'Eglise et de l'Etat, in: L'Eglise et la Révolution française, Revue des Cours et Conférences 33, 1 (1931/32), S. 448–459. Mathiez kommt zu dem Schluß: „C'est moins encore par sa vertu propre que par son propre échec, que la Constitution civile du Clergé va préparer la voie à des solutions de plus en plus laïques, philosophiques, antichrétiennes (S. 459)."
⁵ Vgl. dazu die Übersicht, die Erdmann, a. a. O. S. 33 ff. über die Darstellung des Problems in der akademischen Revolutionshistorie, vor allem bei Aulard und Mathiez, gibt, und neuerdings B. Plongeron: Conscience religieuse en Révolution. Regards sur l'historiographie religieuse de la Révolution française, 1969.

res *und* ein traditionalistisches Ziel; sie war gewillt, den Staat zu reformieren, aber sie verteidigte zugleich die kirchlichen Positionen. Diese Doppelstellung, die politisch zur Haltung eines gemäßigten Reformismus führen mußte, kam jedoch, je mehr die Revolution sich radikalisierte, in Konflikt mit jener andern Auffassung, die in der Revolution einen Akt politischer Neugründung, eine Gelegenheit zu einer umfassenden politisch-religiösen Neuordnung *par la seule raison* sah. Der Gedanke der politisch-religiösen Einheit, der Kirche und der Revolution anfänglich zu verbinden schien, geriet auf diese Weise ins Zwielicht einer doppelten Auslegung: Während die Vorstellungen der Kirche im traditionellen Bannkreis der „Heiligen Monarchie" blieben und auf die Bewahrung des Katholizismus als Staatsreligion, auf die demokratische Legitimierung der kirchlichen Rechte in der Verfassung abzielten, schwebte den „Philosophen" als radikalen Interpreten des revolutionären Geistes viel eher eine Sanktion der neuen Verfassung durch religiöse Autoritäten vor – ein Gedanke, der schon in der Aufklärungsphilosophie, vor allem von Rousseau, geäußert worden war und der auch in den Verfassungberatungen der Constituante seinen Niederschlag fand.[6]

Was die revolutionären Kräfte eigentlich erstrebten, ist freilich nicht leicht zu sagen, weil sich ihre Absichten erst allmählich (und zwar gerade im Kampf gegen den Widerstand der Kirche) zu klaren Zielen formten. Sicher ist jedoch, daß die Verfechter einer revolutionären *Neugründung* – hierin in klarem Gegensatz zum gemäßigten Reformertum der geistlichen *Constituants* – die Kirche nicht als etwas betrachteten, das unverändert in die neue politische Ordnung übernommen werden konnte, und daß sie mit ihren Reformwünschen auch vor der Schranke des kirchlichen Selbstbestimmungsrechts und der kanonischen Formen keineswegs haltzumachen gedachten. Zwar zeigt gerade eine nähere Betrachtung der revolutionären Kirchenpolitik die Vielfalt der an ihr beteiligten Kräfte und Ideen; leicht verschwimmt hier die Grenze zwischen dem, was als staatskirchliche Legistentradition aus dem *Ancien Régime* stammte, und dem, was als bewußte Neugestaltung im Sinn der *bonne politie* antiker Staaten und ihrer religiös-politischen Einheit gemeint war; beide Traditionen wirken in der Tat so eng zusammen, daß den Revolutionären bei der politischen Neugestaltung des Verhältnisses von Staat und Kirche nicht nur die Berufung auf die Staatsphilosophie Rousseaus, sondern auch der Rekurs auf das „gute alte Recht" der gallikanischen Überlieferung

---

[6] Vgl. Erdmann, S. 99 ff.

offenstand. Doch gab es ohne Zweifel eine Grenze zwischen beiden Traditionen. Nirgends wird dies deutlicher als im Verlauf der revolutionären Krise selbst. Der Kult des „Höchsten Wesens" in den die von der Kirche emanzipierte revolutionäre Demokratie schließlich mündete, war zwar äußerlich eine *religion de patrie*, die an patriotische Traditionen anknüpfte, jedoch eine von völlig anderer Art, als es der Katholizismus in der alten Monarchie gewesen ist. Und auch der revolutionäre Staat trug trotz seines anfänglichen Widerstrebens gegen eine Trennung von der Kirche weit laikalere Züge und faßte seine Souveränität weit unumschränkter auf, als dies – bei aller Neigung zu Übergriffen in kirchliche Rechtsgebiete – unter den katholischen Königen der Fall gewesen ist. In der wechselnden Interpretation der kirchlich-staatlichen Beziehungen liegt der Unterschied zwischen Kirche und Revolution jedenfalls klar zutage: Während die Absicht des revolutionären Staates auf eine einseitige Besitzergreifung hinauslief, zielte die Kirche auf ein Abkommen gleichberechtigter Partner hin, ein Ansinnen, das gerade durch den (erst mit der Zeit hervortretenden) totalen Charakter der revolutionären Staatsidee unmöglich gemacht wurde. So enthüllt sich die Idee einer „Hochzeit von Staat und Kirche" nicht nur im Licht der späteren Ereignisse, sondern auch bei einer genaueren Prüfung der Ausgangsbedingungen als ein schwerwiegendes Mißverständnis.

Und doch lief im Frankreich des ausgehenden 18. Jahrhunderts alles auf ein solches Experiment zu, im Staat wie in der Kirche, im sozialen Leben wie in der philosophisch-religiösen Diskussion. Nirgends war ja die Verbindung zwischen Religion und Staatsform enger als in der alten Monarchie; in vielen Formen durchdrang sie das öffentliche und private Leben und fand in der feierlichen Salbung der Könige, der in Frankreich die Bedeutung eines Staatsakts zukam, ihren augenfälligsten Ausdruck. Da ein Bewußtsein staatlicher Zusammengehörigkeit oder gar ein modernes Nationalgefühl noch nicht vorhanden war,[7] blieb die Religion auf lange Zeit der stärkste Einheitsfaktor der

---

[7] D. Gerhard hat für das 17. Jahrhundert in bemerkenswerten Ausführungen auf die Grenzen der einheitsbildenden Macht des absolutistischen Staates hingewiesen und davor gewarnt, die zielstrebige Entwicklung zur Moderne hin zu übertreiben. Dies gilt, wie schon die Forschungen von H. Hintze gezeigt haben, auch für Frankreich und reicht in eine noch spätere Zeit. Als man hier zur Zeit der Jakobinerherrschaft Listen der Ausländer anlegen ließ, verzeichnete man in vielen Departements noch alle nicht in der alten Landschaft Geborenen. D. Gerhard: Regionalismus und ständisches Wesen als ein Grundthema europäischer Geschichte, HZ 174 (1952), S. 307–337, bes. S. 335. Vgl. auch K. von Raumer: Absoluter Staat, korporative Libertät, persönliche Freiheit, HZ 183 (1957), S. 55 ff.

französischen Gesellschaft; sie bestimmte auch in weitem Umfang den erst langsam sich verbreitenden Bereich profaner Politik. Wenn sich nun der Staatsbegriff von der Person des Monarchen löste und sich dem souveränen Volk verband, so lag es nahe, auch der alten Verbindung von Kirche und Staat einen neuen Sinn zu geben: an die Stelle der „Heiligen Monarchie" mußte dann eine „Heilige Demokratie", an die Stelle der königlichen eine demokratische Kirche treten. Gegenüber diesem Willen zur Umwandlung des Bestehenden fiel das in den ständischen Privilegien des Klerus verankerte Freiheits- und Selbständigkeitselement der Kirche um so weniger ins Gewicht, als die gleiche Revolution, die die öffentliche Gestalt des Katholizismus tiefgreifend umformte, auch den Adel entmachtete und an seine Stelle ein Bürgertum setzte, das von der Idee eines einheitlichen und gleichen Rechts ergriffen war und den Privilegien der Oberschichten feindlich gegenüberstand.

So führt jede Betrachtung der revolutionären Kirchenpolitik notwendig in die Staats- und Kirchengeschichte des *Ancien Régime* zurück. Hier liegt der Ausgangspunkt für die späteren Verwicklungen von Kirche und revolutionärer Demokratie, hier spinnen sich die Fäden für den Knoten, den die Revolution erst schürzte und dann mit einem Schwerthieb zu zerschlagen suchte. Wenn wir also nach dem Verhältnis von Kirche und Revolution fragen, müssen wir uns zunächst in einigen Strichen das kirchenpolitische Drama des *Ancien Régime* vergegenwärtigen, ein Drama, dessen Mitspieler die katholische Kirche, der absolutistische Staat und das aus beider Vormundschaft sich lösende französische Bürgertum sind. Darum mögen hier zu Anfang drei einführende Skizzen stehen, die in die neuere Kirchengeschichte, vornehmlich des 17. und 18. Jahrhunderts, zurückgreifen. Wir betrachten nacheinander: die Kirche (1); die Kirche im Staat (2); die Kirche in der entstehenden bürgerlichen Gesellschaft (3).[8]

---

[8] Zum folgenden: K. Eder: Die Kirche im Zeitalter des konfessionellen Absolutismus (1555–1648), Freiburg 1949; L. A. Veit: Die Kirche im Zeitalter des Individualismus (1648–1800), Freiburg 1931, beide in der Kirchengeschichte von J. P. Kirsch; H. Jedin (Hrsg.): Handbuch der Kirchengeschichte, Freiburg 1962ff., Bde. IV-VI (Neuausgabe 1985). Für die französischen Verhältnisse vgl. E. Préclin und E. Jarry: Les luttes politiques et doctrinales aux XVIIe et XVIIIe siècles, Paris 1955 (= Bd. 19 der Histoire de l'Eglise von A. Fliche und V. Martin).

I. Vorbereitung

1. In der katholischen Kirche gingen während der Zeit, die mit dem Konzil von Trient begann und mit der Französischen Revolution ihr Ende fand, tiefgreifende Wandlungen vor sich. Durch die Reformation und den ihr folgenden Sieg des territorialkirchlichen Absolutismus hatten sich die religiös-politischen Rahmenlinien gelöst, von denen bis ins Spätmittelalter hinein Kirche und Laientum, Päpste und Nationen in der europäischen Welt umschlossen worden waren. Die öffentliche Stellung der Kirche erschien verändert. Zugleich traten in ihrem Innern neue, von früheren Epochen ihrer Geschichte unterschiedene Züge hervor.

Die Kirche war der drohenden Auflösung in der Reformation dadurch entgangen, daß sie sich eng an die katholischen Fürsten anlehnte. Sie bezahlte diese Anlehnung freilich mit dem Verlust ihrer richterlich unabhängigen Stellung unter den europäischen Nationen. War es früher der Ehrgeiz des päpstlichen Stuhls gewesen, „alle zu richten, ohne von jemand gerichtet zu werden",[9] so blieb von solchen Ansprüchen im nachreformatorischen Europa nichts mehr übrig. Aus einer universalen Macht wurde das Papsttum zu einem Teil des mehr und mehr auf seine romanischen und slawischen Ränder zusammenschmelzenden *Corpus Catholicum,* und selbst in den katholischen Gebieten begann sein Einfluß mit der Zeit zu sinken. Nicht nur die protestantischen Staaten entzogen sich der päpstlichen Jurisdiktion;[10] auch die katholischen suchten die Bewegungsfreiheit der Kurie zu be-

---

[9] Bonifaz VIII., Bulle Unam sanctam: Ergo si deviat terrena potestas, iudicabitur a potestate spirituali; sed si deviat spiritualis minor, a sua superiori; si vero suprema, a solo Deo, non ab homine poterit iudicari; testante apostolo: Spiritualis homo iudicat omnia, ipse autem a nemine iudicatur. Mirbt, S. 211. Vgl. auch A. M. Koeniger: Prima sedes a nemine iudicatur, in: Beiträge zur Geschichte des christlichen Altertums und der byzantinischen Literatur, Festgabe Albert Ehrhard, Bonn–Leipzig 1922, S. 273–300.

[10] Die Bannbulle gegen Elisabeth I. von England (1570) war das letzte Absetzungsurteil, das ein Papst gegen einen regierenden Fürsten aussprach. Sie blieb praktisch wirkungslos. H. E. Feine: Kirchliche Rechtsgeschichte Bd. I, Weimar 1950, S. 434f.

schränken, indem sie ihre Kirchen nach außen abschlossen, die staatskirchliche Gesetzgebung ausbauten und schließlich ein eigenes Exklusivrecht bei der Wahl der Päpste in Anspruch nahmen.[11] Die Unabhängigkeit des Papsttums wurde dadurch immer fraglicher. Wenn die Theologie des ausgehenden sechzehnten Jahrhunderts von den Übersteigerungen der älteren Kanonistik abzurücken begann, wenn insbesondere Bellarmin die päpstliche Gewalt *in temporalibus* zu einer *potestas indirecta* herabminderte,[12] so waren das nur Folgerungen aus einem Machtverlust, der klar vor aller Augen lag. Wie weit er bereits fortgeschritten war, erhellt daraus, daß noch nicht einmal die abgemilderte Theorie Bellarmins sich in der politischen Wirklichkeit behaupten konnte.

Daß die nachtridentinische Ekklesiologie die Stellung des Papstes als des sichtbaren Hauptes der Kirche mit Entschiedenheit betonte, widerspricht diesem Sachverhalt nur scheinbar. Tatsächlich hing der hierarchische Kirchenbegriff, der im Zeitalter der Kontroverse die Oberhand gewann, mit der religiös-politischen Situation der Kirche nach Trient aufs engste zusammen.[13] In der Betonung der sichtbaren Merkmale der Kirche, in der Hervorhebung des päpstlichen Primats spiegelt sich nicht nur der Widerspruch der katholischen Theologie gegen die *Ecclesia invisibilis* der Reformatoren; auch an die Lage des in isolierte nationale Kirchentümer aufgesplitterten europäischen Katholizismus ist hier zu denken, der ein Bewußtsein seiner Einheit nur noch im Blick auf die päpstliche Spitze, nicht mehr in einer über die nationalen Schranken hinwegreichenden Glaubensgemeinschaft zu finden vermochte.[14] Dementsprechend beschränkte sich die Ekklesio-

---

[11] A. Eisler: Das Veto der katholischen Staaten bei der Papstwahl seit dem Ende des 16. Jahrhunderts, Wien 1906.

[12] R. Bellarmin: Disputationes de controversiis christianae fidei adversus huius temporis haereticos, t. I, Contr. III, lib. V.

[13] Hierarchischer Kirchenbegriff: vor allem seit Bellarmin: Controversiae t. II, Contr. I, lib. III, c. 2. – Am stärksten ist die sichtbare Seite der Kirche betont in der Christianiae doctrinae latior explicatio, dem Katechismus Bellarmins: hier ist die Kirche definiert als „quaedam convocatio et congregatio hominum baptizatorum, qui eandem fidem et legem Christi sub Romani Pontificis oboedientia profitentur." Von einer „Verkürzung des Pneumatischen im gegenreformatorischen Kirchenbegriff Bellarmins" spricht F. X. Arnold: Grundsätzliches und Geschichtliches zur Theologie der Seelsorge, Freiburg 1949, S. 80 ff.

[14] Vgl. die Feststellungen von F. X. Arnold, a. a. O. S. 82: „Die Einheit der Kirche wird mehr vom Zusammenhang mit der Hierarchie als vom Gnadenwirken des Heiligen Geistes her begründet. Die antireformatorische Tendenz, Unterscheidungsmerkmale der wahren Kirche anzugeben, hatte gerade in der katechetischen Fassung der Lehre von der Kirche die altchristliche Idee von der Kirche als der

logie immer mehr auf den äußeren vertikalen Aufriß der Kirche und ließ die innere Gliederung, die der Begriff der *Communio sanctorum* umschreibt, unerörtert: man betrachtete das Leben der christlichen Gemeinschaft vornehmlich unter dem Gesichtspunkt seiner Beziehung zum Papst. Es ist kein Zweifel, daß die *innerkirchliche* Stellung des Papstes dadurch bedeutend verstärkt wurde. Da aber der Würde seines Amtes kein sinnfälliger Machterweis entsprach, konnten die Bemühungen der Theologen nicht verhindern, daß das Papsttum im Bewußtsein der katholischen Völker zu einem juristischen Begriff, einem bloßen *lien d'unité* verblaßte.

Mit der Veräußerlichung des Kirchenbegriffs und mit dem Schwinden des Gemeinschaftsgefühls unter den katholischen Völkern hing es auch zusammen, daß die Seelsorge in nachtridentinischer Zeit ein mehr und mehr individualistisches Gepräge annahm. Sie suchte den Menschen nicht mehr in seiner konkreten sozialen Umwelt, seinem „Stand" zu fassen (und konnte es auch nicht mehr, weil die anerkannten Ordnungen brüchig geworden waren), sie wandte ihre Aufmerksamkeit vielmehr in verstärktem Maß dem Individuum, dem Einzelmenschen zu. Es ist nicht zu bestreiten, daß die Bemühungen um eine verfeinerte Psychologie, das Eindringen in bisher verschlossene Seelenbezirke, die Loslösung vom typisierenden Schema der älteren Pastoral in vielen Fällen bedeutende Fortschritte gebracht haben. Ebenso unverkennbar ist freilich, daß gerade das Prinzip der Individualseelsorge der Kirche auf die Dauer die Kraft nahm, die noch bestehenden oder neu sich bildenden sozialen Gefüge mit ihrem Geiste zu durchdringen. Das Ergebnis war, daß das religiöse Leben verarmte und daß „die kollektive Entchristlichung des Abendlandes viel rascher voranschreiten konnte, als die vermeintliche Verchristlichung durch Individualseelsorge nachkam"[15].

---

geistgewirkten Heiligungsgemeinschaft nicht etwa ergänzt und gegen die Häresie vervollständigt, sondern abgelöst." Zu ähnlichen Ergebnissen kommt M. Ramsauer: Die Kirche in den Katechismen, ZkTh 73 (1951), S. 129–169 u. 313–346: „Die einseitige Betonung alles Sichtbaren führte zu einem Wandel in der Auffassung von der Kirche: Kirche sind nicht mehr alle Getauften in ihrer Gesamtheit..., sondern die hierarchischen Träger des Amtes, die mit heiligungs- und heilskräftigen Lehren und Mitteln die Menschen zum Heil führen. Das Ergebnis ist eine durch die Abwehrstellung heraufbeschworene und im lebendigen Glaubensbewußtsein vollzogene Trennung des an der Kirche in die Sichtbarkeit hinausragenden Elements von seiner unsichtbaren Gottbezogenheit, so daß es zur Veräußerlichung und Säkularisierung des Begriffs Kirche kam..." (S. 169). Für Frankreich vgl. Y. Congars Bemerkungen über Bossuets Katechismus in: Jalons pour une Théologie de Laïcat, Paris ²1954, S. 465.
[15] K. Thieme: Gott und die Geschichte, Freiburg 1948, S. 191.

Nicht nur im Abendland drohte die zunehmende soziale und politische Individualisierung die traditionellen Begriffe und den äußeren Rahmen der Verkündigung zu sprengen. Auch außerhalb der Grenzen der alten Christenheit stieß die Kirche plötzlich auf eine Vielfalt von Sprachen, Kulturen und Religionen, die neue Formen der Missionierung nötig machte. Seitdem Entdeckungen und Kolonisation das Tor zur außereuropäischen Welt geöffnet hatten, nahm die Mission an Ausdehnung ständig zu: die fernsten Völker begannen sich der christlichen Verkündigung zu erschließen. Mit dem Abstand der Kulturen wuchs jedoch zugleich die Schwierigkeit der Assimilation. Es ist oft auf den Zusammenhang zwischen Reformation und Weltmission hingewiesen worden, auf die Tatsache, daß im gleichen Augenblick, in dem die abendländische Christenheit ihre religiöse Einheit einbüßte, eine neue Phase der Ausbreitung des Christentums unter den außereuropäischen Völkern begann. Nichts gibt uns freilich Anlaß zu vermuten, daß dieses Zusammentreffen – oder gar die in ihm liegende Chance für die abendländische Christenheit – den Zeitgenossen bereits bewußt gewesen wären. Vieles, was wir aus der Missionsgeschichte des 16. und 17. Jahrhunderts erschließen können, deutet vielmehr darauf hin, daß die Zeit für eine wirkliche Begegnung mit der außerchristlichen Welt noch nicht reif war: zu mächtig war der Wille, das religiöse Leben in den Formen zu bewahren und weiterzugeben, wie sie sich im Abendland entwickelt hatten. Wo eine andere Haltung aufkam, wie bei den jesuitischen Chinamissionaren des 17. Jahrhunderts, die den religiösen Bräuchen der Heiden Toleranz erwiesen, da wurde sie von der Kirche ausdrücklich getadelt. Wenn dann im Ritenstreit eine grundsätzliche Entscheidung zugunsten der strengen Bindung an die abendländische Liturgieform fiel, so bestätigte sich damit, daß im kirchlichen Bewußtsein ein positiver Begriff historischer Vielfalt noch nicht vorhanden war. Kaum hatte die *querelle des cérémonies chinoises* die französische Kirche in zwei sich heftig befehdende Parteien gespalten, da erneuerte Bossuet in seinem *Discours sur l'histoire universelle* die eusebianische Geschichtstheologie, die der historischen Individualität nur im Kontext der Heilsgeschichte Bedeutung zuerkannte.[16]

---

[16] Zum Ritenstreit: Préclin-Jarry, a. a. O. S. 173 ff.; dort weitere Literatur. Über die literarischen Weiterungen des Streit: V. Klemperer: Geschichte der französischen Literatur im 18. Jahrhundert, Bd. I, Berlin 1954, S. 97 ff. Der Jesuitenschüler Voltaire, der die Chinamissionare verteidigte, hat die Geschichtsauffassung Bossuets kritisiert in seinem Essai sur les mœurs, den er mit einer Betrachtung der chinesischen Geschichte einleitete. Dazu W. Kaegi: Voltaire und der Zerfall des christlichen Geschichtsbildes, Corona, Bd. VIII, 1937/38.

Man kann die Haltung der Kirche gegenüber den außereuropäischen Missionsgebieten als einen Verteidigungsreflex auffassen, als eine Abwehr eben jener partikularen und individualistischen Strömungen, die die katholische Welt im Abendland bedrängten. Als solche ist sie ganz vom innereuropäischen Schicksal der Kirche seit dem 16. Jahrhundert bestimmt. Doch ist diese Anpassungskrise des Katholizismus nicht mit einem bloßen Beharren auf den überlieferten mittelalterlichen Strukturen zu verwechseln. Das zeigen zwei andere Lehrentscheidungen, die in die gleiche Zeit fallen: die Verurteilung des Jansenismus und des Quietismus. In beiden Fällen hat sich – wohl infolge der formalen Ähnlichkeit dieser Strömungen mit dem Protestantismus – in der Kirche eine gegenläufige, der Beharrungstendenz widersprechende Bewegung durchgesetzt, und dementsprechend zeigen auch die hier gewonnenen dogmatischen Abgrenzungen überraschend neue, ja moderne Züge. Im Jansenismus verurteilte die Kirche eine religiöse Geistesform, die sich der Aufgabe, ein neues Verhältnis zur Welt und zu den weltlichen Werten zu gewinnen, durch einen Rückzug auf den religiösen Individualismus Augustins entzog.[17] Und im Quietismusstreit gab sie gegenüber den Tendenzen der Weltabkehr denen recht, deren Ziel nicht die *foi nue* religiöser Innerlichkeit, sondern die welterobernde *propaganda fides* war.[18] Was im Fall der Missionen als bloßer Abwehrreflex erscheint, enthüllt sich hier in seinem positiven Sinn: der Wille nämlich, die Kirche als geschichtliche Gemeinschaft zu bewahren und sie weder ungeschützt der Assimilationskraft der neuentdeckten Wirklichkeiten noch der Innerlichkeit des persönlichen Gefühls (bei gleichzeitigem Rückzug aus der Gesellschaft) preiszugeben.

Niemand wird sagen können, daß mit diesen vorläufigen (und infolge der Schwäche des römischen Stuhls nur langsam sich durchsetzenden) Abgrenzungen schon eine Lösung der mit der Reformation,

---

[17] B. Groethuysen hat den Vorschlag gemacht, aus Gründen der geschichtlichen Klarheit statt Jansenisten Augustinianer zu sagen. „Nach dem Schwinden des in sich vollendeten, kollektiv bedingten mittelalterlichen Weltbildes bedeutet der Jansenismus eine Rückkehr des Individuums zu der augustinischen Problemstellung, die nun erst wieder innerhalb des Katholizismus in ihrer vollen Bedeutung erkannt wird ... Bei Augustinus war es der siegreiche Kampf gegen die untergehende antike Welt; bei den Jansenisten ist es der tragische Konflikt mit einer neu aufkommenden Welt. Die Jansenisten stützen sich dabei auf Augustinus, der ihnen allein den Weg zu zeigen vermag, auf dem das gläubige Individuum, ohne Zugeständnisse machen zu müssen, sich gegenüber der neu sich bildenden profanen Welt- und Lebensanschauung behaupten kann." Die Entstehung der bürgerlichen Welt- und Lebensanschauung in Frankreich, Bd. I, Halle 1927, S. 309.
[18] Dazu Préclin-Jarry, a.a.O. S. 165ff. und S. 191ff.

der tridentinischen Erneuerung und dem Beginn der Weltmission gestellten Aufgaben erreicht war. Ja, auf den ersten Blick scheint der Verlust an religiösem Ernst und Frömmigkeitssubstanz, der durch sie zunächst verursacht wurde, den möglichen Gewinn bei weitem zu überwiegen. Ihr relativer Wert lag jedoch darin, daß sie gegenüber allen Versuchen des Ausweichens und der Anpassung, gegenüber allen privaten und innerlichen Lösungen (die doch auf die Dauer den Öffentlichkeitsauftrag der Kirche in Frage stellen mußten), die Aufgabe einer neuen religiösen Weltorientierung unbeirrbar dort festhielten, wo sie eines Tages als Ganzes entschieden werden konnte, nämlich in der Kirche selbst.[19]

Nach der tödlichen Bedrohung durch die Reformation zunächst ganz auf Selbsterhaltung und Selbstbehauptung gestellt, fand sich die nachtridentinische Kirche fast überrascht als *Weltkirche* wieder. Sie stand nun vor der Aufgabe, auch innerlich zur Weltkirche zu werden. Das bedeutete, daß sich der Katholizismus in den folgenden Jahrhunderten sowohl den positiven Erfahrungen der Weltlichkeit wie auch den Gefahren der Verweltlichung gegenübersah, daß er der *laïcité* wie dem *Laizismus* ausgesetzt war. Das bedeutete weiter, daß die ausschließliche Vorherrschaft des aszetisch-mystischen Heiligkeitstyps zu Ende ging,[20] ein mächtiger Einstrom praktisch-aktiven Geistes einsetzte und das Gefüge der kirchlichen Stände sich auf die Dauer zugunsten des Laienelements verschob.

Noch treten freilich im 17. und 18. Jahrhundert die Laien in der Kirche nicht hervor. Es ist jedoch kein Zufall, daß der Orden, der die kirchliche Neuzeit am entschiedensten bestimmt hat, nämlich die Gesellschaft Jesu, schon rein äußerlich ein weitaus laikaleres Gepräge trägt, als es den älteren Formen des abendländischen Mönchtums gemäß war. Durch den Verzicht auf Mönchsgewand, Chorgebet und Bindung an einen festen Ort, durch straffe Zentralisierung bei weitge-

---

[19] Kritiker des gegenüber dem Jansenismus siegreichen Jesuitenordens übersehen leicht, daß der ethische Rigorismus von Port Royal in der französischen Gesellschaft nicht im entferntesten die Wirkungschance hatte, die sich unter anderen Verhältnissen dem angelsächsischen Puritanismus bot. Gegen ihn stellten sich ja nicht nur politische Intrigen und diplomatische Machenschaften, sondern das Lebensbedürfnis einer sittlichen Extremen abholden Gesellschaft selbst. Anderseits verkennt man das Wesen der Kirche, wenn man glaubt, sie hätte den Weg in eine innere Emigration persönlicher Vollendung freigeben können – selbst wenn die jansenistische Religiosität einen tieferen christlichen Gehalt gehabt hat als das herrschende Durchschnittschristentum der Zeit.
[20] Man kann den Jansenismus als eine letzte Reaktion gegen diese Entwicklung ansehen.

hender seelsorglich-wissenschaftlicher Spezialisierung hat der Jesuitenorden eine neue Form des monastischen Lebens entwickelt, die der Situation der Kirche im nachmittelalterlichen Europa entsprach und zugleich Ausdruck eines neuen kirchlichen Sendungsbewußtseins war. „Seine Gestalt als ‚Kirche nach außen' ist die Besiegelung des Aufhörens der alten Zeit einer nach innen geschlossenen ‚christlichen Welt' und das Anheben der neuen Zeit der ‚reinen Welt', in der die Kirche ... genau so wieder ‚Mission' ist wie in der Zeit der christlichen Antike."[21] Als Vertreter einer laikalen Form des Mönchtums, als Stützen des päpstlichen und als Gegner des fürstlichen Absolutismus, als anpassungsfreudige Modernisten, die doch gleichzeitig die alten Strukturen der „Christenheit" in der katholischen Barockgesellschaft restaurierten, stehen die Jesuiten kirchlich wie politisch in einer Zeit des Übergangs. Ihre geistlich-weltliche Doppelaufgabe ist im übrigen nur von kurzer Dauer. Mit dem Verfall der Absolutismus treten sie aus ihrer vorgeschobenen Stellung wieder zurück. Ihre Aufgaben werden vom katholischen Laientum übernommen.[22]

2. Das europäische „Schiedsrichteramt" des Papstes[23] schwand mit dem Schisma und der Reformation dahin. Der päpstliche Absolutismus aber lebte fort im fürstlichen Absolutismus der europäischen Staaten.[24]

---

[21] E. Przywara, Ignatianisch, Frankfurt 1956, S. 85.
[22] Im Gegensatz zu ihren Vorgängern sind die Jesuiten des 19. Jahrhunderts, vor allem in Frankreich, auch politisch konservativ. Die Rolle des „linken Flügels" in der Kirche wird dagegen von den französischen Dominikanern übernommen. Die Positionen des 17. Jahrhunderts erscheinen so im 19. Jahrhundert vertauscht.
[23] Dieser Ausdruck ist wohl am angemessensten, um die europäische Stellung des Papsttums seit dem Investiturstreit zu bezeichnen. Dennoch muß betont werden, daß es sich dabei mehr um eine moralische als um eine politische Autorität handelt. Vgl. hierzu die Feststellungen G. Tellenbachs: „Es ginge ... zu weit, wenn man dem Papst (sc. nach dem Investiturstreit) eine ganz Europa zusammenfassende Gewalt zuschriebe. Der Ausdruck ‚päpstliche Weltherrschaft' erscheint bei genauerem Zusehen oberflächlich." Die Bedeutung des Reformpapsttums für die Einigung des Abendlandes, in: Studi Gregoriani Bd. II, Rom 1947, S. 148. Zurückhaltend auch E. Kantorowicz: The problem of medieval World Unity, in: Annual Report of the American Historical Association for the year 1942, vol. III, S. 31–37, der den Unterschied, der in diesem Punkt zwischen Westeuropa und Byzanz besteht, hervorhebt und auf den nichtpolitischen Charakter der mittelalterlichen Welteinheit hinweist: „Medieval World Unity, as conceived in East and West is primarily eschatologic and its reality is identical with the Lord's real presence in the sacraments (S. 37)."
[24] Grundlegend: S. Mochi Onory: Fonti canonistiche dell'idea moderna dello Stato, Mailand 1951. Ferner W. Ullmann: The growth of papal government in the

Der lockeren staatlichen Verfassung des Mittelalters entsprechend hatten Kirche und weltliche Herrschaft jahrhundertelang im Abendland ein Kondominium über viele Lebensbereiche ausgeübt. Zwischen beiden hatte sich allmählich ein Gleichgewichtszustand herausgebildet. An Störungen fehlte es freilich nicht, sei es, daß die Kirche gegenüber der übermächtigen Feudalwelt auf ihre Freiheitsrechte pochte, sei es, daß der im Vordringen begriffene moderne Staat eben diese Rechte unter seine Aufsicht zu bringen suchte. Aber trotz der schon vor dem Investiturstreit einsetzenden Tendenz zur Vergeistlichung der weltlichen und zur Verweltlichung der geistlichen Ämter [25] vermochte doch keine der beiden Mächte die andere in ihrem Besitzstand wesentlich zu schmälern oder gar aus ihrer Stellung zu verdrängen; die Einheit der mittelalterlichen Welt blieb, zumindest im Abendland, eine Einheit aus Gegensätzen. Es ist bemerkenswert, daß in dem jahrhundertelangen, immer wieder erneuerten Ringen von Kirche und weltlicher Herrschaft die angegriffene Seite stets auf die gelasianische Zweigewaltenlehre zurückgriff, um sich gegen den Anspruch eines zügellosen religiös-politischen Monismus zu sichern: dies taten sowohl die Kirche gegenüber dem Kaiser wie auch die Könige gegenüber dem Papst. [26] So wurde immer wieder ein Ausgleich gefunden zwischen den Privilegien der Kirche und den Forderungen des Staates; das mittelalterliche Recht, das einen modernen Souveränitätsbegriff nicht kannte, kam dieser juristisch nicht festgelegten, aber als stillschweigende Regel von beiden Seiten anerkannten Gewaltverteilung entgegen. Dieser Zustand änderte sich erst, als Kanonisten und Legisten die römische Souveränitätslehre erneuerten und dem nie ganz erloschenen Gedanken der religiös-politischen Einheit eine Fassung gaben, die der bisherigen lockeren Überschichtung der Kompetenzen ein Ende machte und Staat und Kirche mit scharfer Front einander gegenübertreten ließ. Erst jetzt stieß auch die päpstliche Kanonistik zu der übersteigerten Forderung einer unmittelbaren Gewalt *in temporalibus* vor, während im Gegenschlag dazu die ersten radikalen Volkssouveränitäts-

---

Middle Ages. A study in the ideological relation of clerical to lay power, London 1955. Die Umwandlung kanonistischer Souveränitätslehren bei den Legisten verfolgt an einem Einzelbeispiel E. Kantorowicz: Mysteries of State. An absolutist concept and its late medieval origins, in: The Harvard Theological Review, Jan. 1955, S. 65–91. Vgl. jetzt auch den Aufsatzband des gleichen Autors: The king's two bodies, Princeton University Press 1957.
[25] P. E. Schramm: Sacerdotium und regnum im Austausch ihrer Vorrechte, in: Studi Gregoriani Bd. II, Rom 1947, S. 406–457.
[26] Schramm, a. a. O. passim.

lehren entstanden, die umgekehrt die absolute Gewalt des Staates über die Kirche verkündeten.

Dieser Vorgang hat nicht nur die große europäische Politik des späten Mittelalters bestimmt. Er wirkte auch im Innern der mehr und mehr sich verselbständigenden europäischen Einzelstaaten. Besonders deutlich ist das in Frankreich gewesen. *Le magistrat et le clerc,* hat Lavisse gesagt, *portaient une robe Romaine mais qui ne venait pas de la même Rome*[27]. Geistliche und weltliche Souveränität stießen in dem Punkt zusammen, wo ihre Kompetenzen am engsten ineinander verschränkt waren: in der Frage der gerichtlichen Zuständigkeit. Hier drängte der Staat, vertreten durch die Parlamente, das geistliche *privilegium fori* in jahrhundertelangem Ringen Schritt um Schritt zurück; als Waffe diente ihm der Mißbrauchsappell *(appel comme d'abus)*, der es dem vor einem geistlichen Gericht Angeklagten erlaubte, sich an die weltliche Gerichtsbarkeit zu wenden.[28] Dieses Vorgehen war erfolgreich, und zwar vor allem infolge der sozialen Spannungen, die die französische Kirche seit dem späten Mittelalter erfüllten; es kam dem Staat zustatten, daß die niedere Geistlichkeit die in gedrückten Verhältnissen lebte, die Hilfe der weltlichen Gerichte nicht ungern in Anspruch nahm, wenn es galt, sich dem reichen und mächtigen höheren Klerus gegenüber zu behaupten. Die antifeudale moderne Staatsdoktrin, die sich gegenüber der mittelalterlichen Zweischichtigkeit des Rechtslebens immer stärker vorschob, hat gerade auf jenen Teil der französischen Geistlichkeit, der sich von den herrschenden Sozialverhältnissen beengt fühlte, eine große Wirkung geübt. Es bedurfte nur einer gewissen Hinneigung der Parlamente zu den Ideen der Reformation, um aus dem latenten Presbyterianismus des niederen Klerus eine sprengende politische Kraft zu machen, die schließlich den im Konkordat von 1516 neubefestigten Bau der gallikanischen Kirche von Grund auf erschüttern mußte.[29]

---

[27] Zit. bei J. Hours, a.a.O. S. 83.
[28] R. Génestal: Les origines de l'appel comme d'abus, Paris 1951.
[29] Dazu Préclin-Jarry, a.a.O. S. 210: „Avant la fin du XVIIe siècle, les idées presbytériennes et les idées jansénistes sont en présence, mais sans lien étroit. Il faudrait l'édit d'avril 1695, favorable a l'épiscopat et la reprise des polémiques jansénistes pour que se lient les deux causes." Auch G. Pagès sieht in dem Edikt von 1695, das die Rechte der Curés zugunsten des Episkopats schwächte, ein entscheidendes Datum für die weitere Entwicklung des Verhältnisses von Staat und Kirche. Indem das Königtum für den Episkopat Partei ergriff, habe es sich die Sympathien des niederen Klerus verscherzt. „On en verra les conséquences à travers tout le XVIIIe siècle et jusqu'en 1789." RH 167 (1931), S. 384. Über die Verbindungen, die von den jansenistischen Kirchenreformideen zum Staatskirchentum des Ancien Régime

Der Streit um die geistliche Gerichtsbarkeit war ursprünglich ein Teil jener großen Auseinandersetzung zwischen den Päpsten und der gallikanischen Kirche gewesen, die schon im Hochmittelalter begonnen und in der konziliaren Epoche mit der Pragmatischen Sanktion von Bourges (1438) ihren ersten Höhepunkt erreicht hatte. Ihr unmittelbarer Anlaß war die päpstliche Privilegierung der Bettelorden, in denen die gallikanische Kirche – nicht ganz zu Unrecht – einen verlängerten Arm des Papsttums sah.[30] In ihrem Widerstand gegen die religiöse Aktivierung der Laien und die damit verbundene Auflockerung des herkömmlichen Pfarrsystems hatte die französische Geistlichkeit zunächst die Unterstützung der Krone nicht ungern gesehen, wie auch später Königtum und Geistlichkeit noch oft in gemeinsamen Stellungnahmen gegenüber dem Papsttum zusammentraten. Nachdem jedoch die Konkordate des 15. und 16. Jahrhunderts die Freiheiten der gallikanischen Kirche in Rechte der französischen Krone verwandelt hatten,[31] begann die Einheit der antirömischen Front allmählich zu wanken: zwischen dem „realen Gallikanismus" der hohen Prälaten, die gleichermaßen um Unabhängigkeit vom Staat wie von der Kurie besorgt waren, und dem „taktischen Gallikanismus" der Könige,[32] die mit Hilfe der reichen kirchlichen Pfründenmittel vornehmlich zu regieren gedachten, tat sich eine immer größere Kluft auf. Wohl hat sich die gallikanische Kirche in der Deklaration von 1682, die Bossuet formulierte, noch einmal sichtbar hinter das Königtum gestellt,[33] und in

---

– soweit es mit antifeudaler Tendenz auftritt – und zur Religionspolitik der Constituante führen, unterrichtet das Werk von E. Préclin: Les Jansénistes du XVIIIe siècle et la Constitution civile du clergé, Paris 1929.

[30] Dazu K. Schleyer: Anfänge des Gallikanismus im 13. Jahrhundert. Der Widerstand des französischen Klerus gegen die Privilegierung der Bettelorden, Berlin 1937. Die Haltung der französischen Geistlichkeit gegenüber den Bettelorden findet im 18. Jahrhundert ihr Gegenstück in der Haltung der Parlamente gegenüber den Jesuiten; vgl. J. Egret: Le procès des Jésuites devant les Parlements de France (1761–1770), RH 204 (1950), S. 1–27. Beides zeigt, daß der Gallikanismus nationalen Traditionen entsprach. Damit fällt die These, wonach die gallikanischen Freiheiten entsprungen seien „aus dem Versuche, die englische Staatskirche nach Frankreich zu verpflanzen" (J. Haller: Der Ursprung der gallikanischen Freiheiten, HZ 91 [1903], S. 193–214), dahin.

[31] Dieser Ausdruck bei Erdmann, a.a.O. S. 220.

[32] Über die verschiedenen „Gallikanismen" am besten P. Imbart de la Tour: Les origines de la Réforme, Bd. II (Neudruck Melun 1944), S. 88 ff. Für den politischen Gallikanismus ist unentbehrlich: V. Martin: Le Gallicanisme politique et le clergé de France, Paris 1929.

[33] Wobei freilich die Gefahr, daß „der Gallikanismus sich zu bloßem Antipapalismus verzerren könnte", auch Bossuet selbst vor Augen stand, wie Erdmann, a.a.O. S. 225, aus der Formulierung der Präambel schließt.

den Erklärungen der Klerusversammlungen fehlen bis 1789 niemals die Versicherungen der Treue gegenüber der Monarchie. Je mehr aber die staatskirchlichen Auffassungen vordrangen und aus kirchlichen Freiheiten allmählich Staatsprivilegien wurden, die beliebig zurückgenommen werden konnten, desto bedenklicher wurde die Stellung des Gallikanismus zwischen der weltlichen und der religiösen Zentralgewalt. Die Zeit war nicht mehr fern, da man die Abhängigkeit von einem machtvollen König deutlicher empfand als die Unabhängigkeit von einem machtlosen Papst. Die gallikanischen Freiheiten waren, wie Fénelon klagte, zu gallikanischen Knechtschaften geworden.[34]

Was besagten die gallikanischen Freiheiten? Sie sicherten der französischen Kirche ein Höchstmaß an Unabhängigkeit von Rom, indem sie den päpstlichen Legaten die Jurisdiktion in Frankreich untersagten und bezüglich der päpstlichen Konstitutionen verfügten, daß sie von den einzelnen französischen Bischöfen rezipiert und publiziert werden mußten, um Rechtskraft zu erlangen.[35] Den römischen Kongregationen, die seit Trient zum wichtigsten Faktor der kirchlichen Rechtsbildung geworden waren, und ihren Dekreten wurde die Anerkennung in Frankreich versagt. Dies waren die Folgerungen, welche die Kirche aus den gallikanischen Freiheiten zog; weit wichtiger aber waren jene, die der König aus ihnen ableitete. Nicht nur, daß er sich vorbehielt, die Abordnung von päpstlichen Legaten persönlich zu genehmigen, und daß er das Regalienrecht für sich in Anspruch nahm: er regierte auch in die Kirche selbst hinein, berief Synoden und bestätigte sie, ließ Mißbrauchsappelle vor seinen Gerichten zur Entscheidung bringen und machte ebenso wie die päpstlichen auch die bischöflichen Verordnungen von seinem Placet abhängig. Da er überdies seit dem Konkordat von 1516 über die Mehrzahl der französischen Bistümer frei verfügen konnte, war er es, dem die gallikanischen Freiheiten tatsächlich zugute kamen: entgegen ihrem ursprünglichen Sinn dienten sie jetzt nicht mehr dazu, die Unabhängigkeit der französischen Kirche gegenüber Papsttum *und* Königtum zu sichern, sondern sie standen allein im Dienst der königlichen Machtentfaltung.

Das gallikanische System war sinnvoll gewesen, solange es der na-

---

[34] „Mais la plus grande servitude de l'Eglise Gallicane, s'il est permis de parler ainsi, c'est l'étendue excessive de la juridiction séculaire." Fénelon: Sur les libertés gallicanes, Avignon 1790, S. LVIII.
[35] Hierzu und zum folgenden: J. F. Schulte: Über die sog. gallikanische Kirche AKKR 3 (1858), S. 121–136; H. Hermes: Das Staatskirchentum in Frankreich von der Pragmatischen Sanktion bis zum Konkordat von Fontainebleau (Phil. Diss.), Köln 1935.

tionalen Selbstbehauptung der französischen Kirche gegenüber Rom diente. In dieser Hinsicht hat es dazu beigetragen, daß das Ansehen der katholischen Religion in der allmählich sich säkularisierenden französischen Gesellschaft verhältnismäßig lange erhalten blieb. Ohne Zweifel schmeichelte es dem Patriotismus des Bürgertums, wenn sich dem nationalen Staat eine nationale Kirche zugesellte, die ihre Unabhängigkeit von Rom betont zur Schau trug. Daß diese Unabhängigkeit von der kirchlichen Aristokratie nicht nur nach außen, sondern auch im Innern eifersüchtig verteidigt wurde, und zwar mit allen Mitteln feudaler Selbstbehauptung, war demgegenüber um so leichter zu ertragen, als die Kirche hier infolge der vordringenden Zentralisierung deutlich in der Defensive war.

Tatsächlich hat der Gallikanismus den längst fälligen Zusammenstoß des souveränen nationalen Machtstaates mit der Kirche dadurch hintangehalten, daß er den Interessenkonflikt beider Mächte im innerstaatlichen Bereich durch ein System kunstvoller Balancen entschärfte. Es handelte sich um einen ebenso schwierigen wie brüchigen Ausgleich zwischen den politischen Forderungen des Nationalstaats und der privilegierten Stellung der Kirche. „Die Kirche bildet den wichtigsten geistigen Einheitsfaktor dieses Nationalstaates – und so muß ihr aus rein politischem Interesse ein besonderer Rang im staatlichen und gesellschaftlichen Leben eingeräumt werden, und zwar auf eine Weise, daß die Unabhängigkeit der politischen Gewalt gewährt wird, also nicht eine Theokratie entsteht. Die geistig-moralische Basis des Ancien Régime ist kirchlich bestimmt; die weltliche Gewalt hat aber gerade darum, weil sie mit der Kirche unlöslich verbunden ist, besondere Vorrechte."[36]

So schien das gallikanische System, indem es keinen Anspruch verletzte, allen Wünschen entgegenzukommen; seine Schwäche lag einzig darin, daß es, um funktionieren zu können, eine annähernd gleiche Stärke beider Partner voraussetzte und daher bei der geringsten Verschiebung der Gewichte ins Wanken geriet. Wenn dabei das selbstherrliche Gebaren der Könige gegenüber der Kirche noch aufgefangen wurde durch die Fronde-Neigung des hohen Klerus, so war die Kirche weit wehrloser gegenüber der unverhüllt staatskirchlichen Praxis der vom Bürgertum beherrschten Parlamente; die Problematik, die darin lag, daß ihre Freiheiten fast allein auf den Standesprivilegien des Episkopats ruhten, trat hier unverhüllt hervor. Denn mochte der verbale Gallikanismus der Kirche (der sich hauptsächlich gegen ein

---

[36] Gurian, a.a.O. S. 8f.

fast machtloses Papsttum richtete) dem Bürgertum willkommen sein – dem realen Gallikanismus der Bischöfe, der sich in den ständischen Vorrechten des hohen Klerus, in den Resten der geistlichen Gerichtsbarkeit und in dem moralischen Einfluß der Kirche auf das öffentliche Leben ausdrückte, entstand in den Parlamenten ein Gegner, der weit gefährlicher war als das absolute Königtum.

Das Sinken der Königsmacht im 18. Jahrhundert schien indes gerade der Adelskirche noch einmal eine Chance zu geben. Dies zeigte sich am deutlichsten in der sozialen Verschiebung, die sich innerhalb des Episkopats vollzog. Waren unter Ludwig XIV. noch bürgerliche Kandidaten in die hohen Stellungen der französischen Kirche eingerückt, so wurde der Episkopat in der folgenden Zeit wieder zum ausschließlichen Reservat des Adels. Auf den Klerusversammlungen führte die gallikanische Kirche bei äußerlicher Loyalität eine höchst selbstbewußte Sprache gegenüber dem Königtum. Es ist kein Zweifel, daß zumindest ein Teil der hohen Geistlichkeit die Zeit für gekommen hielt, die politische Stellung, die sie seit Richelieu verloren hatte, zurückzuerobern. Nur so ist es zu erklären, daß sich in dem Augenblick, da sich die königliche Gewalt infolge der Politik der Reformminister wieder zu festigen begann, jene widerspruchsvolle Koalition von Klerus und Parlamenten bildete, die den Rücktritt des letzten Reformministers erzwang und so die Einberufung der Generalstände unvermeidlich machte.[37]

Wie das gallikanische System nach außen hin zur Abschließung der französischen Kirche vom Gesamtverband der Kirche geführt hatte – was sich vor allem darin zeigte, daß die tridentinischen Reformdekrete in Frankreich nie als Ganzes angenommen und nur in einzelnen Bestimmungen vom König in Kraft gesetzt wurden[38] –, so wirkte es nach innen konservierend auf den sozialen Status der französischen Kirche ein. Obwohl der vordringende Zentralismus und die zunehmende Konzentration der Staatsmacht in der Hand des Königs die Adelskirche längst überwältigt hatten, hielt sie doch unerschütterlich an ihrer alten Sozialverfassung fest. Das Ergebnis war, daß die Kluft zwischen der „armen Kirche" der Curés und Desservants und der „rei-

---

[37] Anlaß dieser Koalitionsbildung war der Versuch Briennes, gegen den Willen der Parlamente und des Klerus eine Steuerreform durchzusetzen. Man hat in dieser unerwarteten Annäherung der alten Gegner das wichtigste politische Ereignis in der unmittelbaren Vorgeschichte der Revolution gesehen; so K. Heinrichs, a. a. O. S. 53 ff.; vgl. auch Erdmann, a. a. O. S. 72 ff. Allgemein zur Soziologie des Adels im 18. Jahrhundert vgl. auch F. L. Ford: Robe and Sword. The regrouping of the French aristocracy after Louis XIV, Harvard University Press 1953.
[38] Schulte, a. a. O. S. 126 ff.; Hermes, a. a. O. S. 41 ff.

chen Kirche" der geistlichen Aristokratie immer größer wurde, so daß schließlich auch die Macht der Kirchendisziplin nicht mehr genügte, um sie zu überbrücken. Auch hier führte die Revolution den endgültigen Bruch herbei: in ihr machte der niedere Klerus sich selbständig und ging politisch eigene Wege.

Diese Wege liefen parallel mit denen des Bürgertums. Die Idee einer einzigen Klasse von Bürgern, *cette idée qui aurait plu à Richelieu*, wie Mirabeau gegenüber Ludwig XVI. bemerkte, übte nicht nur auf die bürgerlichen Abgeordneten der Generalstände eine starke Wirkung aus; sie bewirkte nicht nur, daß die Revolution aus einer ständischen Revolte rasch in eine nach politischer Gleichheit strebende Bewegung umschlug: sie beeindruckte im gleichen Maße auch die geistlichen Mitglieder oder Anhänger des Dritten Standes. Das zeigen Äußerungen aus der Ständeversammlung, in denen sich das neue politische Selbstbewußtsein der *démocratie cléricale* heftig gegen die als Ausfluß aristokratischen Standesdünkels verstandenen bischöflichen Mahnungen zum Gehorsam wendet. *Nous osons dire*, erklärte der Pfarrer Jallet seinen bischöflichen Vorgesetzten im Namen der Geistlichen, die sich dem Dritten Stand angeschlossen hatten, *que nous sommes vos égaux: nous sommes des citoyens comme vous; nous sommes députés de la nation comme vous. Vos droits ne sont pas plus étendus que les nôtres, et avoir un avis opposé au vôtre, ce n'est pas lever l'étendard de la rébellion*[39]. Hier ist das Band zwischen den oberen und den unteren Ständen der kirchlichen Hierarchie bereits zerrissen. Die folgenreiche Verbindung des niederen Klerus mit dem Bürgertum bahnt sich an.

3. Als *Stand* war das Bürgertum weithin außerhalb der Kirche aufgewachsen.[40] Daß der *einzelne* Bürger im allgemeinen kein lärmender Freigeist, sondern ein rechtschaffender, streng moralisch denkender, ja nicht selten auch ein durchaus frommer und gläubiger Mann war, verschlägt gegenüber dieser Feststellung nicht. Als Ganzes blieb die bürgerliche Standeswelt und Standesethik der Kirche fremd; sie wurde von der herkömmlichen Verkündigung nicht mehr erreicht.

---

[39] Zit. bei J. Leflon: La crise révolutionnaire (= Bd. 20 der Histoire de l'Eglise von Fliche-Martin), Paris 1949, S. 44.
[40] Dazu das bereits erwähnte Buch von B. Groethuysen: Die Entstehung der bürgerlichen Welt- und Lebensanschauung in Frankreich, 2 Bde, Halle 1927/1930. – Der obige Satz ist nicht, wie W. Lipgens in Neue Politische Literatur 5 (1960), S. 661 meint, eine Überspitzung der Forschungsergebnisse von Groethuysen, sondern deren genaues Resumé, wie jede nähere Lektüre bestätigen wird; vgl. auch die weiter unten zitierten Sätze. Siehe ferner Elinor G. Barber: The Bourgeoisie in 18th Century France, Princeton University Press 1955.

Wenn die Theologen sich gegenüber dem Bürgertum auf eine individualistische Tugendlehre zurückzogen, so zeigte das nur, daß die Kirche vor dem sozialen Phänomen als solchem kapitulierte. In der Tat sprachen Geistlicher und Bürger, wie Groethuysen in seiner Analyse der Predigtliteratur des siebzehnten und achtzehnten Jahrhunderts gezeigt hat, verschiedene Sprachen: einer zwischen den unveränderlichen Polen von arm und reich, hoch und nieder ausgespannten statisch-ständischen Lebenslehre mußte die bürgerliche Dynamik des Erwerbs, des Aufstiegs, der Veränderung notwendig unverständlich bleiben. War doch selbst das Zinsnehmen in der Moraltheologie des 18. Jahrhunderts noch heftig umstritten! Umgekehrt fand aber auch der Bürger im Formeln- und Typenschatz der Kirche nichts vor, was seiner spezifischen Lebenssituation entsprach. Es gab keinen Archetypus bürgerlicher oder im weiteren Sinne laikaler Heiligkeit.[41] Und der theologische Entwurf eines „christlichen Mittelstandes"[42], der dem Bürger einen Platz zwischen König und Bettler einräumte, konnte nur so lange gültig bleiben, als der Bürger selbst sich in dieser Mittelstellung zu halten gewillt war.

Wie schwer der Kirche der Zugang zur bürgerlichen Lebensauffassung fiel, wird deutlich, wenn man die Versuche jener Theologen betrachtet, die sich bemühten, das Bürgertum zu einer seinem Stand gemäßen religiösen Haltung anzuleiten. Solche Versuche sind vor allem von den Jesuiten und den Jansenisten unternommen worden. Beide gingen bei ihrem Unternehmen von ganz entgegengesetzten Vorstellungen aus: die Jesuiten von der ständisch gegliederten Gesellschaft, die den religiösen Pflichtenkreis des Einzelnen durch seine Stellung im sozialen Gefüge umgrenzte; die Jansenisten von der religiösen Persönlichkeit, die aus dem Zentrum individueller Gottbeziehung ihre Aufgaben in der Welt ergriff und meisterte.[43] Aber beide

---

[41] Über dieses Problem im Spiegel der neueren katholischen Theologie: H. Urs v. Balthasar: Der Laie und der Ordensstand, Einsiedeln 1948; Y. Congar: Le problème moderne de la sainteté laïque, in: Jalons pour une Théologie du Laïcat, Paris 1954, S. 561 ff.
[42] „Dabei ist nicht zu verkennen, daß ... der Bürger innerhalb der katholischen Welt- und Lebensanschauung keine Hauptrolle spielen kann. Er verkörpert in sich weder Gottes Herrschermacht noch die Liebe Christi, sondern seine Bedeutung liegt vor allem auf moralischem Gebiete ... er stellt im eigentlichen Sinn den Mittelstand dar." B. Groethuysen, a.a.O. Bd. II, S. 75 f.
[43] Vgl. Groethuysen, a.a.O. S. 43 ff. Wenn Groethuysen sich bei den Jansenisten hauptsächlich auf Nicole, bei den Jesuiten auf Bourdaloue stützt, so ist dazu allerdings anzumerken, daß Nicole, der im Gnadenstreit gegenüber Arnauld eine vermittelnde Haltung einnahm, für den strengen Jansenismus in geringerem Maß repräsentativ ist als Bourdaloue für den Jesuitenorden.

Methoden versagten, denn keine wurde der bürgerlichen Eigenart gerecht. Die eine nicht, weil sie eine unversehrte gesellschaftliche Ordnung voraussetzte, die in Wirklichkeit nicht mehr vorhanden war; die andere nicht, weil sie das immer stärker sich äußernde Standesgefühl des Bürgertums übersah. So entglitt das Bürgertum der Kirche; es baute sich außerhalb ihrer Mauern eine in sich abgeschlossene Welt auf. „Der einzelne Bürger kann katholisch sein und bleiben; der Bürgerstand als solcher ist es nicht. Zur Wesensbestimmung des Bürgers gehört es nicht, katholischer Christ zu sein. Er lebt als Bürger außerhalb des christlich-katholischen Vorstellungskreises; das weltliche Leben, das er nach eigenen Grundsätzen regelt, genügt ihm."[44]

Nun ist die Trennung von Sittlichkeit und Religion und der Aufbau einer autonomen Standesmoral gewiß nicht erst ein Werk des Bürgertums gewesen. Seit der Renaissance sah sich die Kirche im Abendland einer wachsenden Anzahl sich rasch verselbständigender Lebensbereiche gegenüber, die sich ihrem Einfluß zu entziehen drohten. Diese Entwicklung machte vor den Toren der Kirche keineswegs halt. Die Individualisierung wurde vielmehr auch für das Christentum zum Schicksal. In steigendem Maße begann sich der nachtridentinische Katholizismus dem Individuellen, Positiv-Historischen zuzuwenden: das Vordringen des systemfreien Empirismus in der Philosophie der Jesuiten ist ein Beispiel für viele.[45] Wir haben bereits gesehen, wie die Schwierigkeit, eine positive Beziehung zu den modernen Daseinswerten zu finden, im Innern des Katholizismus die Extreme taktischer Weltanpassung und rigoristischer Weltverneinung hervortrieb: mit der Verurteilung des Jansenismus und Quietismus fällte die Kirche eine erste, aber nur vorläufige Entscheidung.

Individualistische Regungen waren jedoch, selbst wenn sie sich von den überlieferten religiösen Grundlagen lösten, für die Kirche solange ungefährlich, als sie sich auf Einzelne beschränkten und weder in der Kollektivmentalität des Volkes noch in den sozialen Verhaltensweisen seiner einzelnen Stände haften blieben. Aus diesem Sachverhalt erklärt sich nicht nur die erstaunliche soziale Wirkungslosigkeit gerade der unkirchlichen Strömungen des Renaissancehumanismus, sondern auch die den modernen Betrachter oft verwirrende Tatsache, daß bei vielen Persönlichkeiten des 16. und 17. Jahrhunderts skeptische, ja irreligiöse Gesinnung mit formaler Kirchentreue Hand in Hand ging.

---

[44] Groethuysen, S. 212.
[45] Dazu G. Gundlach: Zur Soziologie der katholischen Ideenwelt und des Jesuitenordens, Freiburg 1927, S. 60 ff.

Für Frankreich sind Rabelais und Montaigne berühmte Beispiele.[46] Genaugenommen ist diese Haltung viel weniger erstaunlich, als es scheinen möchte; sie ist keineswegs mit modernem „Zwiedenken" zu verwechseln, sondern beweist nur das Vorhandensein bestimmter psychischer und sozialer Gegebenheiten, die den Weg des autonomen, bindungslosen Denkens hemmten oder ihm eine bestimmte Richtung aufzwangen. Wohl läßt sich zeigen, daß die individualistischen Strömungen im Lauf der Zeit an Breite zunahmen und auch allmählich – vor allem durch die Aufklärung – einen von der Kirche wegführenden Richtungssinn erhielten. Es ist kein Zweifel, daß, je mehr die souveräne Vernunft sich der erfahrenen und entdeckten Wirklichkeiten bemächtigte, die alte katholische Harmonie von Vernunft und Offenbarung zerbrach und ein optimistischer Rationalismus an ihre Stelle zu treten begann. Aber der eigentliche Zerfall des religiösen Lebens setzte erst ein, als dieser individuelle Vorgang allgemein wurde und Lebensformen sich entwickelten, die es dem Einzelnen erlaubten, vom Christentum abzusehen, ohne es ausdrücklich zu leugnen. Die rationale Abschließung des Daseins mußte in ein System gebracht, der Kirche ein „autonomes, kollektiv bestimmtes Bewußtsein"[47] gegenübergestellt werden. Eben dies ist das Werk des Bürgertums gewesen.

Erst im 18. Jahrhundert kann man daher eigentlich von „modernem Unglauben" sprechen. Der Unglaube des 16. Jahrhunderts war eine vorübergehende und vereinzelte Reflexbewegung geblieben, die keine geschichtliche Bedeutung erlangte, weil sie sich weder auf kollektive Überzeugungen noch auf das Prestige einer Wissenschaft, die als Rückhalt der Kritik auftrat, stützen konnte.[48] Das 17. Jahrhundert gilt in Frankreich als *siècle croyant*[49]. Erst im 18. Jahrhundert verliert

---

[46] Über Rabelais vgl. das überaus anregende Buch von L. Febvre: Le problème de l'incroyance au XVIe siècle. La religion de Rabelais, Paris ²1947. Zu Montaignes Verhältnis zur Kirche bemerkt H. Friedrich: „Montaigne ist kirchentreu. Aber er leitet seinen Konservatismus nicht ab aus Zustimmung zum objektiven Wahrheitsgehalt der katholischen Lehre. Die Kirche erscheint ihm als etwas von altersher Gegebenes und Ordnung Stiftendes; wer in ihrem Wirkungskreis geboren ist, tut gut, sich ihr zu beugen. Die Billigung ihrer institutionellen Macht geschieht ... als ein Akt praktischen Verhaltens, der sich nicht durch die kritischen Ergebnisse der theoretischen Überlegungen stören läßt." Montaigne, Bern 1949, S. 142.
[47] Groethuysen, a.a.O. S. 212.
[48] Febvre, a.a.O. S. 492ff.
[49] Vgl. besonders H. Bremond: La vie chrétienne sous l'Ancien Régime (= Histoire littéraire du sentiment religieux en France, Bd. IX), Paris 1932. Anders urteilt über das 17. Jahrhundert: J. Maritain: Antimoderne, Paris 1923. Dazu E. R. Curtius: Französischer Geist im zwanzigsten Jahrhundert, Bern 1952, S. 429ff.

der Unglaube seinen zweifelnden, die Skepsis ihren fragenden Charakter; die Kritik an der Religion schlägt um in einen „Dogmatismus des gesunden Menschenverstandes, der sich eine für alle verbindliche Evidenz zuschreibt und der verwirft, was ihm nicht einleuchtet"[50]. Als Faktum, das einer jenseitigen Ordnung angehört, findet die Kirche keine Gnade vor den Augen der Vernunft; allenfalls im Diesseits sozialer Nützlichkeit vermag sie sich zu rechtfertigen, indem sie auf die Dienste hinweist, die sie der Gesellschaft leistet, wenn sie die Armen beschwichtigt und die Reichen zu einem bescheidenen Gebrauch ihrer Mittel ermahnt.[51] Aber eben durch diese Sozialisierung und Säkularisierung büßt sie die Glaubwürdigkeit ihrer göttlichen Sendung ein und verliert das Wesentlichste, nämlich ihre Kraft, die gesellschaftlichen Zustände zu transzendieren.

Daß sich dieser Vorgang der Entchristlichung hinter unbeschädigten Fassaden gleichsam lautlos vollziehen konnte, hing freilich auch mit der inneren Verfassung der Kirche nach Trient zusammen. Je mehr der Anstaltscharakter der Kirche über den Gemeindecharakter die Oberhand gewann, desto mehr drohte auch der Glaube zu einer äußerlichen Form zu werden, der alle Qualitäten persönlicher Entscheidung fehlten. Als *fides implicita* verblaßte er schließlich zum bloßen Reflex der soziologischen Kirchenzugehörigkeit. Der Umstand, daß der nachtridentinische Katholizismus dem Betrachter vor allem die sichtbare Seite der Kirche zukehrte, daß die Kirche im Bewußtsein der Zeitgenossen hauptsächlich als soziale Größe lebte, führte aber auch dazu, daß Veränderungen im Gefüge der Gesellschaft für den Katholizismus ungleich gefährlicher zu werden begannen als eine rein philosophische Kritik der Dogmen. So war die selbstbewußte Existenz einer eigenen bürgerlichen Wert- und Lebenswelt für den Katholizismus eine Herausforderung neuer und besonderer Art, die auch die Verkündigung vor ungewohnte Aufgaben stellte. Auf den Boden einer Kulturapologetik gedrängt, die im Grunde ihrem Wesen widersprach, führte die Kirche einen ebenso aussichtslosen wie theologisch fragwürdigen Kampf um ihre bürgerliche Reputation. Sie suchte zu beweisen, daß die „weltlichen Werte", die das Bürgertum entdeckt hatte, bei ihr ebenso oder in noch reichlicherem Maß vorhanden waren als bei

---

[50] Friedrich, a.a.O. S. 169.
[51] Bezeichnend ist das Geständnis Neckers (zit. bei Groethuysen, S. 215): „Je mehr infolge der hohen Steuern das Volk in Kummer und Elend verharrt, desto stärker ist auch die Notwendigkeit, ihm eine religiöse Erziehung angedeihen zu lassen."

jenem.[52] Stärker noch als bisher wurde sie durch diese Frontstellung dorthin abgedrängt, wo ihre Nützlichkeit am wenigsten bestritten werden konnte: auf das Gebiet des sozialen Lebens und seiner moralischen Regeln.

Sowohl die Aufklärungsphilosophie wie auch das Bürgertum waren bereit, ihr in diesem Bereich Asyl zu gewähren: nicht weil sie von der Wahrheit ihrer Lehre überzeugt waren, sondern weil sie den sozialen Wert zu schätzen wußten, der in ihren Moralgeboten lag. Voltaire steht mit seiner Maxime *Il faut un Dieu pour le peuple* nicht allein. Auch Montesquieu, Helvétius, Holbach, Rousseau verbanden die Ablehnung des Dogmas mit der Anerkennung der sozialen Funktionen der Kirche.[53] Die utilitäre Vergesellschaftung des Kirchenbegriffs hatte so den Katholizismus zu einer bloßen Sozialreligion veräußerlicht, längst bevor Rousseau aus diesem Sachverhalt mit seiner *religion civile* die theoretischen Konsequenzen zog. Man hielt aus gesellschaftlichen Gründen fest, was die rationalistische Kritik bereits verworfen hatte.

Anderseits war klar, daß eine sozial-utilitaristische Begründung des kirchlichen Auftrags theologisch ein unmögliches Unterfangen war. Wenn sich die kirchliche Apologetik auf das Denken der Aufklärung einließ, mußte sie sich in Widersprüche verstricken, die nicht zuletzt der religiösen Unabhängigkeit der Kirche gefährlich werden konnten.

---

[52] Der tiefe Einbruch utilitaristischen Denkens in die Theologie des späten 18. Jahrhunderts ist noch kaum untersucht. Groethuysen berücksichtigt entsprechend seiner Thematik diese Seite kaum; er stellt vor allem den Kampf der Kirche gegen die entstehende bürgerliche Welt- und Lebensanschauung dar. Hinweise geben Erdmann, a.a.O. S. 184ff., und Plongeron, a.a.O. S. 339ff.

[53] Einen Überblick gibt A. Mathiez im zweiten Teil seiner Vortragsreihe: L'Eglise et la Révolution française, in: Revue des Cours et Conférences 33, I (1931/32), S. 327–338. Danach hält die gesamte Aufklärungsphilosophie am Gedanken der politisch-religiösen Einheit der Gesellschaft fest; dies gilt auch noch für die Revolutionäre von 1789. „En combattant le catholicisme, les révolutionnaires n'ont pas renoncé a leur rêve d'unité morale et religieuse. L'heure n'est pas venue du laïque (S. 338)." – Für Voltaires religiöse Praxis vgl. zwei bezeichnende Briefstellen: „Je ne suis pas obligé d'aller à la messe dans les terres d'autrui, mais je suis obligé d'y aller dans les miennes" (An Tiériot, 31. Jan. 1761; zit. bei F. Boulard: Premiers Itinéraires en Sociologie religieuse, Paris 1954, S. 43). An anderer Stelle: „ ... je vais à la messe de ma paroisse, j'édifie mon peuple, je bâtis une église, j'y communie ..." (An d'Argental, 14. Jan. 1761). Die religiöse Haltung von Madame Roland charakterisiert E. Bernardin wie folgt: „Elle passait volontiers dans les églises de longs moments, durant lesquels, donnant aux siens les illusions nécessaires, elle pouvait dans un silence favorable méditer librement, mais une disciple de Jean-Jacques n'avait que du mépris pour les prières machinales ou les cérémonies propres à attirer la foule." E. Bernardin: Les idées religieuses de Madame Roland, Paris 1933, S. 120.

Denn die Revolution versäumte nicht, ihre Forderung nach Veränderungen im Innern der Kirche mit den gleichen Argumenten zu begründen, mit denen sich der kirchliche Konservatismus gegen den religiösen Umsturz verteidigt hatte. In ihr mußte sich daher entscheiden, ob die Kirche als Instrument bürgerlicher Lebenssicherung in einem Diesseits reiner Zwecke aufging oder ob aus dem Zusammenstoß mit der bürgerlichen Welt erneut ein Bewußtsein ihres religiösen Auftrags entstand, stark genug, die zu eng gewordenen geschichtlichen Formen zu zerbrechen und das christliche Leben aus seiner anstaltlichen Erstarrung zu lösen.

II. Aufbruch

Aus der Lage der französischen Kirche am Vorabend der Revolution ergibt sich eine doppelte Schlußfolgerung: die Kirche war reformbedürftig, und sie war zugleich unfähig zur Reform. Reformbedürftig, weil ihre bevorrechtigte Stellung im Staat in immer schärferen Widerspruch zu den Zeitverhältnissen geriet[54] und weil ihre Sozialverfassung schwere Schäden für den kirchlichen Frieden und das religiöse Leben mit sich brachte.[55] Unfähig zur Reform, weil gerade der Niedergang der königlichen Macht die Gewichte ständischer Beharrung verstärkte und einen freiwilligen Verzicht auf die ererbten Privilegien sowie einen Ausgleich der Lasten zwischen dem niederen Klerus und der hohen Geistlichkeit in immer weitere Ferne rückte.

Dies alles änderte sich mit der Revolution. Der revolutionäre Staat nahm die Kirchenreform selbst in die Hand. Er gestaltete die Kirche nach seinen Vorstellungen um, machte aus ihr eine *église salariée* und suchte sich durch die Zivilverfassung dem neuen politischen System zu inkorporieren.

Die Revolutionäre konnten sich darauf berufen, daß sie nur eine

---

[54] Dies gilt vor allem von dem geistlichen Steuerprivileg: Erdmann, a.a.O. S. 63ff. Die Kirche pflegte alle fünf Jahre einen freiwilligen Don gratuit zu zahlen, der aber nicht über 3% der direkten Steuereinnahmen des Staates hinausging. Die caritativen und erzieherischen Aufgaben, die sie erfüllte, fielen angesichts der Einnahmen aus den Kirchengütern und dem Zehnten nicht sehr ins Gewicht. Nach Leflon, a.a.O. S. 22, gehörten der Kirche 10–16% des französischen Bodens.
[55] Viele Bischöfe, die Verpflichtungen am Hof hatten, vernachlässigten ihre Residenzpflicht und waren dadurch dem Volk und ihrem Diözesanklerus entfremdet. Die Lage des niederen Klerus, vor allem der Landpfarrer, verschlechterte sich durch die zunehmende Geldentwertung. Die Tendenz der eigentlichen Pfründenbesitzer, sich durch andere Geistliche, die auf einen Mindestlohn, die portion congrue, gesetzt waren, vertreten zu lassen, erzeugte ein geistliches Proletariat, das revolutionären Stimmungen besonders zugänglich war. Schon vor der Revolution bildeten sich in einzelnen Diözesen gewerkschaftsähnliche Organisationen des niederen Klerus, der eine eigene Vertretung in den Diözesanbüros zu erzwingen suchte. Dazu E. Préclin: Les Jansénistes du XVIIIe siècle, S. 389ff. Es versteht sich, daß ein Klerus, der in so hohem Maß von wirtschaftlichen Sorgen beansprucht war, seine geistlichen Verpflichtungen nur unzulänglich erfüllen konnte.

alte, in der französischen Geschichte tief verwurzelte Tradition fortführten. In der Tat hatten auch die sehr christlichen Könige von jeher großzügig in die inneren Angelegenheiten der Kirche eingegriffen, und seit dem Konkordat von 1516 war die gallikanische Kirche immer mehr zu ihrem Instrument geworden. Die *Constituante* schien, als sie der Kirche ihre Rechtsform vorschrieb, nur die letzten Folgerungen aus einem Werk zu ziehen, das von den Königen und ihren Räten begonnen worden war.

Und auch die *bons curés*, die sich für die Zivilverfassung erklärten, konnten der Ansicht sein, daß sie einer alten Tradition folgten: der einer presbyterianischen Kirchenauffassung, die in Frankreich durch Edmond Richer ihre Gestalt empfangen hatte und in den Jahren aristokratischer Standesherrschaft in der gallikanischen Kirche beim niederen Klerus stets lebendig geblieben war.[56] So konnte der Eindruck einer weitgehenden Übereinstimmung zwischen den Zielen beider Gruppen entstehen: politischer und kirchlicher Konstitutionalismus schienen sich im Punkt der revolutionären Kirchenpolitik zu treffen.

Auf dieser Basis entwickelten sich in den Jahren 1789–1793 die ersten Ansätze einer Verbindung von Kirche und Revolution. Ihre politischen Voraussetzungen und ihre einzelnen Formen gilt es im folgenden zu betrachten.

1. Schon in den *Cahiers* des Dritten Standes nahmen die Fragen der kirchlichen Reform einen breiten Raum ein, entsprechend der Stellung, welche die Kirche in der französischen Öffentlichkeit innehatte. Die Kirchenverfassung, das Benefizienwesen und das Verhältnis der Kirche zu König und Papst standen dabei im Vordergrund.[57]

---

[56] E. Richer, De ecclesiastica et politica potestate liber unus, Paris 1611. – Über den Richerismus und seine Fortwirkungen vgl. das schon erwähnte Buch von Préclin.
[57] Die Cahiers, nach A. Brette „l'ensemble des vœux émis ... par une assemblée de membres de l'un de trois ordres, réunis en exécution de lettres royales de convocation, pour rédiger leurs doléances, vœux, plaintes, remontrances, pétitions etc." (Recueil de documents relatifs à la convocation des Etats généraux de 1789, Bd. I, Paris 1894, S. LXX), sind erst zum Teil publiziert, unter anderem in den Archives parlementaires de 1787 à 1860, première série, Bd. I–IV. Ergänzend und als Fortsetzung zu A. Brette vgl. jetzt Recueil de Documents relatifs aux séances des États Généraux, mai-juin 1789, préparé sous la direction de Georges Lefebvre et d'Anne Terroine, t. I: Les Préliminaires, la Séance du 5 mai, Paris 1953. Die vorhandenen Repertorien sind lückenhaft; am umfassendsten, jedoch mit Vorsicht zu gebrauchen, das von B. F. Hyslop (vgl. die Kritik von G. Lefebvre, RH 176 [1935]), S. 63–66). Im Gegensatz zu anderen Problemen der Revolutionsgeschichte ist die Literatur zu den in den Cahiers behandelten religiösen Fragen spärlich; einen Überblick geben A. Denys-Buirette: Les questions religieuses dans les cahiers de 1789,

Auf die einfachste Formel gebracht, lautete die Frage, welche Privilegien der Kirche beibehalten, welche abgeschafft oder modifiziert werden sollten: dabei suchte man nach Möglichkeit die religiösen Vorrechte der Kirche von den Freiheiten zu trennen, die der Klerus als Stand genoß.

Was die religiösen Privilegien der Kirche betraf, so gingen die Empfehlungen der Wählerversammlungen dahin, den Status des Katholizismus als einer Nationalreligion unangetastet zu lassen. Nur vereinzelt finden sich Stimmen, die für die Gleichberechtigung der einzelnen Kulte eintreten oder gegenüber den religiösen Fragen eine gleichgültige Haltung an den Tag legen.[58] Auch die administrativen und caritativen Aufgaben, die der Klerus in der Öffentlichkeit erfüllte, wurden ihm keineswegs streitig gemacht; galt doch gerade diese Tätigkeit als Ausfluß jener Religion praktischer Nächstenliebe, als die das Christentum auch überzeugten Gegnern der Kirche willkommen war. Man hoffte wohl auch, den Einfluß, über den die Geistlichkeit beim Volk verfügte, in dem politischen Reformwerk nutzbringend verwenden zu können. Daß auch die Erziehungsfunktion des Klerus kaum angefochten wurde – eine Ausnahme machten, wie überall in den *Cahiers*, die Ordenskleriker –, ist um so bemerkenswerter, als gerade die Schule später zum hartumkämpften Streitgegenstand zwischen Kirche und Revolution werden sollte. Von solchem kämpferischen Laizismus ist in den *Cahiers* noch so wenig zu spüren, daß auch von daher unsere These, es handle sich bei der Kirchenpolitik der *Constituante* weniger um einen Trennungs- als um einen Verschmelzungsprozeß, bekräftigt wird. Im ganzen wird man sagen können, daß in den *Cahiers* des Dritten Standes der Spielraum der religiösen Freiheiten der Kirche bemerkenswert weit und undoktrinär ausgelegt wird; von einer religionsfeindlichen Haltung kann hier nicht im entferntesten die Rede sein.[59]

Dies gilt jedoch nicht in gleicher Weise für die Vorschläge, welche die wirtschaftliche Neugestaltung der Kirche betreffen. Daß diese

---

Paris 1919, und – speziell für die Cahiers der Geistlichkeit – C. L. Chassin: Les Cahiers des Curés, Paris 1882. Für die Beurteilung des Quellenwertes der cahiers de paroisse H. Sée: La rédaction et la valeur des cahiers de paroisse, RH 103 (1910), S. 292–306.

[58] Leflon, a.a.O. S. 42; Denys-Buirette, a.a.O. S. 394ff.

[59] Die Ansicht Robinets (Le mouvement religieux pendant la Révolution [1789–1801], Paris 1896, S. 110ff.), wonach die Cahiers einen fertigen Plan zur Reform der Kirche enthalten hätten, ist auf Grund der Quellen nicht zu halten.

Fragen außerordentlich heikel waren und tief in die kirchliche Verfassung einschnitten, scheint den reformfreudigen Verfassern der *Cahiers* nicht immer deutlich gewesen zu sein. Mancher Vorschlag nähert sich denn auch schon der später von der *Constituante* praktizierten staatskirchlichen Linie. Zwar ist hervorzuheben, daß nur vereinzelt eine Nationalisierung der Kirchengüter gefordert wurde und daß auch in der Frage der Abschaffung des Kirchenzehnten die Meinung des Dritten Standes durchaus nicht einhellig war: es gab auch Stimmen, die für eine Beibehaltung eintraten.[60] An eine *église salariée* in der Form, wie sie dann durch die Zivilverfassung geschaffen wurde, hat jedenfalls vor dem Zusammentritt der Generalstände kaum jemand gedacht. Das schließt jedoch nicht aus, daß die Sympathien für die niedere und die Antipathien gegen die hohe Geistlichkeit, wie sie in den *Cahiers* deutlich zum Ausdruck kamen,[61] von selbst auf eine Lockerung des hierarchischen Gefüges der Kirche hinwirken mußten, ganz unabhängig von der Art der Reformvorschläge, die im einzelnen gemacht wurden. Die Tendenz der *Cahiers* ist hier völlig klar. Suchte man einerseits die Bischöfe durch Zuteilung größerer Rechte an die Kapitel in ihrer Herrschaft einzuschränken und die adeligen Pfründenbesitzer durch Besteuerung ihrer Einkünfte stärker in den Staat einzugliedern, so galt andererseits den *pauvres curés* die besondere Sorge des Dritten Standes: ihnen nämlich war nicht nur eine bessere Bezahlung (die sie dringend brauchten) zugedacht, sondern, was weit wichtiger war, auch mehr Recht gegenüber ihren geistlichen Vorgesetzten. Ja, einzelne *Cahiers* gingen so weit, den Curés ein Wahlrecht bei der Wahl des Bischofs zuzuschreiben.[62] Daß dem Antiepiskopalismus des Dritten Standes ein ebenso massiver Antipapalismus entsprach, sei nur am Rand erwähnt; die Forderung nach Abschaffung des Konkordats, die in vielen *Cahiers* laut wurde,[63] dürfte vornehmlich hierin und nicht so sehr in dem Wunsch, die königliche Prärogative zu beschränken, ihre Wurzel haben.

Boten die Forderungen des Dritten Standes eine Grundlage für eine Zusammenarbeit mit dem Klerus? Wenn man die *Cahiers* der Geist-

---

[60] Denys-Buirette, S. 155 u. S. 252ff.
[61] „Toutes ses faveurs vont à la paroisse et aux pauvres curés auxquels on souhaite plus d'indépendance et un sort matériel moins précaire." Leflon, S. 42.
[62] Denys-Buirette, S. 308.
[63] Denys-Buirette, S. 441 ff. Auch der königliche Hofprediger Fauchet bezeichnete in seiner 1789 erschienenen Schrift: De la religion nationale das Konkordat als eine „conception infernale" und forderte seine Abschaffung und die Rückkehr zur Pragmatischen Sanktion.

lichkeit mit denen des Dritten Standes vergleicht, so ergibt sich in den meisten Fällen eine positive Antwort. Zumindest in drei Punkten stimmten beide Stände überein: in der grundsätzlichen Überzeugung, daß eine Kirchenreform notwendig sei; in der Entschlossenheit, die öffentliche Stellung des Katholizismus zu bewahren; und schließlich in der gallikanischen Reaktion gegen die päpstliche Gewalt. Wohl nahmen die *Cahiers* der Geistlichkeit in der Frage des Konkordats und der Beseitigung des Kirchenzehnten eine andere Haltung ein als die des Dritten Standes (und sie waren naturgemäß überhaupt zurückhaltender in der Formulierung von Reformvorschlägen). Bedenkt man aber, daß ihr Text in den meisten Fällen das Ergebnis eines Kompromisses zwischen dem Bischof und dem Diözesanklerus war (wobei die Bischöfe kraft ihrer Autorität meist noch ein Übergewicht besaßen[64]), so sind die Unterschiede doch weit weniger beträchtlich, als es auf den ersten Blick erscheinen mag. Auf jeden Fall waren die Reformvorschläge des Dritten Standes geeignet, die niedere Geistlichkeit vom Episkopat abzuziehen und für ein Zusammengehen mit den Communen zu gewinnen; hier war der Punkt, wo der Ständeaufbau der alten Gesellschaft am verletzlichsten erschien. So trat hinter der Koalition des hohen Klerus und der parlamentarischen *noblesse de robe*, welche die Revolution eingeleitet hatte, bald jene andere Koalition hervor, die vom demokratischen Flügel der Communen und dem niederen Klerus gebildet wurde, ein Vorgang, der entscheidend dazu beitrug, daß die Revolution den Charakter einer ständischen Revolte verlor und daß gleich zu Anfang mit der Annahme des *vote par tête* der Wille zur politischen Egalisierung durchbrach.

Neckers Wahlgesetz, das dem Dritten Stand die gleiche Zahl von Vertretern zubilligte wie den beiden anderen Ständen zusammen, hatte nicht nur die *démocratie laïque*, den Dritten Stand, in eine starke politische Stellung gebracht; es hatte auch, was nicht minder folgenreich war, innerhalb des Klerus der *démocratie cléricale*, der niederen Geistlichkeit, zu einer Mehrheit verholfen, die mit ihrem vollen Gewicht in die Waagschale der Revolution fiel, nachdem der Episkopat bei den Wahlen in der Minderheit geblieben war.[65] Als der Dritte Stand sich am 17. Juni 1789 zur Nationalversammlung erklärte, gewann in der Kleruskammer gegen den Willen der Bischöfe die Anschlußpartei die Oberhand; es vollzog sich, was Pierre de la Gorce *la*

---

[64] Leflon, S. 41.
[65] Von 296 Abgeordneten des Klerus waren 47 Bischöfe, 23 Äbte, 6 Kapitelvikare, 12 Kanoniker und 208 Angehörige der niederen Geistlichkeit.

fusion de la démocratie et de l'Eglise genannt hat.[66] Dem Adel blieb schließlich nichts übrig, als sich zu fügen.[67]

Der Beginn der Revolution bestätigte also die politische Übereinstimmung der beiden Stände. Wenn sich aus ihr auch noch kein präzises politisches Programm ergab – hier setzte dann die Differenzierung ein, die zu den verschiedenen Klub- und Parteibildungen führte –, so bildete sie doch den stimmungsmäßigen Hintergrund für die Arbeit der *Constituante* in den ersten, von Zwistigkeiten noch weitgehend ungetrübten Monaten der Revolution. Nichts ist für dieses Gefühl der Einheit von kirchlichem und politischem Reformwillen bezeichnender als die Tatsache, daß sogar der hohe Klerus, welcher der demokratischen Wendung der Revolution zuerst nur zögernd gefolgt war, von der Woge der patriotischen Stimmungen mitgerissen wurde. Die hohe Geistlichkeit verzichtete in der berühmten Nachtsitzung vom 4. August feierlich und freiwillig auf ihre Feudalrechte und leistete keinen Widerstand, als die Nationalversammlung später auch den Zehnten entschädigungslos abschaffte; ja, sie stimmte, um der dringendsten Finanznot des Staates abzuhelfen, sogar dem Verkauf des Kirchensilbers zu.[68]

Es ist klar, daß die Verbindung zwischen den beiden „Demokratien", der bürgerlichen und der geistlichen, nicht nur auf revolutionärem Enthusiasmus, sondern auch auf nüchternen politischen Erwägungen beruhte. Die politische Neugestaltung Frankreichs war bei der noch immer lockeren Struktur der administrativen Organisation unmöglich ohne die Mithilfe unzähliger Curés in Stadt und Land, denen die Verkündigung der königlichen Erlasse (und später der parlamentarischen Beschlüsse) von der Kanzel oblag und die in dieser halbamtlichen Stellung natürliche Bindeglieder zwischen dem Volk und der Nationalversammlung bildeten. Schon aus diesem Grund verbot sich eine Brüskierung der Kirche. Darüber hinaus aber war man ganz allgemein – und selbst in den Kreisen aufgeklärter *philosophes* – vom Nutzen, ja der Notwendigkeit überzeugt, der neuen Staatsverfassung eine religiöse Sanktion zukommen zu lassen: auch hier war die Mitwirkung der Geistlichen unentbehrlich. Und schließlich war die katholische Religion ein so unschätzbares Symbol der nationalen Einheit, daß die Nationalversammlung bei aller Neigung zu religiöser

---

[66] P. de la Gorce, a.a.O. S. 117.
[67] Die Stimmung des Adels kennzeichnet das geflügelte Wort von d'Antraigues: „Ce sont ces f... curés qui ont fait la révolution." Zit. bei A. Latreille: L'Eglise catholique et la Révolution française Bd. I, Paris 1946, S. 72.
[68] Erdmann, S. 129ff.; Latreille, a.a.O. S. 73ff.

Toleranz nur schwer auf sie verzichten konnte. Ob nun administrative, weltanschauliche oder politische Gründe den Ausschlag gaben, in allen Fällen fiel dem tugendhaften, schlichten und uneigennützigen Landpfarrer – einer seit Rousseau viel umschwärmten literarischen Figur – die natürliche Vermittlerrolle zu. Der bürgerliche *législateur* bedurfte des geistlichen *ministre de bonté*, wie die werdende Nation der *religion nationale* bedurfte. Im Namen Frankreichs – und damit in der lückenlosen Tradition des Gallikanismus – wurde der Bund zwischen Kirche und Revolution geschlossen.

Die Revolution brauchte die Kirche. Aber die Kirche brauchte auch die Revolution. Der niedere Klerus war in der Allianz mit dem Bürgertum nicht nur der gebende Teil; er empfing auch manches vom Staat. Die Stellung, welche die Zivilkonstitution ihm geben sollte, wies, gemessen an den früheren Zuständen, beträchtliche Vorteile auf. Und die erneute Konzentration der Staatsmacht, die unter der Revolution eintrat, konnte, wenn die Verbindung zwischen politischer und kirchlicher Reformbewegung erhalten blieb, auch der Herrschaft der Kirche über das öffentliche Leben zugute kommen. Es ist kein Zweifel, daß viele Geistliche gerade diese Möglichkeit im Auge hatten, als sie sich der Revolution anschlossen; war doch einer der Hauptvorwürfe, der von seiten der Kirche gegen das alte Regime erhoben wurde, dessen moralische Laxheit gewesen.

Unmittelbar vor der Revolution hatte der Abbé Fauchet, der später zum Hauptsprecher der demokratischen Tendenzen im französischen Katholizismus wurde,[69] in seinem Buch *De la Religion nationale* die Aufgaben eines *gouvernement sur la base de l'Évangile* entwickelt. Gesetzliche Besitzbeschränkung durch Festsetzung eines Maximalvermögens, staatliche Förderung der Heiraten zwischen den verschiedenen Ständen zwecks Auflösung der sozialen Unterschiede und eine Regelung der Erbgesetzgebung, welche die Anhäufung großer Vermögen unmöglich machte, waren die Hauptpunkte seines Programms gewesen. Ein demokratisches Königtum sollte die Reform des Staates in die Hand nehmen und für die Durchsetzung christlicher Grundsätze im öffentlichen Leben sorgen. Die Prostitution sollte unterdrückt, das Schauspiel auf moralische Zwecke beschränkt, die Pressefreiheit in den strengen Grenzen von Religion und Sitte gehalten werden. *Ainsi la législation sera conforme à l'esprit de l'Évangile, à la morale essentielle de la fraternité, qui est la base et le couronnement du*

---

[69] Über ihn: H. Cros: Claude Faucher (1744–1793). Les idées politiques, économiques et sociales, Paris 1912.

bien public dans une Nation sagement ordonnée pour le bonheur de tous les Citoyens.[70]

Fauchets Gedanken sind ein Vor-Bild dessen, was von der *Démocratie chrétienne* des 19. Jahrhunderts, vor allem von der Generation von 1848 in Frankreich, gegen den bürgerlichen Liberalismus verfochten wurde: eine soziale Ordnung, die von der Idee der „evangelischen Gleichheit" ausging. Die Revolution von 1789 hat freilich die Erwartungen des leidenschaftlichen und schwärmerischen Reformers nicht erfüllt. Mit der Entstehung einer neuen Aristokratie des Besitzes kehrte die alte gesellschaftliche Schichtung nach sozialen Gruppen, die man durch die Abschaffung der Stände beseitigt zu haben glaubte, in einer neuen Gestalt zurück. Der Ruf „Die Revolution ist unvollendet!" hat jedoch gerade hierdurch noch lange seine anfeuernde Kraft bewahrt; er ist später im sozialen Katholizismus von Buchez und Ozanam erneut aufgenommen worden. So enthüllt sich, was Fauchet die *démocratie fraternelle* nannte [71] und was Ozanam später die *démocratie chrétienne* nennen wird,[72] als eine Mischung von christlichem Schwärmertum und Vorahnungen des Sozialismus.

2. Hier ist nun an die verschiedenen Bewegungen zu erinnern, in denen der demokratisch-religiöse Spiritualismus der Revolutionszeit seinen Ausdruck fand. Man kann kaum von einer einheitlichen, breiten, politisch scharf geprägten Bewegung sprechen. Wohl aber tritt uns die intensive, oft das Sektiererhafte streifende Wirksamkeit kleiner Kreise entgegen, deren Ideengut von einer Fülle von Zeitschriften verbreitet wird. Am zugänglichsten erweist sich dabei der seit langem bekannte *Cercle social,* eine Gründung der bewegten Monate nach dem Bastillesturm,[73] die man am besten als ein Mittelding zwischen einem revolutionären Klub und einer politischen Akademie bezeichnen kann [74] und

---

[70] Fauchet: De la religion nationale, Paris 1789, S. 248 (vgl. auch Anm. 53). Vgl. auch die Schrift des Pariser Pfarrers und Député Suppléant der Nationalversammlung Charles-Alexandre de Moy: Accord de la Religion et des cultes chez une Nation libre, 2. Auflage an IV (mit sehr viel radikalerer, die Kulte nivellierender, kirchenauflösender Tendenz).
[71] Fauchet: Sermon sur l'accord de la Religion et de la liberté prononcé le 4 février 1791, S. 6.
[72] Ozanam: Œuvres complètes, Paris 1872, Bd. VII, S. 174 ff.
[73] Über den Cercle social: L. Blanc: Histoire de la Révolution française, Paris 1847 ff., Bd. III, S. 24 ff. – H. Cros, a. a. O. S. 26 ff. – J.-B. Duroselle: Catholicisme social S. 11, sieht in Fauchet einen „ancêtre du catholicisme social".
[74] Die genaueste Charakteristik gibt A. Mathiez: Le club des Cordeliers pendant la crise de Varennes et le massacre du Champ de Mars, Paris 1910, S. 5 f. „Le Cercle social, qui groupe, une fois par semaine, au cirque du Palais-Royal depuis octobre

die sich von vergleichbaren Gründungen dadurch abhebt, daß sie in ihren Verlautbarungen eine deutlich religiöse Tönung zeigt.[75] Der *Cercle social* setzt sich das Ziel, die revolutionären Ideale mit den christlichen Überlieferungen zu verschmelzen. Die soziale Grundlage für diesen Plan soll gewonnen werden durch die Aussöhnung von Katholiken und Freimaurern. Diese Absicht hat der *Cercle social* mit Eifer und publizistischem Aufwand verfolgt; sie erklärt sich zum Teil aus der Eigenart seiner beiden Gründer Bonneville und Fauchet.

Von beiden ist der Marquis Nicolas de Bonneville der bedeutendere gewesen, obwohl ihn der Ruhm Fauchets zeitweise überstrahlte.[76] Nodier, das Haupt der älteren französischen Romantik, schildert ihn uns als *le cœur le plus simple et le plus exalté que j'aie connu de ma vie, avec son imagination de thaumaturge et sa crédulité de femme, son éducation d'homme du monde et ses mœurs d'homme du peuple*[77]. Der aus Evreux stammende, zur Zeit der Revolution noch junge Mann hatte sich als Übersetzer deutscher Literatur einen Namen gemacht; in den Jahren 1782–1785 war von ihm ein *Théatre allemand* erschienen, das Übersetzungen von Lessing, Goethe und Schiller enthielt.[78] Er war Freimaurer und gehörte dem Illuminatenorden an, den Weishaupt 1780 in Bayern begründet hatte.[79] Die Revolution scheint den Talenten wie den Schwächen dieses Mannes eine ungewöhnliche Steigerung verliehen zu haben; sie hob seine Phantasie ins Traumhafte und stärkte gleichzeitig die Konstruktionssucht des eigenwilligen Doktrinärs. In der großen Auseinandersetzung, die sich zwischen Kirche und Revolution vorbereitete, trat Bonneville als Systemschöpfer eigener Art

---

1790, les Amis de la Vérité, est avant tout une académie politique. On ne s'y occupe en public qu'accessoirement ou extraordinairement d'objets particuliers. Les séances sont remplies par des discussions de principes, par l'exposé de plans de cité future, par de véritables conférences, politiques sans doute, mais à tournure philosophique. Les assistants sont des invités. Ils ne prennent pas part à la direction du club qui reste aux mains d'un directoire secret, le Cercle social proprement dit, loge maçonnique dont Nicolas de Bonneville, esprit fumeux et hardi, est le grand chef. Le grand point est d'instruire, de préparer les esprits à des changements profonds qu'on se borne du reste à annoncer en termes voilés et mystérieux."
[75] Bulletin de la Bouche de Fer (1790); La Bouche de Fer (1791/92); Cercle social (1791/92).
[76] Über ihn: Ph. le Harivel: Nicolas de Bonneville, préromantique et révolutionnaire (1760–1828), Straßburg 1923.
[77] Ch. Nodier: Souvenirs et portraits, Œuvres Bd. VIII, Paris 1828, S. 333f.
[78] Nouveau Théâtre allemand de Friedel et Bonneville, 12 Bde., Paris 1782–1785.
[79] Über das revolutionäre Illuminatentum vgl. A. Barruel: Mémoires pour servir à l'histoire du jacobinisme, Hamburg 1800, Bd. V; A. Viatte: Les sources occultes du romantisme, Paris 1927, Bd. I, S. 262ff.

hervor. Aus den seltsamen und verworrenen Schriften seiner Revolutionsepoche kristallisierte sich eine Religionsphilosophie heraus.[80] Sie gipfelt im Entwurf einer politischen Theokratie. Diese Wendung zu theologischen Fragestellungen kommt um so unerwarteter, als der vor-revolutionäre Bonneville das eher typische als außergewöhnliche Gesicht eines jungen liberalen Adligen trägt, ein Vertreter jener frühromantischen und germanophilen Generation, die in der französischen Adelsgesellschaft in den Jahren vor der Revolution dominierte.

Es ist nicht unmöglich, daß an dieser theologischen Wendung Bonnevilles sein Freund Fauchet einen gewichtigen Anteil gehabt hat. Wir kennen den sprachgewaltigen Abbé, der sich bereits vor der Revolution den Titel eines *prédicateur ordinaire du Roi* erworben hatte und sich seit dem Bastillesturm immer mehr in die Rolle eines geistlichen Volkstribunen hineinzusteigern im Begriff war, schon aus seinem Buch *De la Religion nationale*. Als er Bonneville traf und mit ihm den *Cercle social* gründete, stand er auf der Höhe seines Ruhmes. Er hatte sich am Bastillesturm beteiligt und den Gefallenen die dröhnende Totenrede gehalten, in der er das Gericht des Himmels auf die Könige und auf die Aristokratie, „die den Gottessohn gekreuzigt hat", herabrief.[81] Er hatte als erster Bürger vom Volk eine Bürgerkrone empfangen. Seine Predigten feierten in pathetischen Worten die Einheit von Kirche und Revolution. *Dieu est l'humanité. Jésus Christ n'est que la Divinité Concitoyenne du Genre-Humain. La Catholicité n'est que l'Assemblée, la Communauté, l'Unité des frères, fidèles à la Patrie de la Terre, pour s'élever ensemble à la Patrie des cieux.*[82] Und in einer Aufwallung von religiösem Nationalismus heißt es im dritten *Discours sur la liberté française: Dieu de Genre-Humain! avec quelle unanime ardeur nous vous adorons comme le Dieu des Français!*[83]

Der *Cercle social* sollte nach dem Willen seiner Gründer kein Klub in der Art der Jakobiner oder anderer revolutionärer Vereinigungen

---

[80] N. de Bonneville: De l'esprit des religions, Paris 1791.
[81] „Jésus-Christ mourut pour le Genre-Humain, en mourant pour la Patrie. C'est comme ennemi de César qu'il fut immolé ... Il s'était élevé contre les Aristocraties de sa Nation: méditez cette importante Vérité, mes Frères. Il ne cessait de dévouer à l'indignation publique, les tyrans du Peuple, les exacteurs injustes des subsides, les despotes de la pensée, tous les oppresseurs. Les Aristocrates indiqués trompèrent la multitude qui rampait devant leur orgueil; ils insinuèrent dans l'âme vile de leurs esclaves la rage que les animait contre le libérateur des hommes ... C'est l'Aristocratie qui a crucifié le fils de Dieu." Premier Discours sur la liberté française prononcé le 5 août 1789, S. 7f.
[82] Second discours sur la liberté française prononcé le 31 août 1789, S. 21.
[83] Troisième discours sur la liberté française prononcé le 27 septembre 1789, S. 7.

sein.[84] Sein Ziel war vielmehr die Vereinigung der internationalen Freimaurerlogen in einer universalen *Confédération des Amis de la Vérité*. In der allgemeinen gesellschaftlichen Auflösung, so argumentierten Fauchet und Bonneville, hätten allein die Logen die Idee der Freiheit, Gleichheit und Einheit bewahrt. Sie seien daher dazu bestimmt, als Verkünder jenes Evangeliums der Brüderlichkeit und universalen Liebe aufzutreten, das die Revolution zu neuem Leben erweckt hatte. Frankreich und die Welt sollten erneuert werden durch den Geist des ursprünglichen Christentums, das sich in den Geheimgesellschaften erhalten hatte; eine Gesetzgebung, ausgehend von dem Grunddogma, daß der Mensch ein *être aimant*, ein altruistisches Wesen sei, sollte die alten politischen Formen, die aus einer pessimistischen Philosophie erwachsen waren, durch neue, bessere ersetzen. Das Vorbild dieser neuen Gesetzgebung sah man im *Contrat social*: Rousseau und das Evangelium sollten die Grundpfeiler der neuen sozialen Ordnung werden.[85]

Die Versammlungen des *Cercle social*, die in den Gärten des Palais Royal abgehalten wurden, fanden großen Zulauf. 4000 Menschen wohnten der Eröffnungssitzung bei, in der Fauchet über den *Contrat social* sprach. Unter den Besuchern waren Madame Roland, Abbé Sieyès, Condorcet und Camille Desmoulins. Der Jakobinerklub war über die Aktivität des *Cercle social*, in dem er ein Konkurrenzunternehmen witterte, lebhaft beunruhigt und unterließ keine Gelegenheit, Fauchet der Demagogie und der sozialen Unruhestiftung anzuklagen. Hingegen warb der *Cercle social* um die Jakobiner, freilich ohne Erfolg.[86]

Fauchet gehörte der Nationalversammlung nicht an. Dennoch hat er ihre Politik gebilligt. Wenn er auch gegenüber der Menschenrechtserklärung Vorbehalte machte und sie durch einen Katalog der Bürgerpflichten ergänzt wissen wollte,[87] so änderten solche Einwände doch

---

[84] „Nous ne sommes ni Jacobins, ni Augustins, ni modérés, ni impartiaux: des Clubs de Révolution peuvent convenir à des Lords Anglais et à d'autres, mais nullement à des hommes tels que nous". Prospectus de la Bouche de Fer, S. 4. Die Bezeichnung Cercle social geht ursprünglich auf ein Freimaurersymbol zurück. „Un cercle, symbol éternel de l'égalité, nous a paru indiquer l'inflexibilité de nos principes, existants par eux-mêmes ... un Cercle Social peint, ce nous semble, un pacte social, une convention fraternelle, une parenté germanique." Prospectus, S. 3.
[85] La Bouche de Fer, 10. Januar 1791.   [86] La Bouche de Fer, 7. Juli 1791.
[87] La Bouche de Fer vom 17. Juni 1791 zitiert zustimmend eine Rede Mandards, in der die Erklärung der Menschenrechte aus sozialen Gründen kritisiert wird: „Les représentants de la nation ont prêtés l'oreille à cette assertion mal conçue que ce sont les propriétaires qui composent l'état ... Les droits de l'homme et du citoyen s'y opposent."

nichts an seiner grundsätzlichen Zustimmung zum Werk der Constituante. Das gilt insbesondere für die Religionspolitik. Fauchet gehörte zu den Verteidigern der Zivilkonstitution; er legte als einer der ersten Priester den Eid auf die Verfassung ab. Später wurde er zum konstitutionellen Bischof von Calvados gewählt. In seinen Hirtenbriefen bezeichnete er sich als „Bischof durch die Gnade Gottes und durch den Willen des Volkes" [88]. Als Mitglied der Legislative hat er die Eidverweigerer heftig bekämpft: wer den Eid nicht leisten wolle, *le plus catholique qui fût jamais,* sei ein Gottloser und widersetze sich dem Gebot des Evangeliums.[89] Man wird bei dieser Qualifikation zu bedenken haben, was *catholique* für Fauchet bedeutet: das Katholische ist für ihn vornehmlich ein Element der Einheit, ein Faktor, der Religion und Gesellschaft zusammenhält.

Daß Fauchet seine politische Tätigkeit im *Cercle social* mit dem seltsamen und unrealistischen Plan verband, Katholiken und Freimaurer zu versöhnen, hat seiner Wirkung beträchtlich Abbruch getan. Sowohl ernsthafte Katholiken als auch Wortführer der Aufklärungsphilosophie – so la Harpe [90] – kritisierten seinen unklaren politischen Enthusiasmus und seinen schwärmerischen Stil. In der Tat brach die Allianz Fauchet-Bonneville und mit ihr der *Cercle social* sehr bald auseinander; die *Société des Amis de la Vérité* löste sich im April 1791 auf, und die Zeitschrift *La Bouche de Fer,* die von Bonneville und Fauchet herausgegeben wurde, stellte gleichfalls ihr Erscheinen ein. Doch gab Fauchet in der Folgezeit noch eine eigene Zeitschrift heraus, das *Journal des Amis de la Vérité,* in dem er, politisch mehr und mehr isoliert, gegen die Eidverweigerer, aber ebenso gegen den religiösen Radikalismus der Linken und gegen die Idee einer Trennung von Staat und Kirche kämpfte.

In seinem Kampf für die Zivilverfassung begegnete Fauchet mit dem andern Sprecher des demokratisch-radikalen Katholizismus, dem lothringischen Abbé Grégoire, der später gleich ihm Bischof der konstitutionellen Kirche wurde.[91] Auch Grégoire glaubte an eine „heilige Allianz von Christentum und Freiheit" [92]; auch er setzte Christen-

---

[88] Die volle Intitulatio lautet: „Claude Fauchet, par la grâce de Dieu et la volonté du Peuple, dans la communion du Saint Siège apostolique et dans la charité du Genre-Humain, Evêque de Calvados."
[89] Sermon sur l'accord de la Religion et de la liberté, S. 31.
[90] Vgl. Cros, a.a.O. S. 38.
[91] Über Grégoire: A. Pouget: Les idées religieuses et réformatrices de l'évêque constitutionnel Grégoire, Paris 1905.
[92] „Il existe entre le christianisme et la liberté une indestructible et sainte alliance". Essai historique sur les libertés de l'église Gallicane, Paris 1818, zit. bei Pouget,

pflicht und Bürgertugend in eins. *Qui n'aime pas la République,* heißt es in einem seiner Hirtenbriefe, *est un mauvais citoyen et conséquemment un mauvais chrétien*[93]. Grégoires republikanische Gesinnung war älter und erprobter als die Fauchets, der noch am Vorabend der Revolution als Anhänger der Monarchie erscheinen konnte:[94] als Vertreter des presbyterianischen Flügels der französischen Kirche war Grégoire Demokrat aus religiöser Überzeugung. So sind auch seine politischen Ideen das getreue Spiegelbild seiner Vorstellungen über den inneren Aufbau der Kirche. Die demokratische Kirche war für ihn nicht nur eine Forderung der nationalen Tradition – er hat wie Fauchet die Wiederherstellung der Pragmatischen Sanktion verlangt[95] –, sie entsprach nach seiner Meinung auch dem Gesetz des Urchristentums, dem Geist der brüderlichen Liebe, den die Revolution zu neuem Leben erweckt hatte. Wenn also die Zivilverfassung des Klerus kirchliche und politische Wahlkörperschaft zusammenfallen ließ und presbyterianische Elemente, freilich unter strenger Staatskontrolle, in die Verfassung der Kirche einfließen ließ, so handelte sie durchaus im Sinne Grégoires, der von einer demokratischen Kirche eine vertiefte Wirkung der christlichen Moral auf die Öffentlichkeit erhoffte.

Wie groß war die Gefolgschaft Bonnevilles, Fauchets, Grégoires? Exakte Angaben werden sich kaum machen lassen. In den schnellebigen Monaten der Revolution, in denen neue Ideen in unaufhörlichem Wechsel an der Oberfläche erschienen, um ebenso rasch zu verschwinden, behielt auch eine Gründung wie der *Cercle social* nur kurze Zeit den Reiz des Interessanten. Aber die Idee der *Religion nationale* blieb lebendig, sie lebte fort in den Reihen der von Rom getrennten konstitutionellen Kirche. Bedenkt man, daß die Zahl der Priester, die den Eid leisteten, nicht gering war[96] und daß sich die konstitutionelle Kirche bis zum napoleonischen Konkordat behaupten konnte, so wird man sagen dürfen, daß die presbyterianischen und demokratischen

---

a.a.O. S. 442. An seine Diözesanen richtet Grégoire die Aufforderung, dafür zu sorgen „que, par nos soins, l'alliance si naturelle du christianisme et de la démocratie devienne indissoluble". Lettre pastorale vom 12. März 1795, abgedruckt bei A. Gazier: Etudes sur l'histoire religieuse de la Révolution française, Paris 1887, S. 370ff.

[93] Ebenda S. 390.
[94] Cros, S. 103.
[95] Essai, Kap. 10 u. 11.
[96] Vgl. Leflon, S. 71, Latreille, S. 95, Plongeron, S. 17ff. Die Frage ist neu aufgenommen und umfassend diskutiert bei T. Tackett, Religion, Revolution and Regional Culture in Eighteenth Century France: The Ecclesiastical Oath of 1791, Princeton University Press, 1985 (frz. Übs. 1986).

Strömungen in der französischen Kirche zur Zeit der Revolution eine durchaus beachtliche Macht darstellten.[97]

In der konstitutionellen Kirche hat auch der Begriff der „Christlichen Demokratie" seinen Ursprung. Am 21. November 1791, als die gesetzgebende Versammlung über religiöse Unruhen in Frankreich beriet, erklärte Lamourette, der konstitutionelle Bischof von Lyon, in einer Stellungnahme zum Gesetzentwurf des zuständigen Ausschusses: *Séparez donc, Messieurs, je le veux et je le désire autant que vous; séparez la constitution de la théologie qui date de Constantin, c'est-à-dire de l'époque où Rome vaincue, par l'impossibilité d'étouffer les principes lumineux de la démocratie chrétienne, a fait sa paix avec l'évangile, afin de l'aristocratiser, et de travestir le Sage de Nazareth, cet ami vrai du peuple, en une divinité protectrice des ravisseurs du monde, et ouvrit d'éternels abymes sous les pas de quiconque songerait à briser les fers de la servitude»*[98].

Die theologischen Motive, die dieser Äußerung zugrunde liegen, verdienen eine eigene Betrachtung. Ihre Bedeutung wird klar, wenn man sie im Zusammenhang mit ähnlichen Äußerungen Fauchets und Grégoires sieht. Wir wenden uns daher im folgenden einer Analyse dieser theologisch-politischen Gedankengänge zu; in ihrem Licht wird sich zeigen, auf welcher Grundlage die demokratisch-religiöse Bewegung der Revolutionszeit ruht.[99]

3. Es ist bereits festgestellt worden, daß der demokratische Impuls Grégoires aus seiner Kirchenauffassung herrührt. Kirche ist für ihn

---

[97] Daß die Möglichkeit einer presbyterianischen Entwicklung in der französischen Kirche bestand, geht aus einer von Leflon, S. 75, zitierten Äußerung Talleyrands hervor, der seine Bereitschaft, Bischöfe zu weihen (wozu die anderen konstitutionellen Bischöfe nicht bereit waren), mit der Notwendigkeit begründete „d'éviter le presbytérianisme et de sauver la constitution hiérarchique de l'Eglise". Mémoires, Bd. I, S. 135 f. Zu den presbyterianischen Strömungen in der konstitutionellen Kirche vgl. noch H. Leclercq: L'Eglise constitutionelle, Paris 1934, besonders Kap. VI (Le retour à l'Eglise primitive). Die hier liegenden Entwicklungstendenzen müssen ernst genommen und dürfen nicht ex eventu verharmlost werden.
[98] Observations contre l'article XV du projet de Decret du comité de législation, sur les troubles religieux; prononcées le 21 novembre 1791, par M. Lamourette, Evêque du Département de Rhône et Loire, S. 5. (Hervorhebung von mir). Über Lamourette vgl. jetzt die Studie von D. Menozzi: „Philosophes" e „chrétiens éclairés". Politica e religione nella collaborazione di G. H. Mirabeau e A. A. Lamourette (1774–1794), Brescia 1976, die Licht auf seine Zusammenarbeit mit Mirabeau wirft; über die Rede vom 21. November 1791 und den Terminus „démocratie chrétienne" a.a.O. S. 355 ff.
[99] Zum Problem der revolutionären Ekklesiologien siehe jetzt B. Plongeron, a.a.O. S. 232 ff., 276 ff.; vgl. auch D. Menozzi, a.a.O. S. 150 ff., 188 ff., 331 ff.

nicht eine Hierarchie von Rangordnungen, sondern *Communio sanctorum: une assemblée des fidèles.* Der *Journal chrétien,* das Organ der konstitutionellen Kirche, bekämpft unter Hinweis auf Cyprian den hierarchischen Kirchenbegriff.[100] Er setzt sich, wie ein Brief an den Herausgeber es ausdrückt, zum Ziel „der Religion ihre ursprüngliche Schönheit zurückzugeben, sie zu befreien von den abergläubischen Bräuchen, die eine unerleuchtete Frömmigkeit den religiösen Pflichten unterschiebt"[101]. Grégoires demokratische Leidenschaft zielt auf eine urkirchliche Restauration. Die Schrift über die Freiheiten der gallikanischen Kirche, das Vermächtnis des Bischofs der konstitutionellen Kirche an die Nachwelt, schließt mit einem Wort des hl. Bernhard: *Quis mihi det, antequam moriar, videre ecclesiam Dei, sicut in diebus antiquis?*

In geschichtstheologischer Wendung begegnen wir dem Restaurationsmotiv auch bei Fauchet. Gottvater selbst, so heißt es in dem *Sermon sur l'accord de la Religion et de la liberté,* hat ursprünglich dem auserwählten Volk der Juden eine demokratische Verfassung gegeben, und Gottsohn hat den von ihm Erlösten die Gesetze der Brüderlichkeit, den Inhalt jeder wahren Demokratie, ins Herz geschrieben. *La divinité, dans ces deux interventions solennelles, s'est montrée populaire;*[102] *elle a dicté des lois de la démocratie nationale au peuple juif, et ensuite des lois de la démocratie fraternelle au genre humain. La loi de Sinaï et la loi de l'Évangile écartent toute puissance arbitraire de dessus des hommes, ne leur imposant de règle que la raison suprême, et les mettant sous le régime de la liberté.* Fauchet bemüht sich freilich, diese Intervention der Gottheit nicht als Zwang, sondern als freies Angebot erscheinen zu lassen. Denn der Dekalog, „die Grundlage der biblischen „Nation", sei vom jüdischen Volk freiwillig angenommen worden: *La loi rédigée, inscrite et proclamée, devait être librement acceptée par tout le peuple assemblé en familles, en cantonnements et en tribus. Ce ne fut qu'après cette acceptation libre que la volonté générale ayant consommé son acte, l'alliance fut jurée et le pacte national déclaré inviolable. Non seulement le code des lois fut définitivement sanctionné par l'exercice complet de la liberté générale, mais le gouvernement lui-même, proposé par la divinité et voulu par le peuple, fut démocratique: Le partage du territoire fut égal et librement convenu; les juges furent à la nomination du public et les chefs du pouvoir exécutif, au choix de la nation.* Die Demokratie –

---

[100] Journal chrétien, 28. August 1791, L'esprit du christianisme.
[101] Journal chrétien, 5. November 1791, A l'auteur du Journal chrétien.
[102] Vgl. die oben S. 115 erwähnte Stelle, wo von der „Divinité Concitoyenne du Genre-Humain" die Rede ist.

Fauchet umschreibt sie, Lincolns Formel vorwegnehmend, als ein *tout pour le peuple, tout par le peuple, tout au peuple* – ist demnach die von Gott sanktionierte Regierungsform: *la législation et le gouvernement de Dieu*. Allein diese Einheit von göttlichem Willen und menschlichem Gehorsam ist nicht von langem Bestand. Auf die demokratische Uroffenbarung folgt sogleich der Abfall der Juden vom göttlichen Gesetz. Indem die Juden Könige über sich gesetzt haben, sind sie dem Sozialvertrag untreu geworden. Der Verlust ihrer staatlichen Existenz ist die unmittelbare Folge: *Les rois que la nation voulut se donner malgré les avis réitérés du père de la nature*,[103] *quoiqu'ils n'eussent aucune autorité législative, furent la plupart des despotes qui firent leurs propres malheurs en faisant le malheur public. Tant il est difficile à la souveraineté du peuple de contenir le sceptre qu'elle confie au mandataire de sa puissance.* So stellt erst Christus, der zur Zeit des *lâche tyran* Augustus auf die Erde kommt, die Allianz Gottes mit dem Menschen wieder her: *Il veut vivre toujours l'égal, l'ami, l'homme du peuple, mais il ne ménage jamais les riches, les grands, les puissants ennemis du peuple: ses anathèmes ne tombent que sur les têtes insolentes qui dominent arbitrairement le peuple; il réunit, contre lui-seul, toutes les aristocraties qui avilissent ou écrasent le peuple, et il meurt pour la démocratie de l'univers*.[104]

Wir haben Fauchets Gedanken mit Absicht ausführlich wiedergegeben. Sie erhellen den Grund, in dem der demokratische Spiritualismus der geistlichen Konstitutionalisten wurzelt. Da die Kirche dem gleichen Rhythmus von Verfall und Erneuerung unterliegt wie die Geschichte des Gottesvolkes, muß auch in ihr der „reine Geist", die „ursprüngliche Schönheit" des Christentums stets aufs neue von dem entstellenden Beiwerk menschlicher Gewohnheiten gereinigt werden. Der *Journal chrétien*, der in seiner Nummer vom 28. August 1791 die Frage behandelt *comment l'esprit du Christianisme s'est altéré*, schlägt die gleiche Tonart an.[105] *Religion pure, christianisme pur* sind bei Fauchet, Bonneville, Grégoire immer wiederkehrende Ausdrücke.

Dabei ist die geistige und terminologische Verwandtschaft der Gedanken Fauchets mit der Rousseauschen Vertragslehre nicht zu ver-

---

[103] Vgl. dazu eine Bemerkung Grégoires: „Le célèbre discours de Samuel aux Hébreux, qui voulaient changer la forme de leur gouvernement, n'a jamais été cité par les prédicateurs de cour. Supposons que le prophète eût parlé dans un sens absolument inverse, Dieu sait quels beaux commentaires nous eût valu ce texte." A. Pouget, a.a.O. S. 441. Die Anspielung Grégoires bezieht sich wahrscheinlich auf Bossuets Politique tirée de l'Ecriture Sainte.
[104] Sermon sur l'accord de la Religion et de la liberté, S. 6 ff.
[105] Siehe oben Anmerkung 99.

kennen. Sie ist kein Zufall. Fauchet verstand sich als Schüler Rousseaus.[106] Es bedürfte kaum der ausdrücklichen Erwähnung der *volonté générale* und der höchst bezeichnenden Wendung gegen die repräsentative Demokratie, um diese Abhängigkeit hervortreten zu lassen: auch die Rousseausche Abfolge von Naturunschuld und Kulturverfall kehrt bei Fauchet wieder, jetzt angewandt auf die Geschichte der Kirche. Die Rückkehr zur Natur erhält eine christliche Wendung. Rückkehr zur Natur heißt jetzt Rückkehr zur Urkirche. Indem Fauchet den demokratischen Gesetzgeber, der bei Rousseau als Sachwalter der autonomen Vernunft auftritt, zurückverwandelt in den Gott der Christen, rechristianisiert er zugleich den *Contrat social:* aus säkularem Vernunftrecht wird christliches Naturrecht, das in Gott, dem *père de la nature*, seinen Ursprung hat.

Aber ist diese Rückverwandlung überhaupt möglich? Sicher ist, daß sie nur mit Hilfe einer spiritualistischen Auflösung des Kirchenbegriffs erkauft werden kann, die mit katholischem Denken kaum vereinbar scheint. Und kann man bei Fauchet und Grégoire überhaupt noch von Kirchenreform sprechen? Was im Mund des Gläubigen „Kirche" heißt, scheint hier bedenklich in die Nähe jener menschlichen und geschichtlichen *accessoires* zu rücken, die das Angesicht der reinen Religion entstellen. Bereits mit der Ausbildung des königlichen Absolutismus, zumindest mit der Abschaffung der Pragmatischen Sanktion, vielleicht auch schon mit Konstantin hat für die Verfechter der *religion pure* die Geschichte des wahren Christentums aufgehört. Um den Zusammenhang mit der demokratischen Ur-Christenheit aufrechtzuerhalten, ist Fauchet gezwungen, eine seltsame Traditionskette zu konstruieren, die von Origenes und Hieronymus über Erasmus, Morus, Bacon, Montaigne, Charron, Richer bis zu den Freimaurerlogen reicht.[107] Es ist klar, daß die Kirchengeschichte, der Willkür dieses Auswahlprinzips überantwortet, allen Zusammenhang einbüßt und als eine ungegliederte Folge spiritueller Eruptionen erscheint. Von hier ist der Weg nicht mehr weit zu der a-christlichen, alle festen Grenzen der Religion in einem pantheistischen *Tout est dans tout* auflösenden Religionsmetaphysik Bonnevilles.[108]

Die Kirche verliert bei Fauchet allen institutionellen Umriß. Was

---

[106] Dazu unten, S. 124 ff.
[107] La Bouche de Fer, 10. Jan. 1791.
[108] „Religion est fraternité! Tous leurs milliers de cultes, d'emblêmes et d'allégories, ne sont que des copies plus ou moins imparfaites de quelque belle page de l'ancien code fédératif du genre humain". N. de Bonneville: De l'esprit des religions, Paris 1791, II, § 157.

bleibt, ist ein demokratisch verfaßtes „Volk Gottes". Der Sozialvertrag, als Bund Gottes mit den Menschen aufgefaßt, formt das Volk zur Nation, und zwar so, daß politische und religiöse Existenz nicht mehr zu trennen sind. Die Doppelheit von Staat und Kirche geht auf in der Einheit einer *religion nationale.* Die demokratische Herrschaft ist ein Mittel zur Theokratie. Wir sind hier in der Nähe von Ideen, wie sie im neunzehnten Jahrhundert von Lamennais und seiner Schule verkündet werden.[109]

Boten die Ideen Fauchets eine Möglichkeit zur Zusammenarbeit von Revolution und Kirche? Man kann auch hier, zumindest bis zum Ausbruch der religiösen Krise im Anschluß an den Erlaß der Zivilverfassung, durchaus bejahend antworten. *Ein* Berührungspunkt zwischen Revolution und revolutionärer „Christlicher Demokratie" liegt jedenfalls klar zutage: beide fassen den Katholizismus vornehmlich als eine Religion der Einheit, als Bindeglied der nationalen Gemeinschaft auf. Seine formale Struktur ist daher für sie wichtiger als sein dogmatischer Gehalt, ja dieser kann zugunsten des formstiftenden, einheitschaffenden Ordnungselements der Kirche ganz zurücktreten. Ein Staatswesen, so führt Fauchet in *De la religion nationale* aus, kann nicht leben ohne *croyances pareilles,* ohne verpflichtende Überzeugungen, die allen seinen Gliedern gemeinsam sind: daher die Notwendigkeit des Katholizismus als Staatsreligion.[110] Man sieht, daß Fauchet hier ganz ähnlich argumentiert wie die Philosophie der Zeit und mit ihr der größte Teil des Bürgertums. Die Kirchenpolitik der Nationalversammlung bestätigte diese Linie. Wenn Mathiez darauf hinweist, daß die Constituants, besessen von der Leidenschaft nach Einheit, „einer römischen und katholischen Leidenschaft", Kirche und Staat keineswegs zu trennen, sondern im Gegenteil aufs innigste zu verschmelzen suchten,[111] ist er also durchaus im Recht; freilich bedeutete dieser Wille wenig, solange weder der revolutionäre Staat noch die Kirche eine klare Vorstellung über ihr eigenes Wesen, ihre gegenseitige Abhängigkeit und ihre gemeinsamen Grenzen hatten.

War ein so formalisierter Begriff des Katholischen, wie Fauchet ihn verwendete, geeignet, gerade die Frage der gegenseitigen Beziehungen von Kirche und Demokratie ins rechte Licht zu rücken? Man wird es bezweifeln, wird vielmehr sagen müssen, daß er in die Irre führte, weil er eine Einheit vortäuschte, wo keine war. Theoretisch konnte sich die Leidenschaft nach Einheit in einer doppelten Gestalt verwirk-

---

[109] Vgl. F. de Lamennais: Essai sur l'indifférence, Bd. II, Paris 1820, Préface.
[110] S. 45 ff.
[111] A. Mathiez: Rome et le clergé sous la Constituante, Paris 1911, S. 78.

lichen: als demokratische Theokratie – oder als demokratischer Cäsarismus und Cäsaropapismus. Nach Lage der Dinge aber bestanden für die erste Möglichkeit nur geringe Aussichten. Als der Abgeordnete Camus in der Nationalversammlung die Zivilverfassung mit dem Hinweis verteidigte, die Religion sei im Staat, nicht der Staat in der Religion,[112] war es offenkundig, daß die Voraussetzungen für die politische Theologie Fauchets nicht mehr bestanden. Der Satz, mit dem er fortfuhr: *Nous sommes une convention nationale, nous avons assurément le pouvoir de changer la religion* – ohne freilich noch die Konsequenzen aus einer solchen Souveränität zu ziehen –, machte das veränderte Kräfteverhältnis der politischen und der religiösen Autorität hinlänglich klar. Dem Selbstbehauptungswillen der Kirche war also von vornherein die Spitze abgebrochen; denn nur als Instrument der offiziellen Politik durfte sie hoffen, im Schatten des allmächtigen Staates eine bescheidene Existenz zu fristen. In der Tat konnte die „Säkularreligion"[113], die schließlich in den revolutionären Staatsbau einging, nicht katholisch sein. Sie war eine reine Zweckschöpfung der politischen Vernunft.

---

[112] Moniteur Bd. IV, S. 515.
[113] Der Ausdruck bei J. L. Talmon: The origins of totalitarian democracy, London 1952, S. 21 ff.

III. Scheitern

Am 13. April 1790 lehnte die Nationalversammlung den Antrag des Kartäusermönchs Dom Gerle, der dem Jakobinerklub angehörte, ab, den Katholizismus zur Nationalreligion zu erklären.[114] Drei Jahre später, am 20. Prairial (8. Juni) 1793, inmitten des Terrors, verkündete Robespierre in einer Feier im Tuileriengarten die neue Religion des höchsten Wesens.

Beide Ereignisse, die Entthronung der alten und die Einsetzung der neuen Staatsreligion, umschließen zeitlich die Peripetie der Revolution. Zwischen ihnen liegt der Sturz der Monarchie, der Beginn des inneren und äußeren Krieges, die Verwandlung des liberalen Konstitutionalismus in eine „totalitäre Demokratie".[115] Religionspolitisch ist diese Zeit dadurch gekennzeichnet, daß sich die katholische Einheitsidee endgültig von der kirchlichen auf die staatliche Seite verlagert: während den revolutionären Anhängern einer religiösen Demokratie die politische Entwicklung mehr und mehr entgleitet, beginnt der demokratische Laienstaat eigene Kultformen auszubilden. Die Jakobiner führen das Prinzip des religiösen Absolutismus zum Sieg, indem sie die Macht des Staates ausdehnen über die Gewissen.

1. Die Bischöfe hatten zu Beginn der Revolution versucht, durch freiwillige finanzielle Zugeständnisse den Status des Klerus als Stand zu retten. Das Bürgertum dagegen suchte die politische Sonderstellung des Klerus gerade durch den Entzug der wirtschaftlichen Privilegien, welche die Kirche besaß, zu brechen. Sein Ziel war eine Nation, die keine Stände, nur Individuen kannte. Von diesem Widerspiel waren auch die kirchenpolitischen Diskussionen der Nationalversammlung

---

[114] Moniteur Bd. IV, S. 103 ff. Vgl. Erdmann, a.a.O. S. 180 ff. u. Leflon, a.a.O. S. 54. Latreille, a.a.O. S. 83, bemerkt: „On peut dire qu'à cette date apparaît et s'élargit la fissure entre les patriotes et les représentants de l'Eglise gallicane".
[115] Talmon, a.a.O. S. 69 ff. Die soziologischen Veränderungen der Jahre 1792/93 schildert der Aufsatz von A. Rüstow: Der Umbruch von 1792/93, in: Die neue Rundschau 63 (1952), S. 331–370, der die geistesgeschichtliche Studie Talmons ergänzt.

beherrscht. Hier entwickelte sich aus dem Streit um die Vorrechte des Klerus bald ein Prinzipienkampf, in dem die Forderungen der Kirche und die des Staates einander schroff entgegenstanden. Durch die Einziehung der Kirchengüter war eine Neuregelung der rechtlichen und sozialen Stellung des Klerus nötig geworden. Sie sollte erreicht werden durch eine umfassende *Constitution civile du Clergé*. Allein diese Zivilverfassung des Klerus brachte keine Lösung des Konflikts: bemüht, den ständischen Eigenwillen des Klerus zu vernichten, hob sie mit dem Bau der alten Kirche zugleich das Gefüge des Gallikanismus aus den Angeln.

Die seit Taine oft erörterte Frage, ob bei der Kirchenpolitik der Nationalversammlung wirtschaftliche oder politische Motive ausschlaggebend waren, ob also die Notlage des Staates zur Enteignung der Kirchengüter zwang oder ob die Revolution nur den Anlaß wahrnahm, ein politisches Prinzip durchzusetzen, braucht hier nicht aufgeworfen zu werden.[116] Wir halten nur das Ergebnis fest: die gallikanische Kirche hörte in der Revolution auf, als selbständiger Körper zu bestehen. Ihre Autonomie ging im Lauf der Ereignisse Stück um Stück verloren: politisch durch die Vereinigung der *bons curés* mit dem Dritten Stand; sozial durch die Aufhebung der Feudalrechte; wirtschaftlich durch die Nationalisierung der Kirchengüter; religiös durch die Zivilverfassung des Klerus.[117]

Die Zivilverfassung, die den endgültigen Bruch zwischen Kirche und Revolution herbeiführte, war auch für gallikanische Auffassungen unannehmbar.[118] Dies geht aus dem Verhalten der Mehrzahl der

---

[116] H. Taine: Les origines de la France contemporaine, Paris 1876 ff. Bd. III, S. 265.
[117] Leflon, a.a.O. S. 56.
[118] Es ist das Verdienst Erdmanns, durch einen eingehenden Vergleich der Zivilverfassung mit den Texten der gallikanischen Tradition die bisher allgemein verbreitete Auffassung von ihrem gallikanischen Charakter ins Wanken gebracht zu haben. Sein Ergebnis, a.a.O. S. 227f.: „Die Revolution führte die antirömische Tendenz der Pragmatischen Sanktion bis zu ihrer letzten Konsequenz durch und vollendete gleichzeitig die staatliche Suprematie über die Kirche, die im Konkordat von 1516 verankert worden war. Während aber der Antikurialismus der Pragmatischen Sanktion von einer Nationalkirche getragen wurde, die in gleichem Maße auch dem Staat gegenüber eine unabhängige Stellung aufzubauen suchte, und während das Konkordat, indem es die Unabhängigkeit der gallikanischen Kirche aufhob, gleichzeitig die hierarchische Autorität des Papstes wiederherstellte, wollte die Revolution die Kirche gänzlich von Rom trennen, um sie dem Staat nicht nur unterzuordnen, sondern um ihren hierarchischen Zusammenhalt auf allen Stufen und in allen Formen, der monarchisch-päpstlichen sowohl wie der aristokratisch-konziliaren, aufzulösen. Sie leugnete, daß die Kirche, in welcher Form auch immer, eine souveräne Gesellschaft sei. Damit aber entzog sie dem Gallikanismus seine eigene

kirchlichen Vertreter in der Nationalversammlung klar hervor. Als Sprecher des Klerus stellte Erzbischof Boisgelin fest, daß die Nationalversammlung ihre Zuständigkeiten überschritten habe, indem sie ohne Rücksicht auf das kanonische Prinzip vorgegangen sei: um rechtsgültig zu werden, bedürften ihre Beschlüsse der Zustimmung der Kirche.[119] Boisgelin dachte dabei als Gallikaner nicht so sehr an den Papst als vielmehr an ein französisches Nationalkonzil. Gerade dies aber lehnte die Mehrheit der Versammlung heftig ab; sie befürchtete von einer aristokratischen Bischofsversammlung die Wiedererstehung des Klerus als Stand. Es war ihr ausdrücklicher Wille, die Neuordnung der Kirche aus eigener Souveränität zu regeln.

Damit war der Weg zu einer Einigung verlegt. Die *Exposition des principes,* eine Rechtfertigungsschrift der bischöflichen Abgeordneten,[120] machte den Engpaß sichtbar, in den die gallikanische Kirche bei ihrem Versuch geraten war, die bisher in der ständischen Ordnung gesicherten kirchlichen Freiheitsrechte als demokratische Rechte in der Verfassung zu verankern. Da sich ein größerer Teil der französischen Kirche – auch der niederen Geistlichkeit – weigerte, den Eid auf die Zivilverfassung zu leisten,[121] endete die Kirchenpolitik der Nationalversammlung mit einem Fehlschlag. Sie brachte nicht die ersehnte religiös-politische Einheit, sondern führte zur Spaltung der Kirche und der Nation. Katholische und konstitutionelle Kirche traten einander als feindliche Mächte gegenüber: die eine vom Staat verfolgt, die andere vom Staat begünstigt, beide um öffentliche Anerkennung und um die Treue ihrer Gläubigen ringend. Infolge einer Verkettung verschie-

---

Voraussetzung. Von Freiheit zu sprechen und das Wesen der Kirche zu leugnen, war offensichtlich eine Denkweise, die sich legitimerweise auf die Erbschaft der gallikanischen Tradition nicht berufen konnte." In der Forschung hat sich diese Meinung noch nicht durchgesetzt. Die älteren französischen Darstellungen und jüngst noch Leflon, a. a. O. S. 58, sehen in der Zivilverfassung eine „synthèse des doctrines gallicanes".

[119] Boisgelin: Discours sur le rapport du comité ecclésiastique, concernant la constitution du clergé prononcé le 29 mai 1790.

[120] Der vollständige Titel lautet: Exposition des principes sur la constitution du clergé, par les évêques députés à l'Assemblée nationale (Ende Oktober 1790). Dazu Erdmann, a. a. O. S. 238 ff.; Latreille, a. a. O. S. 91 ff.

[121] Zwischen 52% und 55% des Pfarrklerus akzeptierten nach Tackett, a. a. O. S. 59 ff. (frz. Ausgabe), im Frühjahr/Sommer 1791 den Eid – es war also, trotz einer regelrechten „Wahlschlacht", nur ein knapper Sieg des revolutionären Staates. Von den Schwörern nahmen ca. 12% bis zum Herbst 1792 den Eid wieder zurück, so daß die Gesamtzahl knapp unter 50% fiel. Eidverweigerer, die sich nachträglich zum Eid entschlossen, gab es nur wenige, sie fallen statistisch nicht ins Gewicht.

dener Umstände schlug schließlich der Feldzug gegen die alte Kirche in eine allgemeine Dechristianisierungswelle um, die auch die *église constitutionelle* erfaßte.[122] Nicht nur die Eidverweigerer römisch-katholischer Observanz, sondern auch zahlreiche Priester der konstitutionellen Kirche bestiegen das Schafott, unter ihnen Fauchet, der in seinen Predigten die Einheit von Revolution und Kirche verkündete, und Lamourette, der als erster in einem französischen Parlament von Christlicher Demokratie gesprochen hatte.[123]

Erst als das konstitutionelle Experiment in Staat und Kirche gescheitert war, kam eine radikale Bewegung zum Zug, die auf die völlige Loslösung des revolutionären Staates von der christlichen Tradition hinarbeitete. Erst jetzt gewann auch die Absicht philosophisch-politischer Neugründung, die anfangs von reformistischen Zügen verdeckt worden war, ihre eigentliche Gestalt. Vernunftkult, Dekadenkalender und neue Zeitrechnung sind ein Ausdruck des bewußten Bruchs mit der Vergangenheit und zugleich ein Zeichen jenes religiösen Messianismus, der in der Revolution den Anfang einer neuen Zeit und den Beginn der Erlösung des Menschengeschlechtes erblickte. Geistesgeschichtlich merkwürdig ist dabei die Tatsache, daß – wie schon das aufklärerische Ideal der *bonne politie* sich am Vorbild der römischen Republik orientierte[124] – nun auch der Staatskult, der

---

[122] Die Rechtsbasis für die konstitutionelle Kirche fiel mit der Außerkraftsetzung der Verfassung von 1791 fort. Es bestanden also auf französischem Boden zwei rivalisierende Kirchen ohne klar umschriebenen öffentlich-rechtlichen Status. Beiden Toleranz zu gewähren, wie es dem Grundsatz der Menschenrechte entsprochen hätte, konnten sich jedoch die Verfechter der „république une et indivisible" aus politisch-philosophischem Systemzwang nicht entschließen. Das logische Ergebnis war, daß man schließlich jede institutionelle Form der Religion aus dem Staat verbannte und daß die Republik das Prinzip ihrer sozialen Einheit in Gestalt einer „religion civile", die aus katholischen Kultresten aufgebaut war, aus sich selbst hervorzubringen suchte. – Über die revolutionären Kulte vgl. A. Aulard: Le Culte de la Raison et le Culte de l'Être suprême, Paris 1904; A. Mathiez: Les origines des cultes révolutionnaires, Paris 1904; J. Tiersot: Les fêtes et les chants de la Révolution française, Paris 1908. Allgemein: A. Aulard: Le christianisme et la Révolution française, 1925; Mona Ozouf, La fête révolutionnaire 1789–1799, 1976; siehe unten Exkurs I mit weiterer Literatur.
[123] Latreille, a.a.O. S. 169f.; Menozzi, a.a.O. S. 391f. Beide widerriefen ihre Lehren und söhnten sich mit der katholischen Kirche aus.
[124] Vgl. die Ausführungen von A. Schinz über die Bedeutung des römischen Elements im „Contrat social": „Dans le contrat social... Rousseau exprime son admiration pour le Romain – réel ou imaginaire – qui a su ne pas perdre de vue l'intérêt du citoyen... les Romains du Contrat social sont conçus non plus comme ces personnages en quelque sorte mystiques, les Fabricius et les Caton, sacrifiant à une vertu idéale et incompréhensible, mais comme de gens assez avisés pour s'aperce-

an die Stelle des Christentums treten sollte, antik-römische Züge aufwies.[125] So wenig die revolutionären Kulte sich des christlichen Spiritualismus entledigen konnten, so deutlich war doch das Bemühen, antike Bürgertugend und antike Einheit von Religion und Politik in einer Renaissance zu erneuern, die ganz ohne christliche Beimischung auskam.

Die Verfolgung der alten Kirche nahm mit dem Sturz Robespierres kein Ende. Das Direktorium desavouierte die Religion des Höchsten Wesens, die der gestürzte Diktator eingeführt hatte, und nahm die atheistische Propaganda wieder auf. Seiner rasch dahinschwindenden Macht gelang es freilich nicht mehr, dem antireligiösen Messianismus der Revolution politischen Nachdruck zu verleihen. Am Ende des Jahrhunderts konnte daher der revolutionäre Verschmelzungsversuch, der Religion und Kirche zusammenzuzwingen versucht hatte, auch in seiner cäsaropapistischen Gestalt als gescheitert gelten. Im Konkordat von Paris (1802) setzte Napoleon die alte Kirche wieder in ihre angestammten Rechte ein. Dies war nach allem, was sich ereignet hatte, nur noch ein Akt der Staatsraison.

2. Die revolutionären Schwärmergruppen um Fauchet und Bonneville hatten den Versuch gemacht, christliche und revolutionäre Naturrechtstheorien miteinander zu verschmelzen. Näherhin beruhte ihr

---

voir qu'une organisation sociale savante comprenant le renoncement aux moyens ‚naturels' et primitifs de chercher le bonheur, conduit plus loin dans la voie du but poursuivi: c'est une vertu faite de sagesse, c'est-à-dire une vertu qui trouve une récompense dans ses effets. Les Romains représentent l'idéal de la vertu sagesse en politique, comme les Anglais la représentent en morale." A. Schinz: La pensée de Jean-Jacques Rousseau, Paris 1929, S. 417 f.

[125] Der Maler David gab den Revolutionsfesten den Charakter römischer Fasten. Römische Rutenbündel und Gesetzestafeln tauchten in der Öffentlichkeit auf. Die Redner der Revolution übernahmen das römisch-republikanische Vokabular und identifizierten sich mit römischen Helden wie Brutus, Cassius, Gracchus. So schließt z. B. Madame Roland einen Brief an Brissot mit den Worten: „Adieu tout court. La femme de Caton ne s'amuse point à faire des compliments à Brutus." Zit. bei C. Brinton: Europa im Zeitalter der Französischen Revolution, Wien ²1948, S. 259. Zur Erklärung dieser Erscheinung vgl. die Bemerkungen von Hannah Arendt: Was ist Autorität (in: Fragwürdige Traditionsbestände im politischen Denken der Gegenwart, Frankfurt 1957, S. 166 f.), die von dem Marxschen Urteil, die Französische Revolution sei im römischen Kostüm auf der Bühne der Geschichte erschienen, ausgehen: „Entscheidender als das Kostüm war, daß sie alle (sc. die modernen Revolutionen) von dem römischen Pathos der Grundsteinlegung, dem römischen Enthusiasmus für die Gründung eines neuen politischen Körpers beseelt waren. Wenn man dies nicht sieht, scheint mir, kann man weder die Größe noch die Tragik der abendländischen Revolution der letzten hundertachtzig Jahre verstehen."

Programm auf einer Verbindung Rousseauscher Prinzipien mit solchen der Bibel. Dies gilt besonders für den *Cercle social*, in dem sich revolutionäre Katholiken und Atheisten trafen, um gemeinsam den *Contrat social* auszulegen. Die Vorträge Fauchets in diesem Kreis, die uns erhalten sind, erlauben uns, den Vorgang dieser Aneignung in allen Einzelheiten zu verfolgen.[126]

Nous allons nous servir, heißt es im dritten dieser Vorträge, *pour poser les principes de la législation qui convient à tous les hommes des idées d'un grand homme*.[127] Rousseau ist für Fauchet der wahre Gesetzgeber, sein Werk *la plus complète démocratie de l'amour et de la vertu*.[128] Was die Bibel in allgemeinen Sätzen ausspricht, das Grundprinzip des *amour universel*, findet sich hier in klare rechtliche und politische Begriffe übersetzt. Rousseau und die Bibel sind für Fauchet die unentbehrlichen Grundlagen seines Systems.

Gleichwohl hat Fauchet den *Contrat social* nicht unkritisch gelesen. Er setzt sich in vielen Punkten mit Rousseau auseinander, vereinfacht ihn, spitzt seine Äußerungen zu oder kehrt sie ins Gegenteil um.[129] Rousseaus auf den *passions* aufgebaute Anthropologie ist pessimistisch:[130] Fauchet setzt ihr eine andere entgegen, die im Menschen ein *être aimant* sieht. Rousseau läßt die Menschen durch einen Willensakt aus dem Naturzustand in den gesellschaftlichen Zustand treten: bei Fauchet verschmelzen Naturzustand und gesellschaftlicher Zustand miteinander. Rousseau ist, wenn auch in weit geringerem Maß als Montesquieu, historischer Relativist: Fauchet glaubt demgegenüber an eine „wahre Gesetzgegung", die allen Völkern und Ländern gemeinsam ist. Diese Umwertungen, die an den Taineschen *esprit classique* in seiner naiven Form erinnern, sind für Fauchet höchst charakteristisch. Aus der Gedankenstrenge Rousseaus wird bei ihm ein schwärmerischer und fanatischer Doktrinarismus, der alle politischen Fragen ohne nähere Prüfung nach Universalrezepten zu lösen sucht.

Gleichwohl könnte man sagen, Fauchet habe die Ideen seines Meisters nur radikalisiert und popularisiert, seine Auslegung entspreche wenn nicht dem Buchstaben, so doch dem Geist Rousseaus – wäre

---

[126] Sie sind veröffentlicht in der Zeitschrift La Bouche de Fer.
[127] La Bouche de Fer, Okt. 1790.
[128] La Bouche de Fer, 17. Jan. 1791.
[129] Vgl. H. Cros, a.a.O. S. 53 ff.
[130] Zumindest im Contrat social und in den Lettres de la Montagne. Über den Widerstreit des Rousseau romantique und des Rousseau romain in der Anthropologie des Emile vgl. Schinz, a.a.O. S. 421 ff.

nicht der Abschnitt des *Contrat social,* der von der Religion und vom Verhältnis von Staat und Kirche handelt,[131] eben derjenige, der die Möglichkeit einer christlichen Aneignung Rousseaus radikal in Frage stellt.

Fauchet hat nur einen Teil des *Contrat social* analysiert. Das Religionskapitel erwähnt er nicht. Immerhin sahen wir, wie er den Versuch macht, den Rousseauschen *législateur* in den theistischen Gott der Zehn Gebote zurückzuverwandeln. Schon dies ist freilich ein unmöglicher Versuch. Denn Rousseaus Bemerkung *il faudrait des dieux pour donner des lois aux hommes*[132] kann nicht im christlichen Sinn, als Anspielung auf einen göttlichen Weltenschöpfer, verstanden werden. Was mit dem Wort *législateur* gemeint ist, wird verdeutlicht mit dem Hinweis auf Platon, Lykurg und Calvin. Ganz nüchtern heißt es: *Le législateur est à tous égards un homme extraordinaire dans l'Etat.*[133] Von einem göttlichen Gesetzgeber im Sinn Fauchets ist nirgends die Rede. Auch Calvin wird nur gestreift; Rousseaus Bewunderung gilt mehr dem Staatsgründer und Staatslenker als dem Theologen.[134]

Nicht besser steht es mit dem Versuch, den Rousseauschen Entwurf einer *religion civile*[135] als eine Art von demokratischer Legitimation des Katholizismus auszulegen. Auch hier steht der Wortlaut des *Contrat social* allen christlichen Aneignungsversuchen entgegen. Denn Rousseau schließt unter den Religionstypen, die für den im Sinn der *volonté générale* verfaßten Staat in Frage kommen, den Katholizismus – er nennt ihn *religion du prêtre* – ausdrücklich aus, und zwar mit der Begründung, daß er den Menschen zwei verschiedenen „Vaterländern" (Staat und Kirche) unterstellt, wodurch die Einheit der Gesellschaft zerstört wird, die nach dem *Contrat social* die eigentliche *raison d'être* einer Religion ausmacht. *Tout ce qui rompt l'unité sociale ne vaut rien; toutes les institutions qui mettent l'homme en contradiction avec lui-même ne valent rien.*[136] Auch von hier führt keine Brücke zu Fauchets Vorstellung vom Katholizismus als der „Religion der Einheit".

---

[131] Contrat social IV, 8; Œuvres complètes de Jean-Jacques Rousseau, Paris 1832, Bd. V, S. 146 ff.
[132] Contrat social II, 7, a.a.O. S. 59.   [133] Ebenda, S. 60.
[134] „Ceux qui ne considèrent Calvin que comme théologien connaissent mal l'étendue de son génie. La rédaction de nos sages édits, à laquelle il eut beaucoup de part, lui fait autant d'honneur que son Institution". Ebenda S. 60 f.
[135] Contrat social, IV, 8. u. Lettres de la Montagne, I, 1. Dazu K. D. Erdmann: Das Verhältnis von Staat und Religion nach der Sozialphilosophie Rousseaus (Der Begriff der „religion civile"), Berlin 1935. Ferner P.-M. Masson: La religion de Jean-Jacques Rousseau, Paris 1916, S. 178 ff. u. Schinz, a.a.O. S. 364 ff.
[136] Contrat social, IV, 8, a.a.O. S. 161. Vgl. dazu R. Spaemann, Rousseau – Bürger ohne Vaterland, München 1980, S. 79 ff.

Man könnte freilich einwenden, Rousseau meine hier die katholische Kirche, Fauchet dagegen gehe von einem unkirchlichen und undogmatischen Katholizismus, von einem formalisierten Begriff des Katholischen aus. Das ist richtig; es ändert aber an dem Festgestellten nichts. Denn Rousseaus Urteil über die *pure et simple religion de l'Évangile,* über das ursprüngliche Christentum also, das Fauchet und Gregoire im Auge haben, lautet kaum günstiger als jenes, das er über den römischen Katholizismus fällt. *Cette religion,* heißt es an der gleichen Stelle, *n'ayant nulle relation particulière avec le corps politique, laisse aux lois la seule force qu'elles tirent d'elles-mêmes sans leur en ajouter aucune autre et par là, un des grands liens de la société particulière reste sans effet. Bien plus, loin d'attacher les cœurs des citoyens à l'État, elle les en détache comme de toutes les choses de la terre. Je ne connais rien de plus contraire à l'esprit social.* Rousseaus Feststellungen münden in den Schluß: *Une société de vrais chrétiens ne serait plus une société d'hommes.*[137] Und später heißt es: *Je me trompe en disant une république chrétienne; chacun de ces deux mots exclut l'autre.*[138]

Es ist kaum anzunehmen, daß Fauchet diese Stellen unbekannt gewesen sind. Und selbst wenn er sie anfangs in seinem apologetischen Eifer überlesen hätte, so hätten seine Freunde im *Cercle social* ihn auf die Widersprüche seiner Rousseau-Auslegung gewiß hingewiesen. Denn wir haben Anhaltspunkte dafür, daß die Frage, ob der Katholizismus in den revolutionären Staat eingebaut werden könne, auch den *Cercle social* beschäftigt hat und daß Rousseaus ablehnende Stellungnahme dort heftige Diskussionen auslöste.

In seinem 1791 erschienenen Buch *De l'esprit des religions* bemerkt Bonneville unter der Überschrift *Unité sociale.*[139] *Dire brusquement que «la Religion chrétienne est si mauvaise que c'est perdre le temps de s'amuser à le démontrer»* (Contrat social, livre 4, chap. 8), *c'est de la rudesse à pure perte; c'est manquer le but qu'un vrai philosophe doit se proposer; c'est avoir dit la vérité, bien plutôt pour l'honneur de l'avoir dite, que par un désir sincère de la faire aimer.*

J. J. Rousseau trouve que la liberté et l'humanité sont incompatibles;[140] *je ne le pense pas, après avoir longtemps réfléchi. Peut-etre que, privés de nos secours et de la facilité que nous avons de nous communiquer nos lu-*

---

[137] Ebenda, S. 152.
[138] Ebenda, S. 154.
[139] II, § 10.
[140] Das ist eine Anspielung auf Rousseau: Lettres de la Montagne, I, 1: „Le patriotisme et l'humanité sont ... deux vertus incompatibles dans leur énergie, et surtout chez un peuple entier." Œuvres Bd. VIII, S. 40, Anm. 1.

mières, les plus sages d'entre les Druides ne purent jamais venir à bout de réunir l'une et l'autre.[141]

... L'auteur du Contrat social a prétendu que le christianisme romain était plus nuisible qu'utile à la forte constitution d'un état libre.[142] *Warburton soutenait que nulle religion n'était utile au corps politique. C'était anéantir tous les systèmes religieux; le philosophe Anglais est, ce me semble, allé trop loin. Une religion qui ferait de la patrie et des lois l'objet de l'adoration de tous les citoyens, serait aux yeux du sage une religion excellente. Le suprême pontife serait le roi, le régisseur suprême. Mourir pour son pays, serait aller à la gloire éternelle, au bonheur éternel. Celui qui aurait violé les lois de son pays, serait un impie; et le premier magistrat de la nation, pontife et roi, aurait le droit de le dévouer à l'exécration publique, au nom de la société qu'il aurait offensée, et au nom du Dieu suprême qui nous a tous également soumis à des lois impartiales.*[143]

Aber wo ist diese Religion zu finden, die sich mit einer guten Verfassung vereinigen läßt? Bonneville glaubt sie bereits gefunden zu haben: *la religion de nos pères.* Dies ist, wie wir wissen, auch der Standpunkt Fauchets. Es ist nicht der Standpunkt Rousseaus. Die *religion civile*, wie sie Rousseau im Religionskapitel des *Contrat social* entwirft, besteht zwar aus katholischen Kultresten, aber sie ist vom *christianisme romain*, von der Kirche, ausdrücklich geschieden. Wenn Fauchet und Bonneville im Katholizismus – oder doch in dessen gallikanischer Spielart – die Rousseausche *religion civile* wiedererkennen wollen, so erliegen sie einem Wunschdenken, das in den Texten keinen Anhalt findet.

In fast beschwörendem Ton wendet sich *La Bouche de Fer* an die freimaurerischen Mitglieder des *Cercle Social*[144] unter Berufung auf die Autorität Rousseaus: *Amis de la Vérité, ne perdez jamais de vue ce que Hobbes et Jean Jacques ont écrit pour vous engager à réunir les deux têtes de l'aigle, et pour tout ramener naturellement et religieusement à l'UNITÉ politique, sans laquelle jamais État ni Gouvernement ... ne sera bien constitué.* Fauchet spielt hier auf eine Bemerkung im Religionskapitel des *Contrat social* an. Sie sei wegen ihrer Bedeutung wörtlich angeführt: *De tous les auteurs chrétiens, le philosophe Hobbes est le seul qui*

---

[141] Vgl. dazu Rousseau a. a. O.: „Le législateur qui les voudra toutes deux n'obtiendra ni l'une ni l'autre: cet accord ne s'est jamais vu; il ne se verra jamais, parce qu'il est contraire à la nature, et qu'on ne peut donner deux objets à la même passion."
[142] Rousseau, Contrat social, IV, 8, a. a. O. S. 161.
[143] Dies ist eine Paraphrase dessen, was Rousseau a. a. O. unter dem Stichwort religion civile ausführt.
[144] Nr. 9, Okt. 1790.

ait bien vu le mal et le remède, qui ait osé proposer de réunir les deux têtes de l'aigle, et de tout ramener à l'unité politique, sans laquelle jamais État ni gouvernement ne sera bien constitué. Mais il a dû voir que l'esprit dominateur du christianisme était incompatible avec son système, et que l'intérêt du prêtre serait toujours plus fort que celui de l'État. Ce n'est pas tant ce qu'il y a d'horrible et de faux dans sa politique, que ce qu'il y a de juste et de vrai, qui l'a rendue odieuse.[145]

Hält man diesen Text neben die in Geist und Sprache nahe verwandten Ausführungen in *De la Religion nationale*, so stellt man unschwer fest, daß die Argumente Fauchets, an ihren Ursprungsort zurückgeführt, in die genau entgegengesetzten Schlußfolgerungen münden. Wenn Fauchet im Katholizismus das Prinzip der *unité sociale* sucht, die dem Rousseauschen Vertragsstaat noch mangelt, so ist für den Autor des *Contrat social* die bindende Kraft des Christentums gerade ein Argument gegen seine politische Verwendbarkeit in der Nation. Denn das Christentum ist ein humanitäres, ein übernationales Prinzip; *trop sociable ... inspirant l'humanité plutôt que le patriotisme*, widerstreitet es der Forderung nationaler Macht- und Souveränitätskonzentration.[146] Oberstes Interesse des Nationalstaates ist die *législation exclusive* – eine Vorwegnahme des Begriffs der Nationalsouveränität, wie ihn Camus und Neufchateau in der Revolution gegen die Kirche ausspielen. Ihre Ausübung ist jedoch nicht möglich, solange der politischen Gewalt in Gestalt der Kirche ein *intérêt particulier* gegenübersteht. Die Staatsraison verlangt daher, daß der Kirche der Status einer souveränen Gesellschaft genommen wird. So kehren sich die Fronten gleichsam um: was bei Fauchet mit Hilfe des Katholizismus erreicht werden soll, die Wiedervereinigung von politischer und religiöser Gewalt, die erneute Verschmelzung der „beiden Köpfe des Adlers", soll bei Rousseau gerade einen Zustand heilen, der durch das Christentum entstanden ist.[147] Die Wiedervereinigung von Religion

---

[145] a.a.O. S. 150. Der letzte Satz ist besonders aufschlußreich. Rousseau erläutert ihn in den Lettres de la Montagne, I, 1 (a.a.O. S. 39) mit folgenden Worten: „Telle est ... la plus forte conséquence qu'on puisse tirer de ce chapitre (sc. du Contrat social), où, bien loin de taxer le pur Evangile d'être pernicieux à la société, je le trouve, en quelque sorte, trop sociable, embrassante trop tout le genre humain, pour une législation qui doit être exclusive; inspirant l'humanité plutôt que le patriotisme, et tendant à former des hommes plutôt que des citoyens."
[146] Hier setzt der Contrat social nur die Linie des abendländischen Souveränitätsdenkens fort. Das alte Kanonisten- und Legistenproblem stellt sich bei Rousseau in Begriffen des Nationalstaats.
[147] Vgl. dazu vor allem die historische Einleitung zum Religionskapitel des Contrat social, a.a.O. S. 146ff.

und Politik kann nur geschehen, wenn der soziale Körper der Kirche zerstört wird. Im souveränen, von der *volonté générale* geprägten Staat hat daher der Katholizismus keinen Platz. In ihm bleibt vom Christentum nichts übrig als eine a-dogmatische Spiritualität, die aller festen institutionellen Merkmale entbehrt, eine deistische *religion civile,* die vom Staat verordnet wird, mithin ein Christentum ohne Kirche. Aber ein Christentum ohne Kirche kann nie ein katholisches Christentum sein. Denn Spiritualität und kirchliche Form, Glaubensinhalt und sozialer Vollzug des Glaubens in der Kultgemeinde bilden im Katholizismus eine unauflösliche Einheit. Reduziert der Staat das Dogma auf ein deistisches Glaubensbekenntnis, schreibt er aus eigener Souveränität die Kultform vor, gestaltet er die kirchliche Verfassung um, greift er die Autonomie der Kirche an, so kann von katholischem Christentum nicht mehr im Ernst gesprochen werden.

Wer sich auf den Boden des *Contrat social* stellt, kann nur utilitaristisch argumentieren. Er kann auf die gesellschaftliche Nützlichkeit der Kirche verweisen und gewisse Glaubenssätze als moralische Regeln des öffentlichen Lebens empfehlen. Er kann das katholische Priestertum in eine Institution von staatlichen Beamten und geistlichen Gesetzeshütern verwandeln.[148] Er kann aus dem Katholizismus eine Sozialreligion machen. Aber die Kirche hört dann auf zu bestehen.

Den Schritt zur utilitaristischen Formalisierung des Kirchenbegriffs hatte schon Fauchet getan, als er die Notwendigkeit des Katholizismus, unabhängig von der Wahrheitsfrage, rein aus gesellschaftlichen Gründen deduzierte: *La meilleure religion serait donc celle qui fortifierait, d'un lien plus indissoluble, toutes le parties de la Législation.*[149] Dies war genau das Vorgehen Rousseaus, der im *Contrat social* den vorhandenen Bestand an Religion nach Nutzen und Nachteil für die Gesellschaft sichtete.[150] Wäre Fauchet Rousseau noch einen Schritt gefolgt, so hätte er erkennen müssen, daß auch der „göttliche Gesetzgeber" des *Contrat social,* auf den er seine Theorie stützte, nur ein Postulat der politischen Vernunft war, dessen Notwendigkeit von Rousseau mit rein praktischen Überlegungen begründet wurde.[151] Daß er diesen

---

[148] „Le sacerdoce, dans le gouvernement, lorsque le peuple élit ses officiers, évêques ou surveillants, ou gardiens de la loi, c'est le souverain toujours assemblé pour créer, connaître, et cultiver la loi." N. de Bonneville: De l'esprit des religions, I, § 29.
[149] De la Religion nationale, S. 45.
[150] Contrat social, IV, 8; a.a.O. S. 146 ff. Bemerkenswert ist dabei vor allem Rousseaus Sympathie für den Mohammedanismus.
[151] Contrat social, II, 6; a.a.O. S. 58: „La volonté générale est toujours droite, mais le jugement qui la guide n'est pas toujours éclairé. Il faut lui faire voir les objets tels

Schritt nicht tat, hatte zur Folge, daß er – und mit ihm die „Christliche Demokratie" der Revolution – zwischen den revolutionären und den christlichen Naturrechtslehren hilflos in der Schwebe blieb.

Rousseau war der erste unter den Philosophen der Aufklärung, der das Verhältnis von Staat und Religion systematisch durchdacht hat. Er hat die Schwierigkeiten, die sich einer Verbindung zwischen dem auf autonome Vernunft begründeten Staat und der Kirche entgegenstellten, unvergleichbar klarer gesehen als Voltaire und Montesquieu, die ebenso wie im Politischen auch im Religiösen zu praktischen, in der Tradition vorgegebenen Lösungen neigten. Der Theoretiker der Volkssouveränität war zugleich der Theoretiker der *religion civile*. Wer mit der sich radikalisierenden Revolution den Weg von der Monarchie zur jakobinischen Republik mitging, gleichzeitig aber am Katholizismus festhielt, ja dessen Einfluß durch das Bündnis der Kirche mit dem „Volk" zu stärken suchte, der wurde notwendig zu einer Auseinandersetzung mit seiner Staatsphilosophie gezwungen.

Der *Cercle social* hat sich vergeblich bemüht, die bei Rousseau in aller Schärfe herausgearbeitete Antinomie von Kirche und Volkssouveränität zu durchbrechen oder abzuschwächen. Es blieb bei einem ohnmächtigen Protest gegen die Behauptung des *Contrat social*, katholische Religion und revolutionärer Staat seien unverträglich. Die eigentliche Bedeutung des *Cercle social* liegt indes nicht in den Ausgleichs- oder Abschwächungsversuchen, die er unternahm; er liegt darin, daß er in seiner eigenen Geschichte den systematischen Widerspruch widerspiegelt, den Rousseau aufgedeckt hatte. Genau in dem Augenblick, in dem die Kirchenpolitik der Revolution eine dem Katholizismus feindliche Richtung einschlug und die Probe auf das Exempel der *religion civile* begann, löste die Allianz von Katholiken und Revolutionären sich auf. Mit ihr endete, ehe sie begonnen hatte, die mögliche Geschichte einer revolutionären „Christlichen Demokratie".

3. Wir stellten eingangs die Frage, warum das Experiment der Verschmelzung von Kirche und Demokratie in der Revolution gescheitert ist. Wir können jetzt, die früheren Feststellungen ergänzend und er-

---

qu'ils sont, quelquefois tels qu'ils doivent lui paraître, lui montrer le bon chemin qu'elle cherche, la garantir des séductions des volontés particulières, rapprocher à ses yeux les lieux et les temps, balancer l'attrait des avantages présents et sensibles par le danger des maux éloignés et cachés ... Alors des lumières publiques résulte l'union de l'entendement et de la volonté dans le corps social; de là l'exact concours des parties, et enfin la plus grande force du tout. Voilà d'où naît la nécessité d'un législateur."

weiternd, antworten: weil die Revolution nicht eine geordnete Zusammenarbeit, sondern die Unterordnung und Einverleibung der Kirche wollte; weil die demokratisch-presbyterianische Basis in der französischen Kirche zu schmal war, um diesem Willen eine ernsthafte Alternativlösung entgegenzusetzen; weil daher die Verschmelzung von Kirche und Staat sich nur in der Gestalt eines revolutionären Cäsarismus realisieren konnte. Kirchenstruktur und politischer Wille der Revolution widersprachen einander. Das katholische Frankreich war nicht das England Cromwells. Noch einmal ist Michelet anzuführen: *La Révolution n'adopta aucune église. Pourquoi? C'est parce qu'elle était une église elle-même.*[152]

Die Verführung, in Rousseau, dem Sohn des calvinistischen Genfer Staates, der zeitlebens auf seine Herkunft stolz war, den Verkünder einer religiös gegründeten Demokratie zu sehen, ist freilich immer groß gewesen.[153] Und zweifellos gibt es im *Contrat social* genug Stellen, an denen der Zentralgedanke der religiös-politischen Einheit des Staates – noch nicht zu völliger Klärung gelangt – zwischen Theokratie und Cäsaropapismus osziliert. Was jedoch auf dem Boden eines säkularisierten Calvinismus möglich war, die Vereinigung der Staatslehre des *Contrat social* mit dem Glaubensbekenntnis des *savoyardischen Vikars,* war nicht möglich im französischen Katholizismus. Rousseau selbst hat darin keinen Zweifel gelassen,[154] und der Verlauf der Revolution gab ihm recht. Die Übertragung der kirchenpolitischen Ideen des *Contrat social,* die begrifflich die Trennung von Christentum und Kirche voraussetzen, auf den Katholizismus führte zu einem dialektischen Umschlag der religiösen Demokratie in einen Ex-

---

[152] Siehe oben S. 57, Anm. 96.
[153] Erst jüngst ist diese These wieder vertreten worden von F. Glum: Rousseau, Stuttgart 1956. Sein Buch ist freilich zu unqualifiziert für seinen Gegenstand, als daß es ernst genommen werden könnte; vgl. die Kritik von I. Fetscher PVS 3 (1962), S. 93 ff. Aber auch Fetschers ausgezeichnetes Rousseau-Buch (Rousseaus politische Philosophie, Neuwied-Berlin 1960) harmonisiert die Dinge in diesem Punkt zu sehr; seiner Interpretation des Religionskapitels kann ich mich gerade im Hinblick auf das oben geschilderte revolutionäre Experiment nicht anschließen. Noch weit mehr gilt dies von der Auslegung O. Vosslers (Rousseaus Freiheitslehre, Göttingen 1963, S. 352), wo die durchaus bemerkten scandala der Todesstrafe und der Intoleranz einfach als Rhetorik verharmlost oder von der Freiheitsintention Rousseaus her wegdisputiert werden. Bedauerlich ist, daß in den Interpretationen nirgends Rousseaus eigener Kommentar zur religion civile, die „Lettres de la Montagne", herangezogen werden; eine Ausnahme macht das Buch von Erdmann (oben Anm. 135).
[154] Vgl. dazu wiederum das Religionskapitel des Contrat social und die Lettres de la Montagne, I, 1; a. a. O. S. 37.

zeß des Staatskirchentums.¹⁵⁵ Die Revolution konnte daher die von Rousseau geforderte Einheit der politischen Gewalt zwar herstellen, aber nur mit Hilfe des Terrors und um den Preis der Zerstörung der alten gallikanischen Kirche.

Es ist kein Zweifel, daß die Problematik von Staat und Kirche, wie sie in der Revolution hervortrat, vorgebildet war in den Verhältnissen des *Ancien Régime*. Erst dadurch, daß die Freiheitsrechte der Kirche die Form ständischer Privilegien angenommen hatten, war die Religion politisch verwundbar geworden. Erst dadurch, daß sich in der alten Monarchie kirchliche und staatliche Sphäre vermischt hatten, konnte im Lauf des Säkularisierungsprozesses, der das 18. Jahrhundert erfüllte, der totalitäre Monismus der Jakobiner entstehen. Der gegenreformatorischen Verengung und Verhärtung der katholischen Kirchenidee kommt ein im einzelnen noch nicht erforschter, aber sicherlich bedeutender Anteil am Schicksal der französischen Kirche in der Revolution zu, und es hat seine Berechtigung, wenn Jacques Maritain im Hinblick auf den katholischen Absolutismus des 17. Jahrhunderts von einer *hypocrisie majestueuse* gesprochen hat.¹⁵⁶

Das ändert jedoch nichts an der Tatsache, daß der katholische Absolutismus, obwohl er die Kirche als *instrumentum regni* mißbrauchte, in seiner staatskirchlichen Praxis eine strenge Grenze einhielt: er leugnete niemals, daß die Kirche eine souveräne Gesellschaft *(societas perfecta)* sei. Dies ist in der Tat die Differenz, die selbst einen Ludwig XIV. von den Gesetzgebern der Constituante trennt. Erst die Revolution machte der Kirche den Anspruch auf soziale Einheit und rechtliche Souveränität streitig. Damit beginnt etwas Neues, das mit den Begriffen Staatskirchentum oder Gallikanismus nur mehr unzulänglich gefaßt werden kann.

Man pflegt dieses Neue seit J. P. Talmon als *totalitäre Demokratie*

---

[155] Ähnlich führte im politischen Bereich die von Rousseau ausgehende (wenn auch nicht von ihm selbst veranlaßte) Übertragung der repräsentationslosen Demokratie der Schweiz auf einen zentralisierten Flächenstaat, wie ihn Frankreich darstellte, unmittelbar in die démocratie directe der revolutionären Klubs und die Herrschaft der Jakobiner. Dazu G. Ritter: Wesen und Wandlungen der Freiheitsidee im politischen Denken der Neuzeit, in: Vom sittlichen Problem der Macht, Bern 1948, S. 116 ff.

[156] „A la vérité, cet effort absolutiste souffrait d'un vice qui donne trop souvent un air d'hypocrisie majestueuse à un âge caractérisé ... par le dualisme, par le dédoublement. Le primat de l'ordre spirituel continue d'être affirmé en théorie, et pratiquement c'est le primat du politique qui s'affirme partout." Humanisme intégral, S. 160 f.

zu bezeichnen.[157] Es ist eine Vorstellung von Demokratie, die sich – fern der liberalen Trennung von Religion und Politik, Staatspflicht und Menschenrecht – an der Idee der religiös-politischen Einheit des Staates entzündet.[158] Schon in Rousseaus Frühschriften hatte sich die Vision des Urzustands mit dem Bild der antiken Polis vermischt: antike Einheit von Religion und Politik waren dem christlichen Dualismus von Staat und Kirche gegenübergestellt.[159] Die Revolution, die gewiß nicht aus Rousseau abgeleitet werden kann,[160] folgt doch insofern seinen Spuren, als sie versuchte, Gesetz und Kult, Staat und Religion in einer politischen Symbiose zu verschmelzen. Dies war im übrigen auch das Ziel der revolutionären christlich-demokratischen Schwärmergruppen; ihnen schwebte eine Ordnung vor, die „das Evangelium und die Gesetzgebung, die Kirche und den Staat, die Sitten und die Gesetze, Gott selbst und die Menschen völlig miteinander mischt und vereint"[161].

Eine solche Ordnung war jedoch unvereinbar mit dem Geist des Christentums. Denn die christliche Scheidung der Gewalten[162] schließt den Gedanken einer Souveränität aus, welche die politische und die kirchliche Welt zugleich umfaßt. Die Grenze zwischen religiöser und politischer Gewalt kann, wie die Geschichte der Kirche zeigt,

---

[157] J. P. Talmon, a. a. O. (vgl. Anm. 112). Zum folgenden vgl. den auf Talmon aufbauenden Aufsatz von J. C. Murray: The Church and Totalitarian Democracy, ThSt XIII (1952), S. 525 ff.
[158] „... if the Monistic principle of religious Messianism had succeeded in dominating and reshaping society the result would still have been fundamentally different from the situation created by modern political ‚absolutism'. Society might have been forbidden the compromises which are made possible by the Orthodox distinction between the kingdom of God and the earthly State, and as a consequence social and political arrangements might have lost much of their flexibility. The sweep towards the enforcement of an exclusive pattern would nevertheless have been hampered, if not by the thought of the fallibility of man, at least by the consciousness that life on earth is not a closed circle, but has its continuation and conclusion in eternity. Secular Messianic Monism is subject to no such restraints. It demands that the whole account be settled here and now." Talmon, a. a. O. S. 10.
[159] Dazu K. D. Erdmann, a. a. O. S. 35 ff., K. Löwith: Von Hegel zu Nietzsche, Stuttgart 1953, S. 256 ff., u. R. Spaemann, a. a. O. S. 20 ff. Zur Interpretation dieses Phänomens in der Revolutionsgeschichte vgl. Talmon, a. a. O. S. 246, der in dem die revolutionäre Religionspolitik kommentierenden Satz Buonarottis „Le culte doit se confondre avec les lois" die Erneuerung des Ideals der antiken Polis sieht.
[160] Nach dem klugen Paradox von A. Schinz, a. a. O. S. 519, ist Rousseau der „père illégitime de la Révolution". Vgl. auch Erdmann, a. a. O. S. 12.
[161] Fauchet: De la Religion nationale, zit. bei Erdmann: Volkssouveränität und Kirche, S. 78 f.
[162] Matth. 22, 21; Jo. 18, 36.

nicht einmal nach der Theokratie hin ungestraft überschritten werden. Vollends unverträglich mit der christlichen Weltauffassung ist jedoch der Versuch, den Staat zu divinisieren.

Solange die Revolution „Kirche" blieb, war eine Verständigung mit dem Katholizismus ausgeschlossen. Sie konnte erst eintreten, als der jakobinische Monismus des Politischen sich in den liberalen Dualismus von staatlicher Macht und staatsfreier Gewissenssphäre aufzulösen begann. Im gleichen Maß, in dem die zunächst innerstaatlich aufgefaßten *Bürger*rechte[163] sich in vorstaatliche *Menschen*rechte des Individuums verwandelten, rückten katholische und demokratische Gesellschaftsauffassung einander näher.[164] Gestützt auf das Prinzip der Gewissensfreiheit, konnte der liberale Katholizismus die Kirche in die Demokratie (und die Demokratie in die Kirche) zurückführen, indem er den Zugriff des Staates auf die Religion zurückwies und neben den Freiheiten des *civis politicus* die des *civis christianus* postulierte.

Der Ausgleich zwischen Kirche und Demokratie vollzog sich im 19. Jahrhundert freilich nur langsam und stückweise, immer wieder von Hemmungen und Rückschlägen unterbrochen. Nur zögernd gingen die Katholiken auf die demokratischen Prinzipien ein. Insbesondere in Frankreich blieben Demokratie und Kirche einander noch lange fremd; hier trat im Traditionalismus zunächst eine politische Weltanschauung hervor, welche die Grundsätze der Revolution unterschiedslos verwarf und eine Erneuerung der alten monarchischen Ordnung Frankreichs anstrebte.

---

[163] So noch bei Mirabeau; vgl. Erdmann, a.a.O. S. 102.
[164] Dieser Satz wird angesichts des Syllabus und ähnlicher päpstlicher Äußerungen vielleicht Widerspruch erregen. Es ist jedoch zu bedenken, daß der Totalitätsanspruch des revolutionären Staates für die Kirche weit gefährlicher war als die liberale Tradition der Menschenrechte, deren christlich-naturrechtliche Herkunft nicht dadurch verdeckt wird, daß die individualistische Formulierung, die ihnen das 18. und 19. Jahrhundert gab, in dieser Form von der Kirche nicht übernommen werden konnte. Hierzu jetzt E.-W. Böckenförde/R. Spaemann (Hrsg.): Menschenrechte und Menschenwürde, Stuttgart 1987; darin vor allem B. Baczko (Das Erbe der Französischen Revolution), W. Fikentscher (Die heutige Bedeutung des nichtsäkularen Ursprungs der Grundrechte), J. Isensee (Die katholische Kritik an den Menschenrechten. Der liberale Freiheitsentwurf in der Sicht der Päpste des 19. Jahrhunderts) und R. Spaemann (Über den Begriff der Menschenwürde).

Zweiter Teil

Der traditionalistische Widerspruch
(1795–1829)

Als Traditionalisten bezeichnet man in Frankreich eine Reihe katholischer Schriftsteller, die zuerst unter dem Direktorium, dann unter Napoleon und in der Zeit der Restauration hervortraten: Männer, die in ihrer Mehrzahl dem französischen Adel angehörten, oft lange Jahre in der Emigration zugebracht hatten und in ihren Schriften eine der Revolution schroff entgegengesetzte Haltung einnahmen. Die bekanntesten Namen dieser Richtung sind de Maistre, de Bonald und Lamennais[1]. In ihren Büchern behandeln diese Autoren staatstheoretische und kirchlich-religiöse Gegenstände verschiedener Art; thematisch wird ihr Werk zusammengehalten durch die Kritik an der Revolution, die Betonung des geschichtlichen Werdens und der Vorsehung gegenüber dem mechanischen Machen und der menschlichen Autonomie, endlich durch die Forderung nach Wiederherstellung der alten monarchischen Ordnung Frankreichs. Kraft dieser inneren Gedankenrichtung (und noch mehr infolge ihrer geschichtlichen Wirkung) bilden ihre Schriften einen einheitlichen Zusammenhang, so daß man mit Recht von einer traditionalistischen Schule[2] sprechen

---

[1] Allgemeine Einführung: M. Ferraz: Histoire de la philosophie au XIXe siècle, Bd. III (Traditionalisme et ultramontanisme), Paris 1880. Zur Staatstheorie das immer noch unüberholte Werk von H. Michel: L'idée de l'Etat. Essai critique sur l'histoire des théories sociales et politiques en France depuis la Révolution, Paris 1895, S. 108 ff.; die beste neuere Zusammenfassung stammt von D. Bagge: Les idées politiques en France sous la Restauration, Paris 1952, S. 187 ff., der im Gegensatz zu Michel leidenschaftlich für den Traditionalismus Partei nimmt (zur Kritik vgl. die Besprechung von Bertier de Sauvigny, RHEF 39 [1953], S. 93–96). Den religiösen Traditionalismus behandelt J. Bellamy: La théologie catholique au XIXe siècle, Paris 1904, S. 7 ff. – An deutscher Literatur vgl. außer den schon genannten Büchern von H. Friedrich (oben S. 70 Anm. 132) und W. Gurian (oben S. 62 Anm. 107), P. R. Rohden: Joseph de Maistre als politischer Theoretiker. Ein Beitrag zur Geschichte des konservativen Staatsgedankens in Frankreich, München 1929. R. Spaemann: Der Ursprung der Soziologie aus dem Geist der Restauration. Studien über L. G. A. de Bonald, München 1959.
[2] In der französischen Forschung werden die Traditionalisten gewöhnlich als „royalistes", „réactionnaires" oder „ultramontains" bezeichnet. Treffender spricht Bagge, a.a.O., von einer „école théocratique".

kann. Sie ist zwar nicht in die Breite gedrungen, doch hat sie über ein Vierteljahrhundert, nämlich vom Ende der Großen Revolution bis zum Beginn der Revolution von 1830, das politische Denken der katholischen Elite in Frankreich, Belgien und Deutschland maßgebend beeinflußt;[3] bei der Bildung des politischen Katholizismus in diesen Ländern kommt ihr ein kaum überschätzbarer Anteil zu. Als Beginn der publizistischen Wirkung des Traditionalismus kann man die Jahre 1795/96 ansehen, in denen de Maistres *Considérations sur la France* und de Bonalds *Théorie du pouvoir politique*[4] erschienen, als seinen Ausklang die Schrift *Des progrès de la Révolution,* mit der Lamennais ein Jahr vor dem Ausbruch der Julirevolution den Übertritt vom Traditionalismus zum Liberalismus vollzog. Dazwischen liegt die Masse der literarischen Produktion der Traditionalisten, darunter zwei Meisterwerke: de Maistres *Du Pape* (1819) und Lamennais' *Essai sur l'indifférence* (1817–1823).

Als politische Bewegung richtete sich der Traditionalismus vor allem gegen die Revolution und die Aufklärung. Er war eine Frucht der Katastrophen, die Frankreich seit der jakobinischen Diktatur erlitten hatte. In ihm drückte sich jenes Heimweh nach der festgefügten und geordneten Gesellschaft des *Ancien Régime* aus, das nach dem zweifachen Absturz in das jakobinische und napoleonische Abenteuer eine immer größere Zahl von Menschen in Frankreich ergriffen hatte – eine allgemeine Sehnsucht nach Frieden, Ordnung und Harmonie, die nicht nur in den Resten der alten Adelsgesellschaft, sondern auch in großen Teilen des Bürgertums lebte und die sich nur in dem alten Dreiklang *une foi, une loi, un roi* beruhigen zu können schien. So setzte der Traditionalismus gegen das Fortschrittsbewußtsein der Revolution den Glauben an die lebendige Wirkung der Vergangenheit, gegen den planenden Griff nach der Zukunft den Rückzug auf die nationale Tradition und ihre Güter: Kirche, Monarchie und ständische Gesellschaft. „Das Gegenteil der Revolution" – so hat de Maistre das politische Programm der Traditionalisten umschrieben.[5] In der Tat

---

[3] Vgl. L. Ahrens: Lamennais und Deutschland. Studien zur Geschichte der französischen Restauration, Münster 1930, S. 43 ff., u. H. Haag: Les origines du catholicisme libéral en Belgique (1789–1839), Löwen 1950, S. 43 ff., und neuerdings die umfassende Darstellung von K. Jürgensen: Lamennais und die Gestaltung des belgischen Staates, Wiesbaden 1963.

[4] Der vollständige Titel lautet: Théorie du pouvoir politique et religieux dans la société civile démontrée par le raisonnement et par l'histoire.

[5] „Enfin, c'est ici la grande vérité dont les Français ne sauraient trop se pénétrer: le rétablissement de la monarchie qu'on appelle contre-révolution, ne sera point une

lebt die traditionalistische Bewegung zu einem großen Teil aus dem Widerspruch zu den Ideen von 1789, und man kann, wie Jean Lacroix gezeigt hat, ihre Gedankenwelt systematisch aus dem Gegensatz zur Revolution aufbauen.[6] Die revolutionären Ordnungsbilder kehren sich dann in ihr Gegenteil um: *expérience* steht gegen *raison*, *société* gegen *individu*, *ordre* gegen *progrès*.

Freilich bekommt, wer so vorgeht, nur die eine Seite der traditionalistischen Bewegung zu Gesicht. Denn die Leistung der Traditionalisten erschöpft sich keineswegs in der polemischen Entwertung der revolutionären Ideen oder in einer aristokratischen Revolte gegen die Demokratie. Über der gegenrevolutionären Kritik, die nur den bekanntesten, aber keineswegs den bedeutendsten Teil ihres Werkes ausmacht, darf ihr Beitrag zu einer neuen, auf religiösen Fundamenten ruhenden Staats- und Gesellschaftslehre nicht übersehen werden. Im übrigen lag auch ihre *kritische* Leistung nicht so sehr in der Polemik gegen die Demokratie – eine Staatsform, die sie nur in verzerrter Gestalt kennengelernt hatten –, sie lag vielmehr darin, daß sie dem Zweifel an der Machbarkeit politischer Ordnungen, der Skepsis gegenüber dem politischen Tätertum, die sich nach der Revolution und Napoleon der französischen Gesellschaft bemächtigt hatten, auf die klarste und eindrucksvollste Weise Ausdruck gaben. Aber ebensowenig wie an das Jakobinertum und an Bonaparte verloren sich die Traditionalisten an die abwartende Skepsis der Konservativen, die in der Monarchie der Charte ihren vorläufigen Frieden mit der Revolution geschlossen hatten. Sie hatten den Mut, der revolutionären Vernunftherrschaft eine theokratische Ordnung entgegenzusetzen. Indem sie diese Ordnung durch das Band der Monarchie mit der nationalen Tradition verknüpften, konnten die Traditionalisten auf den Katholizismus der Restaurationszeit einen maßgebenden Einfluß gewinnen; aber sie waren niemals bloße Verteidiger des Bestehenden, und ihre Gedanken wurden vielfach auf Wegen wirksam, die von denen ihrer Urheber weit entfernt waren.

Im Zusammenhang unseres Themas interessiert uns der Traditionalismus unter einem doppelten Gesichtspunkt: *politisch* als Auseinandersetzung der französischen Katholiken mit der Revolution; *religiös*

---

révolution contraire, mais le contraire de la révolution." Considérations sur la France; Œuvres, 4 Bde., Paris 1851/52, Bd. I, S. 186. Die Werke de Maistres werden im folgenden durchweg nach dieser und nicht nach der schwer zugänglichen Gesamtausgabe von 1884–86 zitiert.

[6] J. Lacroix: Vocation personnelle et tradition nationale, Paris 1942.

als eine Form katholischer Laientheologie und Laienapologetik.[7] Beides berührt sich eng; denn wie überall sind auch hier die profane und die innerkirchliche Seite des politischen Katholizismus kaum voneinander zu scheiden. Das zeigt sich in den verschiedensten Formen: bei de Bonald und Lamennais rührt die Frage nach der politischen Haltung der Katholiken gegenüber der nachrevolutionären Gesellschaft unmittelbar an das Problem der traditionellen Ständegliederung in der Kirche; in der traditionalistischen Gesellschaftsmetaphysik fließen dogmatische und staatsrechtliche Gesichtspunkte zusammen; überall tritt als zusammenhaltende Formel dieses Denkens eine *politische Theologie* hervor.[8] Die Kritik an der revolutionären Staats- und Soziallehre ist dabei nur der Ausgangspunkt. Sie schafft die Voraussetzungen für den Neubau der Gesellschaft. Dieser selbst aber wird erreicht mit Hilfe der Religion. So übersetzt der Traditionalismus Modelle kirchlich-hierarchischer Ordnung ins Politische: er will die Gesellschaft wiederherstellen aus dem Grund der Religion. *Reconstituer la société politique à l'aide de la société religieuse* – diese Formel Lamennais'[9] gibt den Schlüssel für das Verständnis der traditionalistischen Gesellschaftslehre.

Der Traditionalismus kann hier nur in seinen wichtigsten Formen betrachtet werden. Wir beschränken uns daher auf die Autoren, bei denen sein religiöser und sein politischer Gehalt am klarsten hervortritt: de Maistre, de Bonald und Lamennais. Für Ballanche sei auf die Arbeit von Frainnet[10], für Chateaubriand und Balzac, die in ihren politischen Anschauungen dem Traditionalismus nahestanden, auf die von André-Vincent[11] und Guyon[12] hingewiesen.

---

[7] Dazu S. Merkle: Die Anfänge französischer Laientheologie im 19. Jahrhundert, in: Wiederbegegnung von Kirche und Kultur in Deutschland (Festgabe Karl Muth), München 1927, S. 325–357.
[8] C. Schmitt: Politische Theologie, München 1922.
[9] Siehe unten S. 224.
[10] G. Frainnet: Essai sur la philosophie de P. S. Ballanche, Lyon 1904.
[11] Ph. André-Vincent: Les idées politiques de Chateaubriand, Paris 1936.
[12] B. Guyon: La pensée politique et sociale de Balzac, Paris 1947.

I. de Maistre

1. Die *Considérations sur la France*, die der savoyardische Edelmann Joseph de Maistre 1794 in der Schweiz erscheinen ließ, enthalten bereits die Summe der traditionalistischen Revolutionskritik. In ihnen findet sich die wohl schroffste Verurteilung der Revolution, die in jener Zeit, in der leidenschaftliche Angriffe und ebenso leidenschaftliche Apologien an der Tagesordnung waren, ausgesprochen wurde. Ihre kritische Schärfe zieht die Schrift nicht, wie man erwarten könnte, aus dem Standesgefühl des aristokratischen Verfassers: obwohl auch Töne der Verachtung gegenüber dem revolutionären Plebejertum nicht fehlen, sind doch für de Maistres Ablehnung der Revolution andere Gründe maßgebend. Der wichtigste ist theologischer Natur. Nach de Maistre ist die Revolution „satanisch". *Il y a dans la révolution française*, so heißt es im Eingang zum 4. Kapitel der *Considérations*, *un caractère satanique qui la distingue de tout de qu'on a vu et peut-être de tout ce qu'on verra.*[13] Dasselbe Urteil kehrt wieder im Papstbuch: *La révolution française ne ressemble à rien de ce qu'on a vu dans les temps passés. Elle est satanique dans son essence.*[14]

Der gleiche de Maistre aber, der die Revolution als satanischen Aufruhr verwirft, entdeckt zugleich in ihr die Spuren der göttlichen Vorsehung. Er rechtfertigt sie als providentielles Strafgericht, das über die französische Nation ergangen ist. *Il fallait que la grande épuration s'accomplît, et que les yeux fussent frappés; il fallait que le métal français, dégagé de ses scories aigres et impures, parvînt plus net et plus malléable entre les mains du roi futur. Sans doute, la Providence n'a pas besoin de punir dans le temps pour justifier ses voies; mais, à cette époque, elle se met à notre portée et punit comme un tribunal humain.*[15] Die Revolution, wiewohl satanisch, ist doch zugleich ein messianisches Ereignis; sie leitet eine neue Zeit, eine neue religiöse Epoche ein.

Wie ist die seltsame Doppelheit dieser Sätze zu erklären? Der Wi-

---

[13] Considérations, a.a.O. S. 66.
[14] Du Pape, Œuvres Bd. III, S. 12.
[15] Considérations, S. 17 f.

derspruch löst sich auf, wenn man bedenkt, daß de Maistre im einen Fall eine Aussage über den Menschen, im andern eine über die Geschichte macht. Sieht man die Revolution als Tat des Menschen, so erscheint sie satanisch: ein Aufstand gegen Gott. Sieht man sie jedoch als göttliches Verhängnis, als eine *révolution décrétée*, so erscheint sie als eine wohlverdiente Züchtigung, die zur Einkehr und Umkehr mahnt. Insofern bilden pessimistische Verdammung und eudämonistische Rechtfertigung der Revolution für de Maistre keinen Widerspruch. Sie sind nur zwei verschiedene Hinsichten auf das gleiche Faktum. Ein ungeübtes Auge wird in der Revolution nur eine sinnlose Häufung von Greueln erblicken. Der Weise aber sieht die geheime Ordnung, die in aller Unordnung herrscht.

Wie sich das Zusammenspiel von menschlicher Freiheit und göttlicher Vorsehung in der Geschichte vollzieht, veranschaulicht de Maistre in den *Considérations* in einem einprägsamen Bild. Eine biegsame Kette hält die Menschen am Thron des höchsten Wesens fest; *librement esclaves*, sind sie Werkzeuge in der Hand des ewigen Geometers *qui sait étendre, restreindre, arrêter ou diriger la volonté sans altérer sa nature*.[16] Sucht der Mensch sich nun aus seiner Abhängigkeit zu lösen, so verkürzt Gott die Kette und demütigt ihn dadurch zu blinder willenloser Fügsamkeit. Dies geschieht vor allem in den Zeiten der Revolution: ... *dans les temps de révolution, la chaîne qui lie l'homme se raccourcit brusquement, son action diminue, et les moyens le trompent.*[17] Der Mensch, der sich zum Schöpfer aufwirft, wird so zur Marionette in der Hand der Vorsehung: je selbstherrlicher er auftritt, desto mehr erweist er seine geschichtliche Ohnmacht. *On a remarqué, avec grande raison, que la révolution française mène les hommes plus que les hommes ne la mènent. Cette observation est de la plus grande justesse; et quoiqu'on puisse l'appliquer plus ou moins à toutes les grandes révolutions, cependant elle n'a jamais été plus frappante qu'à cette époque.*[18]

Mit diesen Worten rückt de Maistre von allen revolutionären Erwartungen, von allem Vertrauen auf die selbstherrliche Entscheidungsmacht des Menschen ab. Er setzt dem aufklärerischen Deismus eine Geschichtsauffassung entgegen, welche die Ohnmacht des Menschen und die Allmacht Gottes betont. Seine Anthropologie ist pessimistisch: der Mensch ist nichts; er vermag nichts Dauerhaftes zu schaffen; sein Wille ist geschwächt, seine Vernunft ein blasses Licht,

---

[16] Considérations, S. 1.
[17] Considérations, S. 3.
[18] Considérations, S. 5.

das in die Irre führt. Welch eine Selbsttäuschung zu glauben, die Menschen könnten sich selbst eine Verfassung geben! Nichts ist irriger als diese Meinung, die seltsamerweise, wie de Maistre bedauernd feststellt, selbst mit der Katastrophe der Revolution noch nicht verschwunden ist. *L'homme ne peut faire une constitution, et nulle constitution légitime ne saurait être écrite ... Seulement, lorsque la société se trouve déjà constituée, sans qu'on puisse dire comment, il est possible de faire déclarer ou expliquer par écrit certains articles particuliers; mais presque toujours ces déclarations sont l'effet ou la cause de très grands maux, et toujours elles coûtent aux peuples plus qu'elles ne valent.*[19] Daß die Revolution sich vermaß, die politische Welt neu zu gestalten *par la seule raison*, ist für de Maistre ihr eigentliches Verbrechen; es ist für ihn zugleich der Ausdruck ihrer metaphysischen Verblendung. Sie erkannte nicht, daß der Mensch nicht zum Schöpfer geboren ist.

Satanisch ist die Revolution als Ausdruck menschlicher Empörerleidenschaft. Göttlich ist sie als Strafgericht der Vorsehung. *La première condition d'une révolution décrétée, c'est que tout ce qui pourrait la prévenir n'existe pas et que rien ne réussisse à ceux qui veulent l'empêcher.*[20] Dies ist ein erster Beweis dafür, daß es sich nicht um ein Schauspiel menschlicher Eigenmacht, sondern um einen Akt göttlicher Vergeltung handelt. Ein weiterer Beweis liegt in den Folgen, welche die Revolution gezeigt hat. Man sehe sich die Verhältnisse in Frankreich an: weit davon entfernt, das Königtum zu vernichten, hat die Revolution seine Wiederkehr und seinen kommenden Triumph vorbereitet. *La France et la monarchie ne pouvaient être sauvées que par le jacobinisme*[21] ... *Tous les monstres que la révolution a enfantés, n'ont travaillé, suivant les apparences, que pour la royauté.*[22] Auch die Kirche ist in der Revolution erneuert worden. *Le premier coup porté à l'Église fut l'envahissement de ses propriétés; le second fut le serment constitutionnel: et ces deux opérations tyranniques commencèrent le régénération.*[23] So ist die Wirkung der Revolution zuletzt doch segensreich gewesen. *En vérité, on serait tenté de croire que le révolution politique n'est qu'un objet secondaire du grand plan qui se déroule devant nous avec une majesté terrible.*[24]

de Maistre war nicht der einzige, der in jenen Jahren nach einer theologischen Deutung der Revolution suchte. Zur gleichen Zeit wie

---

[19] Essai sur le principe générateur des constitutions politiques, Œuvres Bd. I, S. 39.
[20] Considérations, S. 4.
[21] Considérations, S. 20.
[22] Considérations, S. 22.
[23] Considérations, S. 26.
[24] Considérations, S. 28 f.

er hat Louis-Claude de Saint-Martin, der „unbekannte Philosoph", ähnliche Gedanken über die Französische Revolution geäußert.[25] Nichts ist aufschlußreicher für die Erkenntnis der ersten tastenden Versuche, mit denen das geschichtliche Denken sich der unbekannten Größe Revolution zu bemächtigen trachtete, als ein Vergleich zwischen diesen beiden Denkern, die in vielen Stücken miteinander verwandt sind, obgleich sie die Revolution an verschiedenen Orten und in verschiedener Weise erlebt hatten.[26] Wie de Maistre sah Saint-Martin in der Revolution *l'exécution d'un decret formel de la Providence*,[27] und die Ereignisse, die Frankreich seit 1789 erlebte, erschienen ihm als eine *image du jugement dernier*.[28] Wie de Maistre ließ aber auch er seine apokalyptischen Betrachtungen in ein optimistisches Zukunftsbild ausmünden. In seinen Augen war die Revolution der Beginn einer politischen und religiösen Umwälzung, die, wie er meinte, den Glauben und die Institutionen verwandeln, den Buchstaben durch den Geist ersetzen und das Reich des Menschen in das Reich Gottes überführen werde. Ein Friedensfürst, *vrai commissaire de Dieu*,[29] werde über die Völker herrschen, die blutgetränkte Herrschaft der Französischen Revolution werde sich wandeln in ein Reich der Wahrheit und Gerechtigkeit.

de Maistre nimmt diese Gedanken auf, jedoch in einer Wendung, die den Optimismus Saint-Martins dämpft. Er will die Zukunft nicht erklären. Es sind nur Mutmaßungen über die Wege der Vorsehung, die er anstellte, *conjectures,* welche die Wahrheit treffen, aber auch verfehlen können. Geht bei Saint-Martin der Begriff der Vorsehung ganz im historischen Ereignis auf, so bleibt bei de Maistre zwischen göttlichem Wollen und menschlichem Vollbringen ein Spielraum bestehen,

---

[25] L.-Cl. de Saint-Martin: Lettre à un ami ou considérations politiques, philosophiques et religieuses sur la révolution française. Paris s. d.
[26] Über die Beziehungen zwischen Saint-Martin und Maistre vgl. Sainte-Beuve: Portraits littéraires, Bd. II, Paris 1836, S. 422 ff.; A. Franck, in: Journal des Savants, Paris 1880, S. 246–56, 269–76 u. 329–45; A. Viatte: Les sources occultes du Romantisme, Paris 1928, Bd. I, S. 279.
[27] Lettre à un ami, S. 73 f.: „Je rentre donc avec toi dans nos simples spéculations, et je te ramène à ce que je t'ai dit au commencement de cet écrit, que les mouvements politiques, dans lesquels nous nous agitons, ne me paraissent être aux yeux de Dieu que des voies par lesquelles il nous prépare à des félicités plus grandes que nous ne les pensons. Car la marche imposante de notre majestueuse révolution, et les faits éclatants qui la signalent à chaque instant, ne permettent qu'aux insensés ou aux hommes de mauvaise foi de n'y pas voir écrite en traits de feu l'exécution d'un decret formel de la Providence."
[28] Lettre à un ami, S. 12.
[29] Lettre à un ami, S. 60.

den die Freiheit sowohl zu fügsamem Gehorsam als auch zu satanischem Aufruhr gegen Gott benutzen kann. Auf diese Weise entgeht de Maistre einer Deutung der Geschichte, die alles erklären und damit auch alles rechtfertigen will; er vermeidet einen Panlogismus, der die sittliche Zurechnung historischer Ereignisse, ihre Aufnahme in die geschichtliche Verantwortung des Menschen in Frage stellen würde. Als Menschenwerk betrachtet, bleibt die Revolution verdammenswert, und daß die Vorsehung sie für ihre Zwecke nutzt, hebt ihren *caractère satanique* nicht auf.

2. Freilich: de Maistre ist kein blinder Reaktionär, der die unbequeme Gegenwart zugunsten einer idealisierten Vergangenheit herabsetzt. Er hat ein deutliches Gefühl für den Verfall Frankreichs im achtzehnten Jahrhundert, für die Auflösung von Recht und Sittlichkeit, die bereits mit der *Régence* eingesetzt hat. Saint-Martins Deutung der Revolution ist ihm nicht zuletzt darum willkommen, weil sie ihm erlaubt, in den Ereignissen von 1789 ein göttliches Strafgericht zu sehen. *Si la Providence efface, sans doute c'est pour écrire.*[30]

Die Kritik an der Vergangenheit ist vor allem eine Kritik am Gallikanismus. *Pourquoi dit-on l'Église gallicane, comme on dit l'Église anglicane?* heißt es in de Maistres 1817 erschienener Schrift *De l'Église gallicane dans son rapport avec le Saint-Siège. Quelquefois on serait tenté de croire qu'il y avait dans cette Église quelque chose de particulier qui lui donnait je ne sais quelle saillie hors de la grande superficie catholique, et que ce quelque chose devait être nommé comme tout ce qui existe.*[31] Die gallikanische Kirche hat vergessen, daß sie nur eine Provinz des *empire catholique* ist und daß es in diesem Reich keine partikularen Glaubensbekenntnisse gibt. Was sollen die Ausdrücke „wir glauben", „wir glauben nicht", die in der französischen Kirche gang und gäbe sind? *Comme si le reste de l'Église était tenu de se tenir à ce qu'on tenait en France!* Das Wort „wir" hat in der katholischen Gemeinschaft überhaupt keinen Sinn, es sei denn, es gelte für alle. Daher ist der gallikanische Separatismus religiöse Häresie. Sich zu einer Wahrheit zu bekennen, die universal ist, darin, und nicht in dem Beharren auf einem *caractère particulier*, liegt der Ruhm der französischen Kirche. *C'est là notre gloire, c'est là notre caractère distinctif, et c'est manifestement celui de la vérité.*[32]

---

[30] Considérations, S. 28.
[31] De l'Église gallicane, Œuvres Bd. IV, S. 1.
[32] De l'Église gallicane, a.a.O. S. 3.

Woher kommt der *esprit de schisme*, der sich in der französischen Kirche ausgebreitet hat? de Maistre zögert keinen Augenblick mit der Antwort: er kommt aus der Reformation. Der Calvinismus hat die Parlamente veranlaßt, die Annahme der tridentinischen Reformdekrete in Frankreich zu verweigern. Der Jansenismus hat die französische Kirche mit dem Geist des Aufruhrs gegen Rom erfüllt. *Protestant dans le XVIe siècle, frondeur et janséniste dans le XVIIe, philosophe enfin, et républicain dans les dernières années de sa vie, trop souvent le parlement s'est montré en contradiction avec les véritables maximes fondamentales de l'État.*[33] Die Parlamente und die Schule von Port-Royal, das calvinistische Laientum und eine jansenistische Geistlichkeit sind nach de Maistre die eigentlichen Träger des reformatorischen Geistes in Frankreich gewesen. *Le parlement devint en totalité un corps véritablement anti-catholique, et tel que, sans l'instinct royal de la maison de Bourbon et sans l'influence aristocratique du clergé... la France eût été conduite infailliblement à un schisme absolu.*[34]

Der Einbruch reformatorischen Denkens in die französische Gesellschaft hatte im übrigen nicht nur religiöse Konsequenzen. Er veränderte das ganze politisch-religiöse Gefüge des *Ancien Régime*. Denn der Calvinismus war seinem Wesen nach demokratisch und daher unverträglich mit einem monarchischen Staat. Vom geistlichen Presbyterianismus des niederen Klerus führte ein direkter Weg zur politischen Demokratie. So war die Katastrophe Frankreichs zugleich politischer und religiöser Natur: mit dem absolutistischen Staat hat die Revolution zugleich die gallikanische Kirche zerstört.

Da aber Gallikanismus und Protestantismus miteinander verknüpft waren, konnte das Reformprogramm de Maistres nicht lauten: Zurück zum Gallikanismus! Es mußte vielmehr lauten: Zurück zur universalen Kirche und ihrem sichtbaren Haupt, dem Papst. Mit größter Konsequenz ist dieser Gedanke entwickelt in de Maistres Hauptwerk *Du Pape*. Nicht nur, daß der Begriff der päpstlichen Infallibilität hier in einer Weise umschrieben wird, die bereits das Ergebnis des Vatikanums vorwegnimmt: auch eine Jurisdiktionsgewalt über die weltlichen Souveränitäten wird dem Papsttum zuerkannt, die weiter geht als alles, was die Theorie seit dem 16. Jahrhundert dem heiligen Stuhle zugestanden hatte.[35] de Maistre entwirft das Bild eines christlichen

---

[33] De l'Église gallicane, S. 7.
[34] De l'Église gallicane, S. 15.
[35] Du Pape, Œuvres Bd. III, S. 17 ff. u. S. 223 ff. Die Unfehlbarkeit gründet für de Maistre freilich nicht im geistlichen Bereich; sie ist nur ein anderer Name für die Souveränität, die jeder politischen Gewalt ex definitione zukommt. „L'infaillibilité

Völkerbundes unter der spirituellen Leitung des Papstes.³⁶ *L'hypothèse de toutes les souverainetés chrétiennes réunies par la fraternité religieuse en une sorte de république universelle, sous la suprématie mesurée du pouvoir spirituel suprême; cette hypothèse, dis-je, n'avait rien de choquant, et pouvait même se présenter à la raison, comme supérieure à l'institution des Amphictyons. Je ne vois pas que les temps modernes aient imaginé rien de meilleur, ni même d'aussi bon. Qui sait ce que serait arrivé si la théocratie, la politique et la science avaient pu se mettre tranquillement en équilibre, comme il arrive toujours lorsque les éléments sont abandonnés à eux-mêmes, et qu'on fait faire le temps.*³⁷

Es ist kein Zweifel, daß dieser Rückgriff de Maistres auf das geistliche Organisationsprinzip, den *pouvoir spirituel*, hervorgerufen wurde durch die Erfahrung der Revolution. Als de Maistres Papstbuch erschien, lag die revolutionäre Periode und die napoleonische Herrschaft über Europa erst wenige Jahre zurück. Der gescheiterte Versuch des Gewalthabers, Europa neu zu ordnen, seine Katastrophe in Rußland, seine Niederwerfung in Waterloo, der Wiener Kongreß – dies alles war noch in frischer Erinnerung. Die Unions- und Völkerbundspläne, die nach 1815 in Mode kamen und die schließlich, fernab der theokratischen Konzeption de Maistres, in der Heiligen Allianz des Zaren Alexander I. gipfelten, gaben dem Buch de Maistres den geschichtlichen Hintergrund und die politische Resonanz. Entstammten sie doch der gleichen Stimmung, die auch das Papstbuch trug: mit dem Unbehagen über die durch die Revolution entfesselten zerstörerischen und zentrifugalen Kräfte verband sich in ganz Europa der Ruf nach geistiger, religiöser und politischer Einheit.

Man wird also die politischen Antriebe nicht übersehen, die hinter de Maistres theologischer Konstruktion wirksam waren. Es ging ihm nicht eigentlich um die Verteidigung oder Wiederherstellung päpstlicher Rechte, sondern um eine Beschränkung der absoluten politischen Gewalt. Die Souveränität bedarf, um nicht zu schrankenlosem Despotismus zu entarten, einer Gegenkraft: *c'est une loi, c'est une coutume, c'est la conscience, c'est une tiare, c'est un poignard; mais c'est toujours quelque chose.* Warum nicht der Papst? Ist doch die Autorität des Papsttums im Mittelalter aufgerichtet worden *pour faire équilibre à la*

---

dans l'ordre spirituel, et la souveraineté dans l'ordre temporel, sont deux mots parfaitement synonymes. L'un et l'autre expriment … cette haute puissance qui les domine toutes, dont toutes les autres dérivent, qui gouverne et n'est pas gouvernée, qui juge et n'est pas jugée." a.a.O. S. 18.

³⁶ Du Pape, S. 233.
³⁷ Du Pape, S. 247.

souveraineté temporelle, et la rendre supportable aux hommes.[38] de Maistre gründet die Forderung nach einer päpstlichen *potestas indirecta in temporalibus* auf politische Argumente, wie er auch die Forderung nach der päpstlichen Infallibilität in Glaubensfragen durch eine nicht theologische, sondern politisch-philosophische Beweisführung stützt. Gewaltenbeschränkung und Souveränitätskontrolle sind die treibenden Motive seiner politischen Theologie. Doch unbeachtet der primär politischen Argumentation liegt das Bedeutsame von de Maistres Werk in der entschiedenen Abkehr von der revolutionären Theorie einer Politik und Religion zugleich umgreifenden Staatsmacht, und hier gewinnt die Figur des oft als Reaktionär verschrienen savoyardischen Edelmannes erstaunlich moderne, je geradezu liberale Züge: indem er gegen den politischen Absolutismus des revolutionären Staates die geistliche Gewalt der Kirche setzt, lenkt er zu der klassischen Zweigewaltentheorie zurück, die von der Revolution unter Berufung auf die *bonne politie* antiker Staaten bekämpft worden war.

de Maistre ist als der Begründer des „Ultramontanismus" in die Geschichte eingegangen. Seine politischen Reformvorschläge haben dagegen weit geringere Beachtung gefunden. Trotz der schwungvollen Beteuerungen seiner Königstreue behielt sein Monarchismus immer einen etwas deklamatorischen Charakter. de Maistre konnte nicht übersehen, daß das Königtum an der staatskirchlichen Entartung des *Ancien Régime* (in der er selbst den Krebsschaden der vorrevolutionären Staatsform und die Hauptursache der Revolution erblickte) ein gerütteltes Maß Schuld trug; er hat Ludwig XIV. wegen seiner Haltung im Regalienstreit bittere Vorwürfe gemacht.[39] Und auch die Bourbonen, welche die staatskirchlichen Gewohnheiten der Zeit vor der Revolution fortsetzten und das napoleonische Konkordat samt den organischen Artikeln übernahmen, fanden bei ihm keinen Beifall. So kennt er denn auch keine absolute Rechtfertigung der Monarchie: die Gültigkeit der Staatsformen ist für ihn einzig an den Wahrheitsbeweis der Zeit geknüpft.[40] Erst Bonald suchte mit Hilfe theologisch-politischer Analogien den göttlichen Rechtsgrund der Monarchie darzutun.

---

[38] Du Pape, S. 230.
[39] De l'Église gallicane, S. 117 ff.
[40] „Quant à la légitimité ... Dieu s'explique par son premier ministre au département de ce monde, le temps." Essai sur le principe générateur, a.a.O. S. 38.

II. de Bonald

1. de Bonald ist der Systematiker unter den Traditionalisten.[41] Nüchterner und glanzloser als der in Paradoxen schwelgende de Maistre, besitzt er gleichwohl, was jener nicht hat: Genauigkeit, Gedankenstrenge und philosophische Überzeugungskraft. Ist de Maistre – auch im Stil – ein Anti-Voltaire[42], so ist de Bonald ein Anti-Rousseau: er entwickelt das System der traditionalistischen Gesellschaftslehre.

In de Bonalds Revolutionskritik kehren die schon aus de Maistre bekannten Argumente wieder. Die Revolution enthüllt die Ohnmacht des Individuums und die Ohnmacht der Vernunft; sie zeigt, daß ihre eigenen Voraussetzungen, Individualismus und Rationalismus, brüchig sind. Die Geschichte hat die Lehren der Aufklärung erprobt und als falsch erwiesen. Der Rousseausche Sozialvertrag ist nicht tragfähig als Fundament der Staaten. de Bonald zieht aus dem historischen Exempel von 1789 die philosophischen Schlüsse, indem er einen Primat der Gesellschaft vor dem einzelnen behauptet und die Individualvernunft der Kollektivvernunft unterstellt. In beiden Punkten geht er über den Ansatz de Maistres weit hinaus.[43]

Der Mensch macht nicht die Gesellschaft, die Gesellschaft macht den Menschen. *L'homme n'existe que pour la société, la société ne le forme que pour elle-même* – mit diesem Grundakkord eröffnet de Bonald seine *Théorie du pouvoir politique et religieux*.[44] Der Ursprung der Gesellschaft, so führt er in der Vorrede aus, liegt weder in einem Willensakt des Menschen, noch wird ihre konkrete historische Gestalt von der menschlichen Vernunft bestimmt. Die Gesellschaft bedarf keiner

---

[41] Die Werke de Bonalds sind im folgenden zitiert nach der Ausgabe von Migne: Œuvres complètes de M. de Bonald, 3 Bde., Paris 1859. Über de Bonald gibt es bisher nur eine spärliche Literatur; als Einführung kann dienen H. Moulinier: de Bonald, Paris 1916. Die beste Monographie (und erste Gesamtdarstellung der Philosophie de Bonalds) stammt von R. Spaemann (siehe oben Anm. 1).
[42] P. R. Rohden, a.a.O. S. 143 ff.
[43] Michel, a.a.O. S. 113 ff., u. Bellamy, a.a.O. S. 13 ff.
[44] Théorie de pouvoir, Œuvres Bd. I, S. 123. Im gleichen Zusammenhang der Satz: „Non-seulement ce n'est pas à l'homme à constituer la société, mais c'est à la société à constituer l'homme, je veux dire à le former par l'éducation sociale."

Verfassung; sie ist bereits verfaßt nach dem Gesetz, das in ihrem eigenen Organismus ruht. *L'homme ne peut pas plus donner une constitution à la société politique qu'il ne peut donner la pesanteur aux corps, ou l'étendue à la matière; bien loin de pouvoir constituer la société, l'homme, par son intervention, ne peut empêcher que la société ne se constitue, ou, pour parler plus exactement, ne peut que retarder le succès des efforts qu'elle fait pour parvenir à sa constitution naturelle.*[45] Damit ist der Rousseauschen Konstruktion des Sozialvertrages der Boden entzogen; denn wenn die Gesellschaft aus sich selbst zu ihrer vollkommensten Form findet, so erübrigt sich damit der tätige Eingriff des Menschen; es ist dann nicht mehr nötig (und übrigens auch nicht mehr möglich), staatliche Gewalt auf Grund gesellschaftlicher Übereinkunft neu zu gründen oder an bestehenden Verfassungen eine naturrechtliche Korrektur zu üben. Auch in seiner qualitativen Stufung verschiebt sich das Verhältnis Natur-Kultur, Individuum-Gesellschaft: das Natürliche ist bei de Bonald keineswegs mehr die Norm, vielmehr ein unentwickelter Zustand, der verlassen werden muß, wenn überhaupt Kultur entstehen soll. So überrascht es nicht, wenn der Autor des *Pouvoir politique* auch die anthropologischen Voraussetzungen des *Contrat social* angreift. Er tut es mit der ihm eigenen antithetischen Logik. *Nous sommes mauvais par nature, bons par la société*[46] – so heißt es in den zuerst 1815 erschienenen *Pensées;* es ist die Gegenthese zu Rousseaus Behauptung einer durch die Wirkungen der Kultur verdorbenen Naturunschuld des Menschen.

Aber nicht nur das Individuum, auch die Vernunft ist für de Bonald *fille de la Cité.*[47] Auf sich selbst gestellt, ohne die korrigierende Wirkung der Gesellschaft, geht das individuelle Denken in die Irre; erst das *quod ubique, quod omnibus* sichert die Vernunft vor Abirrungen vom Weg der Wahrheit. Schon de Maistre hatte geschrieben: *On ne raisonne que trop en France, et le raisonnement en bannit la raison.*[48] de Bonald, der gleichfalls Raisonnement und Vernunft unterscheidet, macht die Individualvernunft abhängig von der Richtschnur einer *raison générale*, die mit dem Charakter der Unfehlbarkeit ausgestattet ist. Er bindet die Wahrheit an die Normen der Gesellschaft, so wie de Maistre sie abhängig gemacht hatte vom Zeugnis der Zeit. Das bedeutet für ihn freilich keineswegs, daß die Wahrheit aufgeht in der gesell-

---

[45] a.a.O. S. 122.
[46] Pensées, Œuvres choisies, hrsg. von L. de Montesquiou, Paris 1908, S. 293.
[47] J. Lacroix, a.a.O. S. 30.
[48] Considérations, a.a.O. S. 30.
[48] Considérations, a.a.O. S. 131.

schaftlich-geschichtlichen Bewegung; nur hat die Gesellschaft als ein die einzelnen Individuen umgreifendes Gebilde die größere Chance, den Wahrheitsbesitz der Menschheit ungemindert zu bewahren und den künftigen Geschlechtern zu überliefern. Unfähig, aus eigener Kraft zur Erkenntnis zu gelangen, entnimmt der Mensch die Wahrheit aus der Tradition, deren Mittler Familie, Gemeinde, Volk und Kirche sind. Diese Tradition aber hängt durch eine *révélation primitive* unmittelbar mit Gott zusammen. Sie ruht auf der Sprache, die der Mensch nicht erfunden, sondern empfangen hat.[49] Und mit der Sprache werden dem Individuum dann auch die religiösen und sittlichen Wahrheiten, die es für das Zusammenleben mit den andern Menschen braucht, in die Wiege gelegt: die Existenz Gottes, die Unsterblichkeit der Seele, die Regeln des sozialen Verhaltens und die Gesetze der Politik.

2. Die irdische Ordnung – göttlich und natürlich zugleich – entwickelt sich nicht aus dem Willen des Individuums und der souveränen Vernunft. Sie geht hervor aus dem Rhythmus der Trinität, der sich im Aufbau der Welt ausprägt. *Ainsi, tout ce qu'il y a de plus général au monde et dans nos idées est soumis à une combinaison ternaire: trois catégories d'êtres dans l'univers: cause, moyen, effet; trois personnes dans la société: pouvoir, ministre, sujet; trois temps dans la durée: passé, présent, futur; trois dimensions dans l'espace: longueur, largeur, profondeur.*[50] Diese trinitarische Gliederung zieht sich durch das gesamte politische und soziale Leben hindurch. Sie ist das innere Gesetz der Staaten. Für das politische Denken de Bonalds bedeutet die Anlehnung an das trinitarische Schema zweierlei: einmal rückt – da die Trinität ihrem Wesen nach eine Einheit ist – der Gedanke der *unité des pouvoirs* in den Mittelpunkt seiner Gesellschaftslehre, was zur Folge hat, daß die Gewaltenteilung im Politischen ebenso abgelehnt wird wie im Religiösen die Vielfalt und Variabilität der außerkatholischen Konfessionen.

---

[49] Dieser Gedanke, der sich durch de Bonalds ganzes Werk hindurchzieht, ist im einzelnen entwickelt im 2. Kapitel der Recherches philosophiques (Œuvres Bd. III, S. 61 ff.). Bellamy bemerkt dazu a.a.O. S. 14: „L'idée-mère de son système, c'est que l'homme ‚pense sa parole avant de parler sa pensée' et que le langage est l'instrument nécessaire de toute opération intellectuelle et le moyen de toute existence morale." Aus der „impossibilité morale et physique que l'homme ait inventé le langage" macht de Bonald einen Gottesbeweis; vgl. Œuvres Bd. III, S. 670.
[50] Démonstration philosophique de principe constitutif de la société, Kap. XV; Œuvres Bd. I, S. 83 ff.; dort weitere Ternare und die für de Bonald charakteristische Verankerung seiner theologischen und politischen Triadenlehre im pronominalen Aufbau der Sprache.

Zum andern aber verhindert gerade die trinitarische Auffassung der Gesellschaft, daß die zum Bestand des Staates notwendige politische Einheit in blinden Despotismus umschlägt, denn bei aller Gewaltenkonzentration bleiben doch die „sozialen Personen", *pouvoir, ministre* und *sujet*, in de Bonalds Lehre getrennt. Zwischen „Homogenität" und „Distinktion" der sozialen Glieder hält die *Théorie du pouvoir* eine sorgfältig abgewogene Mitte: sie gründet gerade auf das Spannungsverhältnis, das zwischen ihnen herrscht, die innere Ordnung der politischen Macht. So wird die Demokratie, aber auch die *despotische* Monarchie verworfen, weil in ihr eine *confusion de personnes* herrscht; nur die *königliche* Monarchie ist eine legitime Staatsform, denn sie allein bürgt sowohl für die Homogenität des *pouvoir* (durch die Erbfolge) wie auch für die gegenseitige Unabhängigkeit von Regierung und Volk. Im übrigen betont de Bonald immer wieder die funktionale Austauschbarkeit von *pouvoir, ministre* und *sujet* in der Gesellschaft. So in seiner *Démonstration philosophique du principe constitutif de la société*, wo es heißt: *Ainsi le même homme qui est sujet dans la société, y peut être ministre, s'il remplit des fonctions politiques, et il est pouvoir dans sa famille; et les rois eux-mêmes sujets, comme les autres hommes de la Divinité, ne sont, comme les chefs de la société que les premiers ministres du pouvoir divin pour faire le bien, minister Dei in bonum, dit l'Apôtre (Rom. XIII, 4), et ils sont comme rois, pouvoir dans la société civile, et comme homme, pouvoir dans leurs familles.*[51] – Wie in konzentrischen Kreisen liegen die Ordnungen von Familie, Staat, Religion ineinander, umschlossen vom Ring des dreifachen Naturgesetzes, das sich gliedert in die Stufen von *cause, moyen* und *effet*. Und dieses Gesetz ist nichts anderes als eine philosophische Abbreviatur der Dreifaltigkeit.[52]

---

[51] a.a.O. S. 88f.
[52] Auf die theologischen Probleme, die eine solche Übertragung der Trinitätslehre ins Politische stellt, kann hier nicht eingegangen werden. Ein Versuch, de Bonalds Stellung in der noch ungeschriebenen Geschichte der „politischen Theologien" zu kennzeichnen, müßte von der Erkenntnis ausgehen, daß die Trinitätsdogmatik ursprünglich in Auseinandersetzung mit dem Souveränitätsanspruch des Kaisers und seiner theologischen Fundierung in einer „göttlichen Monarchie" erwachsen ist, wie vor allem die Forschungen E. Petersons gezeigt haben. Die eigentümliche Stellung des christlichen Gottesglaubens jenseits von Monotheismus und Polytheismus bietet einer politischen Theologie keinerlei Anknüpfungspunkte, es sei denn, das Verhältnis der drei göttlichen Personen wird positivistisch zu einem quasi-politischen Funktionszusammenhang relativiert. de Bonald überwindet zwar mit seiner Betonung des innertrinitarischen Lebens die aufklärerische Reduktion des Gottesglaubens auf einen bloßen Monotheismus; er ist aber anderseits, wie seine politische Auslegung der Trinität zeigt, weit entfernt von der Einsicht, daß der Glaube an den dreieinigen Gott positive politische Analogien nicht fordert, sondern viel-

Der Blick, der sich von dieser universalistischen Vision zurückwendet in die französische Geschichte, sieht auch hier nur, wie schon de Maistre, den *esprit de schisme* am Werk, der die ursprüngliche Einheit von Politik und Religion zerstört hat. Auch de Bonald erblickt im Presbyterianismus den Vorläufer der revolutionären Demokratie, auch er weist auf den Zusammenhang hin, der zwischen den humanitären Erlösungsstimmungen der Revolution und der Apokalyptik ihrer geistlichen Verfechter besteht. *Les hommes qui ont voulu faire revivre les temps de la primitive Église, ont toujours ramené les sociétés politiques à leur enfance.*[53] Die Rückkehr zur Urkirche ist nicht möglich, weil die sozialen Voraussetzungen des frühen Christentums nicht mehr bestehen. Restaurationsbemühungen, wie sie Fauchet und Grégoire unternehmen, sind daher für de Bonald nur ein Ausdruck für den Krisenzustand der Gesellschaft.[54] Die geordnete Gesellschaft verlangt nicht nach Veränderungen, sie braucht auch keine Verfassung, um ihren augenblicklichen politischen Zustand zu fixieren. *Une nation qui demande une constitution à des législateurs ressemble ... à un malade qui prierait son médecin de lui faire un tempérament.*[55]

de Bonald ist blind für alle historischen Verknüpfungen außerhalb der traditionalistischen Motivenreihe, welche die Revolution aus der Aufklärung, die Aufklärung aus der Reformation erklärt. Das Bemühen, die religiöse und politische Mission Frankreichs zu retten, verführt ihn, ähnlich wie de Maistre, zu einer Haltung, die den Blick nur nach außen richtet und die Schuld für das französische Verhängnis nur bei anderen sucht. Wohl dämmert gelegentlich – etwa in dem gedankenreichen Aufsatz über den *Westfälischen Frieden*[56] – die Ein-

---

mehr abwehrt. – Über die theologische Fragwürdigkeit einer „politischen Theologie" vgl. E. Peterson: Der Monotheismus als politisches Problem, in: Theologische Traktate, München 1951, S. 45–147 (gegen C. Schmitt: Politische Theologie, München 1922). Über die Weiterführung des Bonaldschen „Trinitätspositivismus" in der Philosophie Comtes: H. de Lubac: Le drame de l'humanisme athée, Paris 1945, II, 3.

[53] Pensées, Œuvres Bd. III, S. 1351.
[54] „Le même parti qui soutenait en Angleterre la souveraineté du peuple attendait le règne visible de Christ pendant mille ans. Cette opinion ... fondée sur quelques passages de l'Apocalypse interprétés à la manière charnelle des Juifs a reparu dans notre Révolution, et en général on peut dire qu'elle est le rêve des sociétés malades. Une opinion qui se reproduit sans cesse a sans doute sa raison dans une grande pensée. Serait-ce qu'il est naturel que les nations qui voient périr leur pouvoir particulier et local recourent au pouvoir général des hommes et des nations? Il a été un temps, sous le seconde race, où, dans le midi de la France, on datait les actes du règne de Jésus-Christ." Le Traité de Westphalie, Œuvres Bd. II, S. 491 f.
[55] Pensées, Œuvres Bd. III, S. 1339.
[56] Le Traité de Westphalie, et celui de Campo-Formio, Œuvres Bd. II, S. 479–516.

sicht, daß der *esprit du schisme* nicht der Reformation, sondern dem Innern Frankreichs selbst entstammte – jenes Frankreichs, das im Bund mit Türken und Schweden die katholische Ökumene zerstört hat. Aber über diese Dinge gleitet de Bonald rasch hinweg. Er ist auch unempfindlich für die politische Funktionalisierung des Katholizismus im *Ancien Régime* und die verhängnisvollen Folgen, die sie für die Religion gehabt hat. Im Gegensatz zu de Maistre übt er am Gallikanismus kaum Kritik. Sein Kirchenbegriff ist ebenso statisch wie seine Gesellschaftslehre: weder Staat noch Kirche entwickeln sich; ihre Gestalt steht fest nach ewigen Entwürfen. Und das System sozialer Harmonie, das beide verbindet, fällt zusammen mit dem Zustand der Dinge in der alten Monarchie.

III. Lamennais

1. Lamennais' *Essai sur l'indifférence en matière de religion*[57] ist eine Synthese der Gedanken de Maistres und de Bonalds. Das vierbändige Werk zieht die theologische Konsequenz des Traditionalismus. Der Vorrang der Gesellschaft vor dem Individuum, der Kollektivvernunft vor der Individualvernunft wird hier zum leitenden Prinzip der katholischen Glaubenslehre: die Wahrheit des Dogmas ruht ganz auf dem *sens commun* der Menschheit. In dem *quod semper, quod ubique, quod omnibus* liegt der Wahrheitsbeweis der katholischen Religion. Es gibt keinen andern. Lamennais sieht in dem Appell an die Gesellschaft und ihre *raison générale* die einzige Möglichkeit, den cartesianischen Individualismus zu widerlegen: *Si l'on rejette mes thèses, je ne vois aucun moyen de défendre solidement la religion.*[58]

Die Grundgedanken des theologischen Systems von Lamennais sind entwickelt in der *Défense de l'Essai*, einer Erwiderung Lamennais' an seine Kritiker, die 1818 erschienen ist.[59] Hier prüft Lamennais die Frage, ob und in welcher Weise das philosophische Denken zur Erkenntnis der Wahrheit gelangen kann. Er geht dabei aus vom Widerstreit zwischen der Philosophie – vornehmlich in ihrer modernen Gestalt – und dem, was er die *vérités traditionelles* nennt. *En remontant à l'origine de la philosophie, et en l'observant à toutes les époques de sa durée, nous avons constaté un fait important, c'est qu'en enseignant à l'homme à chercher la vérité dans sa raison seule, elle a partout ébranlé les vérités traditionelles, et perdu les peuples en les précipitant dans le doute et dans l'erreur.*[60] *Cherchant ensuite la raison de ce fait, nous avons vu que toute philosophie qui place le principe de certitude dans l'homme individuel ne peut en effet donner de base solide à ses croyances, ni de règle sûre à ses jugements.* Die cartesianische Philosophie – denn sie vor allem ist

---

[57] F. de Lamennais: Œuvres complètes, 12 Bde., Paris 1836/37; Bde. III und IV.
[58] Zitiert bei Bellamy, a.a.O. S. 15.
[59] Œuvres Bd. V.
[60] Lamennais meint hier nicht die Philosophie schlechthin, sondern eine bestimmte philosophische Richtung, wie sich aus dem folgenden Satz ergibt. „En enseignant" ist demnach konditional aufzufassen.

hier gemeint – kann also nicht als Grundlage des Glaubens dienen. Sie führt allein zur Skepsis und zum Irrtum. Zur Wahrheit bringt den Menschen nicht die individuelle Ratio, sondern das Bedürfnis seiner menschlichen Natur. *En effet la nature force tous les hommes de croire mille choses dont il est aussi impossible de démontrer la vérité, qu'il est impossible d'en douter.* Ist aber der Glaube ein Grundbedürfnis der menschlichen Natur, so ist er auch die Voraussetzung aller intellektuellen Erkenntnis. Sicheres Wissen ist daher nur zu gewinnen auf dem Boden gemeinsamer Glaubensüberzeugungen. *Nous sommes donc convenu d'admettre comme vrai ce que tous les hommes croient invinciblement. Cette foi invincible, universelle, est pour nous la base de la certitude; et nous avons montré qu'en effet si on rejette cette base, si on suppose que ce que tous les hommes croient vrai puisse être faux, il n'y a plus de certitude possible, plus de vérité, plus de raison humaine.*

Auf diese Weise wird der Glaube zur logischen Vorbedingung des Wissens. Er geht der Erkenntnis voraus. Er verleiht der denkerischen Bemühung erst den Ausweis, dessen sie bedarf, um als Philosophie anerkannt zu werden: eine Summe unbezweifelbarer, von allen anerkannter Aussagen, die zusammengenommen das bilden, was man Wahrheit nennt. In der Universalität und der zwingenden Kraft der Aussagen nämlich liegt für Lamennais der eigentliche Charakter der Wahrheit; ohne diese Wesenszüge ist sie nur eine chimärische Ausgeburt der Individualvernunft, ohne jede Verbindlichkeit für die Gesamtheit, ohne verpflichtende Kraft für Volk, Nation, Gesellschaft. Wahr ist daher im Grunde nur, was von allen für wahr gehalten wird. *L'uniformité des perceptions et l'accord des jugements est le caractère de la vérité; cette uniformité et cet accord, qui nous sont connus par le témoignage, constituent ce que nous appelons la raison générale ou l'autorité: l'autorité ou la raison générale est donc la règle de la raison individuelle.* Wenn die Philosophie – und wiederum denkt Lamennais vor allem an die cartesianische Philosophie – von dem Grundsatz ausgeht: Was die Einzelvernunft als vernünftig erkennt, ist wahr, dann muß sie für diese These erst den Beweis in Gestalt neuer, bindender Autorität erbringen; sie muß, mit anderen Worten, zeigen, daß die zahllosen individuellen Vernunftautoritäten, in die sie selbst das allgemeine Denken auflöst, notwendig zu einer inneren Übereinstimmung ihrer Aussagen gelangen, auch und gerade dann, wenn ihnen der gemeinsame Boden der *vérités traditionelles* fehlt. Eben dies zu beweisen ist aber der modernen Philosophie noch nicht gelungen; denn aus dem Anarchismus der Individualvernunft ist niemals eine Wahrheit entstanden, die von allen anerkannt worden wäre. So haben die Verteidiger der Religion leichtes Spiel: indem sie auf den Selbstwiderspruch einer Philosophie hinweisen, die die Wahrheit als Schöpfung des Individuums zwar postuliert, aber nicht selbst hervorbringen kann, die vielmehr selbst in die mannigfachsten Sekten und Schulen auseinanderfällt, erschüttern sie die scheinbare Sicherheit des philosophischen Denkens und bahnen der Rückkehr zu den traditionellen Glaubensgrundlagen den Weg. *Appliquant... aux controverses contre les athées et les déistes le principe d'autorité, on force tous les ennemis du christianisme à en reconnaître la vérité ou à nier leur propre raison.*[61]

Lamennais hat diese Apologetik gegen alle Angriffe, auch solche von katholischer Seite, immer wieder leidenschaftlich verteidigt. So bemerkt er an der angeführten Stelle in der *Défense de l'Essai* von 1818: *C'est donc bien vainement qu'on l'attaque; elle n'est pas moins inébranlable que la vérité catholique elle-même: et nous sommes arrivés à des temps où, contraints de ramener de loin, et comme des extrémités de l'erreur, un grand nombre d'esprits à cette vérité sainte, on a dû mieux reconnaître la voie qui y conduit, et s'assurer qu'il n'en existe qu'une.*[62] Nur *ein* Weg kann aus dem Agnostizismus zurückführen zum Glauben, nur *ein* Beweis kann gegen den Unglauben mit zwingender Sicherheit geführt werden: eben jener Beweis, den die *raison générale* selbst gegen die in sich tausendfach zersplitterten *raisons particulières* führt. Eine Apologetik auf die schwankende Grundlage der Individualvernunft zu gründen ist dagegen vergebliche Mühe. Lamennais sieht in derartigen Versuchen nichts als cartesianische Befangenheit. Er „schleudert seinen Gegnern die Anklage entgegen, daß sie in der Bekämpfung des revolutionären Geistes bei einer Methode stehen bleiben, die an die Stelle des ‚sens commun' die Vernunft des einzelnen setzt und, da sie nicht ausreicht, logisch zu einem Skeptizismus führen müsse, jedenfalls nicht geeignet ist, die Religion siegreich zu verteidigen. Er glaubt, daß seine Apologetik des ‚sens commun' nicht nur die unlösliche Einheit zwischen Glauben und Wissen, Kirche und Gesellschaft, Autorität und Freiheit erkennen lasse, daß sie auch dem Fortschritt und der menschlichen Freiheit eine sichere Basis gebe"[63]. In der Tat hatte Lamennais Grund, sein System als den Eckstein des Traditionalismus gegen alle Angriffe zu verteidigen; denn wenn der Wahrheitsanspruch des Christentums bezweifelt wurde, fiel nicht nur das Motiv für seine apologetische Bemühung fort, sondern auch der Schlüssel zu der sittlichen und politischen Restauration, die de Maistre und de Bonald verlangten.

---

[61] Défense de l'Essai, S. 171–173.
[62] Défense de l'Essai, S. 173.
[63] Gurian, Ideen, S. 114.

Die Kirche hat sich freilich die traditionalistische Apologetik nicht zu eigen gemacht. Es war keineswegs politische Voreingenommenheit, die sie daran hinderte. Denn das monarchische Restaurationsprogramm, das Lamennais zunächst mit de Maistre und de Bonald teilte, hat in kirchlichen Kreisen durchaus Sympathien gefunden: an der royalistischen Haltung der Mehrzahl des französischen Klerus in der Zeit nach 1815 ist nicht zu zweifeln.[64] Aber gegen eine Aufnahme der Vorschläge Lamennais' sprachen theologische Bedenken. Die Vernunftkritik, die der Autor des *Essai sur l'indifférence* von de Maistre und de Bonald übernommen hatte, stand mit dem katholischen Dogma selbst in Widerspruch. Nach katholischer Lehre ist die Individualvernunft imstande, die religiösen Wahrheiten und vor allem das Dasein Gottes aus eigener Erleuchtung zu erkennen; es bedarf zu solcher Erkenntnis keiner fideistischen Unterwerfung des Intellekts unter eine nur hinzunehmende, nicht weiter aufzuhellende Offenbarungsfaktizität. Auch dort, wo geoffenbarte Wahrheiten mit der Vernunft noch nicht völlig erfaßt werden können, ist dieses Nichterfassen nur ein Noch-Nicht, das einst reinerer Erkenntnis weichen wird; für die Zwischenzeit gilt zwar, daß der Glaube den Vorrang vor der Vernunft hat, doch steht diese Rangfolge im Einklang mit der Vernunft selbst. Es ist, nach Augustinus berühmtem Wort, ein Gebot der Vernunft, daß der Glaube der Vernunft vorausgeht; trifft dies aber zu – so fährt er fort –, „dann geht auch ohne Zweifel jenes bißchen Vernunft, das uns dies lehrt, dem Glauben voraus"[65]. Im katholischen Denken ist weder für die völlige Einebnung der Differenz von Glaube und Wissen noch für die schroffe Entgegensetzung beider Erkenntnisweisen Platz. Vielmehr bleibt die Vernunft des Menschen der natürliche Anknüpfungspunkt und die Vorbedingung des Glaubens: ihre Wirksamkeit zu leugnen hieße der Offenbarung selbst ihre Grundlagen entziehen.[66]

---

[64] Über diese Fragen, die hier nur am Rand behandelt werden können, vgl. den Aufsatz von Ch. Pouthas: Le Clergé sous la Monarchie Constitutionelle 1814–1848, RHEF 29 (1943), S. 19–53, und, vom gleichen Verfasse: Histoire politique de la Restauration (Cours de Sorbonne, vervielfältigt). Die beste Einführung in die Zeitatmosphäre gibt G. de Bertier de Sauvigny in seiner Thèse Un type d'Ultra-Royaliste: le comte Ferdinand de Bertier (1782–1864) et l'énigme de la Congrégation, Paris 1948, und in seiner Darstellung: La Restauration, Paris 1955.
[65] „Proinde ut fides praecedat rationem, rationabiliter visum est ... Si igitur rationabile est, ut ad magna quaedam quae capi nondum possunt, fides praecedat rationem, procul dubio quantaculumque ratio quae hoc persuadet, etiam ipsa antecedit fidem." Epistula CXX, c. 1, 3.
[66] „En attaquant les droits légitimes de la raison humaine, on sapait en réalité les bases de la révélation elle-même. Le traditionalisme arrivait ainsi, par des chemins

Der modernen Entdeckung, daß erst die vernünftige Fassung der Heilswahrheiten die Tradierbarkeit des Christentums begründet und damit dessen geschichtliche Existenz ermöglicht hat,[67] steht also Lamennais noch durchaus fern. Gleichwohl kann man nicht übersehen, daß sich auch in seinem Werk schon Ansätze zu einer geschichtlichen Betrachtungsweise finden. So ist die umstrittene Theologie des *sens commun* nicht zuletzt dem Bedürfnis entsprungen, die Kirche mit der geschichtlichen Bewegung der Menschheit enger zu verflechten, als dies einer Welt- und Heilsgeschichte trennenden Lehre möglich war: damit sollte die Führerstelle des Christentums im historischen Entfaltungsprozeß der Wahrheit dargetan werden. Wie dies geschieht, ist freilich für Lamennais' theologisches Denken, das immer zuerst ein soziologisches ist, ungemein bezeichnend. Lamennais' religiöser Volksgeist bleibt ohne jede Verbindung mit der personalen Existenz des Einzelmenschen; er ist ein Kollektivwesen, das zum einzelnen nur insofern in Beziehung tritt, als es seiner individuellen Vernunft die allgemeine Richtung des *sens commun* aufprägt. Wohl hat Lamennais später ausdrücklich die Kirche zur Hüterin des *sens commun* erklärt, weil er auf diese Weise die Wahrheit den Schwankungen des Zeitgeistes entziehen wollte. Aber der Zusammenfall von religiösem Volksgeist und kirchlichem Lehramt ließ die Frage nach dem Ort des einzelnen und seiner Freiheit in diesem theologischen System nur um so dringlicher hervortreten. Denn bestand nicht auch die Kirche aus einzelnen? Verlor sie nicht ihren Sinn, wenn sie vornehmlich als äußere Norm der personalen Freiheit verstanden wurde? Und war die geschichtliche Vernunft, die vom kirchlichen Lehramt verwaltet und artikuliert werden sollte, unabhängig von der religiösen Entscheidung des Einzelmenschen? Es ist unmöglich, die sprengenden Folgerungen, die aus dieser Kirchenlehre gezogen werden konnten, zu übersehen. Fiel die Möglichkeit personaler Wahrheitserkenntnis fort, war die Wahrheit nur erkennbar aus der äußeren Ordnung der Dinge, so verwandelte sich damit auch der Charakter der Kirche: sie wurde aus einer Gemeinschaft der im Glauben Vereinten zu einer rein positivistischen Ordnungsinstanz. Dies hatte sich schon bei de Maistre und de Bonald gezeigt, deren Fideismus im Grunde reiner Positivismus gewesen war:[68] Man glaubte an die Religion, weil ihre Ordnung für den Bestand der Gesellschaft unentbehrlich war. Es wiederholte sich, nur

---

opposés, au même résultat que la rationalisme, qu'il avait la prétention de combattre." Bellamy, a.a.O. S. 15.
[67] W. Kamlah: Christentum und Geschichtlichkeit, Stuttgart ²1951.
[68] Gurian, Lamennais, S. 78.

weniger sichtbar, bei Lamennais. War im einen Fall die Form der Kirche aus den Bedürfnissen der politischen und sozialen Ordnung entwickelt worden, so ging sie im anderen ganz aus der geschichtlichen Bewegung hervor; sie mußte sich wandeln, wenn sich die gesellschaftlichen Formen wandelten, in denen sie lebte. Man darf sich über diesen Tatbestand nicht dadurch täuschen lassen, daß Lamennais die Kirche selbst als etwas Ungeschichtliches, von der Geschichte Unabhängiges sah, als eine Institution, die Veränderungen nur bewirkte, nicht aber solche erleiden konnte. Denn tatsächlich bedeutete die Ineinssetzung von Volksgeist und kirchlichem Lehramt eben doch eine weitgehende Säkularisierung der Religion, bei der der einzelne, der sich schon gegenüber dem kirchlichen Gemeingeist in einer passiven Stellung befand, nun auch gegenüber dem geschichtlichen *sens commun*, der ihn völlig zu bestimmen vermochte, jeden Halt und jede Möglichkeit selbständigen Eingreifens verlor.[69]

Eine solche Geschichtsauffassung konnte zu einer rein konservativen Haltung führen, wie ja Fideismus und Konservatismus innerlich miteinander verwandt sind.[70] Sie konnte aber den Einzelnen auch auf den Weg der revolutionären Aktion verweisen, weil angesichts der Unaufhaltsamkeit geschichtlicher Bewegungen individueller Widerstand sinnlos, gefügiges Mitgehen aber nützlich und erfolgversprechend schien. In der Tat steckte im Traditionalismus neben dem konservativen auch ein revolutionäres Element. Wir sahen bereits, wie de Maistre die Revolution zwar einerseits als Teufelswerk verdam-

---

[69] J. R. Geiselmann verweist in seiner Einleitung zu der Neuausgabe der *Einheit in der Kirche* auf verwandte Züge in der Kirchenlehre J. A. Möhlers, wo ein ähnlich einseitiges Verhältnis zwischen dem Eigensein des Menschen vor Gott und dem als Volkskirche verstandenen Gesellschaftsgebilde der Kirche vorliegt. Der Hauptgrund für diese Störung liegt nach Geiselmann „in der Überbewertung der Gemeinschaft der Gläubigen, des christlichen Volkes, die zur Verkennung des Weihesakramentes führen mußte; liegt in der Art, wie er (Möhler) die ‚politische' Kategorie ‚Volk' – eines der Hauptanliegen romantischer Soziologie – auf das kirchliche Gebiet übertragen hat. Möhler ist dabei nicht nur ein Kind seiner Zeit gewesen, sondern auch das Opfer seiner Zeit geworden. Es blieb ... dem scharfsinnigen Kritiker Anton Günther vorbehalten, den zeitgeschichtlichen Hintergrund dieser ‚Volkskirche' klar zu durchschauen, wenn er meint, Möhler habe damit den Tribut gezollt, ‚einer Zeit, die von der Natur des Staates und der Kirche viel zu sagen weiß, und der doch dort wie hier der Adel nichts mehr als eine Niete ist, die ihren verlorenen Zähler vergeblich sucht; die im Staatsleben die erbliche Monarchie ebenso zum Schleppträger der Volkssouveränität, wie den Primat und das Episkopat der Kirche, wenn's hoch kommt, zum Siegelbewahrer des Volksheiligkeit macht." J. A. Möhler: Die Einheit in der Kirche, hrsg. von J. R. Geiselmann, Köln-Olten 1957, S. 81 f. – Diese Feststellungen gelten mutatis mutandis auch für Lamennais.
[70] Vgl. H. Friedrich, Montaigne, S. 132 ff.

men, sie aber anderseits als göttliche Notwendigkeit rechtfertigen konnte. Von dieser Position aus ließ sich die Forderung nach Wiederherstellung der vorrevolutionären Zustände nur schwer begründen. Vielmehr waren die Traditionalisten je länger je mehr gezwungen, die Heilsfunktion des Bösen in der Geschichte, seine Bedeutung als „apokalyptisches Moment"[71] anzuerkennen und damit einen Gedanken aufzunehmen, der die Geschlossenheit ihres Systems sprengen mußte.

Lamennais, der am Ende der traditionalistischen Bewegung stand, griff auf Saint-Martin und de Maistre zurück, als er in seinem Buch *De la religion* die Revolution als einen göttlichen Schiedsspruch deutete.[72] Da er jedoch zugleich an der Überzeugung de Bonalds festhielt, daß die göttliche Ordnung ihre sichtbare Entsprechung im Irdischen haben müsse, war er genötigt, die politischen Formen, die sich aus der Revolution entwickelt hatten, theologisch zu sanktionieren. Lamennais' spätere Hinwendung zur Demokratie war also nichts anderes als ein konsequentes Weiterdenken der traditionalistischen Ideen. Sein Satz *La Révolution a été une brèche providentielle ouvrant l'avenir au catholicisme*[73] entspricht Saint-Martins Worten über die Revolution als *décret formel de la Providence*. In diesem Sinne kann man sagen, daß mit der späteren kirchlichen Verurteilung Lamennais' auch der Traditionalismus verurteilt worden ist; aber ebenso gilt freilich, daß die Theorie der *Christlichen Demokratie* nicht möglich gewesen wäre ohne den Durchgang durch die traditionalistischen Lehren.

2. Der Streit um den Traditionalismus war nicht nur ein theologischer Schuldisput. Er bewegte die ganze französische Kirche. Man kann den Ablauf der theologischen Auseinandersetzungen im einzelnen verfolgen bei Christian Maréchal, der eine Studie über die Lamennais-Kritik geschrieben hat.[74] Aber auch in den politischen Kämpfen der Zeit stößt man – und nicht allein in Fankreich – fortwährend auf den

---

[71] Der Ausdruck bei Gurian, Ideen, S. 77. Die Funktion des Bösen besteht darin, „eine katastrophische und zugleich heilbringende Umwälzung des Universums herbeizuführen. Die Welt muß sich die wahre Ordnung zutiefst zu eigen machen, oder sie ist dem Untergang geweiht. Allein, selbst der Untergang der Welt muß notwendig zum Triumph der Wahrheit führen."
[72] De la religion considérée dans ses rapports avec l'ordre politique et civil, Paris 1825/26; vgl. besonders Kap. V.
[73] Avenir, 29. Juni 1831.
[74] Ch. Maréchal: La dispute de l'Essai sur l'indifférence, Paris 1925. Zur Wirkung und Diskussion in Deutschland vgl. jetzt die gründliche Studie von G. Valerius: Deutscher Katholizismus und Lamennais, Mainz 1983; speziell über den Essai siehe die Übersicht S. 397 f.

Streit für und wider die traditionalistischen Lehren. Diese auf den ersten Blick erstaunliche Tatsache erklärt sich daraus, daß der Traditionalismus zwar seinem Ursprung nach ein erkenntnistheoretisches, fundamentaltheologisches System gewesen war, daß sich aber mit ihm im Lauf der Zeit bestimmte Folgerungen verbunden hatten, die aus dem Religiösen ins Politische und Soziale hinüberwiesen. Hinter den theologischen Begriffen steckte ein soziologisches Problem. Es ging um die Neuorientierung des Katholizismus in der nachrevolutionären Welt. Was de Maistre, de Bonald und Lamennais entwickelten, war im Grund nichts anderes als die theologische Einkleidung des Versuchs, die Stellung der Kirche in der nachrevolutionären Gesellschaft zu umschreiben, einer Gesellschaft, die nicht mehr christlich, aber zweifellos auch noch nicht ganz entchristlicht war. Aus dieser doppelten Bedeutung wird der politische Widerhall verständlich, den die scheinbar so weltfernen Theologoumena der Traditionalisten in der französischen Öffentlichkeit – und weit darüber hinaus – fanden: sie wurden beachtet, weil sie den Gehalt einer Situation zum Ausdruck brachten.

Zwei Fragen kristallisieren sich aus dem Streit heraus: Gallikanismus und Ultramontanismus auf der einen, Staatskirchentum und kirchliche Freiheit auf der anderen Seite. Gegenüber zwei Fronten, dem französischen Staat und der katholischen Ökumene, mußte die Stellung des französischen Katholizismus neu bestimmt werden. Beide Dinge waren eng miteinander verknüpft, denn seit der Revolution bedeutete ein Mehr oder Weniger an Freiheit vom Staat zugleich ein Mehr oder Weniger an Bindung gegenüber Rom; die Entscheidungsmöglichkeiten waren eingeengt durch die Tatbestände, die die Revolution geschaffen hatte.[75] Daher schieden für den französischen Katholizismus von vornherein zwei Möglichkeiten aus: eine Verbindung zwischen der ultramontanen Richtung und dem alten Staatskirchentum und eine Verbindung zwischen dem Gallikanismus und einer politischen Demokratie. Wer sich zum Fürsprecher der päpstlichen Gewalt aufwarf, konnte dies nur tun, indem er zugleich den Einfluß des Staates im kirchlichen Leben bekämpfte. Wer aber an der alten gallikanischen Kirchenverfassung festhielt, war gezwungen, zugleich mit dem päpstlichen Souveränitätsanspruch auch die Forderungen der katholischen Laien, aus denen sich der Kern der ultramontanen Partei

---

[75] „Ohne die von der Revolutionären vollzogene Ablösung des katholischen Klerus aus dem Verband des ständischen Staates und ohne die der Kurie zugefügten territorialen Verluste wäre der Priester nie in die gefährliche Rolle eines Staatsbeamten gedrängt worden, die ihn dazu nötigte, an der Kurie eine Rückendeckung zu suchen." Rohden, a.a.O. S. 272.

rekrutierte, zurückzuweisen. Politisch befand sich der Gallikanismus in einem ähnlichen Dilemma: Eine territorial begrenzte Kirche, wie sie seinen Vorstellungen entsprach, mußte im Zeitalter des Nationalstaates unweigerlich zum Werkzeug der weltlichen Gewalt herabsinken. Diese weltliche Gewalt aber war nicht mehr, wie in der alten Monarchie, durch Weihe und Krönung mit der Kirche verbunden. Denn auch die religiösen Voraussetzungen des Gallikanismus waren mit der Revolution zerstört: seitdem der *roi très chrétien* der Vergangenheit angehörte, war auch der Staat profan geworden.[76] So konnte die gallikanische Kirche nur mehr im Papst das Zentrum ihrer Einheit finden, es sei denn, sie entschloß sich, als eine Art von geistlicher Magistratur in der politischen Gesellschaft aufzugehen.

Das napoleonische Konkordat hatte die Stellung, die der Katholizismus in der nachrevolutionären Gesellschaft einnehmen sollte, in der Schwebe gelassen. Es hatte keine endgültige Lösung formuliert, sondern nur einen Ausgleich geschaffen zwischen dem alten Staatskirchentum und den durch die Revolution geschaffenen Tatsachen, indem es dem Katholizismus eine Stellung einräumte, die zwar schwächer war als jene, die er im Rahmen des *Ancien Régime* besessen hatte, aber stärker als jene, die er in einer demokratischen Ordnung hätte erringen können. Das Konkordatssystem war, wie Gurian es ausgedrückt hat, von der Überzeugung getragen, „daß, wenn auch der alte Glaube an die katholische Kirche nicht mehr die Grundlage des Staates bilden kann, er doch noch sehr stark in der Gesellschaft verbreitet ist und noch einen wichtigen Faktor zur Sicherung der Ordnung und des Friedens darstellt. Dieser Kompromiß wird immer fragwürdiger, je mehr sich seine Grundlage, das Faktum, daß die große Mehrheit der Franzosen katholisch ist, in eine Fiktion verwandelt."[77] Das Konkordat sicherte nur die äußere Stellung der Kirche; mit dem Vordringen der demokratischen Bewegung aber änderten sich die gesellschaftlichen Voraussetzungen, auf denen diese Stellung aufgebaut war, und damit traten die von der Revolution aufgeworfenen Fragen in neuer Gestalt hervor.

In der Form, die de Maistre und de Bonald ihm gaben, war das traditionalistische Reformprogramm auf den *roi très chrétien* zugeschnitten. Es paßte nur unzulänglich auf das Königtum der Restauration. Gleichzeitig hatte de Maistre die Rückwendung der französischen

---

[76] Dies gilt, wie die Charte und das Verhalten Louis' XVIII. und Karls X. bei der Krönung bewiesen, selbst für die restaurierte Bourbonenmonarchie.
[77] Gurian, a.a.O. S. 52 ff.

Kirche zum Papsttum angebahnt. In ihm lag, falls die Erneuerung der alten monarchistischen Ordnung scheitern sollte, die einzige Bürgschaft für die Zukunft des französischen Katholizismus. Diese Orientierung nach Rom hin war das wertvollste Vermächtnis, das der Autor des Papstbuches dem politischen Katholizismus Frankreichs hinterließ. Sie hat die Zeit der Restauration und die philosophische Aktualität des Traditionalismus überdauert. Während der Traditionalismus nach 1830 zu einem positivistischen System erstarrte, konnten de Maistres religiöse und kirchenpolitische Ideen in einer verwandelten Umgebung weiterwirken. Der religiöse Traditionalismus erlebte seine erste Metamorphose im liberalen Katholizismus Lamennais'.

Dritter Teil

Liberaler Katholizismus und Christliche Demokratie (1830–1850)

Die Genealogie der ersten christlich-demokratischen Bewegungen ist vielverzweigt und führt auf verschiedene, zum Teil weit auseinanderliegende Ursprünge zurück.[1] Katholische Liberale und Sozialisten, versprengte Angehörige der ehemaligen konstitutionellen Kirche, Abkömmlinge der Saint-Simonisten und vornehmlich die Romantiker aller politischen und religiösen Tonarten haben sich in Frankreich zu Fürsprechern einer Versöhnung von Demokratie und Kirche gemacht. Solche Strömungen treten bereits in der Zeit der Restauration hervor; deutlichere Umrisse gewinnen sie unter Louis Philippe, in der Spanne zwischen 1830 und 1848. Die beiden Revolutionen, die bürgerliche und die sozialistische, bilden die Eckpunkte der Bewegung: sie schaffen gleichsam die Kristallisation, in denen das vielfarbige Spektrum der *Démocratie chrétienne* aufzuleuchten beginnt.

Von einer politischen Bewegung kann dabei zunächst noch nicht gesprochen werden, sieht man von Lamennais ab, dessen Wirkung auf den französischen Katholizismus aber nur wenige Jahre dauert. Im allgemeinen handelt es sich um lose Zirkel mit einer mehr oder minder bedeutenden Persönlichkeit im Mittelpunkt, um Verbindungen gleichgesinnter Freunde, um symphilosophierende Gruppen, die zusammengehalten werden durch die Opposition zum Regime und durch teils religiöse, teils politische Interessen. Gemeinsam ist ihnen allen das Thema, der philosophische Ausgangspunkt, nämlich die durch die Revolution geschaffene Krise im Verhältnis von Christen-

---

[1] Die Zusammenhänge zwischen dem revolutionären Katholizismus Fauchets und Grégoires und den Bewegungen der sogenannten Démocratie chrétienne sind noch kaum untersucht worden. Verbindungen laufen vor allem von Fauchet und dem Kreis des Cercle social zum religiösen Frühsozialismus der Blanc, Buchez und Leroux. Vgl. dazu die Hinweise von Karl Marx in der Heiligen Familie und die von Buchez in der Vorrede zum 10. Band der Histoire parlementaire. Louis Blancs Kapitel über Fauchet und Bonneville (Histoire de la Révolution française, Paris 1847–1862, Bd. III, S. 24ff.) zeigt eindrucksvoll, auf welche geschichtlichen Vorbilder sich der religiöse Sozialismus von 1848 berufen hat. Entwickelte Fauchet aus dem Evangelium sozialistische Lehren, so war für Blanc der Sozialismus l'évangile en action.

tum und Gesellschaft. Gemeinsam ist ihnen zugleich ein starker ethischer Impuls, ein Wille, der sie antreibt, mitzuarbeiten an der Überwindung des Gegensatzes von Revolution und Kirche, an der Wiederherstellung der *communes croyances*, der moralischen Grundlagen des sozialen Lebens. Sie sind also beides: Beobachter und Warner, Diagnostiker und Therapeuten, Kritiker der Revolution und Handelnde aus revolutionärem Idealismus. Der schwankende, unsichere Zustand, in dem die französische Gesellschaft sich befindet, ist ein Anreiz für ihre Phantasie, die unermüdlich ist im Entwerfen von Plänen: je trostloser das Tableau der französischen Wirklichkeit, desto stärker der überwindende utopische Wille.

Das Leitmotiv, das sich durch ihre Schriften zieht, ist die Neugestaltung der Gesellschaft mit Hilfe eines erneuerten Christentums. Ein erneuertes Christentum, das heißt also: nicht einfache Übernahme des alten christlichen Glaubens, sondern philosophische Prüfung seines Inhalts, genaue Wägung seines sozialen Wertes, Auswahl derjenigen Elemente aus ihm, die geeignet sind, beim Aufbau einer neuen Gesellschaft mitzuhelfen. Das Christentum, von dem die christlichen Demokraten sprechen, liegt in der Mitte zwischen dem orthodoxen Katholizismus und dem säkularisierten *nouveau christianisme* Saint-Simons.[2] Man will, wenn nicht eine neue, so doch eine erneuerte, von allen Schlacken gereinigte Religion.

Dieser soziologische Zugang zum Christentum ist kennzeichnend für die frühen christlich-demokratischen Bewegungen. Er weist auf Zusammenhänge mit dem katholischen Traditionalismus hin. Daß zwischen dem Denken von de Maistre und Lamennais, von de Bonald und Buchez eine innere Verwandtschaft besteht, haben wir schon früher festgestellt: hier wie dort herrscht die Neigung, das Wesen der Religion vornehmlich in ihren sozialen Beziehungen, in ihren gesellschaftsbildenden, staatserhaltenden Wirkungen zu sehen. Freilich darf über dem Gemeinsamen das Unterscheidende nicht vergessen werden; die *Démocratie chrétienne* ist nicht einfach eine lineare Fortsetzung des katholischen Traditionalismus. Während die Traditionalisten das Christentum erneuern wollen in der historischen Gestalt, die es unter den katholischen Königen Frankreichs angenommen hat, denken die liberalen Katholiken und christlichen Demokraten viel

---

[2] H. de Saint-Simon: Le nouveau christianisme, Paris 1825 (Œuvres complètes de Saint-Simon et d'Enfantin, Paris 1865 ff., Bd. XXIII). Über die Wirkungen dieses Buches auf Lamennais und Buchez vgl. F. Muckle in der Einleitung zu der von C. Grünberg (in der Reihe: Hauptwerke des Sozialismus und der Sozialpolitik, Bd. XI) herausgegebenen deutschen Ausgabe, Leipzig 1911, S. 28 ff.

eher an einen Bund zwischen der Kirche und der unaufhaltsam aufsteigenden demokratischen Bewegung. In beiden Fällen liegt also ein „soziologischer Katholizismus"[3] vor, jedoch einmal nach der Vergangenheit, einmal nach der Zukunft hingewandt, oder politisch ausgedrückt: einmal nach rechts und einmal nach links hinneigend. Verwandt sind beide Bewegungen weniger in ihren politischen Zielen als in ihrem weltanschaulichen Stil: nicht nur der Traditionalismus, sondern auch die *Christliche Demokratie* sucht, wie ihr Name sagt, den Katholizismus auf eine integrale politische Form festzulegen; als Klammer dient ihr dabei der christliche Gedanke der Gleichheit aller Menschen vor Gott; er rechtfertigt und überhöht den demokratischen Egalitarismus.

Das Jahr 1830 bildet den ersten Brennpunkt der christlich-demokratischen Ideen in Frankreich, mit weitreichender Ausstrahlungskraft in die katholischen Länder Europas.[4] Dauerhafte Wirkungen sind damals jedoch, zumindest in Frankreich, nicht erzielt worden. Der Antiklerikalismus der Julirevolution war dem Bündnis von Kirche und Demokratie nicht günstig,[5] und auf der andern Seite versagte nicht nur der überwiegend gallikanisch denkende Episkopat, sondern auch Rom den neuen politischen Ideen die Gefolgschaft.[6] Der liberale Katholizismus eines Lamennais wurde im Widerstreit der Pflichten zwischen Politik und kirchlichem Gehorsam auf eine Zerreißprobe gestellt, der er erlag. Erst die Revolution von 1848, die begleitet war vom Aufbruch eines romantischen und sozialen Christentums,[7] schuf

---

[3] Vgl. oben S. 70.
[4] Wirkungen auf Deutschland: F. von Baader: Rückblick auf de Lamennais, 1838 (Sämtliche Werke Bd. V, S. 385 ff.). Zusammenfassend F. Schnabel: Deutsche Geschichte im neunzehnten Jahrhundert, Freiburg ²1947 ff., Bd. IV, S. 189 f. Auf Belgien: H. Haag: Les origines du catholicisme libéral en Belgique (1789–1892), Löwen 1950, S. 127 ff. u. 163 ff., u. K. Jürgensen: Lamennais und die Gestaltung des belgischen Staates, Wiesbaden 1963 (grundlegend). Auf Polen: J. Leflon, a.a.O. S. 456, und R. P. Lecanuet: Montalembert, Paris ³1900/02, Bd. I, S. 354 ff. – Eine umfassende Darstellung der „Geographie" des liberalen Katholizismus außerhalb Frankreichs gibt V. Conzemius, Les foyers internationaux du catholicisme libéral hors de France an XIX siècle: esquisse d'une géographie historique, in: Les catholiques libéraux au XIXe siècle. Actes du Colloque internationale d'histoire religieuse de Grenoble des 30 Septembre – 3 Octobre 1971, Grenoble 1974, S. 15–51; zu Frankreich vgl. die Beiträge von J. Gadille u. J.-M. Mayeur, B. Comte, A. Latreille u. a. im selben Band.
[5] Leflon, a.a.O. S. 419.
[6] Siehe unten S. 193.
[7] Dazu J.-B. Duroselle: L'esprit de 1848, in: 1848, Révolution créatrice, Paris 1948.

die Resonanz für die in dem Wort *Démocratie chrétienne* angeschlagenen Stimmungen; in ihr trat zum ersten (und für lange Zeit einzigen) Mal eine christlich-demokratische Schule hervor, die einen größeren Teil der katholischen Öffentlichkeit Frankreichs hinter sich brachte.[8]

---

[8] Das Wort démocratie chrétienne tritt erst 1848 in größerem Umfang auf. Von einer École de la Démocratie chrétienne spricht z. B. F. Morin im Journal de Saône-et-Loire vom 3. Februar 1848; er rechnet zu ihr u. a. den Européen und die Revue Nationale, beides Organe der Buchez-Schule. Duroselle, Catholicisme social, S. 344.

I. Lamennais

Wir haben Lamennais in der Analyse des *Essai sur l'indifférence* bis zu der Stelle begleitet, wo sein apologetisches System aus einer konservativen in eine revolutionäre Position überspringt. Wir begegnen ihm wieder in einem Augenblick, da er sich anschickt, für seinen Teil die Folgerungen aus diesem Umschlag zu ziehen. Ohne sich vom Traditionalismus zu lösen, ja in folgerichtiger Fortbildung der Philosophie des *sens commun* war Lamennais in den Jahren vor der Julirevolution immer mehr von seiner ursprünglichen Gegnerschaft zum politischen Liberalismus abgerückt und hatte sich, ermuntert durch das Beispiel der katholischen Bewegungen in Belgien und Irland, dem Gedanken eines Bündnisses von Kirche und Demokratie genähert. So trat er aus dem engeren Kreis philosophischer und wissenschaftlicher Interessen allmählich heraus ins Licht der Politik; seine Person wurde unmittelbar bedeutsam für das Schicksal der Bemühungen, die darauf zielten, Kirche und Revolution miteinander zu versöhnen.[9]

1. Lamennais hat von sich gesagt: *On m'accuse d'avoir changé. Je me suis continué, voilà tout.*[10] Das Wort hat nicht nur apologetischen Charakter; es trifft vielmehr etwas Wesentliches von Lamennais' Persön-

---

[9] Über Lamennais: Ch. Boutard: Lamennais, sa vie et ses doctrines, 3 Bde., Paris 1905ff. Die Literatur bis 1922 verzeichnet F. Duine in seinem Essai de bibliographie de Félicité Robert de La Mennais, Paris 1923. Seither sind u. a. erschienen: R. Vallery-Radot: Lamennais ou le prêtre malgré lui, Paris 1931; V. Giraud: La vie tragique de Lamennais, Paris 1933; C. Carcopino: Les doctrines sociales de Lamennais, Paris 1942. Das Lamennais-Bild der chrétiens progressistes zeichnet L. de Villefosse: Lamennais ou l'occasion manquée, Paris 1945; vgl. auch die Sondernummer der Zeitschrift Europe, Febr.-März 1954. Eine abgewogene Beurteilung aus amerikanischer Sicht gibt J. C. Murray, ThSt Bd. X (1949), S. 177ff. u. S. 409ff. Vgl. auch das manchmal etwas kühne, aber anregende Buch von M. Mourre: Lamennais ou l'hérésie des temps modernes, Paris 1955, und die gediegene Arbeit von B. A. Pocquet du Haut-Jussé: La Mennais: L'évolution de ses idées politiques jusqu'en 1832, Rennes 1955. Aus der neuen Literatur grundlegend J.-R. Derré: Lamennais, ses amis et le mouvement des idées à l'époque romantique, 1824–1834, 1962, und – für die Rezeption in Deutschland – die Studie von G. Valerius (siehe oben S. 163, Anm. 74).

[10] Leflon, a.a.O. S. 481.

lichkeit selbst. Tatsächlich bildet sein in unzähligen Aufsätzen, Briefen und Schriften aufgetürmtes Werk, so viele Stileinflüsse es verrät, doch eine Architektur von einheitlichem Grundriß und geschlossener Wirkung. Alle seine Äußerungen sind Bruchstücke einer großen Apologie des Christentums, hervorgewachsen aus dem Denken eines Soziologen. So haben sich die Zeitgenossen nicht getäuscht, wenn sie ihn – übertreibend – mit Pascal verglichen.[11] Freilich erscheint (ganz abgesehen vom Rangunterschied) der Schwerpunkt der apologetischen Bemühung bei Lamennais vom Anthropologischen ins Soziologische gerückt; an die Stelle, die in Pascals Denken der Mensch einnimmt, ist bei ihm die Gesellschaft getreten.[12] Ihr krisenhafter Zustand seit der Französischen Revolution bildet den eigentlichen Anstoß seiner Reflexionen.

Lamennais' Persönlichkeit ist widerspruchsvoll, nicht nur infolge seiner späteren Abkehr von der Kirche, die sein Leben gleichsam in zwei Hälften, eine katholische und eine freigeistige, zerfallen läßt. Auch seine politischen Anschauungen schwanken. Gegensätzliches, ja scheinbar Unvereinbares verbindet sich in einer Linie, die vom bourbonentreuen Royalismus des jungen Geistlichen bis zu den liberalen und demokratischen Ansichten des reifen Mannes reicht. Wohl gibt es in dieser Linie wie auch in der religiösen Entwicklung Lamennais' einen Zusammenhang *(je me suis continué)*, aber eben das Typische, Thematische der Existenz verbirgt sich bei ihm hinter zahllosen Variationen, wechselnden, oft gegensätzlichen Haltungen, die sich schwer zusammenfügen lassen. Von außen gesehen ist sein Leben ebenso spannungsvoll wie undurchdringlich. Es hat daher auf Biographen immer wieder einen starken Reiz ausgeübt.[13]

---

[11] Der Kirchenhistoriker Picot schrieb an Lamennais: „Soyez bien certain que votre ouvrage vous met a côté de Pascal." Ähnliche Urteile bei Boutard, a.a.O. S. 131 f. u. S. 151 ff.
[12] Was Lamennais mit Pascal verbindet, ist die Leidenschaft, mit der sich ein genuin christlicher Geist der Mittel des zeitgenössischen Denkens bemächtigt, um daraus eine auch den unbeteiligten, ja areligiösen Gesprächspartner zwingende Waffe zu schmieden – und nicht zuletzt die ausfahrende Heftigkeit, die trotzig-selbstgewisse Haltung gegenüber dem, was er verteidigt. Wie Pascal hätte Lamennais sagen können: „Si mes lettres sont condamnées à Rome, ce que j'y condamne est condamné dans le ciel: Ad tuum, Domine Jesu, tribunal appello (Pensées, ed. Brunschvicg, 920)." Er hat diese Haltung nicht nur theoretisch ausgesprochen, sondern praktisch vorgelebt.
[13] Zur Psychologie Lamennais' vgl. das Zeugnis Sainte-Beuves: Portraits contemporains I und Nouveaux Lundis XI. Allerdings ist gegenüber der Betonung des prêtre malgré lui Vorsicht geboten. Vgl. dazu W. Gurian: Lamennais, in: Perspektiven III (1953), S. 72 f.

Geboren als Sohn einer großbürgerlichen Familie in Saint-Malo am 29. Juni 1782, früh hervortretend durch journalistische und wissenschaftliche Arbeiten,[14] zum Priester bestimmt und geweiht im Alter von dreiunddreißig Jahren, hat sich Félicité Robert de La Mennais[15] vor allem durch den monumentalen *Essai sur l'indifférence en matière de religion* einen Namen gemacht, dessen erster Band 1817 erschien.[16] Das Buch war Lamennais' persönliche Antwort auf die Aufklärungsphilosophie und die Französische Revolution; es gab darüber hinaus der traditionalistischen Bewegung die lange vermißte und gesuchte theologische Basis. Dementsprechend rief es im französischen Katholizismus begeisterte Zustimmung hervor.[17] Nach de Maistre, der das Christentum politisch, nach Chateaubriand, der es ästhetisch gerechtfertigt hatte, schien Lamennais nun den philosophischen Beweis für seine Wahrheit zu erbringen, zugleich ausholend zu einem massiven Angriff auf die rationalistische Schulphilosophie und die von ihr beeinflußte Apologetik. Zwar zeigte sich, je mehr das Werk fortschritt, wie wenig Lamennais im Grunde dem auf die Autorität der Vernunft gegründeten cartesianischen Denken untreu geworden war: indem er die Wahrheit des Christentums statt an die Meinung der Einzelvernunft an das Urteil der Menschheit im ganzen, an die geschichtliche Erprobung durch Zeit und Dauer knüpfte, behielt die *raison générale* auch in seinem System die höchste richterliche Stellung. Dadurch jedoch, daß er die Vernunft nicht als individuelles Vermögen faßte, sondern als historischen Prozeß, unterschied er sich grundlegend von seinen apologetischen Vorgängern aus der Aufklärungszeit; und eben diese Haltung ließ ihn im Urteil der Zeitgenossen als den großen Gegner der Aufklärung erscheinen. In der Tat kann man Lamennais, obwohl er mit der romantischen Bewegung wenig gemeinsam hat, doch ein Stück weit jener antirationalistischen, historisierenden Strömung zurechnen, die in Frankreich während der Restauration an Einfluß gewann, einer Haltung, die an die Stelle autoritativer Vernunftkritik das Experiment der Geschichte setzte und religiöse Wahrheiten nicht an ihrer logischen Evidenz, sondern an ihrer historischen Bewährung maß.[18]

---

[14] Vgl. oben S. 68, Anm. 122.
[15] So schrieb sich Lamennais in seiner „vordemokratischen" Periode.
[16] Der zweite erschien 1820, der dritte 1822, der vierte 1823.
[17] Dazu Boutard, a.a.O. Bd. I, S. 151 ff. Zu den Bewunderern Lamennais' gehörten u. a. Chateaubriand, Frayssinous und der junge Montalembert. In Deutschland hat der Essai vor allem auf Görres und Baader gewirkt; auch Hegel hat ihn erwähnt.
[18] Dazu P. Stadler: Politik und Geschichtsschreibung in der französischen Restauration, HZ 180 (1955), S. 265 ff.

Der erste Band des *Essai* hatte Lamennais in kurzer Zeit berühmt gemacht. Der zweite stieß bereits auf Widerspruch, weniger wegen der apologetischen Tendenzen, die Lamennais verfocht, als wegen der philosophischen Voraussetzungen, auf die er sie stützte. Lamennais appellierte, getreu der traditionalistischen Doktrin vom Einzelgewissen, an den *sens commun* der Menschheit; er verankerte den Wahrheitsbeweis des Christentums in einem *consensus omnium*, der seine Interpretation im unfehlbaren Lehramt der Kirche finden sollte. Ein ähnliches Verfahren hatten auch zeitgenössische Theologen wie Hermes und Bautain gewählt, und in der Apologetik hatte der historische Beweis seit jeher seine Stelle. Bei Lamennais jedoch traten die sprengenden Folgerungen, die in dem theologischen Rekurs auf die Historie lagen, sogleich hervor. Indem er in großartigem Integralismus die kirchliche Weisungsgewalt ausdehnte auf die ganze Breite des politischen und sozialen Lebens, zog er die eben vor der aufklärerischen Kritik gerettete Wahrheit des Christentums erneut in den Strom des geschichtlichen Werdens hinein. Damit war der Streit entbrannt, der Lamennais' ganzes Leben bestimmen sollte: hatte die Kirche die Pflicht, sich zur Führerin der großen geschichtlichen Bewegungen zu machen, oder stand sie in einer unabhängigen Haltung über ihnen, gleichweit entfernt von der Dogmatisierung traditioneller Staatsformen wie vom Überschwang eines demokratischen Spiritualismus? Sollte sie aktiv in die Geschichte eingreifen oder sich mit der Rolle des passiven Zuschauers, des Pilgers begnügen? Die Kritik hielt Lamennais vor, daß ein Anspruch, wie ihn der *Essai sur l'indifférence* vertrat, die Kirche notwendig in alle möglichen weltlichen Händel verstricken und sie zu einem gefährlichen Konformismus zwingen würde, weil sie sich in ihrer politischen Schwäche immer nur der jeweils stärksten Bewegung anschließen könne. Lamennais erwiderte, daß der Auftrag der Kirche nicht in der Sanktionierung der jeweiligen Gewalt, sondern in der Verteidigung der Schwachen liege; die Kirche sollte daher den Massen zu Hilfe eilen und die politische Führung der Demokratie übernehmen. Dieser Gedanke ist von ihm wohl am deutlichsten ausgesprochen worden in seinem Buch *Les affaires de Rome* (1837), im Augenblick des Bruchs mit der Kirche; er ist jedoch latent schon in den Schriften aus der Restaurationszeit vorhanden und bestimmt in zunehmendem Maße die gesamte politische Theorie Lamennais'; der Widerspruch der Zeitgenossen, der nicht ausblieb, hat ihn nur noch deutlicher hervorgetrieben.

Dem religiös-soziologischen Denken Lamennais' wäre es jedoch kaum angemessen, wollte man es in erster Linie nach seiner Stellung zur aktuellen Politik befragen. Denn der restaurative Wille Lamennais' ist tiefer und zielt weiter als der des durchschnittlichen politischen Katholizismus seiner Zeit. Ihn interessieren keine Augenblickslösungen, keine momentanen Restaurationen, und wenn er sich zur bourbonischen Monarchie kritischer verhält, als dies ein oberflächlicher Leser des *Essai* erwarten mag, so eben deshalb, weil diese Restauration im vordergründig Politischen steckenblieb, wie schon de Maistre und de Bonald gesehen hatten. Was Lamennais wirklich bewegte, was er hundertfach in immer neuen Wendungen aussprach, war die Forderung nach einer geistlich-politischen Einheit, nach einer konstitutiven Verbindung von religiöser und politischer Gesellschaft, die nun in der Tat der Theokratie recht nahe kam: *reconstituer la société politique à l'aide de la société religieuse*, wie die berühmte Formel lautet, die in der Vorrede zum zweiten Band des *Essai* steht. Das ist nicht politisch zu verstehen im Sinn einer moralischen Hilfestellung der Kirche für den Staat oder gar eines Bündnisses von Thron und Altar. Denn politische und religiöse Gesellschaft sind bei Lamennais nicht gleichrangige Partner, die sich gegenseitig tragen und stützen; vielmehr waltet zwischen ihnen ein klares Abhängigkeitsverhältnis. Die *société politique* kann sich überhaupt erst konstituieren mit der Hilfe der *société religieuse;* sie empfängt von dieser Autorität, Legitimität, Dauer. Die religiöse Verfassung der Völker ist älter als die wechselnde politische Form ihrer Staaten. Lamennais' Philosophie der Autorität setzt daher nicht im Politischen an, sie ist, im Gegensatz zum älteren Traditionalismus, nicht einseitig royalistisch, und ebensowenig ist sie einseitig demokratisch; sie ist *theokratisch,* und ihr theokratischer Gehalt kann sich mit einer katholischen Demokratie ebenso verbinden wie mit einer Monarchie von Gottes Gnaden.[19]

Diese universelle Betrachtungsweise erlaubt es Lamennais, über den vordergründigen Streit um Revolution und Restauration hinauszukommen. Sie macht eine Zeitkritik möglich, die Absolutismus, Aufklärung und Revolution in *eine* Linie rückt. An Lamennais' Geschichtsbegriff gemessen, ist alles, was sich seit der Revolution und der Aufklärung, ja seit Descartes in Frankreich ereignet hat, Ungeschichte, Auflösung, Verfall: Die Klage über die Zerstörung aller politischen Institutionen, die Sorge um die Unsicherheit der sozialen Verhältnisse zieht sich durch sein ganzes Werk hindurch. Ein tiefes Katastrophengefühl beherrscht ihn. Wie Karl Marx glaubt er an eine nahe bevorstehende totale Umwandlung der modernen Gesellschaft. *En moins d'un demi-siècle,* so ruft er 1830 aus, *on a vu tomber la monarchie absolue de Louis XIV, la république constitutionnelle, le directoire,*

---

[19] Vgl. Gurian, Ideen, S. 129 ff.

les consuls, l'empire, la monarchie selon la charte: qu'y a-t-il donc de stable?[20]

Nur einen festen Punkt sieht Lamennais im Wirbel der Ereignisse: die Kirche. Sie überdauert alle Katastrophen, sie geht verjüngt aus den Zerstörungen hervor. Ihre Apotheose hebt sich leuchtend ab von dem düsteren apokalyptischen Hintergrund. Bedarf es vielleicht der Katastrophen, um ihr zu neuer Herrschaft über die Seelen zu verhelfen? Lamennais hat diesen Gedanken schon 1826 erwogen. *Après d'affreux désordres* – so schreibt er in seinem Buch *De la religion considérée dans ses rapports avec l'ordre politique et civil* –, *des bouleversements prodigieux, des maux tels que la nature n'en a point connus encore, les peuples, épuisés de souffrances, regarderont le ciel. Ils lui demanderont de les sauver; et avec les débris épars de la vieille société, l'Église en formera une nouvelle, semblable à la première en tout ce qui varie selon les temps, et telle qu'elle résultera des éléments qui devront entrer dans sa composition. Si au contraire ceci est la fin, et que le monde soit condamné, au lieu de rassembler ces débris, ces ossements des peuples et de les ranimer, l'Église passera dessus et s'élèvera au séjour qui lui est promis, en chantant l'hymne de l'éternité.*[21] Ein für die Geschichtsauffassung Lamennais' höchst bezeichnender Text! Er weist auf den Erlebnisgrund, in dem sein Denken verwurzelt ist; und er bezeichnet zugleich die Stelle, an der es sich von der katholischen Tradition entfernt. Schon hier ist das apokalyptische Moment dem Geschichtsprozeß immanent geworden: Verwirrung und Umsturz, Leiden, wie sie die Welt noch nicht erlebt hat, leiten den Umschmelzungsprozeß der Gesellschaft ein. Zwar wird die Unterscheidung zwischen dem innergeschichtlichen Ende einer Kultur *(les débris de la vieille société)* und dem Ende der Geschichte überhaupt *(si ceci est la fin ...)* noch festgehalten. Tatsächlich aber ist bereits der Weg der Säkularisierung beschritten, der hinführt zu einer innerweltlichen Verwirklichung der Apokalypse und zur Vision eines aus den Zerstörungen hervorgehobenen humanitären und demokratischen Reiches der erlösten Menschheit.[22]

In diesem Kontext tritt nun die Eigenart dessen hervor, was man den *katholischen Liberalismus* Lamennais' genannt hat.[23] Es ist kein re-

---

[20] Avenir, 16. Okt. 1830.   [21] Lamennais, Œuvres, Bd. V. S. 342.
[22] Vgl. Gurian, a.a.O. S. 111: „Es sind ... nicht nur apokalyptische Erwartungen wie etwa in den Considérations, die der ihrem Ende sich zuneigenden anarchistisch-despotischen Epoche entgegengehalten werden: Eine gesellschaftliche Realität läßt Lamennais eine Art apokalyptischer Erneuerung innerhalb der soziologisch-historischen Entwicklung als ihren Abschluß erhoffen."
[23] Boutard, Lamennais, Bd. II., G. Weill: Histoire du catholicisme libéral en France, Paris 1909, S. 11ff.

ligiöser Liberalismus; das Dogma bleibt unangetastet.[24] Es ist auch kein politischer Liberalismus im üblichen Sinn. Der *parti libéral*, unter den Bourbonen in die Opposition gedrängt, setzte sich aus sehr verschiedenen, zumeist kirchenfeindlichen Elementen zusammen; Jakobiner und Atheisten hatten in ihm den mächtigsten Einfluß. Charakteristisch für seine Bestrebungen sind die Pamphlete Couriers, die politischen Lieder Bérangers und die Schriften von Thiers.[25] Mit dieser Bewegung kann Lamennais nicht zusammengehen. Sein Liberalismus ist anderer Natur. Er zielt nicht auf politische, sondern auf religiöse Freiheit. Er will Freiheit vom Staat nicht für das Individuum, sondern für die Kirche. Da das Bourbonenregime nach Lamennais' Überzeugung dem Untergang geweiht ist, kommt alles darauf an, daß die Bande gelockert werden, die es mit der Kirche verknüpfen; sonst droht diese in seinen Sturz hineingerissen zu werden. Das ist der Grundgedanke der Schrift *De la religion* und der späteren über die *Fortschritte der Revolution*.[26] In dieser primär nicht politischen, sondern religiösen Erwägung liegt der Ursprung der Theorie des liberalen Katholizismus.

2. In der Einsamkeit seines Landsitzes La Chênaie in der Bretagne hatte Lamennais einen Kreis von Jüngern um sich geschart, Priester und Laien, die der Elite des jungen katholischen Frankreich angehörten. Sie bildeten den Kern einer künftigen Schule der *école mennaisienne*. Wir finden unter ihnen Lacordaire, den späteren Neubegründer des Dominikanerordens in Frankreich, Gerbet und La Morvonnais, die in der katholischen Sozialbewegung eine bedeutende Rolle spielen sollten, und den jungen Montalembert, der nach 1830 zum Führer des politischen Katholizismus in Frankreich aufstieg. Der Ursprung des Kreises war religiöser Natur: eine bretonische Priestergemeinschaft hatte Lamennais als geistlichen Reformer zu sich berufen; aus ihr ging die Kongregation von St. Pierre hervor, eine ordensähnliche Gemeinschaft, die nach Lamennais' Plan an die Stelle der Jesuiten treten und die Aufgabe der religiösen Erneuerung der Gesellschaft übernehmen sollte. Den Geistlichen traten die Laien zur Seite.[27]

---

[24] Obwohl natürlich die Problematik einer traditionalistischen Begründung des Dogmas bestehen bleibt; vgl. J. Bellamy: La théologie catholique au XIXe siècle, Paris 1904, S. 14f. und F. Schnabel, a.a.O. S. 187.
[25] Dazu D. Bagge: Les idées politiques en France sous la Restauration, Paris 1952, S. 24ff.
[26] Des progrès de la Révolution et de la guerre contre l'Église, Paris 1829.
[27] Boutard, a.a.O. Kap. 5 (L'école de la Chesnaie). S. 85ff.

Durch seine Schriften, seinen Einfluß auf die katholische Jugend und das anfängliche Wohlwollen, das Rom ihm entgegenbrachte, stieg Lamennais in den zwanziger Jahren allmählich zu einem „Diktator des französischen Katholizismus" auf.[28] Nicht einmal der widerstrebende gallikanische Episkopat, den er sich durch sein Eintreten für die päpstliche Gewalt zum Feind gemacht hatte, konnte sich seiner Wirkung ganz entziehen. Die *école mennaisienne* nahm ständig an Bedeutung zu; sie war bereits eine starke öffentliche Macht, als im Juli 1830 der von Lamennais prophezeite Sturz der Bourbonen eintrat und den katholisch-liberalen Ideen ein unerwartetes Echo verschaffte.

In seinen publizistischen Organen hatte der französische Katholizismus bisher fast ausschließlich die Sache der Monarchie vertreten.[29] Nun warf Lamennais das Steuer entschlossen herum. Er gründete die Zeitschrift *Avenir,* die unter der Devise *Dieu et la liberté* erschien; in ihr trat er, unterstützt von Lacordaire und Montalembert, für eine Zusammenarbeit von Katholiken und Liberalen ein. Wichtiger als diese politische Wendung, die vor allem taktische Gründe hatte, war jedoch die Tatsache, daß der *Avenir* als erstes politisches Organ des modernen Katholizismus die neue Situation der Kirche in der nachrevolutionären Zeit systematisch untersuchte und dabei Verhaltensmaßregeln entwickelte, die für eine ganze Generation des liberalen Katholizismus bestimmend wurden. Mit Recht hat Gurian die Zeitschrift daher als „das bis heute bedeutsamste katholische Presseorgan" bezeichnen können.[30]

Der *Avenir* behandelte in seinen Spalten eine Vielzahl von religiösen und staatstheoretischen Fragen. Sucht man seine von verschiedenen Verfassern stammenden Aufsätze nach ihrem Hauptinhalt zu ordnen, so treten drei sich überschneidende Gedankenkreise hervor.[31] Der eine ist philosophisch-religiöser Natur und völlig durch Lamennais' Verfasserschaft geprägt; in ihm geht es vor allem um die Neubegründung und -befestigung des Christentums in der nachrevolutionären Welt. Der zweite hat hauptsächlich kirchenpolitische Fragen zum Inhalt; es handelt vom Verständnis von Staat und Kirche, vom Konkordat, der staatlichen Schulaufsicht und ähnlichen Dingen; hier nehmen neben Lamennais auch verschiedene andere geistliche Mitarbeiter, vor allem Lacordaire, das Wort. Der dritte endlich stößt von den

---

[28] Gurian, a.a.O. S. 123.
[29] Vor allem im Ami de la religion und in dem ultraroyalistischen Drapeau blanc, während der Correspondant eine vermittelnde Stellung einnahm.
[30] Gurian, a.a.O. S. 124.
[31] Eine ausführliche Analyse gibt Boutard, a.a.O.

religiösen Grundlagen vor in das Gebiet der praktischen Politik; hier treffen wir den dritten Namen aus dem Triumvirat des *Avenir:* den des jungen Montalembert.

Was die philosophische Grundlegung angeht, so ist sie ganz das Werk von Lamennais gewesen. Auch dort, wo andere Mitarbeiter sich zu grundsätzlichen Fragen äußerten, wie sie durch die Revolution neu gestellt wurden, verlief ihr Denken in den Bahnen, die Lamennais' *Essai* gezogen hatte. So finden wir im *Avenir* die vertrauten Züge der lamennaisschen Staats- und Kirchenlehre wieder: die Unterordnung des Irdisch-Weltlichen *(ordre de conception)* unter den geistlichen *ordre de foi;* die Auffassung der Kirche als wahrer Gesellschaft, die – ihrem Wesen nach freiwillig und übernational – das Vorbild abgibt für den Aufbau auch der politischen Sozietät; zugleich aber auch die Abkehr vom institutionellen Denken, wie es noch für de Maistre und de Bonald charakteristisch gewesen war, und die Begründung der politischen Ordnung auf die freiwillige Zustimmung der Bürger und die Freiheitsrechte des Volkes. Hinzu tritt der traditionalistische Begriff der Uroffenbarung, der bei Lamennais aus seiner Statik gelöst, historisiert und mit den Zeitereignissen in enge Verbindung gebracht ist, so, daß die Revolution hier geradezu theologisiert wird und den Charakter einer erneuerten Offenbarung gewinnt. – In ihrer abstrakten theoretischen Formulierung scheinen diese Grundsätze von dem praktischen politischen Programm, mit dem der *Avenir* sich der französischen Öffentlichkeit vorstellte, denkbar weit entfernt zu sein. Und doch finden wir in ihnen den eigentlichen Gehalt des lamennaisschen Liberalismus. Es ist ein Liberalismus, der die Gegenüberstellung von Staat und Gesellschaft ins Religiöse abwandelt, indem er die Gesellschaft zum verborgenen Träger der Offenbarung macht, sie also in die Nähe der Kirche rückt, die diese Offenbarung dann durch ihr Lehramt geschichtlich akzentuiert. „An Stelle des Vertrauens der konservativen Traditionalisten auf die gegebenen Institutionen trat ein grenzenloses Vertrauen auf die Gesellschaft, die ihrem Wesen nach, im Interesse ihrer Selbsterhaltung und Entfaltung, als einzige geistige und geistliche Autorität die Kirche anerkennen müsse, während der Staat in Lamennais' idealer Welt zu einer formalen Ausgleichsinstanz, zu einer Art Clearinghouse der Interessen sich wandelte."[32]

Diese Staatsauffassung ist freilich ein Vorgriff auf den künftigen Zustand der Gesellschaft. Zunächst ist der *Avenir* noch ganz bestimmt von dem Bemühen, die Kirche von der herrschenden politischen Ord-

---

[32] Gurian, S. 133.

nung zu trennen, ihr die unabhängige Stellung zurückzugeben, die sie verloren hat, seitdem sie in den Dienst der Restauration getreten ist. Diese Bemühung bestimmt auch die kirchenpolitischen Thesen Lamennais' und seiner Mitarbeiter. Sie gipfeln negativ in dem Vorschlag, das napoleonische Konkordat abzuschaffen, ja Kirche und Staat gänzlich zu trennen, positiv in jenen Freiheitsforderungen, mit denen der liberale Katholizismus erstmals die Ansprüche der kirchlichen Gemeinschaft gegenüber dem Staat anmeldet: Forderungen nach Gewissens-, Unterrichts-, Presse- und Vereinsfreiheit. Lamennais will für die Kirche Unabhängigkeit vom Staat. Er verkündet also die strikte Neutralität der Kirche in rein politischen Fragen. Der Staat soll keinen Machtzuwachs erhalten durch religiöse Institutionen, die von ihm abhängig sind. *Innerhalb* der Kirche dagegen tritt Lamennais für eine Verstärkung der religiösen Zentralgewalt ein. Ist das ein Widerspruch? Nein; denn beides erklärt sich aus Lamennais' Vorstellung von der künftigen Gesellschaftsordnung. Während sich der Staat nach seiner Ansicht mehr und mehr auf reine Verwaltungsaufgaben im nationalen Rahmen beschränken soll, wird die Kirche immer mehr an universaler Verbreitung gewinnen, im gleichen Maße nämlich, in dem eine die ganze Menschheit umfassende Gesellschaftsordnung sich ausbildet. Ist dieser Zustand einmal erreicht, so ist auch die Zeit für eine neue Verschmelzung des geistlichen und des weltlichen Prinzips gekommen. Doch wird die künftige Theokratie auf freiwilliger Zustimmung ruhen, und sie wird die Volksrechte als unlösbaren Bestandteil enthalten: der Spontaneität des natürlichen Gesellschaftsprozesses entspricht die Freiwilligkeit der Zustimmung aller Menschen zu der universalen geistlichen Macht, die sie führt und leitet.

Der dritte Gedankenkreis, der den eigentlich politischen Kern der Lehren des *Avenir* enthält, hat nicht die gleiche Form und Festigkeit wie die religiösen und kirchenpolitischen Ideen Lamennais'. Soweit die hier verstreuten Gedanken sich überhaupt thematisch ordnen lassen, tritt ein doppelter Zug hervor; einerseits eine liberale Revolutionskritik mit der Spitze gegen den Atomismus der modernen Demokratie; andererseits eine pessimistische Betrachtung der sozialen Zustände der Zeit, die sich vom Liberalismus bereits wieder loslöst. Liberal ist die Stellung gegen den Sog der politischen Zentralisierung, das Eintreten für gemeindliche Selbstverwaltung und Stärkung der persönlichen Initiative, die Betonung der natürlichen Gemeinschaften im Raum zwischen Individuum und Staat, alles Züge, die der *Avenir* mit dem älteren, noch konservativ getönten Liberalismus teilt. Hier wirkt, besonders in den Arbeiten Montalemberts, das englische Vorbild nach. Aus der konservativen Kritik am Staat der atomisierten Individuen ergibt sich aber auch mit innerer Notwendigkeit eine neue Einschätzung des Sozialen, die wiederum die liberalen Anschauungen weit hinter sich läßt. Wenn im *Avenir* die Volksrechte als allgemeine Menschenrechte angesehen werden, wenn das demokratische Prinzip der Selbstbestimmung eine bereits selbstverständlich gewordene Geltung beansprucht, so liegen darin auch sozial die weitreichendsten Konsequenzen. Sie hatten sich in Belgien und Irland bereits 1830 in revolutionären Formen abgezeichnet; ganz sichtbar sollten sie dann 1848 hervortreten, als die Zensusdemokratie des Bürgertums sich in die demokratische Herrschaft aller verwandelte und die Revolution erstmals auch soziale Rechte in den Katalog der Menschenrechte aufnahm.

Es war vor allem diese dritte Seite, die den heftigen Unwillen der konservativen Regierungen Europas herausforderte und den *Avenir* in den Ruf brachte, ein revolutionäres und demagogisches Blatt zu sein. *L'Avenir confond l'égalité sociale avec l'égalité évangélique*, schrieb Metternich an den österreichischen Botschafter in Rom; *il défend les théories les plus subversives de l'ordre social avec la même chaleur avec laquelle il défend la hiérarchie de l'Église.*[33] Der Intervention des österreichischen Staatskanzlers in Rom ist, wie Luise Ahrens gegen die ältere, von Dudon vertretene Meinung, glaubhaft nachgewiesen hat, ein wesentlicher Anteil an der späteren Verurteilung des *Avenir* durch den Heiligen Stuhl zuzuschreiben.[34] Daß Lamennais' Ideen in Irland, Belgien, Italien und Polen ein großes Echo fanden, in Ländern also, in denen sich die nationale Bewegung zum Teil auf katholische Traditionen stützte, war gleichfalls nicht geeignet, das Mißtrauen der Regierungen zu vermindern. In Deutschland hat Lamennais trotz zeitweiliger Wirkung seiner politischen Ideen (besonders im Rheinland) nur bei Franz von Baader ein tieferes Verständnis gefunden. Dieser schrieb an Montalembert: „Wenn die dermalige gänzliche Trennung der weltlichen Macht von der Religion und der Kirche von vielen als ein Übel betrachtet wird, so hat uns der ‚Avenir' gezeigt, daß Gott damit es anders gewendet als die Menschen meinten, indem diese Trennung sich bereits als Emanzipation der Religion und als eine Wiedererhebung derselben aus dem Staube zu erweisen angefangen hat."[35] Zwar hat Baader, im Gegensatz zu seinen französischen Freunden, rasche und revolutionäre Unternehmungen nicht für

---

[33] Ahrens, a.a.O., Anhang, S. 235 f.
[34] Ahrens, S. 26 ff. Vgl. auch J.-R. Derré: Metternich et Lamennais, d'après les documents conservés aux Archives de Vienne, Paris 1964.
[35] F. von Baader: Über die Zeitschrift Avenir und ihre Prinzipien (1831).

zweckmäßig gehalten; er hat an der politischen Leidenschaft, dem jähen Temperament der Mannschaft des *Avenir* vielfach Kritik geübt; aber er hoffte doch, daß die Saat, die hier ausgestreut wurde, in nicht allzuferner Zukunft aufgehen werde. „Das Senfkörnlein hat doch einmal mitten im Urbrei der aufgelöseten Sozietät mit seinen Infusorien frische Wurzel wieder gefaßt und wird fortwachsen."

Wenn Lamennais' Versuch am Ende fehlschlug, so trug dazu das Ungestüm des Avenirkreises ebenso bei wie der hartnäckige Widerstand der konservativen und gallikanischen Kräfte in Frankreich, vor allem im Episkopat. Als die Zeitschrift, deren Leserkreis infolge der ablehnenden Haltung der Bischöfe immer mehr geschwunden war, ihr Erscheinen einstellen mußte, wandten sich Lamennais, Montalembert und Lacordaire nach Rom, um aus dem Mund des Papstes das Urteil über die im *Avenir* vertretenen Lehren entgegenzunehmen. Es fiel gegen sie aus.[36] Lamennais unterwarf sich zwar und ebenso seine Freunde, aber 1834 schleuderte er gegen die römische Diplomatie und die am Staatskirchentum festhaltenden Politiker das revolutionäre Manifest der *Paroles d'un croyant,* einen leidenschaftlichen Aufruf zur Befreiung der Unterdrückten, der auch als Angriff auf den Heiligen Stuhl gedeutet werden konnte und damit den Bruch unvermeidlich machte.[37] Da die Kirche sich weigerte, die politische Rolle zu übernehmen, die Lamennais ihr zugedacht hatte, sagte er ihr die Gefolgschaft auf. Er glaubte fortan nicht mehr an Dogmen; aus seinem Christentum wurde eine philanthropische Humanitätsreligion. Sein Priestergewand zog er aus. An Stelle der christlichen Symbole stellte er in seiner Wohnung eine Statuette der Freiheit auf. Er bemühte sich, den Katholizismus in den Dienst humanitärer Ziele zu stellen, indem er aus ihm ein positives System entwickelte, das ohne Hinweis auf die Offenbarung war. Einer Besucherin gegenüber entwarf er eine Ansicht des katholischen Priestertums *tout à fait identique à une organisation de garde urbaine.*[38] Aber eben durch seine Abkehr von der Kirche büßte Lamennais seinen Einfluß auf den französischen Katholizismus rasch ein. Seine sozialen Ideen erweckten keinen großen Widerhall, weil sie nur eine Wiederholung dessen waren, was Saint-Simon und Fourier längst vor ihm gesagt hatten. Auch in der Revolution von 1848

---

[36] Vgl. oben S. 23 f. In Mirari vos wurde der Name Lamennais' nicht genannt. Erst die Enzyklika Singulari nos (25.6.1834) verurteilte ihn namentlich. Der Text der Enzykliken auch in Œuvres complètes, Bd. II, S. 603-614 u. S. 621-625.
[37] Vgl. Boutard, Bd. III, S. 1 ff.
[38] Le prêtre et l'ami. Lettres inédites de Lamennais à la Baronne Cottu (1818-1854), Paris 1910, S. XLV.

hat Lamennais keine Rolle mehr zu spielen vermocht.³⁹ Er starb, fast unbeachtet, am 27. Februar 1854.

3. Was ist die Leistung dieses Mannes für die Entfaltung der christlichen Demokratie in Frankreich gewesen? Auf den ersten Blick erscheint sie gering. Sie bestand nicht in praktischen Verwirklichungen, in greifbaren politischen Hinterlassenschaften. Lamennais war weder ein Organisator noch ein Diplomat; seine weitgefaßten Entwürfe in politische Realitäten umzumünzen, fehlt es ihm an Geduld und Genauigkeit. Es lag auch nicht in seiner Art, Programme zu entwerfen, die den politischen Gegebenheiten des Tages Rechnung trugen. Seine Ideen eilten der Zeit voraus; sie konnten daher erst viel später, im 20. Jahrhundert, zu voller Wirkung kommen.

Lamennais sah, daß die Zeit, in der sich die Kirche auf die Unterstützung der katholischen Fürsten verlassen konnte, ihrem Ende zuging. In ganz Europa wuchs der Einfluß demokratischer Gedanken und Institutionen. In Frankreich war die revolutionäre Bewegung begleitet vom Wiederaufleben des antireligiösen Geistes: die Demokratie war der Kirche feindlich gesinnt, weil sie in ihr einen Teil der alten politischen Ordnung sah. Lamennais erkannte, daß der Katholizismus in der kommenden demokratischen Welt zu völliger Bedeutungslosigkeit verurteilt war, wenn es nicht gelang, ihn aus dem Bündnis mit den Mächten des *Ancien Régime* zu lösen. Er glaubte daher, daß die Kirche in den politischen Kämpfen der Zeit nicht neutral bleiben dürfe, sondern sich der siegreich auftretenden demokratischen Macht anschließen müsse, um von ihr als Gegenleistung jene Freiheitsgarantien zu erlangen, die ihr der absolutistische Staat teils aus Schwäche, teils aus Bindung an die staatskirchliche Tradition versagte.

Lamennais war überzeugt, daß der von der Revolution geschaffene Zustand einer weitgehenden Trennung von Kirche und Gesellschaft nur provisorisch sei und nicht dauern könne.⁴⁰ Er hielt, wie Fauchet und Grégoire, am Gedanken der religiös-politischen Einheit der Gesellschaft fest: die erneute Verschmelzung von geistlichem und weltlichem Prinzip war das Ziel, dem sein Denken auf wechselnden Wegen zustrebte. Insofern konnte er von sich sagen: *Je me suis continué*. Tatsächlich ist aber nur das äußere Schema seines Denkens gleichgeblie-

---

³⁹ Boutard, a.a.O. S. 402 ff.
⁴⁰ „Nous croyons fermement que le développement des lumières modernes ramènera un jour, non seulement la France mais l'Europe entière à l'unité catholique, qui plus tard et par un progrès successif attirant à elle le reste du genre humain, le constituera par une même foi dans une même société spirituelle: Et fiet unum ovile et unus pastor." De la Séparation de l'Église et de l'État, Avenir, 18. Okt. 1830.

ben; der Hintergrund, auf dem es sich abzeichnete, verwandelte sich im Lauf der Zeit; das Katholische wurde zu einem humanitären Menschheitsideal, und die jenseitige Vision der triumphierenden Kirche säkularisierte sich in einem Reich, das ganz und gar von dieser Welt war.

Lamennais bezeichnet den Punkt, an dem der katholische Traditionalismus ins Revolutionäre umschlägt, nachdem die Demokratie sich als eine stabile Kraft erwiesen hat, gegen die das Argument de Maistres, sie sei von Natur ein ephemeres und zufälliges Gebilde,[41] nicht mehr verfängt. Das traditionalistische Zeitargument, das alle geschichtlichen Erscheinungen an ihrer Fähigkeit zur Dauer maß, mußte sich, je mehr die Demokratie sich stabilisierte, gegen seine eigenen Urheber kehren und zu einer de-facto-Anerkennung der Revolution nötigen, der zu entgehen gerade die ursprüngliche Absicht des Traditionalismus gewesen war. Lamennais versuchte diese Schwierigkeit zu beheben mit Hilfe seiner Philosophie des *sens commun:* sie konnte einerseits als theologischer Anpassungsversuch an den Zustand der permanenten Revolution gedeutet werden, anderseits behielt sie die formalen Mittel des Maistreschen und Bonaldschen Denkens bei. Sein Gedanke war es, den konservativen Traditionalismus in Einklang zu bringen mit der sich bildenden *revolutionären Tradition.*[42] Ob dieser Kompromiß ursprünglich in der Absicht Lamennais' gelegen hatte oder durch die Zeitverhältnisse erzwungen wurde, kann dabei außer Betracht bleiben; sicher ist, daß ein System, das in so hohem Maß auf die Geschichte bezogen war wie das seine, von geschichtlichen Veränderungen ungleich stärker betroffen werden mußte als eine zeit- und geschichtsfremde Wesensphilosophie.[43] Nicht anders als für de Maistre und de Bonald war die Geschichte für Lamennais zu einer positiven Wahrheitsprobe des Christentums geworden; sie war ein Experiment, das religiösen Anschauungen von zunächst nur hypothetischer Geltung den Stempel der Echtheit und die Bürgschaft der Dauer verlieh. Die Kirche war in seinen Augen der in-

---

[41] Considérations, Kap. IV.
[42] Vgl. Gurian, a.a.O. S. 126 ff.
[43] In dem zwischen 1830 und 1870 zutage getretenen Verfall der romantisch-organologischen und historisch-positiven Theologie liegt wohl auch der tiefere Grund für die Erneuerung des thomistischen Denkens im 19. Jahrhundert. Schon die zweite Generation der katholischen Sozialbewegung hatte auf die thomistische Philosophie zurückgegriffen, die sich als unentbehrliches Instrument der Orientierung inmitten der modernen industriellen Arbeitswelt erwies. Vgl. hierzu jetzt die Arbeit von L. Foucher: La philosophie catholique en France au XIXe siècle, avant la renaissance thomiste et dans son rapport avec elle (1800–1880), Paris 1955.

stitutionelle Ausdruck dieses Experiments; sie hatte jedoch, über ihren Charakter als historisches Indiz der Wahrheit des Christentums hinaus, kein eigenes Sein und wurde daher von Lamennais durchaus positivistisch aufgefaßt; als vollkommenste unter vielen möglichen Gesellschaftsbildungen; als Typus religiöser Gesellung, der das Vorbild abgeben konnte für den Neubau auch der politischen Sozietät. Das Auseinanderfallen des Katholizismus in eine Zweiheit von Geist und Kult, die spiritualistische Entgrenzung der Glaubensinhalte, der auf der Seite der Institutionen der Rückzug auf einen rein soziologischen Kirchenbegriff entsprach, all diese Züge, die wir bei Fauchet und Grégoire fanden, werden bei Lamennais nicht etwa getilgt, sondern noch erheblich verschärft. Auch von der traditionalistischen Dogmatisierung politischer Formen (die freilich nur die theologisch ebenso fragwürdige Kehrseite des politisch-religiösen Einheitswillens der Revolution war) ist Lamennais niemals losgekommen. Sosehr sich seine politischen Ideen von denen de Maistres und de Bonalds unterschieden, sie erwuchsen auf dem Boden des gleichen positivistischen Denkens: Statt der Monarchie wurde einfach die Demokratie theologisiert.

Das war, als *These,* für die Kirche unannehmbar. Man darf jedoch nicht übersehen, daß viele der liberalen Ideen Lamennais' nicht im Bereich der Lehre, aber auf dem Feld der praktischen Politik, mithin als *Hypothese,*[44] dennoch fruchtbar geworden sind und dem Katholizismus die Bahn seiner Entfaltung in der demokratischen Welt vorgezeichnet haben.[45] Die Trennung von Kirche und Staat, eine Forderung, die schon bei Lamennais einen mehr taktischen als grundsätzlichen Charakter hatte,[46] konnte, wie die Revolution zeigte, gegenüber einem kirchenfeindlichen Staat zum kleineren und daher

---

[44] Das Begriffspaar These-Hypothese wurde in den sechziger Jahren des vorigen Jahrhunderts in die theologische Sprache eingeführt von Dupanloup, der dadurch den durch den Syllabus hervorgerufenen Schock zu dämpfen suchte. „Eine falsche Theorie, die, als allgemeiner Grundsatz und als für alle Fälle gültig behauptet (als These), zurückgewiesen werden muß, kann doch so viele Wahrheitsmomente in sich enthalten, daß sie, klug und vorsichtig auf entsprechende Verhältnisse angewandt (als Hypothese), eine sachlich brauchbare Lösung ergibt." A. Hartmann: Toleranz und christlicher Glaube, Frankfurt 1955, S. 273f.

[45] Vgl. hierzu das ausgezeichnete Buch von K. Jürgensen (oben Anm. 4), das an einem historischen Spezialfall (Lamennais und Belgien) die konkrete Fülle nicht nur geistiger, sondern verfassungspolitischer Wirkungen beschreibt, die von Lamennais auf den europäischen Katholizismus und die liberale Verfassungsbewegung ausgegangen sind.

[46] Über die Entwicklung, die Lamennais' Auffassungen in dieser Frage durchgemacht haben, unterrichtet Boutard, Lamennais, Bd. II, S. 145ff.

notwendigen Übel werden. Das Postulat der Unterrichtsfreiheit erlaubte es dem liberalen Katholizismus, die gegen die Kirche gerichtete Laisierungsbewegung unter Berufung auf den demokratischen Grundsatz gleichen Rechts für alle abzuwehren. Christliche Parteien endlich konnten den *Essai sur l'indifférence* als ihre Gründungsakte betrachten.[47] *La nouveauté hardie de Lamennais consista à faire du catholicisme un parti,* so sagte schon Renan[48].

Freilich verstieß das alles gegen die tiefsten Absichten Lamennais'; denn sein „Liberalismus" war keine Doktrin, kein politisches Ideal gewesen, sondern nur eine rasch überschrittene Durchgangsstation seines Denkens, eine Schwelle vor dem Durchbruch zu einer neuen Verschmelzung des geistlichen und des weltlichen Prinzips. Er galt überhaupt nur in einem bestimmten historischen Zusammenhang: in einer Gesellschaft nämlich, die nicht mehr christlich oder noch nicht wieder christlich war. Lamennais' Schüler haben diesen dialektischen Charakter seines Liberalismus übersehen oder bewußt unbeachtet gelassen; sie übernahmen die liberalen Ideen, ohne die Folgerungen zu ziehen und die Voraussetzungen zu beachten, mit denen er sie verknüpft hatte. Eben dadurch aber haben sie Lamennais nachträglich noch zu einer großen geschichtlichen Wirkung verholfen. Denn nur durch entschlossene Inkonsequenz konnten die christlich-demokratischen Ideen aus der Umklammerung einer politischen Theologie befreit werden, die in sich strittig und mit dem katholischen Dogma unvereinbar war. Während daher die religiös-systematischen Versuche Lamennais' aus der Zeit nach 1830 fast ganz unbeachtet blieben, konnte sein Liberalismus für jenen Teil des französischen Katholizismus, der einer Versöhnung mit dem demokratischen Staat zustrebte, wegweisend und beispielgebend werden. Vom Wirken des *prêtre malgré lui* sind in Frankreich die stärksten Antriebe zur Begegnung von Kirche und Demokratie ausgegangen.

---

[47] So der MRP nach einer Äußerung G. Weills, zitiert bei J. Roger: Ideas politicas de los catolicos franceses, Madrid 1951, S. 486.
[48] E. Renan: Étude sur Lamennais, in der Neuausgabe des Livre du peuple, Paris 1872, S. 18 f.

II. Buchez

1. *École catholico-conventionelle* – diese seltsame Bezeichnung (wohl ironisch gemeint) legten die Zeitgenossen der katholisch-sozialen Schule des Arztes und Philosophen Philippe-Joseph-Benjamin Buchez zu, die in der Frühgeschichte der *Démocratie chrétienne* in Frankreich eine bedeutende Rolle gespielt hat.[49] Der Name geht zurück auf die vierzigbändige *Histoire parlementaire de la Révolution française*, die Buchez zusammen mit Roux-Lavergne von 1834 an erscheinen ließ. Dieses Werk nimmt in der französischen Revolutionstheorie eine Sonderstellung ein, da es einerseits leidenschaftlich für die Konventsherrschaft eintritt und in ihr die Erfüllung der Revolution sieht (wohingegen Nationalversammlung und Legislative als entartete bürgerliche Frühstufen abgetan werden), anderseits jedoch einen streng katholischen Standpunkt wenigstens in der Theorie zu behaupten versucht. Es war wohl der ungewohnte Zusammenklang zweier so disparater Haltungen, der die Zeitgenossen überraschte und ihnen die seltsame Formel „Konventkatholiken" eingab – ein Wort, das den Katholiken jener Zeit ähnlich in den Ohren geklungen haben dürfte wie ihren Enkeln das Wort „christlicher Sozialismus" oder einem Heutigen das Wort „katholischer Kommunismus".

Die *Histoire parlementaire* ist eine riesige Kompilation von Quellen zur Revolutionsgeschichte, meist dem *Moniteur*, aber auch andern Zeitungen entnommen, vielfach ergänzt durch Auszüge aus den Protokollen der gesetzgebenden Körperschaften, zeitlich ausgedehnt von der unmittelbaren Vorgeschichte der Revolution bis zum Sturz Napoleons. Als Quellensammlung interessiert sie uns hier nur beiläufig. Wichtig dagegen sind die Vorreden zu den einzelnen Bänden, in denen die Herausgeber ihre systematischen Auffassungen über die Re-

---

[49] Über Buchez: G. Castella: Buchez historien, sa théorie du progrès dans la philosophie de l'histoire, Fribourg 1909; Buchez, Paris 1911; A. Cuviller: P.-J.-B. Buchez et les origines du socialisme chrétien, Paris 1948, und neuerdings: W. Geissberger: Philippe-Joseph-Benjamin Buchez, Theoretiker einer christlichen Sozialökonomie und Pionier der Produktivgenossenschaften, Winterthur 1956. Vgl. auch Duroselle, Catholicisme social, S. 80 ff.

volution entwickeln. Man liest hier, die Revolution sei „die letzte und fortgeschrittenste Konsequenz der modernen Kultur, die ganz aus dem Evangelium hervorgegangen" sei; ihre politischen Grundsätze, *ces mots d'égalité et de fraternité qu'elle mit en tête de tous ses actes, et avec lesquels elle justifia toutes ses œuvres,*[50] seien christlichen Ursprungs; die französische Nation habe sich, als die Revolution begann, von einem *esprit de réalisation chrétienne* leiten lassen,[51] der zwar nicht ans Ziel gelangt sei, aber doch die Revolution auf ihren Höhepunkten begleitet habe. *Le commencement et la fin de la révolution,* so heißt es in der Vorrede zum dritten Band, *sont, suivant nous, contenus dans ces mots: liberté, égalité, fraternité, ou, en d'autres termes, dans ce but: réalisation sociale de la morale chrétienne.*[52]

Dieser christlichen Aneignung der Revolution entspricht es, wenn Buchez und Roux den religiösen Freigeistern, den *libres penseurs,* im Revolutionsgeschehen so gut wie keine Stelle einräumen, und dies, obwohl ihr Einfluß, wie sie natürlich wissen, keineswegs zu leugnen ist. Aber am eigentlichen Gehalt der Revolution, an der *réalisation sociale de la morale chrétienne,* haben sie keinen Teil. Die Revolution, soweit sie ihre Bestimmung erfüllt hat, ist nicht *durch,* sondern *gegen* Voltaire geführt worden. Sie ist keine antichristliche, sondern eine christliche Bewegung gewesen. Daher sind auch diejenigen im Unrecht, die immer noch in primitivem Antiklerikalismus, in schaler Freigeisterei verharren und dabei sogar mit ihrer revolutionären Gesinnung auftrumpfen. Wissen sie nicht, daß die sittlichen und sozialen Ideale, die sie vertreten, christlichen Ursprungs sind? *Tous les hommes progressifs, tous les hommes généreux de nos jours, pensent, agissent et se dévouent avec une conscience de chrétien. Presque tous cependant nient cette origine; ils refusent Jésus-Christ pour leur maître, et s'indignent jusqu'aux plus pitoyables arguments, que l'on veuille le leur donner. Cependant, que demandent-ils? A réaliser la fraternité annoncée par les Évangiles, la fraternité dans laquelle la première place appartiendra à celui qui sera le serviteur des autres.*[53] Auch wenn die Revolutionäre verleugnen, daß sie Christen sind – sie sind es, ohne es zu wissen. Ja, sie sind es in viel höherem Maße als die kirchentreuen Christen. Denn diese tun nicht den notwendigen Schritt von der Erkenntnis des als wahr erkannten Evangeliums zu seiner Verwirklichung, während jene (obwohl sie es nicht wissen) die evangelischen

---

[50] Histoire parlementaire Bd. I, S.I.
[51] Hist. parl. Bd. V, S. III.
[52] Hist. parl. Bd. III, S. V.
[53] Hist. parl. Bd. V, S.I.

Prinzipien realisieren und damit ein Lebensgesetz des Christentums erfüllen. – Die Betonung des Tatcharakters der christlichen Botschaft, die Entgegensetzung von *invention* und *pratique*, von *révélation* und *réalisation*, die Gegenüberstellung von gewußtem und gelebtem Christentum – dies alles sind typische Züge der *Histoire parlementaire*. Sie deuten hin auf jenen Zwiespalt zwischen der Kirche und der modernen industriellen Welt, der erstmals mit Saint-Simons Proklamation eines *Neuen Christentums* ins Bewußtsein der Zeitgenossen getreten war, um von da an aus der Gedankenwelt des französischen Sozialismus nicht wieder zu verschwinden.

In der Fassung von Buchez und Roux erscheinen diese Gedanken freilich nicht sonderlich originell. Man begegnet ihnen im französischen Frühsozialismus häufig: am schärfsten formuliert sind sie bei Saint-Simon, Buchez' philosophischem Mentor,[54] am gängigsten vereinfacht bei Louis Blanc, seinem Freund und Schüler. Die eigentümliche Leistung Buchez' – und in ihm darf man wohl den eigentlichen Autor der Vorreden zur *Histoire parlementaire* sehen – liegt aber darin, daß er die im *Nouveau Christianisme* entwickelte Theorie des säkularisierten Christentums dazu verwendet, die Kluft, die zwischen Revolution und Katholizismus entstanden war, zu überbrücken. Wie Saint-Simon bei der Betrachtung des Christentums, so weicht Buchez bei der Betrachtung der Revolution von der Wirklichkeit ins Ideal aus; er substituiert der schlechten Gegenwart die bessere Zukunft, in der die Idee sich erfüllen wird. Auch das *Neue Christentum* ist ja, verglichen mit dem alten, etwas, das sich noch im Stadium der Verwirklichung, im Zustand des halbvollendeten Entwurfs befindet. Begreift man die Revolution, wie Buchez und Roux dies tun, als einen Schritt auf dieses *Neue Christentum* hin, so wird man angesichts der Größe dieser Aufgabe auch das Versagen der Revolutionäre nicht zu hart beurteilen; es genügt die Einsicht, daß die Revolution ernsthaft christliche Prinzipien verwirklichen wollte; was sie tatsächlich erreicht hat, bleibt demgegenüber zweitrangig.

In der Tat ist Buchez für das Mißverhältnis von Ideal und Wirklichkeit in der Revolution nicht blind gewesen. Er macht nicht einmal den Versuch, die Greuel der Schreckensherrschaft zu leugnen. Aber er entschuldigt sie mit der alle menschlichen Möglichkeiten übersteigenden Größe des Ideals. Bei der Anwendung idealer Prinzipien auf irdische Verhältnisse müssen notwendig Mängel und Reibungen auftre-

---

[54] Über die Wirkungen Saint-Simons auf seine geistige Entwicklung vgl. den Bericht Buchez' in der Einleitung zu seinem Essai d'un traité complet de philosophie du point de vue du catholicisme et du progrès, Paris 1838 ff., S. 19 f.

ten – wieviel mehr erst, wenn es sich um die Verwirklichung des Evangeliums handelt! Und daß die Männer von 1793 das Evangelium verwirklichen wollten, ist für Buchez eine unbezweifelbare Tatsache. So schreckt er nicht davor zurück, die größten Verbrechen der Revolution mit einem Hinweis auf die bona fides ihrer Urheber zu entschuldigen: auf dem Hintergrund seiner sophistischen geschichtlichen Rechtfertigungslehre erscheint Robespierre als der wahre Christ, während seine Gegner nicht nur zu politischen Versagern, sondern auch zu Feinden des Christentums gestempelt werden.

Die Hervorhebung des providentiellen Sinnes der Geschichte, die Abdankung des moralischen zugunsten des theologischen Urteils, die Unterordnung des Einzelschicksals unter den gesellschaftlichen Prozeß, dies alles sind Züge, die Buchez mit de Maistre und de Bonald gemeinsam hat. Es ist unschwer zu erkennen, daß sich Buchez mit seinen Ideen, ähnlich wie Lamennais, im Rahmen eines Traditionalismus mit gleichsam umgekehrten Vorzeichen bewegt: er zieht, ungehemmt von humanitären Bedenken, die letzte Folgerung aus der von Saint-Martin und de Maistre vertretenen Ansicht, daß die Revolution ein *décret de la Providence* gewesen sei. Die Geschichte ist eine logische Entfaltung des Fortschritts. Dieser wiederum geht hervor aus der Offenbarung.[55] Damit aber erhält die Frage nach Gut und Böse und das Problem der menschlichen Wahlfreiheit einen völlig veränderten Sinn. Die Geschichte ist nicht etwas, woraus der Mensch nach Belieben das Gute herausgreifen könnte, sie ist nicht ein formaler Rahmen sittlicher Möglichkeiten; vielmehr muß sie – als Niederschlag des göttlichen Willens – zunächst als Ganzes angenommen werden. Es gibt für geschichtliches Handeln nur zwei Möglichkeiten: das Jasagen zum geschichtlichen Prozeß und damit zum Willen der Vorsehung – oder das Aufbegehren gegen die historische Notwendigkeit und damit die Entscheidung für das Böse. So muß auch die Revolution, unabhängig von dem Urteil über ihre einzelnen Phasen und verschiedenen Persönlichkeiten, zunächst als Ganzes bejaht werden.

Woran aber erkennen wir, daß gerade in ihr die Providenz sich ausgesprochen hat? Buchez antwortet mit de Maistre: darin, daß die Revolution wie eine selbständig wirkende Macht dem Eigenwillen der Individuen entgegengetreten ist. *de Maistre disait avec raison*, heißt es in der *Histoire parlementaire*, *que nul homme n'avait mené la révolution, et qu'au contraire tous ceux qu'elle avait élevés, avaient été des instruments*

---

[55] Diesen Gedanken entwickelt Buchez in seinem Traité de philosophie, Bd. III, S. 108 ff.

*entre ses mains.*⁵⁶ Die Folgerungen, die Buchez aus diesem Umstand zieht, sind freilich ganz andere als die de Maistres: da ihm die Revolution als eine Entfaltung christlicher Prinzipien erscheint, ist ihre Rechtfertigung zugleich eine Apologie des Christentums. Damit rückt Buchez in die Nähe Lamennais', dem gleichfalls die Revolutionen (freilich nur jene *nach* 1789) als Ausbruchsstellen der geschichtlich sich akzentuierenden Uroffenbarung erschienen waren; der Gedanke des Fortschritts verbindet hier wie dort die revolutionären Entfaltungen des *Neuen Christentums* mit ihrem ursprünglichen, in der Geschichte des Christentums und letztlich in der Urkirche angelegten Keim.

2. Buchez' Leben ist bewegt gewesen. Er wurde am 30. März 1796 in Matagne-la-Petite im Wallonischen als Sohn eines der Revolution treu ergebenen Beamten geboren, der später bei der Rückkehr der Bourbonen seine Stellung verlor. In Paris lebend, fand er früh einen Zugang zur Politik und betätigte sich als Revolutionär und Anarchist. Mit einigen Freunden gründete er die französische *Carbonaria.*⁵⁷ Er wurde zweimal unter dem Verdacht der Anstiftung militärischer Revolten verhaftet, entging mit knapper Not dem Tod, wurde freigelassen, studierte Medizin in Paris und trat endlich in die Loge der *Amis de la vérité* ein, wo sich ihm ein neues politisches Wirkungsfeld eröffnete.⁵⁸ Jahre hindurch führte er das unruhige Doppelleben eines Revolutionärs mit philosophischen und eines Naturforschers mit politischen Neigungen, bis ihn eines Tages die Lektüre von Saint-Simons *Nouveau Christianisme* aus seiner geistigen Anarchie herausriß, ihm den Zugang zum Sozialismus erschloß und ihn mit dem Geist eines moralisch-sozial getönten, unkirchlichen und undogmatischen Christentums erfüllte.

Vom Geiste Saint-Simons sind alle Theoretiker des frühen Sozialismus in Frankreich berührt worden. Dieser durch die Revolution entwurzelte Edelmann aus dem *Ancien Régime,* der in den Höhen und Tiefen seines bewegten Lebens unerschütterlich an dem Plan festhielt, die 1789 aus den Fugen gerissene Welt in seinem Geiste neu zu ordnen, dieser Soziologe, der sich zum Architekten der neuen nachrevo-

---

⁵⁶ Histoire parlementaire, Bd. IV, S. II. Vgl. dazu J. de Maistre, Considérations, Kap. I.
⁵⁷ La Charbonnerie, par Trélat, in: Paris révolutionnaire, Bd. II, Paris 1838, S. 277–341 (Bericht eines Mitbeteiligten).
⁵⁸ Über Buchez' Beziehungen zu den Carbonari und Freimaurern: Trélat, a.a.O. S. 282 u. S. 304ff., und Cuvillier, a.a.O. S. 10ff. Die Amis de la Vérité waren die Loge, der auch Bonneville angehört hatte.

lutionären Gesellschaft berufen fühlte, hatte für die Generation, der Buchez angehörte, den Rang eines großen geistigen Führers, ja eines Magiers gewonnen. Er schien der berufene Weg-Weiser ins unbekannte Land der neuen industriellen Welt zu sein. Sein Optimismus, sein Fortschrittsglaube verband ihn mit der älteren Bewegung der Philosophen des 18. Jahrhunderts; er hat die technische Revolution bejaht und den Übergang vom bäuerlichen und handwerklichen zum Maschinenzeitalter als einen Fortschritt angesehen. Zugleich aber erwachte bei ihm erstmals ein Bewußtsein der Kosten, die dieser Fortschritt forderte. Saint-Simon war sich klar darüber, daß es einer außerordentlichen sittlichen Anstrengung bedurfte, um die freigesetzten Energien des Eigennutzes und des privaten Glücksstrebens zu bändigen. So griff er bewußt auf die moralischen Reserven des Christentums zurück. Es war nicht das alte Christentum, das er den Zeitgenossen als Beispiel vorhielt, sondern jenes *Neue Christentum,* das er in einem berühmten Buch geschildert hatte, ein Christentum der reinen Liebe ohne feste kirchliche Formen, eine innerweltliche Religion, die als feines geistiges Aroma alle Lebensbezirke durchdringen sollte. Indem er dieses Christentum selbst als Produkt des Fortschritts faßte, durchbrach Saint-Simon an einer entscheidenden Stelle die Antithese von Revolution und Christentum: der Konflikt der beiden Mächte mußte sich auflösen, sobald das alte Christentum seine neue, dem industriellen Zeitalter angemessene Form gefunden hatte.

Der Begegnung mit Saint-Simon war es zu danken, daß sich der Buchez der Frühschriften – nach Cuvilliers Urteil ein *Buchez matérialiste et sans illusions sur le croyances morales courantes*[59] – zu dem gläubigen Theisten wandelte, der keine Gelegenheit ausließ, die Unentbehrlichkeit der Religion für das soziale Leben zu betonen. Auch die soziologischen Versuche Buchez' sind ohne Saint-Simon nicht zu denken. Saint-simonistisch ist der Gedanke der *physiologie sociale,* die Erforschung der Bewegungsgesetze des sozialen Körpers mit naturwissenschaftlichen Methoden; saint-simonistisch ist der bald anregende, bald verwirrende Dilettantismus der Schriften Buchez', in denen sich Medizin, Naturphilosophie, Gesellschaftswissenschaft und Historie durchdringen. Allein Buchez ist nicht bei Saint-Simon stehengeblieben. Er hat sich bald von seinem Meister (den er persönlich nie kennenlernte) und seiner langsam zur Sekte erstarrenden Schule losgelöst. Vom moralischen Theismus des *nouveau christianisme* ging er den Weg zurück zum Katholizismus. Auch seine systematische Veranla-

---

[59] Dieses Urteil fällt Cuvillier, a.a.O. S. 8, über die bereits 1814 veröffentlichte Ontognosie.

gung wies ihn über Saint-Simon hinaus. In seiner *Introduction à la science de l'histoire ou science de développement de l'humanité,* die 1833 erschien, versuchte er erstmals die soziologische Theorie auf eine durchkonstruierte Geschichtsphilosophie zu gründen, angeregt durch Ideen Comtes, die dieser später (1842) in seinem *Cours de philosophie positive* zusammenfaßte.[60] Die Systematisierung des Fortschrittsgedankens, seine Ausgestaltung zum Wissenschaftsfundament der Soziologie hat beide Denker in gleichem Maß beschäftigt; aber vor dem Schöpfer der *Philosophie positive* hatte Buchez den stärkeren historischen Sinn voraus, und entschlossener als jener kehrte er sich von der mechanistischen Psychologie ab, die bis dahin als Fundament der Gesellschaftswissenschaften diente. Buchez' Fortschrittsglaube war elastischer und nuancenreicher als derjenige Comtes, und obwohl auch er die Geschichte positivistisch als eine Abfolge „logischer Alter" begriff,[61] ließ er doch dem Wirken von Verfall und Zufall insoweit Raum, als er keinen gradlinigen Aufstieg der Menschheit zur Zivilisation annahm, sondern ein längeres Hin- und Hergleiten zwischen *périodes analytiques* und *périodes synthétiques,* in dem nur ein geübtes Auge die Bewegung des Fortschritts lesen konnte.[62]

Neben den philosophischen Arbeiten ist auch die politische Tätigkeit Buchez' nach seiner Abkehr von der *Carbonaria* nicht abgerissen. Sie gewann in gleichem Maß an Energie, in dem sich seine Theorie verfestigte und der *buchezisme* als selbständige Schule unter den Sozialismen der Zeit hervorzutreten begann.[63] Hatte der *Européen,* das erste der verschiedenen Organe des Buchez-Kreises, 1831 das Ziel der Bewegung noch ganz allgemein mit dem Wunsch umschrieben *d'exposer les moyens pratiques que réclament les besoins positifs de la société, de proposer les projets dont l'exécution nous paraît propre à faire sortir notre pays de l'état de malaise où il se trouve,*[64] so nahm dieses Programm alsbald klare Formen an in den sogenannten Arbeiterassoziationen *(associations coopératives de production),* deren Ausbreitung Buchez praktisch und propagandistisch gefördert hat.[65] Es handelte sich um

---

[60] Über das Verhältnis Buchez-Comte vgl. Castella, Buchez historien, S. 81 f. u. Geissberger, a.a.O. S. 29 f. Die Ideenpriorität läßt sich nicht eindeutig feststellen.
[61] Die Theorie der âges logiques ist entwickelt in der Introduction à la science de l'histoire ou science du développement de l'humanité, Paris 1833.
[62] Vgl. Castella, Buchez historien, S. 67 ff. und S. 80 ff.
[63] Die Gründung einer eigenen Schule fällt zusammen mit der Abkehr Buchez' vom Saint-Simonismus. Über die Anfänge des *buchezisme:* Cuvillier, a.a.O. S. 19 ff., Duroselle, Catholicisme social, S. 94 ff., und Geissberger, a.a.O. S. 35 ff.
[64] Zit. bei Cuvillier, a.a.O. S. 22.
[65] Dazu Wassilieff: P.-J. Buchez, der Begründer der modernen Associationsbewegung Frankreichs, Bern 1898, und Cuvillier: Buchez, le fondateur en France de

Produktivgenossenschaften, in denen die Arbeiter unter weitgehendem Verzicht auf eigenen Gewinn die unternehmerische Tätigkeit gemeinsam ausübten. Ein Teil des Ertrages floß in eine gemeinsame Kasse und diente als *capital indivisible* besonderen Sozialleistungen: Altersrenten, Krankenversicherungen und Erziehungsbeihilfen. Innerhalb der einzelnen Assoziationen fiel jede soziale Differenzierung weg: alle Arbeiter erhielten den gleichen Lohn. – Die Bewegung der Arbeiterassoziationen hat in Frankreich zwischen 1832 und 1850 eine gewisse Bedeutung erlangt, namentlich im Handwerk, ohne daß sich freilich Buchez' Erwartung erfüllte, die neue Produktionsform werde den Anstoß zur Überwindung der Klassengegensätze und zu einer umfassenden *organisation du travail* geben.[66] Gleichwohl ist das Experiment nicht ohne Wirkungen geblieben; an die Arbeiterassoziationen schloß sich die kooperatistische Bewegung an, die abseits vom Syndikalismus einen eigenen Weg zur Überwindung des Klassenkampfes suchte und besonders den sozialen Katholizismus Frankreichs beeinflußt hat.[67]

Nach 1830 wurde Buchez und seine Schule zum Kristallisationspunkt für alle politischen Strömungen, die den Katholizismus mit der Revolution zu versöhnen strebten. Die Buchezisten sahen im Christentum vornehmlich eine moralische und soziale Kraft, ein Gegengewicht gegen den bürgerlichen Individualismus. Wir haben bereits erwähnt, daß Buchez in seiner Revolutionsgeschichte das Werk der Constituante sehr kritisch beurteilt hat. Er hat auch seine Rechtfertigung der Revolution ergänzt und eingeschränkt durch eine scharfe Kritik an den liberalen Prinzipien der Menschenrechte.[68] Nicht anders als Fauchet und Grégoire forderte er, daß den Rechten des Individuums ein Katalog der Bürgerpflichten an die Seite gestellt werde.

---

l'Association ouvrière de production, in: Revue des Études coopératives, Juli-September 1922. Vgl. auch E. Seiler: Die Entwicklung berufsständischer Ideen in der katholisch-sozialen Bewegung Frankreichs, Zürich 1935, S. 34f. und Duroselle, a.a.O. S.89f.

[66] Vgl. die Einleitung zu Bd. XXXII der Histoire parlementaire und das erste Kapitel der Introduction.

[67] Dazu Seiler, a.a.O. S. 56, Anm. 20. Buchez' Schüler Ott vermittelte der katholischen Sozialbewegung de Muns durch seinen Traité d'Économie sociale die theoretischen Richtlinien. Der Kooperatismus wird heute in Frankreich vor allem durch Hyacinthe Dubreuil und den Kreis um die Zeitschrift Fédération vertreten, zu dem auch Gabriel Marcel gehört. Vgl. H. Dubreuil: L'organisation du travail et le système des équipes autonomes, in: Revue internationale du travail, Okt. 1951. In Deutschland haben Eugen Rosenstock und Ernst Michel ähnliche Gedanken entwickelt.

[68] Histoire parlementaire, Bde. V u. XXXII, Vorreden.

Er betrachtete die Revolution als unvollendet, weil sie die Forderung nach Gleichheit aller Menschen zwar erhoben, aber nicht erfüllt habe. Was 1789 versäumt worden war, sollte nun der Sozialismus nachholen: die *Egalisierung der bürgerlichen Demokratie*. Hier spannt sich ein Bogen von der Großen Revolution zur Februarrevolution, vom revolutionären Katholizismus Fauchets zum „christlichen Sozialismus" Buchez': auch dieser schließt sich eng an die Revolution an; er will nichts anderes sein als eine Rückbesinnung auf die christlichen Grundlagen der vom revolutionären Geist erstrebten Ordnung.

Zu dieser Ordnung gehört wesentlich – und dies gilt für fast alle Autoren aus dem Kreis Buchez' – der Gedanke der Gleichheit aller Menschen, eine Vorstellung, die bald in einer mehr naturrechtlichen, bald in einer mehr christlich-neutestamentlichen Fassung auftritt. Bei Buchez erscheint sie in einer dreifachen Gestalt. Zunächst *naturwissenschaftlich*, als Gleichheit der Anlagen, die jeder Mensch besitzt, wobei Buchez von der Voraussetzung ausgeht, daß die Erbmasse beliebig beeinflußbar sei und Unterschiede der Begabung nur der Einwirkung der Umwelt, nicht aber einer invariablen natürlichen Mitgift zuzuschreiben seien.[69] Sodann *gesellschaftlich*, als soziale Gleichheit der Chancen, wie sie sich, erstmals von Rousseau gefordert und verkündet, seit der Revolution immer stärker durchzusetzen beginnt; hier greift Buchez auf Gedanken Condorcets zurück, der erstmals den „Fortschritt zur Gleichheit" als eine leitende Tendenz der neueren Geschichte erkannt hatte.[70] Schließlich, in Buchez' christlicher Periode, als evangelische *Gleichheit aller Menschen vor Gott*, die als eine *morale d'égalité* in die Geschichte eingreift und im zwischenmenschlichen Bereich die Pflicht begründet, des anderen Last zu tragen. Je mehr dabei das praktische und soziale Christentum gegenüber einer, wie Buchez meint, rein kontemplativen Betrachtung des Evangeliums sich durchsetzt, desto mehr wird sich auch der Abstand verringern, der jetzt noch revolutionäre und christliche Gedankenwelt trennt.

Das von Buchez gegründete *Atelier* (1840–1850), die erste von Arbeitern herausgegebene und redigierte französische Zeitung, bekannte sich zum Christentum als einem „Band der Einheit". *Si les laïques*, so heißt es hier, *voulaient se donner la peine d'examiner sans prévention, d'étudier, de suivre le mouvement des idées, ils comprendraient*

---

[69] Geissberger, a.a.O. S. 17, Anm. 58: „Buchez, der die ‚Égalité' auf Erden verwirklichen will, darf schon aus ideologischen Gründen nicht zugeben, daß diese Gleichheit nur sehr bedingt bestehen kann, da jedes Individuum schon bei seiner Geburt eine Erbmasse in sich trägt, die, wie Mendel bewies, ‚unegal' ist."
[70] Über Buchez' Schülerverhältnis zu Condorcet und Rousseau siehe Geissberger, a.a.O. S. 20 ff.

bientôt la grandeur du dogme chrétien; ils verraient la puissance qu'il peut donner même à des intelligences aussi peu cultivées que les nôtres; ils verraient que là est la vérité universelle, et ils s'y attacheraient, parce qu'ils comprendraient qu'il n'y a d'unité possible que par un lien spirituel, que par la reconnaissance d'un principe commun, obligatoire pour tous.[71] Bezeichnend für den Geist dieses christlichen Sozialismus war die Widmung einer 1837 von den Druckern des Buchez-Kreises herausgegebenen Volksausgabe der Bibel: *dédiée à la nation française par des ouvriers imprimeurs, avec une introduction par les auteurs de l'Histoire parlementaire.* Hier wie auch in den andern Schriften von Buchez klingt religiöses mit sozialem und nationalem Pathos zusammen.[72]

Buchez' Mittlerstellung zwischen Katholizismus und Sozialismus ließ ihn in der Revolution von 1848 zu einer bedeutenden politischen Rolle vorbestimmt erscheinen. Er wurde stellvertretender Bürgermeister von Paris und erster Präsident der Nationalversammlung. Aber der nur theoretisch radikale, in der politischen Praxis eher weiche und kompromißbereite Mann war den schwierigen Aufgaben, die sich mit der zunehmenden Radikalisierung der Revolution stellten, nicht gewachsen. Er kapitulierte in den stürmischen Maitagen vor den Demonstranten, die in die Nationalversammlung eindrangen.[73] Im übrigen hat der Gang der politischen Ereignisse dem *buchezisme* rasch den Boden entzogen; an eine Allianz zwischen dem Katholizismus und der Arbeiterbewegung war nach der Junischlacht nicht mehr zu denken. Das durch die Revolution verängstigte Bürgertum schloß sich dagegen wieder enger an die Kirche an; Ausdruck dieses neuen Bündnisses war die *Lex Falloux* (1850), die dem Katholizismus einen maßgebenden Einfluß auf das Unterrichtswesen sicherte.[74] Der *buchezisme* wurde von dieser doppelten Wendung so stark getroffen, daß er die

---

[71] Nr. 1, Sept. 1840.
[72] Über den Nationalismus Buchez' vgl. Cuvillier, a.a.O. S. 23 f. Viele Zeugnisse finden sich im historischen Teil der Introduction, der in der zweiten Auflage von 1842 neu hinzugekommen ist. Z. B. S. 476: „L'humanité fut sauvée (sc. de l'Arianisme) par le pape, évèque de Rome, et par la France." Oder S. 509: „Le salut de l'Europe sera assuré le jour ou le clergé lui aura donné un nouveau Grégoire VII, et la France un nouveau Charlemagne." H. O. Sieburg: Deutschland und Frankreich in der Geschichtsschreibung des 19. Jahrhunderts, Wiesbaden 1954, verkennt den nationalen Messianismus Buchez', wenn er ihn unter die Vorläufer der modernen Europaidee rechnet.
[73] Eine Ehrenrettung unternimmt Cuvillier, a.a.O. S. 62 f.
[74] Vgl. H. Michel: La loi Falloux, Paris 1906, und J. Lecler: La loi Falloux, in: Études, Bd. 266 (1950), S. 3 ff. Über die politischen Auswirkungen ferner P. R. Rohden: Zur Soziologie des politischen Katholizismus in Frankreich, ASO Bd. LXII (1919), S. 498 ff.

Revolution nicht überlebte. Zeitschrift und Schule lösten sich auf. Buchez selbst, dessen letzte Lebensjahre mit Reisen und wissenschaftlichen Arbeiten ausgefüllt waren, starb, völlig vereinsamt, am 11. August 1865.

3. Wie bei Lamennais muß man auch bei Buchez unterscheiden zwischen dem starren Anspruch des Systems und den lebendigen Wirkungen der Persönlichkeit. Betrachtet man nur das System, so ist das Urteil rasch gesprochen; ein *katholischer Jakobinismus* war ein Widerspruch in sich selbst. Betrachtet man hingegen nicht die Doktrin, sondern die politische Haltung und den Geist der Schule, so muß man feststellen, daß der Versuch einer Aussöhnung von Katholizismus und Revolution nicht nur den juste-milieu-Tendenzen des Bürgertums, sondern auch den Wünschen vieler Katholiken entsprochen haben dürfte. Das gilt selbst für die Hierarchie. Erzbischof Affre von Paris, der später den Kugeln der Revolution von 1848 zum Opfer fallen sollte, hat Buchez' Absichten ausdrücklich gebilligt.[75] Durch seine Uneigennützigkeit, seine vielseitigen wissenschaftlichen Interessen und seine publizistische Wirkungsgabe hat der Chef der *école catholico-conventionelle* zweifellos zu einer Annäherung von Kirche und Arbeiterschaft beigetragen. Wenn sich die Revolution von 1848 im Unterschied zu der von 1830 durch besondere religiöse Toleranz auszeichnete, so war das nicht zum wenigsten sein Verdienst.[76]

Buchez hatte als Soziologe zum Katholizismus gefunden, auf dem Weg über den *Nouveau Christianisme* seines Lehrers Saint-Simon.[77] Er kehrte sich aber später von der Theorie des säkularisierten Christentums ab und suchte den Zugang zum Dogma der Kirche. Unter anderen wurde Lacordaire sein Freund. Mit der neuerwachenden religiösen Bewegung stand Buchez in engster Fühlung. Aus seinem Kreis sind einige der ersten Dominikaner hervorgegangen, die sich Lacordaire anschlossen, als dieser den Orden in Frankreich wiederherstellte.[78] Einer von ihnen, Besson, der später Bischof von Nîmes wurde, bezeichnete Buchez als *un moyen dont Dieu s'est servi.*[79] Auch

---

[75] Cuvillier, a.a.O. S. 60.
[76] E. Cartier schreibt in seiner Vie du Révérend Père Besson: „La différence qui existe, sous le rapport de la tolérance religieuse entre la Révolution de Juillet et celle de 1848, vient en grande partie de l'influence qu'eut l'école de Buchez sur le parti du National." Zit. bei Cuvillier, a.a.O. S. 60.
[77] Vgl. die Einleitung zu seinem Traité de philosophie. S. 19ff.
[78] Introduction, 2. Ausgabe, Vorrede. S. VIIf.
[79] Cuvillier, a.a.O. S. 58.

Ozanam hat den segensreichen Einfluß des *buchezisme* auf die katholischen Laien hervorgehoben.[80]

Hier überschneiden sich die Lebenslinien von Buchez und Lamennais: Buchez wendet sich der Kirche zu im Augenblick, da Lamennais sich anschickt, sie zu verlassen. Im Politischen herrscht ein ähnlicher Gegensatz: Buchez, der Kritiker der Constituante und Verteidiger Robespierres,[81] entwickeltes gleichsam die sozialistische Alternative zum katholischen Liberalismus.[82] Im Werk beider Denker ist Thema und Gegenthema der Christlichen Demokratie angeschlagen. Wir werden im folgenden noch sehen, wie sich diese Spannung theoretisch und in der praktischen Politik ausgewirkt hat.

Doch sind diese politischen Gegensätze in der Frühphase der französischen *Démocratie chrétienne* nicht das Entscheidende. Wichtiger ist etwas anderes, nämlich der Widerstreit von soziologischer und religiöser Katholizität. Hier ist Buchez, trotz seiner Abkehr von Saint-Simon, auf halbem Weg stehengeblieben und hat die Position des späten Lamennais kaum überschritten. Er sah die Religion vornehmlich in ihrer Bedeutung für das Leben der Gesellschaft, er wertete sie soziologisch, rechtfertigte sie als eine einheitstiftende Macht. Zwar konstruierte er sie nicht mehr in subjektiver Selbstherrlichkeit, sondern nahm sie unverändert aus der Tradition der Kirche entgegen. Aber sein Glaube war positivistisch; er ermangelte der persönlichen Verbindlichkeit. Trotz seiner Beziehungen zur religiösen Bewegung nach 1830 blieb Buchez als „portier de l'Église"[83] zeitlebens auf der Schwelle der Kirche stehen. Er war niemals praktizierender Katholik.

---

[80] In einem Brief an Lacordaire vom 26. Aug. 1839, Œuvres complètes de A. F. Ozanam, Paris 1881 ff., Bd. I, S. 334 ff.
[81] Histoire parlementaire, Bd. V, Vorrede. Vgl. Cuvillier, a.a.O. S. 33 ff.
[82] Der Traité de politique et de science sociale, nach Buchez' Tod erschienen (1866), mildert allerdings wieder die antiliberale Kritik.
[83] So nannte ihn einer seiner Schüler; siehe Castella, Buchez, S. 15.

III. 1830–1848

Der *Avenir* war die erste katholische Zeitschrift in Frankreich, die von der Tatsache einer nichtchristlichen Gesellschaft ausging. Die Vorschläge und Folgerungen, die sie aus dieser Erkenntnis zog, lassen sich in einem doppelten Grundsatz zusammenfassen. Die Kirche sollte einerseits den Vertrag, der sie an den alten Staat band, auflösen; sie sollte anderseits der neuen demokratischen Macht so weit entgegenkommen, wie dies im Interesse ihrer Freiheit lag. Über das genaue Maß dieses Entgegenkommens gingen die Meinungen auseinander: während Lamennais den Katholizismus geradezu auf die demokratische Form verpflichten wollte, waren Lacordaire und Montalembert in diesem Punkt zurückhaltender; sie betrachteten die Demokratie als unvermeidliches Schicksal, sahen in ihr aber weder ein Gottesgeschenk noch eine Gottesgeißel. Über den Grundsatz jedoch war man sich einig: es galt, die Katholiken aus ihrer Lethargie aufzurütteln und sie zu selbständiger Entscheidung fähig zu machen, da es allein an ihnen lag, die Stellung des Katholizismus zu verteidigen in einem neutralen Staat und einer indifferenten Gesellschaft, für die der Schutz der Kirche nicht mehr zu den verpflichtenden Aufgaben zählte.

Als Lamennais mit Rom brach und aus der Kirche schied, kehrten Montalembert und Lacordaire sich von ihm ab. Ein länger Prozeß der Entfremdung war vorausgegangen. In der Korrespondenz Montalemberts mit Lamennais, die Georges Goyau herausgegeben hat,[84] kann man nachlesen, wie das Bild des Meisters in der Seele des jungen, schwärmerisch verehrenden Mannes allmählich verblaßte; Lamennais' Kampf mit Rom war nur der Auftakt zum endgültigen Bruch. Lacordaire hat die Gründe für seine Abkehr von Lamennais in einem programmatischen Aufsatz niedergelegt, in dem er den philosophischen Starrsinn des Bretonen, sein Erpichtsein auf logische Erklärung und Zerlegung der Glaubenselemente für sein Scheitern verantwortlich machte: *La grande erreur de M. de Lamennais ... a été de vouloir fonder une école philosophique, et d'espérer que cette école serait le lien des esprits,*

---

[84] Lettres de Montalembert à La Mennais, Paris 1932.

*la base de la religion, le salut de la société.*⁸⁵ Lamennais erscheint bei Lacordaire als Schüler der Traditionalisten. Das entspricht der geschichtlichen Wahrheit. Wenn aber der Traditionalismus zu Konsequenzen führen konnte, wie sie sich 1830 im Werk Lamennais' gezeigt hatten, so war eine Restauration der alten monarchischen und legitimistischen Gedankenwelt künftig nicht mehr möglich; sie stieß nicht nur auf politische, sondern auch auf theologische Bedenken. Der katholische Liberalismus war also mit der Verurteilung des *Avenir* nicht tot; nur wandte er sich jetzt mehr auf praktische und greifbare Ziele hin; er kämpfte für Presse-, Vereins- und Unterrichtsfreiheit und entwickelte im Umgang mit der demokratischen Gesellschaft Methoden des taktischen Verhaltens.

Am weitesten war Montalembert von Lamennais' Dogmatisierung der Demokratie entfernt.⁸⁶ Der liberale Aristokrat, dessen Katholizismus aus ererbter Tradition und Gefühlsbedürfnis gewachsen war, hat die Demokratie stets mit Mißtrauen, gelegentlich mit unverhohlener Verachtung betrachtet.⁸⁷ Der apokalyptische Glaube an das Kommen eines demokratischen Reiches war ihm fremd. Anderseits war er ein zu kluger Beobachter der politischen Verhältnisse, als daß er sich ohne weiteres dem legitimistischen Kurs seiner adeligen Freunde angeschlossen hätte. Er beurteilte die Chancen des französischen Katholizismus durchaus realistisch und verschmähte es auch nicht, als Mann der politischen Praxis von allen Mitteln Gebrauch zu machen, welche die Verfassung den Katholiken bot. Wie Louis Veuillot, sein Gegenspieler auf der Rechten, war er Demokrat nicht seiner Gesinnung, wohl aber seiner politischen Methodik nach.

---

⁸⁵ H.-D. Lacordaire: Considérations sur le système philosophique de M. de Lamennais, Paris 1834 (Œuvres complètes, Paris 1872 ff., Bd. VII, S. 1 ff. Die angeführte Stelle S. 107).
⁸⁶ Über Montalembert: grundlegend die schon erwähnte Biographie von Lecanuet. Seither: P. de Lallemand: Montalembert et ses amis dans le romantisme (1830–1840), Paris 1927; A. Trannoy: Le romantisme politique de Montalembert avant 1843, Paris 1942, und vom gleichen Autor: Responsabilités de Montalembert en 1848, RHEF 35 (1949), S. 177–209.
⁸⁷ Über Montalemberts Abneigung gegen die Demokratie vgl. Lecanuet, a.a.O. Bd. II, S. 383 ff. In einem Leserbrief an den Ami de la religion protestiert Montalembert im Oktober 1848 gegen die von Lacordaire und Ozanam in der Ère nouvelle versuchte Gleichsetzung von Demokratie und Christentum: „Je ne puis me défendre de sourire quand j'entends déclarer que le Christianisme c'est la démocratie. J'ai passé ma jeunesse à entendre dire que le Christianisme était la monarchie ... J'ai lutté vingt ans, et non sans quelque succès, contre cette vieille erreur aujourd'hui dissipée. Je lutterais vingt ans encore, si Dieu me les donnait, contre cette nouvelle prétention; car je suis convaincu que ce sont deux aberrations du même ordre ...".

Montalemberts Kampf galt vor allem dem staatlichen Erziehungsmonopol. Zwar wollte er im Gegensatz zu vielen Katholiken das System der von Napoleon begründeten staatlichen *Université* unangetastet lassen. Aber er forderte für die Katholiken das Recht, eigene Schulen und Universitäten zu besitzen. In seiner Schrift *Du devoir des catholiques dans la question de la liberté de l'enseignement*, die 1843 erschien, betonte er, daß ein totaler Erziehungsanspruch des Staates mit liberalem Denken unvereinbar sei.[88] Seine in der Pairskammer begonnene Kampagne für die Unterrichtsfreiheit trug er später mit der Gründung eines *parti catholique* in die Öffentlichkeit, angeregt vom Vorbild des belgischen, in geringerem Maß auch des deutschen Katholizismus.[89] Doch stieß er in seinem Bemühen, die französischen Katholiken zu bewußterem politischem Handeln zu erziehen, gerade dort auf Widerstand, wo er ihn am wenigsten vermutet hatte: in Rom. Denn während er, der nach 1830 zum Führer des politischen Katholizismus in Frankreich aufgestiegen war, mit dem Gedanken einer „direkten Aktion" spielte, hielt die offizielle Kirche an der Methode geheimer Petitionen und Absprachen von Regierung zu Regierung fest. Es kam dahin, daß der *parti catholique* in seinem unbedingten Eintreten für die Jesuiten von Rom desavouiert wurde.[90] Erst als Montalembert aus dem Kreis der Bischöfe Unterstützung erhielt – vor allem von de Parisis und Dupanloup – und als Rom der katholischen Bewegung eine wenn auch beschränkte Wirkungsfreiheit einräumte,[91] begann sich seine Stellung allmählich zu festigen.

Angesichts der Schwierigkeiten, mit denen eine katholische Parteibildung in dieser Zeit zu kämpfen hatte, nimmt es nicht wunder, daß der *parti catholique* über begrenzte Einzelaktionen nicht hinauskam und in seiner parlamentarischen wie publizistischen Wirkung auf eine Minderheit beschränkt blieb. Seine Lage war in mehrfacher Hinsicht nicht einfach. Galt er bei den Liberalen als ultramontan, so war er in kirchlichen Kreisen durch seinen Liberalismus verdächtig; verscherzte er sich die Sympathien des orleanistischen Bürgertums durch seinen Kampf gegen das staatliche Schulmonopol und den vulgären Voltairianismus der liberalen Presse, so war er der römische Kurie und dem gallikanischen Flügel des Episkopats als lästige Zwischeninstanz, die

---

[88] Lecanuet, Bd. II, S. 169 ff.; Gurian, Ideen, S. 159 ff.
[89] Montalembert hatte sich anläßlich der Kölner Ereignisse von 1837 mit den deutschen Katholiken solidarisch erklärt. Lecanuet, Bd. II, S. 35 ff.; Gurian, S. 161.
[90] Lecanuet, Bd. II, S. 245 ff.
[91] Durch ein Schreiben des Kardinalstaatssekretärs Lambruschini an Montalembert vom 26. März 1846, bei Lecanuet, Bd. II, S. 289 ff.

den reibungslosen Verkehr zwischen den kirchlichen und staatlichen Gewalten blockierte, erst recht ein unbequemes Hindernis. Die unterschiedlichsten Kräfte schlossen sich zusammen, um das Unternehmen einer katholischen Partei zu vereiteln: auf der einen Seite die Katholiken, die bourbonentreu am strengen Legitimismus festhielten, auf der andern Seite die Liberalen, denen das Programm des *parti catholique* nicht ins Konzept paßte, die zwar Montalemberts Kritik an den bestehenden staatlichen Einrichtungen billigten, nicht aber sein Eintreten für die Kirche oder gar für Rom. Weder religiös noch politisch vermochte so der *parti catholique* in der französischen Öffentlichkeit festen Grund zu gewinnen. Noch steckten ja die Theorien, die auf eine Annäherung von Kirche und Revolution hinausliefen, in den ersten Anfängen, und man war wenig geneigt, das geschlossene Reformprogramm, das der Traditionalismus bot, zugunsten von politischen Improvisationen preiszugeben, von denen niemand sicher wußte, wohin sie führen mochten.

Es ist die Tragik Montalemberts gewesen, daß er zwar das traditionalistische Reformprogramm, dem er ursprünglich nahegestanden hatte, aus politischer Einsicht aufgab, es aber nicht vermochte, dem katholischen Liberalismus ein theoretisches Fundament von größerer Haltbarkeit zu geben. Der Zwiespalt zwischen dem politischen Aristokraten, aus dessen Schriften der Geist einer ritterlichen Romantik wehte, und dem parlamentarischen Taktiker, der bei seinen politischen Unternehmungen mit kühlem Empirismus zu Werke ging und nicht selten gerade von jenen Mitteln Gebrauch machte, die er theoretisch verwarf, ist schon den Zeitgenossen nicht verborgen geblieben. Auch später hat man dem großen katholischen Laienführer immer wieder ein Zuviel an politischer Taktik und ein Zuwenig an Prinzipientreue vorgeworfen. Zu Unrecht; denn wie Trannoy gezeigt hat, ist Montalembert sich in seinen religiösen und politischen Überzeugungen bei aller Biegsamkeit im praktisch-politischen Verhalten stets treu geblieben.[92] Als Glied jener romantischen Generation, die vom „Kult der Freiheit" ergriffen war, hat er den katholischen Liberalismus mit aristokratischem Freiheitsgefühl durchdrungen; er revoltierte gegen den politischen Absolutismus, der ihm in der Staatskirche und

---

[92] Nach Trannoy, a.a.O. S. 491 ff., bilden Kirche und kirchliche Lehre in Montalemberts Denken die Grundlagen für den Aufbau jeglicher Gesellschaft. Zu dieser rationalen Fundierung der Montalembertschen Politik treten als Gefühlselemente romantische und liberale Strömungen hinzu. Sie lassen ihm das Eintreten für die katholische Sache als „Kreuzfahrt wider die Söhne Voltaires" erscheinen, als einen Kampf, der der Wiederherstellung der Gallia christiana gilt.

in der Staatsschule entgegentrat, mit gleicher Leidenschaft wie gegen den kleinbürgerlich uniformierten, despotisch auf Gleichheit erpichten Katholizismus von Männern wie Louis Veuillot.

Noch größer waren die Schwierigkeiten, mit denen Lacordaire, der geistliche Erneuerer des französischen Katholizismus nach 1830,[93] zu ringen hatte. Auch hier kamen die Einwände nicht nur von staatlicher, sondern auch von kirchlicher Seite. Nichts ist bezeichnender für die mühevolle Langsamkeit, mit der sich der französische Katholizismus an die neuen politischen Verhältnisse gewöhnte, als die endlosen Verzögerungen, Hindernisse und Mißhelligkeiten, die man Lacordaires Predigttätigkeit in Notre Dame in den Weg legte. Der Versuch, ein breites Laienpublikum in einem unmittelbar von den Fragen der Gegenwart ausgehenden Stil anzusprechen, erweckte Mißtrauen auf beiden Seiten. Wenn Lacordaire schließlich den Entschluß faßte, den Dominikanerorden in Frankreich zu erneuern, so waren dafür nicht nur religiöse, sondern auch persönliche und politische Gründe maßgebend; er hoffte nämlich als Ordensgeistlicher in seinem Kampf um die öffentliche Geltung des Katholizismus ungehinderter zu sein als in der Abhängigkeit von den Weisungen des in seiner überwiegenden Mehrzahl noch immer gallikanisch-staatskirchlichen Episkopats.[94] Unter seiner Leitung wurde der restaurierte Orden zum Hort eines kühnen, vom offiziellen juste-milieu-Katholizismus wegstrebenden Geistes; er ist es politisch wie religiös auch in der folgenden Zeit geblieben.[95]

Man muß freilich hinzufügen, daß das Mißtrauen des Episkopats gegenüber Lacordaire nicht ganz unbegründet war. Der leidenschaftliche, rasch aufbrausende Rhetor war schon im Triumvirat des Avenirkreises der lauteste und radikalste Sprecher gewesen; er war damals in seinem Eifer so weit gegangen, die Abschaffung des Kultusbudgets und die völlige Trennung von Staat und Kirche zu fordern. Doch übersahen die Bischöfe, daß sich Lacordaires Anschauungen seit 1830 gewandelt hatten und daß er von seinen radikalen Forderungen weitgehend abgekommen war, wie überhaupt sein Temperament und seine

---

[93] Über Lacordaire: die ältere Literatur bei G. Ledos: Morceaux choisis et bibliographie de Lacordaire, Paris 1923; darunter vor allem die Schrift von Montalembert: Vie du Père Lacordaire, Paris 1862. Die beste Biographie von Foisset: Lacordaire, Paris 1870. Seither vor allem: Guihaire: Lacordaire et Ozanam, Paris 1933.
[94] Gurian, S. 119.
[95] Daß der Orden als politisch linksstehend galt, datierte nach Cuvillier, a.a.O. S. 57 ff., aus den Verbindungen der ersten Dominikaner mit der Buchez-Schule.

Sprache nicht darüber hinwegtäuschen konnten, daß er im Grunde eher ein Gemäßigter war, *démocrate par sentiment plutôt que par raison,* wie Aubert von ihm gesagt hat.⁹⁶ Seine Haltung zur Februarrevolution ist hier sehr aufschlußreich: so enthusiastisch er sie zunächst begrüßte, so rasch kehrte er sich wieder von ihr ab, als ihr politischer Radikalismus durchschlug. Infolge seiner großmütigen und begeisterungsfähigen Natur war Lacordaire der ideale Mittler zwischen den liberalen und den demokratischen Strömungen im französischen Katholizismus; sein Denken strebte über alle Gegensätze hinweg stets auf die Harmonie mit dem Gegner hin.

Montalembert und Lacordaire wollten den Katholizismus mit der modernen Gesellschaft versöhnen. Sie setzten sich also im Gegensatz zu Lamennais ein praktisch-politisches Ziel. Ihm dienten die liberalen Mittel und Methoden. Es war die Überzeugung Montalemberts, daß allein der Katholizismus die liberalen Forderungen erfüllen könne. *Rien ne peut se faire sans la liberté,* schrieb er an Lamennais, *et la liberté ne peut exister que par le Catholicisme et avec les Catholiques.*⁹⁷ Und ähnlich heißt es, in einer kühnen Gleichung, bei Lacordaire: *Dieu avait traité l'homme avec respect, en lui donnant la liberté morale, il a traité les nations avec respect en leur donnant par son Fils la liberté politique.*⁹⁸ Klingt hier ein Gedanke an, der unverkennbar an Fauchet erinnert, so schloß doch die Berufung auf die Freiheit des politischen Handelns jede Dogmatisierung der Demokratie als Staatsform aus. Darin liegt der Unterschied, der die zweite Generation des katholischen Liberalismus von Lamennais trennt. Praktisch konnten die Zugeständnisse an die politische Forderung des Tages sehr weit gehen, wie später Montalemberts Mechelner Reden (1863) zeigten;⁹⁹ aber sie entsprangen nüchterner Erwägung des politisch Zulässigen und Möglichen, nicht einer politischen Theologie.

2. Allein, die Ereignisse nach 1830 machten offenbar, daß es bei dem liberalen Pragmatismus Montalemberts und bei Lacordaires rein verbaler Fassung des Freiheitsbegriffs nicht bleiben konnte. Vor allem die

---

⁹⁶ R. Aubert: Le pontificat de Pie IX (Bd. XXI der Histoire de l'Église von Fliche-Martin), S. 46. Lacordaires Artikel in: Avenir vom 27. Okt. und 2., 3. u. 5. Nov. 1848.
⁹⁷ Lettres à Lamennais, S. 21 (22. Nov. 1832).
⁹⁸ Œuvres Bd. IX, S. 202 f.
⁹⁹ Comte de Montalembert: L'Église libre dans l'État libre. Discours prononcés au Congrès Catholique de Malines, Paris 1863. In die Gesamtausgabe der Werke Montalemberts sind die Mechelner Reden nicht aufgenommen; über sie Lecanuet, Bd. III, S. 348 ff.

sozialen Probleme zwangen den französischen Katholizismus zu einer Neuorientierung. Montalembert, der sich um die Bekämpfung der Kinderarbeit und um den Arbeiterschutz verdient gemacht hatte, konnte noch hoffen, den entfesselten Industrialismus durch eine neue Ständeordnung zu bändigen, in der die katholische Führungsschicht – vornehmlich der katholische Adel – die Rolle einer zugleich schützenden und leitenden Elite übernahm. Lacordaire stand solchen Plänen schon weit skeptischer gegenüber, obwohl auch er im Buchez-Kreis den Anschluß an zeitgemäße, dem Geist der Industriegesellschaft angepaßte Formen des Korporations- und Assoziationsgedankens suchte. Das Verdienst jedoch, in großem Stil sozialreformerisch gewirkt und im französischen Katholizismus den Sinn für die Erkenntnis der veränderten Sozialverhältnisse geschärft zu haben, kommt nicht diesen beiden Männern zu, sondern einem Jüngeren, der zur dritten Generation der katholischen Bewegung in Frankreich zählt: Antoine-Frédéric Ozanam.[100] Ihn haben die politischen Probleme, über die man sich seit 1819 im französischen Katholizismus stritt, nicht interessiert; um den Streit, ob Monarchie oder Republik, hat er sich kaum gekümmert; aber er ist zum befeuernden Geist der caritativen Laienbewegung in Frankreich geworden und hat der Christlichen Demokratie, für die er erstmals den Namen prägte, eine vom katholischen Liberalismus wegführende Gestalt gegeben.

Ozanam hatte in seiner Heimatstadt Lyon die erste Welle der Industrialisierung erlebt. Er war Zeuge des Elends der Arbeiter und der daraus erwachsenden materiellen und seelischen Verwahrlosung geworden. Er hatte zugleich die Anziehungskraft, die religiös gefärbte Sozialismen auf die proletarischen Massen ausübten, kennengelernt. Im Kampf gegen den Saint-Simonismus, der zu seiner Zeit eine Art Kirche mit eigenen Vätern und einem peinlich geregelten Ritual geworden war,[101] hat er sich die ersten literarischen Verdienste erworben. Später gründete er in Lyon und in Paris, wo er Recht und Sprachen studierte, die ersten Vinzenzkonferenzen; die Einrichtung verbreitete sich in allen katholischen Ländern. Ozanam hat zwar keine

---

[100] Über Ozanam: E. Galopin: Essai de bibliographie chronologique sur Antoine-Frédéric Ozanam, Paris 1933, und G. Goyau: Ozanam, Paris 1925 (auch deutsch). Ferner M. Rischke: Ozanam, Köln 1927; F. Méjecaze: F. Ozanam, Essai de synthèse des idées et des jugements littéraires, Thèse, Paris 1932; L.-Y. Camus: Frédéric Ozanam, Paris 1953, und A. R. Carranza: Ozanam et ses contemporains, Paris 1953 (darin eine neuere Bibliographie, die aber mit Vorsicht zu benutzen ist; vgl. Études, April 1954). Ausgezeichnet L. Celier: Ozanam, 1956; u. V. Conzemius, Frédéric Ozanam, Freiburg/Schweiz 1983.
[101] G. Goyau, a.a.O. (deutsche Ausgabe), S. 29ff.

soziale Theorie entworfen,[102] aber indem er seinen Zeitgenossen ein Apostolat unermüdlicher Liebestätigkeit vorlebte, half er mit, bei den französischen Katholiken jenes Gefühl sozialer Verantwortung zu wecken, ohne das auch die beste Theorie zur Nutzlosigkeit verurteilt war. Er hat sich bei dieser Aufgabe nicht geschont. Neben seiner sozialen und publizistischen Arbeit übte er noch das Amt eines Professors für ausländische Literatur an der Sorbonne aus. Er starb, frühzeitig verzehrt, im Alter von erst vierzig Jahren.

Mit Ozanam erhob sich gegen den pragmatischen Liberalismus erneut ein Geist, der mit Leidenschaft die Verwirklichung des sozialen Reiches Christi suchte. Ozanam ging nicht wie Lacordaire und Montalembert vom Empirischen aus, sondern von einem Ideal; was ihm vorschwebte, war die urkirchliche Liebesgemeinschaft der Gemeinden von Jerusalem, die ihm als der höchste Gipfel einer christlichen *societas perfecta* erschien.[103] Mit ihrem Geist wollte er die Gegenwart erfüllen. Er war freilich auch kein Schwärmer, der wie Lamennais an eine neue spirituelle Kirche und an eine durch sie verwandelte Menschheit glaubte; wenn er die Gesellschaft für vervollkommnungsfähig hielt, so hing er doch keiner blinden Fortschrittsbegeisterung an.[104] Was ihn von den konservativen Katholiken trennte, war denn auch nicht so sehr ein höherer Grad von Optimismus und Zutrauen in die menschliche Natur als vielmehr eine radikalere Religiosität, verbunden mit begründeten Zweifeln an allen nur äußerlichen, im Politischen verharrenden Regenerationsversuchen des kirchlichen Lebens.

Bemerkenswert ist, daß trotz aller Distanz zu Lamennais die Apokalyptik des Meisters von La Chênaie in Ozanams Werk wieder auflebte. Ozanam war erfüllt von der Vorstellung eines hereinbrechenden Zeitalters der Barbaren; er sah die Zerstörung der alten Welt durch die proletarischen Massen voraus. Er hoffte aber zugleich – auch hierin Lamennais verwandt – auf den Triumph der Kirche. Das Problem des Kulturverfalls, der Barbarisierung hat ihn tief bewegt; er hat dem Schicksal der Kirche in der Völkerwanderung eindringliche

---

[102] Allerdings finden sich einige Ansätze dazu in den Notizen einer Vorlesung über Handelsrecht, die er an der Universität Lyon 1839 hielt. Œuvres complètes, Bd. VIII, S. 471 ff.
[103] „La fraternité chrétienne n'eut jamais d'image plus parfaite que cette église primitive de Jérusalem, où toujours la multitude de ceux qui croyaient n'avaient qu'une âme, et où l'on ne voyait point de pauvres, parce que tous ceux qui possédaient des terres ou des maisons les vendaient et en apportaient le prix." Les origines du socialisme, Œuvres Bd. VII, S. 218.
[104] Du progrès par le christianisme, Œuvres Bd. VII, S. 107 ff.

Betrachtungen gewidmet.¹⁰⁵ Immer wieder fesselte ihn das Schauspiel, wie die rohe Kraft barbarischer Völker, die die alte Kultur überwältigt hatten, allmählich gezähmt und geformt wurde durch die Erziehung der Kirche. Die Kirche als Erzieherin der Barbaren – dieses Motiv zieht sich als ein immer wiederkehrender Ton durch seine Schriften hindurch, ein Orgelpunkt der Zeitkritik, in die auch seine historischen Studien münden.¹⁰⁶

3. Blickt man auf die Entwicklung der politischen Ideen im französischen Katholizismus zwischen 1830 und 1848, so scheint sich zunächst ein Anwachsen demokratischer Tendenzen abzuzeichnen; eine Abkehr von den liberalen Anschauungen, die für die katholische Bewegung in ihren Anfängen charakteristisch waren; eine vertiefte Beschäftigung mit sozialen Problemen, die nicht selten den Spuren sozialistischer Denker (Saint-Simon, Fourier) folgt. Dies ist jedenfalls der erste Eindruck. Man braucht nur den *Avenir* mit der *Ère Nouvelle*, der bedeutenden linkskatholischen Zeitung der Achtundvierzigerrevolution,¹⁰⁷ zu vergleichen, um sogleich den ganzen Unterschied zu spüren, der zwischen 1830 und 1848 liegt: während in der Julirevolution das soziale Thema noch am Rand steht, ist es achtzehn Jahre später in den Mittelpunkt gerückt. Auch die politischen Kräfte, die den französischen Katholizismus prägen, sind andere geworden; in der Februarrevolution haben nicht mehr Montalembert und seine Freunde, sondern Buchez, Ozanam, Maret¹⁰⁸, Cormenin¹⁰⁹ die Oberhand; später tritt Arnaud de l'Ariège hinzu.¹¹⁰ Republikaner und So-

---

[105] La civilisation au cinquième siècle, Œuvres Bd. I und II.
[106] „J'ai toujours cru à l'invasion des barbares; j'y crois plus que jamais. Je la crois longue, meurtrière, mais destinée tôt ou tard à plier sous la loi chrétienne, et par conséquent à régénérer le monde." Brief an Comte de Champagny, 31. Juli 1848, Œuvres Bd. XI, S. 247 ff. Ähnlich in einem Brief an Foisset vom 24. Sept. 1848: „J'ai été de ce que M. Lenormant appelle le parti de confiance; j'ai cru, je crois encore à la possibilité de la démocratie chrétienne ... Œuvres Bd. XI, S. 249 ff. Vgl. auch seinen Aufsatz: Les dangers de Rome et ses espérances, in: Correspondant, Febr. 1848.
[107] Sie war nach dem Avenir das zweite große Presseunternehmen der französischen Démocratie chrétienne und bestand vom 15. April 1848 bis zum 1. April 1849. Eine genaue Analyse gibt Duroselle, a.a.O. S. 294 ff. Vgl. außerdem: P. Fesch: Lacordaire journaliste (1830–1848). Lyon 1897, und P. Guihaire: Lacordaire et Ozanam, Paris 1933.
[108] Über Maret: G. Bazin: Vie de Mgr. Maret, 2 Bde., Paris 1882.
[109] Über Cormenin: P. Bastid: Cormenin, Paris 1948.
[110] Er übernahm Ende 1848 die Führung der christlich-demokratischen Bewegung. Duroselle schildert ihn als eine vorwiegend theoretisch begabte Natur: „Arnaud est plutôt un penseur qu'un homme d'action. Comme orateur il brille plus dans l'exposé des principes généraux que dans la discussion, quoiqu'il ait d'assez belles

zialisten, die das liberale Programm der konstitutionellen Monarchie nicht mehr als gültig betrachten und denen die sozialen Probleme wichtiger sind als die politischen, geben den Ton an: neben Buchez Feuguerray [111], Chevé [112], La Morvonnais [113] und andere. Bezeichnend für diesen allgemeinen Umschwung ist der Pessimismus, mit dem Montalembert die Anfänge der Revolution von 1848 erlebt; [114] er fühlt sein Lebenswerk bedroht durch den Anprall der revolutionären Massen, während Lacordaire auf der Kanzel von Notre Dame das Volk von Paris, das bei seinen Plünderungen die Altäre schont, in begeisterten Hymnen feiert und Ozanam dem bedrängten Führer des liberalen Katholizismus die Mitarbeit an der *Ère Nouvelle* mit den Worten verweigert: *C'est impossible, tu es un vaincu.*[115]

Diesem Bild eines allgemeinen Umschwungs scheint nun allerdings eine weitverbreitete Meinung über die Ereignisse von 1848 und die Rolle der französischen Katholiken zu widersprechen, die besonders von marxistischen Historikern, aber auch von einzelnen Katholiken vertreten worden ist.[116] Sie besagt, daß der französische Katholizis-

---

ripostes. Aussi Arnaud est-il un excellent théoricien de la démocratie chrétienne, qu'il a vigoureusement définie." L'attitude politique et sociale des catholiques français en 1848, RHEF 34 (1948), S. 49 f. Die maschinenschriftliche Arbeit von Duroselle: Arnaud de L'Ariège et la démocratie chrétienne (1848–1851), Paris 1949, war mir nicht zugänglich.

[111] Der bedeutendste Buchez-Schüler; mit Ott besonders um die Renaissance der thomistischen Soziallehre verdient; vgl. seinen Essai sur les doctrines politiques de Saint-Thomas d'Aquin, Paris 1857, den Buchez herausgegeben hat.

[112] Nach Duroselle, Catholicisme social, S. 346, „le plus fécond, le plus hardi aussi des journalistes catholiques sociaux sous la Seconde République."

[113] Er gehörte zum Kreis von La Chênaie, war ursprünglich Fourier-Schüler und suchte die Lehren Fouriers mit dem Katholizismus in Einklang zu bringen. Über ihn: Fleury: Hippolyte de la Morvonnais, Paris 1911.

[114] Vgl. dazu die von A. Trannoy veröffentlichten Tagebücher und Briefe Montalemberts aus den Jahren 1848–1852, RH 192 (1942), S. 253–289, und 196 (1946), S. 408–442. In einer Eintragung vom 24. Februar 1848 heißt es: „Ma carrière politique est terminée, ma position anéantie"; und zwei Tage später: „Je me sens brisé par la chute qui m'a précipité du haut d'une position éminente, unique et souverainement indépendante, pour me faire tomber au niveau de la foule."

[115] Zit. bei P. Guihaire, a.a.O. S. 86.

[116] Dazu der vorhin zitierte Aufsatz von Duroselle in RHEF, wo einleitend mit Recht bemerkt wird, daß „l'attitude des catholiques sous la Seconde République a été jugée moins d'après les textes que d'après certaines interprétations de l'histoire. L'admirable effort accompli par l'équipe de la revue La Révolution de 1848 ... a permis d'élucider bien des questions obscures, mais la revue, fort accueillante aux chercheurs de toutes opinions, fut néanmoins longtemps imprégnée de socialisme marxiste. Autrement dit, elle a admis avec un peu trop d'indulgence, à notre sens, l'interprétation des événements telle qu'elle ressort de la fameuse bro-

mus, eng verbunden mit den sozialen Interessen des Bürgertums, sich nur vorübergehend und zum Schein der revolutionären Bewegung genähert habe; daß er nur auf die Stunde gewartet habe, sich von der unbequemen Allianz mit den republikanischen Kräften wieder zurückzuziehen, um mit Cavaignac und Louis Napoleon eigene Wege zu gehen; daß er schließlich nicht gezögert habe, im geeigneten Moment den Pariser Arbeitern in den Rücken zu fallen, indem er die Auflösung der Nationalateliers betrieb und dadurch eine Zwangslage schuf, aus der nur der offene Aufstand herausführen konnte. Dieser Aufstand wiederum habe ihm dann die willkommene Gelegenheit zum Einsatz des Militärs und zur blutigen Unterdrückung der ganzen Revolution gegeben. Den Beweis für diese Theorie sieht man in der nach der Junischlacht erfolgten Annäherung zwischen dem orleanistischen Bürgertum unter Thiers und der von Montalembert geführten katholischen Partei: dadurch, daß Thiers seine Hand zur Erfüllung der katholischen Schulforderungen geboten habe, sei die katholische Bewegung ins Schlepptau der bürgerlichen Reaktion geraten; die Auflösung der Republik, die Nichterfüllung berechtigter Forderungen der Arbeiter sei der Preis gewesen, den das katholische Bürgertum für die Liquidation der Revolution gezahlt habe.[117]

Ein genaueres Hinsehen zeigt, daß diese Anschauung, die auf dem Axiom eines untrennbaren Zusammenhangs von sozialer Stellung und politischem Handeln beruht, gerade bei der Betrachtung des politischen Katholizismus von 1848 versagt. Denn einmal wirken in diesem Stadium eines noch stark ideologiegebundenen Parteiwesens Klassenunterschiede erst allmählich auf die Politik ein, ein Umstand, der sich besonders deutlich darin zeigt, daß die katholischen Führer dieser Zeit den verschiedensten sozialen Milieus entstammen. Zum andern aber ist zu bedenken, daß auch die religiösen Spannungen und Richtungskämpfe innerhalb der Kirche im französischen Katholizismus ihren Niederschlag gefunden haben, wobei die Linien der religiös-ideologischen Gruppenbildung das Mosaik der sozialen Kräfte vielfältig überschneiden. Nicht einmal die katholische Bourgeoisie, die in diesem Zusammenhang immer wieder genannt wird, ist ein einheitliches Gebilde; sie schließt Legitimisten und Liberale ein. Und die unbefangene Gleichsetzung von sozialem Fortschrittsbewußtsein und politi-

---

chure de Karl Marx: Les luttes des classes en France, 1848–1850. Sous son influence, la majorité des historiens français, marxistes ou non, a adopté le schéma du philosophe allemand (S. 44).„
[117] So besonders H. Guillemin in seiner Histoire des catholiques français au XIXe siècle; vgl. Duroselle, a.a.O. S. 45.

scher Linksposition trifft für die Zeit erst recht nicht zu. Es gab 1848 zahlreiche Republikaner, die der sozialen Frage blind und verständnislos gegenüberstanden, und auf der andern Seite hat sich die katholische Sozialbewegung nach 1850 am stärksten und konsequentesten in der Schule des politisch konservativen Le Play entfaltet. Was endlich das Bündnis Montalemberts mit Thiers betrifft, so ist die Initiative dazu von Thiers ausgegangen: es war eine Konsequenz aus dem Versagen der Institutionen der Zweiten Republik, wenn die intakt gebliebenen politischen Kräfte der Julimonarchie von 1849 an erneut die Initiative zurückgewannen. Stimmt man dem Urteil Paul Bastids zu, daß kaum ein politisches Regime so sehr dazu beigetragen habe, seine eigene Stellung zu untergraben wie gerade die Zweite Republik,[118] so ist nicht einzusehen, warum die Katholiken nicht die Folgerungen aus dieser Sachlage hätten ziehen sollen; ihre Loyalität gegenüber der Republik vom Februar 1848 konnte von der Tatsache nicht unberührt bleiben, daß diese Republik, wie sich in den folgenden Monaten zeigte, zur Lösung der dringendsten politischen und sozialen Probleme unfähig war.

Dennoch bleiben einige Fragen. Wenn schon die republikanischen und sozialistischen Führer der Revolution von 1848 Opfer ihrer eigenen Ideologie gewesen sein mögen, wie kam es, daß auch der liberale Katholizismus, der über größere politische Erfahrungen verfügte, 1848 nicht zum Zug kam und daß die Energien der erneuerten katholisch-sozialen Religiosität so gut wie nichts zum Bestand der Zweiten Republik beitragen konnten? Der Hinweis auf die bürgerliche oder aristokratische Klassenbindung des katholischen Bürgertums und des Episkopats fällt angesichts der gegenteiligen Zeugnisse von Männern wie Ozanam, Cormenin, Buchez und angesichts der fast einhelligen Zustimmung der französischen Bischöfe zur neuen Republik[119] ins Leere. Selbst wenn der republikanisch-soziale Katholizismus, die eigentliche *Démocratie chrétienne,* nur eine Minderheit unter den französischen Katholiken gebildet hat, wie erklärt es sich, daß ihr politischer Impuls so völlig im Ideologischen verpuffte, ohne auf die praktische Politik eine nennenswerte Wirkung auszuüben oder gar, nach 1849, den Lauf der Dinge ändern zu können?

Der Hauptgrund liegt wohl in dem nahezu vollständigen Mangel an wirklichen Kontakten zwischen der Arbeiterschaft und der Mehrzahl der französischen Katholiken, insbesondere in der tiefgehenden Ent-

---

[118] P. Bastid: Les doctrines et institutions de la Seconde République, 2 Bde., Paris 1949, passim.
[119] Eine eindrucksvolle Dokumentation bei Duroselle, a.a.O. S. 46.

fremdung zwischen den aktiven religiösen Laienkreisen (die auch den Kern der religiösen Sozialisten bildeten) und dem Pariser Proletariat. Jean-Baptiste Duroselle hat, gestützt auf neuere französische Forschungen, mit großem Nachdruck auf die Tatsache hingewiesen, daß die französischen Arbeiter in den vierziger Jahren bereits annähernd total entchristlicht waren;[120] sie blieben also außerhalb der größtenteils auf intellektuelle und aristokratische Kreise beschränkten religiösen Erneuerung, die nach 1830 einsetzte. Wie schwer es selbst Buchez hatte, seine Ideen in der Arbeiterschaft zu verwurzeln, geht aus vielen Beispielen hervor.[121] Monsignore Affre, der Bischof von Paris, sah sich bereits 1844 gezwungen, katholische Laien mit der kirchlichen Verkündigung in Arbeiterkreisen zu betrauen, weil der Rahmen der normalen Pfarrseelsorge das neu sich bildende Proletariat nicht mehr faßte; sein Nachfolger Sibour hat später sogar die Gründung einer von „Arbeiterpriestern" getragenen inneren Mission beabsichtigt.[122] Die Schwäche der katholisch-sozialen Kräfte im Jahre 1848 hängt nicht zuletzt damit zusammen, daß sie im luftleeren Raum schwebten; ihre Reformpläne blieben in Ermangelung wirklicher Kenntnis der Arbeiterwelt dem ständisch-korporativen Ideal verhaftet, das schon den Traditionalisten als einzige wirksame Gegenwehr gegen den Individualismus von 1789 erschienen war; man suchte also die Lösung der sozialen Frage nicht in einer Erweiterung und Ergänzung der demokratischen Freiheitsrechte, sondern in deren Einschränkung durch Korporationen. Eben diese Lösung aber wurde durch die Revolution von 1848 unmöglich gemacht, weil sich zeigte, daß in dem sich bildenden Proletariat eine eigene Welt entstanden war, die in die staatlichen wie kirchlichen Rahmenvorstellungen nicht mehr paßte.

Wie war es möglich, einen Zugang zu dieser Welt zu erschließen? Sicher konnte dies nicht geschehen ohne eine tiefgreifende religiöse Reform. Es genügte ja nicht, den französischen Katholizismus aus seiner staatskirchlichen Ghettostellung zu befreien und ihm seine Unabhängigkeit wiederzugeben; viel wichtiger war es, ihn innerlich zu erneuern und seine Kraft in den geistigen Auseinandersetzungen der Zeit fruchtbar zu machen. Der katholische Liberalismus hatte mit der Zerstörung des Gallikanismus und der Sicherung der katholischen Schule seine religiösen Bildungskräfte erschöpft. Für die Aufgaben, die übrigblieben, reichten seine organisatorischen Mittel nicht aus.

---

[120] A.a.O. S. 54 ff.
[121] Siehe unten S. 226 Anm. 158.
[122] Duroselle, a.a.O. S. 48 ff.

Die Durchdringung der Gesellschaft mit einer neuen christlichen Spiritualität war Mönchsarbeit; und Mönche sind es auch gewesen, die im Verein mit den Laien die mühevolle Aufgabe übernahmen, die in den politischen und sozialen Kämpfen der Zeit gewonnene Welterfahrung in neue religiöse Formen zu übersetzen. Die Aufgabe, die sich den katholischen Laien stellte, war völlig neu. Sie erforderte die Fähigkeit, sich loszulösen von der geschlossenen christlichen Welt, in der man bisher gelebt (oder doch zu leben geglaubt) hatte, sie erforderte eine realistische Einschätzung der veränderten sozialen Wirkungsmöglichkeiten des Katholizismus und zugleich eine verfeinerte politische Kasuistik. Gegenüber der verweltlichten Gesellschaft waren andere Methoden erforderlich, als sie Geltung hatten innerhalb einer politisch-religiösen Ordnung, deren Geschlossenheit es dem Einzelnen erlaubte, sich auf eine Ethik individuellen Tugendstrebens zurückzuziehen. In der religiösen Krise, die mit der großen Revolution begann, zeigte sich, daß eine auf das Ziel persönlicher Vollendung hingeordnete Christlichkeit zur Bewältigung der neuen Aufgaben nicht mehr ausreichte. Blieb aber die politische Tätigkeit der katholischen Laien außerhalb einer religiösen Orientierung, so drohte, wie der katholische Liberalismus bewies, die Erstarrung in einem Formalismus des bloß taktischen Handelns. Aus dieser Situation ist jedes Bündnis zwischen den neuerstehenden oder sich reformierenden Orden und dem katholischen Laientum entstanden, das zu den Denkwürdigkeiten der Zeit nach 1830 gehört, jene Begegnung mönchischer und laikaler Lebensformen, die sich in der Freundschaft Buchez' mit den ersten Dominikanern, in der engen Verbindung der Erneuerer und Reformatoren des Dominikaner- und Benediktinerordens, Lacordaires und Dom Guérangers, mit La Chênaie, in der Anteilnahme Montalemberts am Werden und Wachsen von Solesmes äußerte. In der Bewegung der Säkularinstitute nahm diese Begegnung eine Form an, die, von Frankreich ausgehend, den gesamten modernen Katholizismus erobert hat.[123] Aus dieser Situation sind auch Lacordaires und Montalemberts religiöse Schriften entstanden, als eine Besinnung auf den religiösen Rang und die Eigenart des Ordensstandes, aber auch des Laientums in der Kirche. In ihnen trat ein neues Bild der „Heiligkeit in der Welt" ergänzend und korrigierend neben den bis dahin vorherrschenden aszetisch-mystischen Typus.[124] Man

---

[123] Über die Ordensneugründung und die Säkularinstitute vgl. Aubert, a.a.O. S. 457 ff. – Zur heutigen Lage der Säkularinstitute siehe Dokumente IV, 1953, und H. Urs von Balthasar: Der Laie und der Ordensstand, Freiburg 1949.
[124] Y. Congar: Jalons pour une théologie du laïcat, Paris 1954, S. 503 ff. u. S. 561 ff.

kann in diesem Sinne ein Buch wie Montalemberts *Vie de sainte Elisabeth* als Reflex eines soziologischen Vorgangs auffassen: in ihm spiegelt sich das Hervortreten des katholischen Laientums im nachrevolutionären Katholizismus. Die meisten Zeugnisse, in denen das neue laikale Selbstbewußtsein sich zu Wort meldet, stammen aus der Zeit zwischen 1830 bis 1848. Auch darin ist ein Blick auf die Entwicklung „vom *Avenir* zur *Ère Nouvelle*" aufschlußreich.

IV. Die Ideen

1. Die Christliche Demokratie von 1830 und 1848 hat kein fertiges System entwickelt. Sie umspannt eine Vielzahl politischer Typen und Temperamente. Von Lamennais zu Arnaud de l'Ariège, vom liberalen zum demokratischen Katholizismus, von den Ausläufern der traditionalistischen und saint-simonistischen Schulen bis zu den neuerwachenden religiösen Kräften, die sich in Lacordaire und Ozanam verkörpern, reicht ihre Ausstrahlungskraft, Gegensätzliches wie Verwandtes zu einer Einheit fügend. Nicht eine Doktrin vereint die christlichen Demokraten, sondern eine politische Haltung. Es ist das Vertrauen in die Entwicklung der Demokratie. In der Revolution von 1848 bildet die *Démocratie chrétienne,* wie Lacordaire sagt, den *parti de confiance*[125]. Sie vertraut auf die Versöhnung von Kirche und Revolution.

Was verbindet so verschiedene Geister wie Lamennais, Buchez und Ozanam miteinander? Es ist vor allem die Erfahrung der Revolution und des aus ihr hervorgegangenen Unsicherheits- und Krisenzustandes, das Gefühl allgemeiner politischer Labilität, die Vorahnung kommender Katastrophen. *Tous les esprits élevés annoncent que nous sommes arrivés à une période de catastrophes et de déchirements universels,* schreibt der neunzehnjährige Ozanam an seinen Freund Le Jouteux. *Telle est du moins l'opinion de MM. de Chateaubriand, de La Mennais et de Lamartine.*[126] Lamennais, der gern in apokalyptischen Farben malt, entwirft wenige Jahre vor der Julirevolution ein düsteres Bild des modernen Europa: „Kein wirkliches Band zwischen den Staaten, die geteilt sind, geteilt durch die alte Politik der Interessen, die sich durch tausend neue Interessen kompliziert; und in jedem Staat ein Geist der Unabhängigkeit, der, mehr oder minder entwickelt, mehr oder minder begünstigt durch die Zeitereignisse, zu Revolutionen führt oder insgeheim die Grundlagen der Ordnung unterwühlt. Überall oder fast überall reißen sich die Völker von ihren Führern los. Des Gehorsams

---

[125] So hieß später auch der republikanische Flügel des parti catholique in der Nationalversammlung.
[126] Brief vom 23. Juli 1832, Œuvres Bd. X, S. 59 ff.

überdrüssig, weil man ihnen gesagt hat, Gehorsam sei Sklaverei, halten sie sich für unterdrückt, solange sie nicht befehlen. Eine Generation erhebt sich, durchdrungen von anarchistischen Lehren, glühend von Begierden und Leidenschaften und entschlossen, sich eine Welt nach ihren Gedanken zu zimmern. Dies ist das Schauspiel, das Europa bietet."[127] Er sieht eine neue Revolution voraus: „Niemals trachtete man mit so glühender Leidenschaft nach einer neuen Ordnung der Dinge; die ganze Welt ruft nach ihr, ruft also, ohne es sich einzugestehen, nach einer Revolution."[128] Überall Auflösung, Verfall, Niedergang der Religion. Sieg des Unglaubens: „Ein Notschrei erhebt sich im Osten und hallt wider vom Westen: Was geht auf Erden vor? Was sind diese Totenglocken, die in der Ferne klingen, dieses Weinen, diese Trauer, diese allgemeine Angst? Sollten wir, wie einige sagen, dem Leichenbegängnis eines gealterten Christentums beiwohnen? War es dazu bestimmt, sich zu verzehren wie alles andere? Wird eine Zeit kommen, wo selbst es nichts mehr ist als eine Erinnerung?"[129]

Doch dann folgt der für Lamennais so bezeichnende Umschlag: die Revolution zerstört nicht nur, sie bereitet auch dem Neuen den Weg. Unter dem Eindruck der katholischen Emanzipation in Irland und Belgien entdeckt Lamennais die positiven Möglichkeiten der Demokratie: „Sind es nicht in der Tat überall die katholischen Völker, die sich erheben, als hätten sie als erste die Offenbarung der künftigen Geschicke empfangen, die dem Menschengeschlecht vorbehalten sind? Etwas, das süß ist wie die Hoffnung, zieht sie an; etwas, das

---

[127] „Nul lien véritable entre les États, divisés par la vieille politique des intérêts, qui se complique de mille intérêts nouveaux; et, dans chaque État, un esprit d'indépendance qui, plus ou moins développé, plus ou moins favorisé par les événements, éclate en révolutions ou mine sourdement les bases de l'ordre. Partout, ou presque partout, les peuples se détachent de leurs chefs. Las d'obéir, parce qu'on leur a dit que l'obéissance était l'esclavage, ils se croient opprimés tant qu'ils ne commandent pas. Une génération s'élève imbue des doctrines d'anarchie, ardente de désirs et de passions, et résolue à se faire un monde selon ses pensées. Tel est le spectacle qu'offre l'Europe." De la religion, Kap. X, Œuvres complètes, Paris 1836ff., Bd. V, S. 339f.
[128] „Jamais ... on n'aspira avec une si vive ardeur à un nouvel ordre de choses; tout le monde l'appelle, c'est-à-dire appelle, sans se l'avouer, une révolution." Des progrès de la révolution, zit. bei M. Leroy: Histoire des idées sociales en France, Bd. II, Paris 1950, S. 371, Anm. 1.
[129] „Un cri de détresse s'élève à l'Orient, et il est répété à l'Occident: Qu'est-ce que ce donc qui se passe sur la terre? Qu'est-ce que ces glas qui tintent dans le lointain, ces pleurs, ce deuil, cette universelle angoisse? Ainsi que le disent quelques-uns, assisterions-nous aux funérailles du christianisme vieilli? Etait-il destiné à s'user comme tout le reste? Devait-il arriver un temps où lui aussi ne serait plus qu'un souvenir?" Affaires de Rome, S. 198.

mächtig ist wie Gott, treibt sie vorwärts."[130] Es ist kein Zweifel: auch in der Revolution spricht Gott. Das weiß schon der frühe, noch in traditionalistischen Gedankengängen befangene Lamennais: „Immer von oben geht der Anstoß aus bei den Ereignissen, die die ganze Gesellschaft erschüttern."[131] So muß sich auch die Kirche angesichts der demokratischen Bewegung entscheiden, ob sie „schöner und stärker wiedergeboren wird durch die Freiheit oder in schändlicher und unheilbarer Knechtschaft ihr Leben aushaucht: *époque ... unique dans son histoire et dans l'histoire d'aucune autre Église; époque fatale qui décidera de la vie ou de la mort du catholicisme parmi nous.*[132] Das Echo dieser Sätze (geschrieben 1831) klingt wieder bei Ozanam: „Ich glaube ... an einen unmittelbar bevorstehenden Bürgerkrieg, und ganz Europa, in die Netze der Freimaurerei verstrickt, wird der Schauplatz sein. Aber diese entsetzliche Krise wird möglicherweise die Entscheidung bringen, und über den Ruinen der alten erschöpften Nationen wird ein neues Europa sich erheben; dann wird der Katholizismus verstanden werden; dann ist der Augenblick gekommen, die Zivilisation in den alten Orient zu tragen: es wird eine große Epoche sein; wir werden sie nicht mehr erleben."[133] Näher im Politischen liegen die Erwartungen anderer Christlicher Demokraten, etwa Marets, wo es heißt: „Die Prinzipien von 1789 und 1830, die Ideen der Französischen Revolution erscheinen uns, befreit man sie von dem Bösen, das die Leidenschaften ihnen beigemischt haben und immer beimischen können, als Beginn der politischen Ära des Christentums und des Evangeliums. Wir sehen in ihnen eine mögliche und von Mal zu Mal vollkommenere Anwendung jenes Geistes der Gerechtigkeit und Liebe, jenes Grundgedankens der Menschenwürde, die die göttliche Offenbarung der Welt gegeben hat."[134] Lacordaire endlich, in seiner Rede auf den iri-

---

[130] „N'est-ce pas en effet partout les peuples catholiques qui s'émeuvent, comme si, les premiers, ils eussent eu la révélation des destinées futures réservées au genre humain? Quelque chose les attire de doux comme l'espérance; quelque chose les pousse de puissant comme Dieu." Avenir, 26. Juni 1831.
[131] „C'est toujours d'en haut que le branle est donné aux événements qui remuent la société entière." De la religion, Kap. V, a.a.O. S. 169.
[132] Position de l'Église de France, Avenir, zit. bei Boutard, a.a.O. Bd. II, S. 143.
[133] „Je crois ... à une guerre imminente, et l'Europe entière, enlacée dans les filets de la franc-maçonnerie, en sera le théâtre. Mais cette crise redoutable sera probablement décisive, et sur les ruines des vieilles nations brisées, une nouvelle Europe s'élèvera; alors le catholicisme sera compris, alors il lui sera donné de porter la civilisation dans le vieil Orient: ce sera une ère magnifique; nous ne la verrons pas (in dem Anm. 126 erwähnten Brief)."
[134] „Les principes de 1789 et de 1830, les idées de la Révolution française dégagées de tout le mal que les passions y ont mêlé et peuvent y mettre encore, nous parais-

schen Katholikenführer O'Connell, setzt unbefangen die Interessen der Kirche mit denen der Menschheit gleich: „Die moderne Gesellschaft ist der Ausdruck der menschlichen Bedürfnisse, und folglich ist sie auch der Ausdruck der Bedürfnisse der Kirche."[135] So führt vom Gedanken des liberalen Lamennais, daß Gott in allen Veränderungen der Welt gegenwärtig sei, eine Brücke zum Republikanismus der jüngeren Generation, die mit Ozanam in der Revolution *l'avènement temporel de l'Évangile*[136] erkennt. Noch in Montalemberts Mechelner Reden, der engsten Annäherung des liberalen Katholizismus an die Demokratie, klingen diese Stimmungen nach: „Ich blicke um mich und sehe überall nur die Demokratie. Ich sehe die Sintflut steigen, immer weiter steigen. Ich würde wohl erschrecken als Mensch; ich erschrecke nicht als Christ, denn zur gleichen Zeit wie die Sintflut sehe ich auch die Arche."[137]

Das religiöse Pathos der *Démocratie chrétienne* konnte freilich nicht andauern. Es war eine flüchtige Erregung, ein Aufschwung, der mit der Junischlacht und dem Emporkommen des dritten Bonaparte ein Ende fand. Im Parlament trieb der *parti de confiance* nach dem Weggang Lacordaires steuerlos dahin. Die *Ère nouvelle,* in der verschiedene politische Tendenzen miteinander rangen, verwandelte sich in ein gemäßigtes Blatt, das seinen demokratischen Schwung mehr und mehr verlor; im Mai 1849 stellte sie ihr Erscheinen ein.[138] Versuche, der christlich-demokratischen Bewegung nachträglich noch ein festeres organisatorisches Gerüst zu geben, wie sie Arnaud de l'Ariège in seinem *Cercle de la Démocratie catholique* unternahm, blieben ebenso erfolglos wie die verschiedenen publizistischen Neugründungen, die der *Ère nouvelle* folgten. Es zeigte sich, daß die Mehrheit der französischen Katholiken konservativ geblieben war und von dem Bündnis mit der Demokratie, das Ozanam vorschlug, nichts wissen wollte. Zwar

---

sent l'ère politique du christianisme et de l'Évangile. Nous y voyons une application possible et de plus en plus parfaite de cet esprit de justice et de charité, de ce principe de dignité humaine, donnés au monde par la révélation divine." Zit. bei G. Bazin, a.a.O. Bd. I, S. 225.
[135] „La société moderne est l'expression des besoins de l'humanité, et par conséquent elle est aussi l'expression des besoins de l'Église." Éloge funèbre de Daniel O'Connell, Œuvres Bd. VIII, S. 192.
[136] So in einer Botschaft Aux électeurs du département du Rhône vom 15. April 1848, zit. bei Duroselle, Catholicisme social, S. 301.
[137] „Je regarde devant moi et je ne vois partout que la démocratie. Je vois ce déluge monter, monter toujours. Je m'en effrayerais volontiers comme homme, je ne m'effraie pas comme chrétien, car en même temps que le déluge je vois l'arche." Discours de Malines, Paris 1865, S. 14 f.
[138] Siehe oben Anm. 107.

war der französische Katholizismus, wie die ersten allgemeinen Wahlen zeigten, durchaus in der Lage, sich mit demokratischen Mitteln zu behaupten. Aber der Zustrom kleinbürgerlicher und bäuerlicher Wählerstimmen wirkte sich nicht aus im Sinne einer Versöhnung mit der Republik, wie die Christlichen Demokraten gehofft hatten, sondern stärkte die Beharrungstendenzen im Land. Nach der blutigen Niederschlagung des Pariser Arbeiteraufstandes näherte sich der *parti catholique,* dessen Führung erneut Montalembert übernommen hatte, der orleanistischen Partei unter Thiers, und diese Koalition trug den dritten Napoleon empor, dessen Herrschaft nicht nur der christlich-demokratischen Bewegung von 1848, sondern auch dem Experiment der Zweiten Republik ein Ende machte.

So bilden die Jahre 1848–1852 eine Epoche in der Geschichte des französischen Katholizismus. Sie besiegelten das Ende des Versuchs, Kirche und moderne Gesellschaft auf der Basis eines demokratischen Sozialismus zu versöhnen, und sie bahnten zugleich die Rückkehr des Bürgertums zur Kirche an. Die *Lex Falloux,* die den katholischen Kongregationen einen beherrschenden Einfluß auf die Volks- und Mittelschulen einräumte, erfüllte zwar nur eine alte Forderung des katholischen Liberalismus, aber sie hätte kaum Aussicht gehabt, in der Kammer angenommen zu werden, wäre nicht die liberale Rechte aus Gründen der *défense sociale* (und wider ihre eigentliche Überzeugung) Montalembert zu Hilfe gekommen. Vor die Wahl gestellt, zwischen dem katholischen Curé und dem laizistischen Lehrer, entschied der Voltairianer Thiers sich für den Curé, *parce que je compte beaucoup sur lui pour propager cette bonne philosophie qui apprend à l'homme qu'il est ici-bas pour souffrir.*[139] Mit dieser Hypothek des Zynismus belastet, ging das *édit de Nantes du dix-neuvième siècle* (Lacordaire) über die parlamentarische Bühne. Daß angesichts dieser rein taktischen Verwendung der Religion und angesichts des Jubels, mit dem wenig später Napoleon III. als Retter der Kirche und neuer Konstantin gefeiert wurde, das spöttische Wort von der *alliance du sabre et du goupillon,* vom Bündnis des Säbels mit dem Weihwedel, umzugehen begann, war kein Wunder. Der Antiklerikalismus fand neue Nahrung in den Kreisen der Arbeiter, die bis dahin der Kirche noch nicht ausgesprochen feindlich gegenübergestanden hatten, nun aber in großer Zahl ins Lager des Sozialismus übergingen, da die Hoffnungen, die sie auf den Katholizismus gesetzt hatten, enttäuscht worden waren. Seit 1850 verliefen die Wege von Kirche und Arbeiterschaft in Frankreich getrennt.

---

[139] Aubert, a.a.O. S. 50.

Dabei ist es trotz aller Anstrengungen der Kirche bis zum heutigen Tag geblieben. Auch in diesem Sinne war die Februarrevolution epochemachend im Schicksal des französischen Katholizismus.

Der Fehlschlag der apokalyptischen Hoffnungen löste bei den *chrétiens démocrates* tiefe Ernüchterung aus; sie spürten plötzlich, wie sehr sie innerhalb des französischen Katholizismus allein standen. Die meisten zogen sich, Lacordaires Beispiel folgend, aus dem politischen Leben zurück. Wer nicht zum *parti de l'ordre* überwechselte, dessen demokratischer Überschwang war doch durch die Ereignisse gedämpft worden; so hat sich vor allem Buchez in seinen letzten Lebensjahren liberaleren Auffassungen genähert.[140] Wer zu politischer Muße gezwungen war, benutzte die Gelegenheit, die Probleme von Demokratie und Kirche aus einer dem aktuellen Streit entrückten Perspektive zu betrachten. Gerade in den Jahren des *Second Empire* haben die Christlichen Demokraten Frankreichs eine reiche schriftstellerische Tätigkeit entfaltet.[141]

2. Hier ist daran zu erinnern, daß die Geschichte der *Démocratie chrétienne* eng verflochten ist mit jener Bewegung des Denkens, die zur Entstehung der modernen französischen Soziologie geführt hat.[142] Was Lamennais und Buchez, was Maret und Ozanam beschäftigt hatte, war ja eben die Krise, in die Frankreich mit der Großen Revolution geraten war, die Erschütterung, die das Staatsgebäude aus den Fugen gerissen, die bisher gültige Ordnung der sozialen Werte eingeebnet und von der Gesellschaft des *Ancien Régime* nichts übriggelassen hatte als einen Haufen von Mosaiksteinen, deren Neugruppierung dem Spiel der soziologischen Phantasie einen immer neuen Anreiz bot. Lamennais wollte die politische Gesellschaft erneuern aus dem Grund der Religion; Buchez versuchte durch wissenschaftliche Kritik die Hemmnisse des providentiellen Fortschritts aus dem Weg zu räumen; Lacordaire drängte auf eine Anerkennung der Versöhnung zwischen Kirche und moderner Gesellschaft, die nach seiner Ansicht bereits vollzogen war, während Ozanam sie erst von der Zukunft erwartete. In all diesen Abwandlungen tritt ein Gleiches hervor: eine Betrachtungsweise, die im Christentum ein Element des sozialen Fortschritts sieht. „In den drei großen Epochen, in denen die moderne Gesellschaft sich formte", so kann Lacordaire sagen, „haben wir ihr

---

[140] Cuvillier, a.a.O. S. 78 ff.
[141] Duroselle, a.a.O. S. 657 ff.
[142] Hierzu N. Sombart: Vom Ursprung der Geschichtssoziologie, in: Archiv für Rechts- und Sozialphilosophie 41 (1955) S. 469–510.

die Hand entgegengestreckt. 1789 war es die Mehrheit der Kleruskammer, die sich zuerst mit dem Dritten Stand vereinigte und die Abstimmung nach Ständen durch die nach Köpfen ersetzte, was gleichbedeutend war mit dem Todesstoß für das Feudalsystem ... Man sah ein Konkordat, das eine alte Kirche zerbrach, die Absetzung eines ganzen Episkopats, der der Repräsentant einer vergangenen Gesellschaft war, man sah den Nachfolger des heiligen Petrus Europa durchqueren, um dem neuen Mann die Krone aufs Haupt zu setzen. 1830 stürzte sich der bedeutendste Priester, den die französische Nation seit Bossuet hervorgebracht hatte, in den Sturm, der Nation entgegen, und wenn er scheiterte, so weit weniger, weil er das Ziel überschritten hätte, sondern vielmehr, weil er ihm nicht völlig gerecht geworden war."[143]

Es gibt also im französischen Katholizismus eine revolutionäre Tradition. Sie reicht von den geistlichen Constituants von 1789 bis zu Lamennais. Die Katholiken sind im Spiel bei allen Umwälzungen, die zur Bildung der modernen Gesellschaft geführt haben. Dabei hat ihre Mitwirkung nicht nur eine politische, sondern auch eine religiöse, eine kirchliche Seite. Die Genugtuung, mit der Lacordaire auf die Absetzung des französischen Gesamtepiskopats im Zug des Konkordatsschlusses zwischen Napoleon und dem Papst verweist,[144] ist kaum zu überhören: auch diese Revolution, dieser Aufstand der päpstlichen Gewalt gegen den gallikanischen Partikularismus, ist eine Epoche in der Bildung der modernen Gesellschaft! Man versteht von hier aus den Kampf, den Lamennais und Lacordaire gegen das Staatskirchentum der Restauration und des Bürgerkönigtums führten; sie fühlten deutlicher als die in gallikanischen Gedankengängen aufgewachsenen hohen Prälaten, daß sich das kirchliche System Bossuets nicht mehr

---

[143] „Aux trois grandes époques de formation de la société moderne nous lui avons tendu la main. En 1789, ce fut la majorité de la chambre du clergé qui se réunit la première au tiers état qui entraîna la substitution du vote par tête au vote par ordre, ce qui était briser les restes de l'institution féodale ... On vit un concordat qui détruisait une Église ancienne, le renversement de tout un épiscopat, représentant de la société passée, et le successeur de saint Pierre traversant l'Europe pour venir poser la couronne sur le front de cet homme nouveau. En 1830, le prêtre le plus remarquable qu'eût produit l'Église de France depuis Bossuet, courut dans la tempête au-devant de la nation, et s'il a péri, c'est bien moins pour avoir outre-passé le but, que pour n'avoir pas compris toute la justice lui était rendue. „Mémoire pour le retablissement en France de l'ordre des Frères-Prêcheurs, Œuvres Bd. IX, S. 82f.
[144] Wobei er freilich verschweigt, daß diese Operation niemand peinlicher war als Rom selbst; vgl. J. Schmidlin: Papstgeschichte der neuesten Zeit, München 1933ff., Bd. I, S. 53, Anm. 69.

erneuern ließ, nachdem die Revolution den feudalen Episkopat und den *roi très chrétien* beseitigt hatte.

Lamennais betrachtete den Sturz des Gallikanismus als ein Gottesurteil. *Lorsque Dieu voudra que le monde change*, schrieb er im *Avenir, il changera tout le système des rapports qui lie son Église aux souverainetés temporelles.*[145] Heftig bekämpfte er den auf den organischen Artikeln des Konkordats ruhenden politischen Gallikanismus, die mit ihm verbundene Praxis des Mißbrauchsappells und die Unterwerfung der römischen Erlasse unter das Placet der Regierung:[146] „Die Religion verwaltet wie Zölle und Steuern, das Priestertum degradiert, die Disziplin zerstört, die Verkündigung unterdrückt, die Kirche, in einem Wort, ihrer notwendigen Unabhängigkeit beraubt, jeden Tag unter größeren Schwierigkeiten mit ihrem Oberhaupt verkehrend, jeden Tag härter den Launen der weltlichen Macht unterworfen, von ihr zu allen Diensten gebraucht, alles von ihr empfangend, Priester, Gesetze, ja selbst die Lehre: was ist das, wenn nicht der Tod?"[147] Er strebte danach, die Kirche aus einer *église salariée* wieder zu einer freien Kirche zu machen, sei es selbst um den Preis ihrer völligen Trennung vom Staat. Wie er haben auch Lacordaire und Arnaud de l'Ariège die Trennung von Staat und Kirche gefordert.[148]

Lamennais hat dem Gallikanismus in Frankreich einen entscheidenden Schlag versetzt und zum Sieg jener Bewegung beigetragen, die man im 19. Jahrhundert polemisch Ultramontanismus nannte, zur Unterordnung der nationalen Sonderkirchen unter den Universalismus Roms. Es kam ihm dabei zustatten, daß das Staatskirchentum der Restaurationszeit keine innere Festigkeit mehr hatte, daß es bereits ein System auf Abruf war, ganz auf die Gunst der politischen Verhältnisse angewiesen und außerstande, den Sturz der Bourbonen zu überdau-

---

[145] 28. Juni 1831.
[146] Weitere Bestimmungen waren: Verbot von Bischofssynoden oder Romreisen ohne Genehmigung der Regierung; Abschaffung aller Exemtionen; Voranstellung der Ziviltrauung vor der kirchlichen; Verpflichtung der Seminarprofessoren auf die gallikanische Deklaration von 1682 usw. Über die organischen Artikel vgl. Leflon, a.a.O. S. 194 ff., sowie f. Mourret: Histoire générale de l'Église, Paris 1917 ff., Bd. VII, S. 329.
[147] „La religion administrée comme les douanes et l'octroi, le sacerdoce dégradé, la discipline ruinée, l'enseignement opprimé, l'Église, en un mot, privée de son indépendance nécessaire, communiquant chaque jour plus difficilement avec son chef, et chaque jour plus durement soumise aux caprices du Pouvoir temporel, façonnée par lui à tous les usages, recevant tout de lui, ses pasteurs, ses lois, sa doctrine même, qu'est-ce que cela, si ce n'est pas la mort?" Avenir, 18. Oct. 1830.
[148] Lacordaire: siehe oben, S. 205 f. Für Arnaud de l'Ariège vgl. dessen Buch La Révolution et l'Église, Paris 1869.

ern. Nach der Julirevolution, die den letzten gesalbten König von Frankreich ins Exil verbannte und die Bezeichnung des Katholizismus als *religion dominante* aus der Charte strich, war die Einmischung des Staates in innerkirchliche Angelegenheiten vollends zum Anachronismus geworden. Der gallikanische Eigenwille hätte, selbst wenn er allen schlechten Erfahrungen zum Trotz am Bündnis mit der politischen Macht gegen Rom festhielt, an einem laizistischen oder doch neutralen Staat keine Stütze mehr gefunden. So mußten sich die inneren Verhältnisse der Kirche notwendig in einer Weise gestalten, die der monarchischen Gewalt des Papstes neuen Auftrieb gab. Lamennais hat diesen Prozeß erkannt und nach Kräften gefördert; er ist nach de Maistre zum beredtesten Fürsprecher der päpstlichen Infallibilität geworden. Wie jener sah auch er im Papst nicht nur das principium fidei, sondern auch das *principium societatis: Sans pape, pas d'Église, sans Église, point de christianisme, sans christianisme, point de religion et point de société, de sorte que la vie des nations européennes a sa source, son unique source, dans le pouvoir pontifical.*[149] Von der päpstlichen Gewalt gehen, wie von einem festen Punkt im Wirbel der revolutionären Veränderungen, fortwährend neue Legitimationen aus, die den Neubau der Gesellschaft ordnen und lenken. Damit ist Lamennais' Programm: *reconstituer la société politique à l'aide de la société religieuse* auf seine knappste institutionelle Formel gebracht.

3. Von der päpstlichen Autorität her erneuert, wirkt die Kirche ihrerseits autoritativ auf die Gesellschaft ein. Hier haben die Christlichen Demokraten – vornehmlich die Generation von 1848 – Lamennais' Ansätze weitergeführt. Schon Ozanam erkannte, daß die sozialen Probleme vor den politischen das Übergewicht erlangt hatten: *Derrière la révolution politique, nous voyons une révolution sociale.*[150] Buchez hatte zuerst das Thema entwickelt: Die Gesellschaft ist in zwei Klassen gespalten; die eine ist im Besitz der Produktionsmittel; die andere hat nichts; sie arbeitet für die erste, um auf diese Weise ihr Leben zu fristen. Dies ist der Zustand, der überall dort eintritt, wo sich der liberale Staat etabliert: der nur halbgelungenen Egalisierung folgt sogleich, als Rückschlag, eine neue schärfere Differenzierung des sozialen Aufbaus nach Geld und Besitz.[151] – Ähnliche Beobachtungen finden sich bei Ozanam. In einem Brief an seinen Freund Lallier schildert er den Kampf der Klassen als das bewegende Geschehen der Zeit:

---

[149] De la religion; zit. bei Leflon, a.a.O. S. 480.
[150] L'attente et l'action, in: Correspondant, März 1848.
[151] Introduction, Bd. I, S. 8f.

"... wenn das der Kampf ist zwischen denen, die nichts, und denen, die zuviel haben, dann ist es unsere Pflicht als Christen, uns zwischen diese unversöhnlichen Feinde zu stellen und dahin zu wirken, daß die einen verzichten, als erfüllten sie ein Gesetz, und die andern empfangen, als empfingen sie eine Wohltat; daß die einen aufhören zu fordern und die andern aufhören zu verweigern; daß die Gleichheit sich verwirkliche, soweit das unter Menschen möglich ist; daß die freiwillige Gemeinschaft an die Stelle erzwungener Steuern und Anleihen trete; daß die Liebe schaffe, was die Gerechtigkeit allein nicht schaffen kann."[152] Wie man sieht, vertraut Ozanam vor allem auf die freie christliche Liebestätigkeit, während Buchez dagegen eine gesetzliche Arbeitsorganisation anstrebt.

Es ist kein Zufall, daß die Betrachtung der sozialen Probleme bei den Christlichen Demokraten wiederum hervorwächst aus ihrer Kritik an der Revolution. Die Proletarisierung, so lesen wir bei Buchez, ist letztlich eine Auswirkung des individualistischen Ungeistes von 1789, der die alten Korporationen zerstört hat, ohne etwas Neues an ihre Stelle zu setzen, und damit den Arbeitern die Möglichkeit nahm, sich gegen Übervorteilung und Ausbeutung zu schützen.[153] Die bürgerliche Revolution, die fälschlich von den Rechten, nicht von den Pflichten des Menschen ausging,[154] hat der sozialen Anarchie Tür und Tor geöffnet. – Damit klingt ein Thema an, das in der folgenden Zeit vor allem vom konservativen Katholizismus aufgenommen und instrumentiert worden ist, nämlich der Hinweis auf die Notwendigkeit ordnender, den Aufbau der Gesellschaft gliedernder Gemeinschaften, ohne die, wie schon Lamennais bemerkt hatte, der Staat nichts ist als eine *vaste agrégation d'individus dépourvus de lien*.[155] Hier weisen die Gedanken Buchez' weit in die Zukunft voraus. Der Aufstieg der Gewerkschaftsbewegung, den man als einen Einbruch korporativer Prinzipien in den Individualismus der *démocratie pure* auffassen kann, hat sich in Frankreich unter der Protektion des konservativen Sozialka-

---

[152] „... si c'est la lutte de ceux qui n'ont rien et de ceux qui ont trop ... notre devoir à nous chrétiens est de nous interposer entre ces ennemis irréconciliables; et de faire que les uns se dépouillent comme pour l'accomplissement d'une loi, et que les autres reçoivent comme un bienfait; que les uns cessent d'exiger et les autres de refuser; que l'égalité s'opère autant qu'elle est possible parmi les hommes; que la communauté volontaire remplace l'impôt et l'emprunt forcés; que la charité fasse que la justice seule ne saurait faire." Brief vom 5. Nov. 1836; Œuvres, Bd. X, S. 213 ff.
[153] Histoire parlementaire, Bd. XXXII, Vorrede.
[154] „Le droit émane du devoir", sagt Buchez mit Fauchet und Grégoire. Castella, Buchez, S. 57.
[155] De la religion, Kap. V; Œuvres Bd. V, S. 169.

tholizismus aus der Schule de Muns vollzogen. Seine Anstrengungen trugen wesentlich dazu bei, daß die *Lex Le Chapelier* fiel, die jede berufliche oder gewerkschaftliche Interessenorganisation verbot.[156] Und die Soziallehren Leos XIII. (noch stärker die Pius' XI.) sind eingebettet in die Konzeption einer berufsständischen Ordnung, die dem sehr nahekommt, was die Christlichen Demokraten unter einer „gegliederten Gesellschaft" verstanden.

Natürlich hat Buchez noch nicht an Gewerkschaften im modernen Sinn gedacht. Wir erwähnten schon, daß seinen Arbeiterassoziationen ein anderer Gedanke zugrunde liegt, nämlich das Bemühen, den Gegensatz von Kapital und Arbeit aufzuheben in einer umfassenden *organisation du travail*. Die Arbeiter sollen selbst zu Unternehmern werden. Die Assoziationen sind also nicht, wie die späteren Gewerkschaften, Widerstandsorgane der Arbeiter im Kampf wirtschaftlicher Interessen, sie sollen im Gegenteil gerade die von Interessen und Egoismen beherrschte industrielle Gesellschaft umformen, und zwar durch eine ins Soziale gewandte republikanische *vertu*. Buchez spricht aus einer vor-klassenkämpferischen Situation heraus.[157] Seine Mahnungen richten sich daher mit gleicher Dringlichkeit an alle *industriels*, seien sie Arbeiter oder Unternehmer. Denn beide sind von der Ansteckung des Materialismus bedroht.[158] Buchez hofft die verderblichen Wirkungen der bürgerlichen Revolution durch eine Erziehung im christlich-sozialen Geist zurückdrängen zu können, überzeugt, daß der gesellschaftliche Zustand früher oder später sich ändern müsse:

---

[156] Über die Lex Le Chapelier vgl. E. Soreau: La loi Le Chapelier, in: Annales historiques de la Révolution française Bd. VIII (1931), S. 288–314. Das Gesetz wurde unter Napoleon III. gemildert und endgültig aufgehoben durch das Syndikatsgesetz von 1884. Dazu H. Rollet: L'action sociale des catholiques en France 1871–1901, Paris 1947, S. 218 ff. und S. 469 ff.

[157] Ein klassenbewußtes Proletariat beginnt sich in Frankreich erst von 1840 an zu bilden; vgl. E. Dolléans: Histoire du mouvement ouvrier, Paris 1936 ff., Bd. I, S. 227 ff. Rohden: Zur Soziologie des politischen Katholizismus in Frankreich (vgl. oben S. 198, Anm. 74, bemerkt hierzu: „Da die sozialistischen Theoretiker in der ersten Hälfte des neunzehnten Jahrhunderts nicht zu einem klassenbewußten Industrieproletariat sprachen, so stand ihr Denken dem Einstrom all jener utopistischen Motive offen, die erst der Marxismus über Bord geworfen hat. Niemals sind deshalb konfusere Projekte zur Lösung der sozialen Frage geschmiedet worden als in diesem Zeitraum. Niemals hat man so wahl- und instinktlos mit Begriffen wie ‚neues Christentum', ‚Sozialismus des Evangeliums' u. ä. operiert (S. 497)."

[158] Buchez' Arbeiter beklagen sich, es sei leichter 100 000 Francs zu bekommen als einen Arbeiter, der unter Verzicht auf die Chance, jemals Meister zu werden, bereit wäre, in eine Arbeiterassoziation einzutreten. Histoire parlementaire, Bd. XXXII, S. VIII.

Cette inégalité est une monstruosité odieuse dans une société chrétienne.[159]

Sind für Buchez Christentum und Sozialismus Namen eines Begriffs, so äußert sich Ozanam zurückhaltender. Man hat im Sozialismus Wahres und Falsches zu unterscheiden; einige seiner Lehren sind christlichen Ursprungs, andere sind unchristlich; nicht alle können von der Kirche angenommen werden.[160] Das richtet sich gegen Fourier und Saint-Simon, aber auch gegen Buchez und seinen sozialen Perfektionismus. Zwar glaubt auch Ozanam an Fortschritte im sozialen Leben; aber er vertraut weder wie Buchez auf ein umfassendes, staatlich garantiertes Selbsthilfeprogramm, noch hält er wie der konservative Villeneuve-Bargemont[161] die direkte Staatsintervention für ein geeignetes Mittel, um den aus der Industrialisierung erwachsenen Schwierigkeiten beizukommen. Niemals werden Gesetze die soziale Frage lösen können, immer wieder wird persönliche Hilfe, Caritas, notwendig sein. Wie die Sozialisten des Buchez-Kreises wünscht auch Ozanam „den Glauben und die Liebe der ersten Jahrhunderte" zurück: *Ce n'est pas trop pour notre âge.*[162] Während aber der Neokatholik Buchez an die Wiederbelebung der urkirchlichen Spiritualität denkt, will *er* das Christentum in der sichtbar-geschichtlichen Gestalt der Kirche, in welcher der *esprit d'association* verleiblicht ist, dem zivilisatorischen Egoismus gegenüberstellen. So mündet sein soziales Denken in die große, zuerst von Lamennais entwickelte Antithese: hier revolutionärer Individualismus, hie kirchlicher Gemeingeist ein. „Während die modernen Gesetzgeber das Ideal einer politischen Ordnung erstreben, in der dem Staat nur Individuen gegenüberstehen, deren Ungehorsam ihn niemals bedrohen wird, hat die Kirche, diese große Gesellschaft, die, wie es scheint, mehr als jede andere Grund hätte, solchen Widerstand zu verabscheuen, sich dagegen nicht gefürchtet, in ihrem Schoß alle Arten von Gemeinschaften in stetig wachsender Zahl zu autorisieren: von den National-, Provinzial- und Diözesankirchen, deren Sonderrechte sie anerkennt, bis zu den Orden, denen sie Ehre erweist, und den letzten Bruderschaften, die sie

---

[159] Ebenda, S. Xf.
[160] Les origines du Socialisme, Œuvres Bd. VII, S. 211 ff.
[161] Der bedeutendste Theoretiker des konservativen Sozialkatholizismus neben Le Play; sein Hauptwerk: Économie politique chrétienne, Paris 1834. Über ihn vgl. Théry: Villeneuve-Bargemont, Nancy 1911; M. I. Ring: Villeneuve-Bargemont, precursor of modern Social Catholicism, Milwaukee 1935; auch Seiler, a.a.O. S. 57 ff.
[162] Brief an X ... vom 23. Febr. 1834; Œuvres Bd. X, S. 146 ff.

segnet." Die Kirche will aber nur die freiwillige Vereinigung. „Niemals hätte das Christentum jener erzwungenen Gemeinschaft zugestimmt, die den Menschen schon von seiner Geburt an in Beschlag nimmt, ihn von der Staatsschule zur Staatsfabrik treibt und ihn dadurch zu einem willenlosen Soldaten in der industriellen Armee, zu einem einsichtslosen Rädchen in der Staatsmaschine herabwürdigt." So steht die christliche Sozialauffassung zwischen den Extremen des Individualismus und des Kollektivismus; sie sucht einen Ausgleich zwischen beiden zu finden *en prêchant l'association, mais en la prêchant volontaire*.[163]

Die Polarität Buchez-Ozanam ist nur eine besonders auffallende Form der alten Spannung von Freiheit und Gesetz, Liebestätigkeit und staatlicher Fürsorge. Caritas und Gerechtigkeit, welche die ganze Geschichte der katholischen Sozialethik durchzieht.[164] Man mag an dieser Stelle darauf verweisen, daß die Wege, welche die *Démocratie chrétienne* zur Lösung der sozialen Frage einschlug, einseitig und unzulänglich waren: der Ozanams, weil private Liebestätigkeit nicht zur Bewältigung der sozialen Aufgaben ausreichte; der Buchez', weil er gewaltsam harmonisierend auf eine wirtschaftliche Totallösung hindrängte, für die die Zeit noch nicht reif war. Entscheidend ist jedoch in unserem Zusammenhang, daß sich bei Buchez und Ozanam bereits wesentliche Elemente der katholischen Soziallehre finden, wie sie sich im 19. Jahrhundert neu herauszubilden begann, nämlich die Forderung nach einem subsidiären Aufbau der Gesellschaft und die Ablehnung des Klassenkampfes.

4. Wenn die *Démocratie chrétienne* von 1848 herauswuchs aus dem katholischen Sozialismus der „gereinigten" saint-simonistischen und

---

[163] „Tandisque les législateurs modernes poursuivent l'idéal d'un ordre politique ou l'État ne trouve en présence de lui-même que des individus dont l'insubordination ne le mettra jamais en péril, l'Église, au contraire, cette grande société qui devait, ce semble, plus que tout autre, abhorrer les résistances, ne craignait pas d'autoriser, de multiplier dans son sein toutes les sortes de communautés; depuis les Églises nationales, provinciales, diocésaines dont elle reconnaît les priviléges, jusqu'aux ordres religieux qu'elle honore et jusqu'aux dernières confréries qu'elle bénit ... Jamais le Christianisme n'aurait consenti à cette communauté forcée qui – saisissant la personne humaine á sa naissance, et la poussant de l'école nationale aux ateliers nationaux, n'en ferait qu'un soldat sans volonté dans l'armée industrielle, un rouage sans intelligence dans la machine de l'État." Les origines du Socialisme, a.a.O. S. 245 ff.
[164] Dazu W. Schöllgen: Die soziologischen Grundlagen der katholischen Sittenlehre, Düsseldorf 1953, S. 373 ff.

fourieristischen Schulen, so war sie deshalb doch keineswegs eine sozialistische Bewegung im üblichen Sinne. Zwar forderte auch sie, was die Sozialisten forderten: allgemeines Wahlrecht, Beschränkung der Arbeitszeit und Verankerung des Rechtes auf Arbeit in der Verfassung. Aber dies alles stand bei ihr in anderen Zusammenhängen und diente anderen Zielen, als sie die Sozialisten verfolgten. Denn der *Démocratie chrétienne* ging es weniger um die *Befreiung* als um die *Erziehung* des Proletariats; sie erstrebte zwar die Teilnahme des Volkes an der politischen Macht, aber es war das christliche Volk, das herrschen sollte: die von der Kirche erzogenen „Barbaren" sollten die Demokratie regieren. Von ihnen erhoffte Ozanam die Überwindung der sittlichen Lauheit des alten Liberalismus und eine Stärkung der politischen und sozialen Moral. Er ließ keinen Zweifel darüber, daß Privategoismus, hemmungslose Konkurrenz, Ehescheidung oder staatlich konzessionierte Prostitution mit dem Geist der Demokratie unvereinbar seien; wenn irgendwo, so führt er hier die Tradition Fauchets fort.[165] Zerstört werden sollte vor allem der Glaube, daß der Staatszweck darin liege, möglichst vielen ein ungestörtes äußeres Glück zu schaffen. Auch Buchez hat die moderne Massensuggestion des *Glücks* bekämpft; er sah in ihr einen Schritt auf dem Wege zur Sklaverei und zur Allmacht des Staates. Nicht das Glück, sondern *la vertu*, die Bürgertugend, sollte Ziel und Antrieb des wirtschaftenden Menschen sein. *Ainsi tous, en quelque lieu que nous soyons placés, riches ou pauvres, nous devons tous, dans l'intérêt de l'avenir, dans l'intérêt de nos enfants, nous devons repousser loin de nous les enseignements qui s'annoncent par ce signe: le but de l'homme sur la terre est le bonheur.*[166] Ähnlich hat Ozanam die „egoistischen Lehren eines Helvétius und eines Diderot" gegeißelt:[167] der Glaube, das Ziel des Menschen auf Erden sei das Glück, rufe nichts als Maßlosigkeit, Neid, Krieg und Revolution hervor; *mais nous ne croyons pas au bonheur sur la terre.*[168]

Trotz ihrer Kritik am Eudämonismus der Revolution und der Aufklärung hat die *Démocratie chrétienne* jedoch nicht, wie der konservative Katholizismus, den Weg der Gegenrevolution beschritten. Dies lag vor allem – wir erwähnten es schon – an ihrem Vertrauen in die natürliche Entwicklung der Demokratie. Für Lacordaire war die Revolu-

---

[165] Vgl. dazu seinen Aufsatz Du divorce in der Ère nouvelle: Œuvres Bd. VII, S. 174 ff.
[166] Histoire parlementaire Bd. XXXII, Vorrede, S. XV.
[167] Réflexions sur la doctrine de Saint-Simon; Œuvres Bd. VII, S. 355.
[168] Aux insurgés désarmés, in der Ère nouvelle vom 8. Juli 1848; zit. bei Duroselle, a.a.O. S. 305 f.

tion denn auch nicht böse, wie für de Maistre, oder mißlungen, wie für Buchez: sie war nur unvollendet. Eben darum aber blieben für die Kirche in der Zukunft alle Möglichkeiten offen. *L'esprit moderne*, so schrieb er optimistisch, *ne touche en rien aux dogmes, à la morale, au culte, à l'autorité du christianisme; il lui retire seulement le secours du bras civil pour rechercher et punir l'hérésie, se fiant à la force intime et divine de la foi, qui ne saurait faillir faute d'un glaive matériel levé contre l'erreur.*[169] Der moderne Geist wendet sich nicht gegen die Kirche; er will nur, daß sie ihr Amt ausübe ohne staatliche Hilfe, ganz allein auf sich gestellt, gestützt nur auf die Freiheit des Gewissens. Wir kennen diesen Gedanken schon von Lamennais. Aber Lacordaire weist über dessen schroffe Antithesen weit hinaus. Der Entwicklungsgedanke dringt bei ihm in die Betrachtung der kirchlich-staatlichen Verhältnisse ein und nimmt der geschichtlichen Dissonanz von Kirche und Revolution ihre Schärfe. Damit ergeben sich neue Möglichkeiten und Motive der Verständigung. Gelöst von ihrem messianischen Anspruch und beschränkt auf die Sphäre der Politik, kann die Demokratie zum Partner einer Kirche werden, die sich ihrerseits vom Bündnis mit der monarchischen Staatsform losgesagt hat. Der profan gewordene Staat und die spirituell gewordene Kirche – das ist für Lacordaire der Abschluß des Prozesses, der mit der Revolution begann.

So haben die Christlichen Demokraten die Revolution von 1848 als die ersehnte Fortsetzung derjenigen von 1789 enthusiastisch begrüßt und gefeiert. Daß sich in der Person Pius' IX. in der Kirche ein Dolmetsch des freiheitlichen Zeitgeistes fand, konnte ihre zuversichtliche Stimmung nur erhöhen. *Il me semble*, schrieb Ozanam im März 1848, *que ce plan de Dieu dont nous apercevions les premières traces se déroule plus rapidement que nous n'avons cru, que les événements de Vienne achèvent d'expliquer ceux de Paris et de Rome, et qu'on entend déjà la voix qui dit: Ecce facio coelos novos et terram novam.*[170] Und er wies auf die Mission der Kirche inmitten der revolutionären Neugestaltung hin. Die Revolution als Theophanie! Kein Zweifel, daß Lamennais diesem Gedanken begeistert zugestimmt hätte, wenn er ihm auch vielleicht eine allgemeinere Wendung, eine Richtung auf ein humanitäres Reich der Gerechtigkeit außerhalb und über der Kirche gegeben hätte. Der orthodoxe Ozanam dagegen war überzeugt, daß er nur den Willen der Kirche umschrieb, als er die Katholiken aufforderte, sich mit der siegreichen Demokratie zu versöhnen: *Suivons Pie IX et passons aux Barbares.*[171]

---

[169] Discours sur la loi de l'histoire, Œuvres Bd. VIII, S. 277 ff.
[170] Brief an Foisset, 22. März 1848, Œuvres Bd. XI, S. 230 f.
[171] Les dangers de Rome et ses espérances, Correspondant, Februar 1848.

Was aus solchen Worten spricht, ist eine Art von apokalyptischem Optimismus und gleichsam ein Vertrauen auf die theologischen Tugenden der Demokratie. Wenn auch die Christlichen Demokraten seit 1830 immer entschlossener den Weg von einem politisch und soziologisch getönten Christentum zurückgegangen waren zur Kirche – und gerade Lacordaire und Ozanam bezeugten diesen inneren Wandel –, so blieb doch in ihrer Auffassung der Demokratie ein theologischer Absolutheitsanspruch stehen, der sich in keine katholische Dogmatik einfügte. Eben darin aber, in der kühnen Verknüpfung der Ideen von Freiheit und Gleichheit mit der „zeitlichen Herrschaft des Evangeliums" (Ozanam) lag der eigentümliche Charakter und lag, über alle Gegensätze und Unterschiede hinweg, die innere Einheit der ersten *Démocratie chrétienne*.

Vierter Teil

Die Christliche Demokratie
im Zeichen der Ralliementspolitik
(1891–1901)

Der letzte parlamentarische Erfolg des liberalen Katholizismus, die Lex Falloux, sollte sich sehr rasch als Pyrrhussieg erweisen. Zwischen den Fronten des kirchlichen Konservatismus und des doktrinären Sozialismus, die sich nach 1850 mehr und mehr versteiften, blieb für das taktische Spiel der Montalembert und Dupanloup schließlich keine Bewegungsfreiheit mehr. Zu allem Überfluß zeigten die Enzyklika *Quanta Cura* und der *Syllabus,* wie weit auch Rom in seiner Beurteilung der Zeitlage von den Auffassungen der liberalen Katholiken entfernt war.[1] Die Jahre des Zweiten Kaiserreiches standen daher im französischen Katholizismus im Zeichen einer heftigen antiliberalen Reaktion.

Es war die Zeit, in der man den Aufstieg Louis Veuillots erlebte, des glänzenden und unerbittlichen Polemikers, der in seiner Zeitung *Univers* die modernen Zeitströmungen, insbesondere den liberalen Katholizismus, mit grimmigem Hohn verfolgte.[2] Im Klerus trat mit Mgr. Pie und Dom Guéranger eine intransigente Richtung in den Vordergrund, die mit der versöhnlichen Taktik eines Dupanloup brach und mit Schroffheit die Ansprüche der Kirche betonte.[3] Auch in der Politik herrschten, abgesehen von den letzten Jahren des Kaiserreiches, dem sogenannten *empire libéral,* konservative Kräfte und Anschauungen vor. Der *christianisme démocratique et social,* wie er Ozanam und Arnaud de l'Ariège vorgeschwebt hatte, schien für immer der Vergangenheit anzugehören.

So sehr die katholischen Konservativen freilich die Demokratie und den Sozialismus verwarfen, so wenig konnten sie sich verschließen vor den drängenden sozialen Problemen der Zeit. Viele von ihnen nah-

---

[1] Vgl. aus der umfangreichen Literatur zum Syllabus die Schrift von Bischof Dupanloup: La convention du 15 septembre et l'encyclique du 8 décembre, Paris 1865. Der Text der Enzyklika in: Acta Pii IX., vol. III, p. 701 sqq.
[2] Über Veuillot vgl. E. Veuillot: Louis Veuillot, 4 Bde., Paris 1902 ff.
[3] Über Pie: Baunard: Histoire du cardinal Pie, Paris 1893; über Guéranger, den Gründer von Solesmes, der ursprünglich von Lamennais ausgegangen war: Delatte: Dom Guéranger, abbé de Solesmes, Paris 1919 f., und E. Sevrin: Dom Guéranger et Lamennais, Paris 1933.

men sich daher der neuen sozialpolitischen Aufgaben mit Energie und Eifer an – vielfach mit größerer Entschlossenheit als die liberalen Katholiken, von denen sich eigentlich nur Montalembert ernstlich um das Los der Arbeiter gekümmert hatte.[4] Einem Veuillot und seinen Mitstreitern ging zwar das tiefere Verständnis für soziale Fragen ab. Aber Männer wie Villeneuve-Bargemont, Villermé und Le Play haben durch ihre wissenschaftlichen Untersuchungen und durch ihre praktische Tätigkeit bahnbrechend auf die moderne französische Sozialpolitik eingewirkt,[5] und die ersten Ansätze der französischen Sozialgesetzgebung sind aus der Initiative des konservativen Comte de Melun hervorgewachsen.[6]

Was durch den Vorstoß einzelner Katholiken im stillen vorbereitet und geleistet wurde, begann nach dem Krieg von 1870/71 und dem Kommuneaufstand in zunehmendem Maß auch die französische Öffentlichkeit zu beschäftigen. Wiederum hatte eine politische und soziale Katastrophe die Frage nach dem *lien moral* des erschütterten Gemeinwesens gestellt. Wiederum suchte auch der französische Katholizismus nach einer Formel, die es ihm erlaubte, aktiv auf die Gesellschaft einzuwirken. Erschreckt durch das blutige Schauspiel der sozialen Anarchie, das im Bürgerkrieg ans Licht getreten war, wandten sich viele Katholiken legitimistischen und gegenrevolutionären Ideen zu und suchten das Heil in einem konservativen Sozialprogramm. So war es kein Wunder, daß auch die sozialen Bewegungen innerhalb des französischen Katholizismus, die sich als Reaktion auf den Kommuneaufstand zu bilden begannen, anfangs streng autoritäre und paternalistische Züge trugen.

Erst allmählich wandelte sich der soziale Katholizismus und paßte sich den Wirkungsbedingungen an, die ihm der republikanische Staat und die industrielle Gesellschaft auferlegten. So konnte sich Papst Leo XIII. auf ihn stützen, als er 1892 mit der Enzyklika *Au milieu des Sollicitudes* seine Politik des *Ralliement* einleitete.[7] Aus der Hinwendung der katholischen Sozialbewegung auf das Ziel einer Aussöhnung mit der Republik ist die zweite *démocratie chrétienne* in Frankreich hervorgegangen. Ihren Weg gilt es im folgenden in seinen wichtigsten Etappen kurz zu schildern.

---

[4] Vgl. seine Interventionen gegen die Kinderarbeit am 4. März 1840 in der Pairskammer, Œuvres Bd. I, S. 138 ff.
[5] Dazu Duroselle, Débuts, S. 198 ff. u. 413 ff.
[6] Ebenda S. 498 ff.
[7] Acta Leonis Papae XIII., vol. V, p. 36 sqq.

I. Die katholische Sozialbewegung

1. Die katholische Sozialbewegung, die in Frankreich nach 1870 ihren Aufschwung nahm, ist vor allem das Werk dreier Männer gewesen: des Comte du Mun, des Marquis de la Tour du Pin und des Fabrikanten Léon Harmel.[8] In ihrer ersten Phase stand sie im Zeichen des sogenannten *ordre moral;* sie erfreute sich der Unterstützung des Comte de Chambord und des Präsidenten Mac Mahon, der zu dieser Zeit als Platzhalter der Monarchie galt. Nach dessen Rücktritt und dem Beginn der eigentlichen *république républicaine* entfernte sie sich mehr und mehr von ihren gegenrevolutionären Ursprüngen. Dies äußerte sich vor allem in der Abkehr von einem paternalistischen Sozialismus, der auf dem Erziehungsprivileg der *classes dirigeantes* aufgebaut war und den Arbeitern keinerlei Selbständigkeit ließ, und in der – freilich zögernden – Hinwendung zu demokratischen Organisationsformen im Verhältnis von Arbeitern und Unternehmern. Die Führung der Bewegung ging im Lauf der Zeit von de Mun und de la Tour du Pin an Léon Harmel über. In diesem Vorgang spiegelte sich die politische Entwicklung wider, die zur gleichen Zeit den Adel aus seiner Vormachtstellung verdrängte.[9] *Si le marquis de Mun,* schrieb Maignen, *le châtelain sans droits féodaux, mais seigneur quand même a la population sous la main, c'est M. Harmel qui a hérité des droits féodaux du marquis de Mun; c'est lui, le marquis du XIXe siècle, il tient la population corvéable à lui.*[10]

---

[8] Über die katholische Sozialbewegung: grundlegend H. Rollet: L'action sociale des catholiques en France (1871–1901), Paris 1947; G. Hoog: Histoire du Catholicisme social en France, de l'encyclique „Rerum Novarum" à l'encyclique „Quadragesimo Anno", Paris 1942; R. Talmy: Aux sources du catholicisme social. L'école de La Tour du Pin, Tournay, 1963; ders.: Le syndicalisme chrétien en France 1871–1930, 1966.
[9] Der Adel hatte sich in Frankreich seit 1830 im wesentlichen auf die Leitung der departementalen und munizipalen Angelegenheiten beschränkt, übte aber hier einen beträchtlichen Einfluß aus. Erst der Zusammenbruch des Ordre moral und der Sieg der Radikalen in den achtziger Jahren verdrängte ihn aus dieser Stellung und nahm ihm jede direkte Einwirkungsmöglichkeit auf die Politik. Vgl. Rollet, a.a.O. S. 507.
[10] Zit. bei Rollet, S. 66.

de Mun und de la Tour du Pin hatten als Offiziere in deutscher Gefangenschaft in Aachen die Schriften Kettelers kennengelernt.[11] de la Tour du Pin trat später als Militärattaché in Wien mit der österreichischen katholisch-sozialen Schule des Freiherrn von Vogelsang in Verbindung. Das entscheidende Erlebnis für beide war der Kommuneaufstand. Er hatte mit jähem Schlag den Schleier vor dem wirklichen Zustand der französischen Gesellschaft weggerissen und die Tiefe der Kluft enthüllt, die Bürgertum und Arbeiterschaft trennte. Mit Erschrecken, so schrieb de Mun, habe er festgestellt, daß zwischen den Communards und der *société légale* ein Abgrund klaffte und daß die Katholiken wenig oder nichts taten, um ihn auszufüllen. *Qu'avait fait cette société légale, depuis tant d'années qu'elle incarnait l'ordre public, pour donner au peuple une règle morale, pour éveiller et former sa conscience, pour apaiser par un effort de justice la plainte de sa souffrance? Quelle action chrétienne les classes en possession du pouvoir avaient-elles, par leurs exemples, par leurs institutions, exercés sur les classes laborieuses? Ces questions se posaient avec force à nos esprits, dans le trouble des événements.*[12]

So beschlossen de Mun und de la Tour du Pin, einen neuen Versuch zur Lösung der sozialen Frage zu machen. Sie griffen dabei auf ältere Formen der katholischen Sozialarbeit zurück, vor allem auf die sogenannten *Cercles d'ouvriers*, die bereits im Zweiten Kaiserreich an verschiedenen Orten entstanden waren: überberuflich organisierte Arbeiter- und Gesellenvereine, die sich meist im pfarrlichen Rahmen hielten und religiös-caritativen Zwecken dienten.[13] Sie wurden in den folgenden Jahren neu organisiert und über das ganze Land hin ausgebreitet; ein Zentralkomitee in Paris lenkte die Neugründungen und faßte die einzelnen Glieder der Bewegung organisch zusammen. In den Arbeiterzirkeln sollten sich die Arbeiter mit den Angehörigen der *classes dirigeantes* – Unternehmern, Politikern, Offizieren – zu zwanglosen Gesprächen über gemeinsam interessierende Fragen treffen; die einen sollten von den andern lernen, beide sich zu Verständnis und gegenseitiger Rücksichtnahme erziehen. Bezeichnend für den Geist des *Œuvre des Cercles Catholiques d'ouvriers*, wie sich die neue Bewegung

---

[11] A. de Mun: Ma vocation sociale, Paris 1911, S. 22. Über de Mun: R. Talmy Albert de Mun, 1964; Ch. Molette: Albert de Mun 1872–1890, 1970; P. Levillain: Albert de Mun. Catholicisme français et catholicisme romain de Syllabus au Ralliement, Rom 1983.
[12] Ma vocation sociale, S. 29.
[13] Über die Anfänge des Œuvre des Cercles: Ch. Maignen: Maurice Maignen, Directeur du Cercle Montparnasse et les origines du mouvement social catholique en France (1822–90), Luçon 1927.

nannte, sind einige Sätze aus dem Gründungsaufruf de Muns. *La question ouvrière,* so beginnt er, *à l'heure présente, n'est plus un problème à discuter. Elle se pose devant nous comme une menace, comme un péril permanent. Il faut la résoudre. Autrement, la société, semblable aux pouvoirs qui agonisent et ne peuvent plus se sauver même en abdiquant, s'entendrait dire ce terrible arrêt: Il est trop tard.*[14] In dem Aufruf klingen die Erfahrungen der Kommune nach; das Volk wird als eine leicht lenkbare Masse, ein *enfant sublime ou égoïste* bezeichnet. So steht der Erziehungsgedanke im Vordergrund. Es geht de Mun vor allem darum, bei den Arbeitern den Einfluß und die Autorität der *classes dirigeantes* wiederherzustellen; die Organisation der Arbeiterzirkel ist ganz auf diesen praktischen Zweck zugeschnitten.

2. Man braucht freilich kaum zu sagen, daß diese soziale Konzeption wenig geeignet war, um eine Konzentration der katholischen Arbeiterschaft herbeizuführen oder gar Einbrüche in das sozialistisch beeinflußte Proletariat zu erzielen. Denn in den neugegründeten Arbeiterheimen wurden die Arbeiter wohl betreut, genossen aber keinerlei Selbständigkeit. Das Ergebnis war, daß sich dem Œuvre aufs Ganze gesehen nur wenige Arbeiter anschlossen; verglichen mit ähnlichen Gründungen in Deutschland und Belgien sind seine Mitgliederzahlen selbst in der Blütezeit verhältnismäßig niedrig geblieben und haben die Zahl 35 000 nie überschritten.[15]

Es war also nicht Unfähigkeit oder böser Wille, was die katholische Sozialbewegung in ihrer Ausbreitung hemmte, sondern die mangelnde Rücksichtnahme auf das Selbständigkeitsstreben der Arbeiter. Hinzu kam, daß de Mun und de la Tour du Pin ihr Sozialprogramm mit gegenrevolutionären Anschauungen verknüpft hatten, die bei der Arbeiterschaft wenig Anklang fanden. Der Klerus stand den Arbeiterzirkeln als einer überpfarrlichen und überdiözesanen Organisation mißtrauisch gegenüber.[16] So war die Lage der Bewegung in mehrfacher Hinsicht schwierig. Anfangs verließen sich de Mun und de la Tour du Pin auf die Hilfe des Staates; aber dessen Hilfsbereitschaft schlug nach dem Sieg der Republikaner und dem Ende des *ordre moral*

---

[14] Ma vocation sociale, S. 72f.
[15] Rollet, a.a.O. S. 690.
[16] 1873 beschloß das Komitee des Œuvre, geistliche Mitarbeiter heranzuziehen. Der Erzbischof von Paris, Mgr. Guibert, begrüßte dies, betonte aber, daß der Klerus in der Bewegung eine mäßigende Rolle spielen müsse, und erhob gewisse Vorwürfe gegen das Œuvre: emballement dans son action, exaltation dans le sentiment de sa mission religieuse, mysticisme; vgl. Rollet, S. 18f.

in offene Feindschaft um: von 1880 an ging die Regierung gegen das Œuvre vor, in dem sie einen Hort gegenrevolutionärer Umtriebe erblickte. Unter dem Eindruck dieser Vorgänge entschloß sich de Mun zu einer taktischen Schwenkung, um auch nach einer eventuellen Schließung der Arbeiterzirkel die Arbeiter zusammenhalten zu können. An die Stelle der bisherigen überberuflichen Organisation sollte eine berufsständische Gliederung, eine Angleichung an den Aufbau der Wirtschaft treten. Aus den Cercles wurden Korporationen. Am Prinzip der gemischten Zusammensetzung aus Arbeitern und Unternehmern hielt man freilich noch fest; aber auch dies sollte sich ändern mit dem Augenblick, in dem das korporative Ideal in der Nüchternheit des sozialen Alltags syndikalistische Formen anzunehmen begann.

Es ist bemerkenswert, daß de la Tour du Pin, der Theoretiker der Bewegung, zu ähnlichen Schlüssen gelangt war, wie sie später durch die Wandlung der politischen Lage erzwungen wurden. Die in der *Association catholique,* der Zeitschrift des Œuvre, veröffentlichten Gutachten des von ihm geleiteten Studienausschusses lassen die Umrisse einer korporativen Wirtschaftsordnung erkennen, die, angeregt von der Revolutionskritik Le Plays und den ständestaatlichen Ideen der österreichischen Reformpartei Vogelsangs, in einer Erneuerung der mittelalterlichen Zünfte in Gestalt staatlich privilegierter Korporationen gipfelt. Zwar war dieses Sozialprogramm nicht ohne einen utopischen Einschlag, da es untrennbar verbunden schien mit dem Plan einer monarchischen Restauration, für den nach der Niederlage der katholischen Konservativen und dem Tod des Comte de Chambord trotz aller gegenteiligen Hoffnungen de la Tours keine Aussichten mehr bestanden. Dennoch hat es auf die Entwicklung der katholischen Sozialbewegung als heilsamer Schock gewirkt. Denn es bedeutete den endgültigen Durchbruch durch die Ideologie der *charité sociale,* welche die katholische Aktivität im Bereich des Sozialen bisher, nach de Muns Wort, zu einem bloßen *convoi d'ambulance en arrière* gemacht[17] hatte. Entfernte man aus dem korporativen Programm die zeitbedingten Elemente und die politischen Nebenabsichten, so blieb als Rest der Versuch, das Subsidiaritätsprinzip, das bisher eine rein caritative Anwendung und Auslegung gefunden hatte, im Aufbau des Staates und der Wirtschaft sozialrechtlich zu verankern. Dieser Gedanke aber war durchaus einer demokratischen Interpretation und Fortbildung fähig. So war es keineswegs ein Widerspruch, daß gerade

---

[17] Rollet, S. 57.

Léon Harmel, der seit 1872 dem *Œuvre* angehörte,[18] die Ideen des „reaktionären" de la Tour aufgriff und weiterentwickelte durch eine neue, die bisherige Form der katholischen Sozialbewegung umwandelnde Idee: die *action de l'ouvrier sur l'ouvrier.* Damit war das vorbereitende Stadium des Patronats, das die Arbeiterzirkel ausgeübt hatten, überwunden, und der ursprüngliche Grundsatz des *dévouement de la classe dirigeante à la classe ouvrière* machte einem alle Klassen gleichmäßig umgreifenden Solidarismus Platz, der auch politisch neue Lösungen eröffnete.

---

[18] Über Harmel: G. Guitton: Léon Harmel, 2 Bde., 1925. Ferner Rollet, S. 222 ff. und Hoog, a.a.O. S. 31 ff.

II. Léon Harmel

1. Léon Harmel hatte an der Entwicklung des *Œuvre des Cercles Catholiques d'ouvriers* wiederholt Kritik geübt. Er sah, daß die Arbeiterzirkel sich größtenteils aus „unechten" Arbeitern rekrutierten[19], die unter ihren Arbeitskameraden isoliert und daher unfähig waren, einen weiterwirkenden Einfluß auszuüben, so daß man im Grunde statt einer fähigen Kerntruppe eine schutzbedürftige Klientel heranzog. Die völlige Abhängigkeit der Zirkel von den Weisungen der übergeordneten Komitees, in denen die *classes dirigeantes* den maßgebenden Einfluß ausübten, mußte in der Tat jede Initiative der Arbeiter im Keim ersticken. Indessen sträubten sich die konservativen Kreise, die hinter dem *Œuvre* standen, hartnäckig gegen jeden Versuch, den Arbeitern mehr Freiheit zu geben. Sie fürchteten nämlich, daß die Arbeiter, wenn sie in den Versammlungen frei sagen durften, was sie dachten, mit ihrer Kritik auch vor den Unternehmern und vor dem *Œuvre* selbst nicht haltmachen würden, was in Anbetracht der Tatsache, daß die Arbeitszeit auch bei den christlichen Unternehmern noch immer bei zwölf Stunden und höher lag und vielfach sogar Sonntagsarbeit herrschte[20], zu peinlichen Bloßstellungen führen mußte. Die Spannungen zwischen Harmel und der konservativen Gruppe im *Œuvre* verschärften sich noch, als de Mun und La Tour zur Jahrhundertfeier der Revolution 1889 in Paris einen *Contre-Centenaire* veranstalteten, auf dem katholische Arbeiter aus ganz Frankreich, die unerledigten Forderungen der Cahiers von 1789 präsentierend, den Bankrott der Revolution und das Versagen der Demokratie vor den sozialen Problemen der Zeit zu erweisen suchten. Harmel mußte feststellen, daß der ganze deklamatorische Aufwand angesichts der Indifferenz der

---

[19] „Ce n'étaient le plus souvent que des attardés de l'industrie, les cancres de l'usine, braves gens par ailleurs et d'une piété extérieure suffisante ou encore des employés des librairies cléricales, des bedeaux en rupture de hallebarde, des sacristains retraités, des concierges de communeauté, des garçons de bureaux des œuvres." E. Barbier: Histoire du catholicisme libéral et du catholicisme social, zit. bei Rollet, S. 36.
[20] Rollet, S. 268 ff.

breiten Bevölkerungsschichten ins Leere verpuffte. *Mais le peuple,* schrieb er an de la Tour, *il n'a rien su, il n'a pas été atteint. Or pour moi, c'est lui qui est à la fois enjeu et l'atout*[21].

Der bisher in der katholischen Sozialbewegung üblichen Form der Patronage stellte Harmel eine neue Methode gegenüber, die im Gegensatz zu dem paternalistischen „Alles *für* den Arbeiter, nichts *durch* ihn" auf der Übertragung von Verantwortlichkeiten und dem Grundsatz des *faire-faire* beruhte. Sie war zuerst erprobt und entwickelt worden in Harmels eigenem Unternehmen, der Wollspinnerei *Harmel frères* in Warmériville bei Reims[22]. Hier war in der Abgeschiedenheit des Val-des-Bois ein industrieller Musterstaat entstanden, in dem – erstmals in Frankreich – eine personale Betriebsverfassung mit dezentralisierten Zuständigkeiten und Verantwortlichkeiten Anwendung fand. Das Wesen dieser Methode lag in der Ausbildung der eigenen Initiative des Arbeiters – *le bien de l'ouvrier par l'ouvrier et avec lui, autant que possible jamais sans lui, et à plus forte raison jamais malgré lui,* wie Harmels Grundsatz lautete.[23] Die Arbeiter wurden hier nicht, wie in den Arbeiterzirkeln, betreut und bevormundet, sie hatten vielmehr selbst Gelegenheit, sich in einer Reihe von Organisationen, die mit dem Betrieb verbunden waren – Konsumgenossenschaften, Hilfskassen, Schulen und Kindergärten – zu betätigen. Auch in religiöser Hinsicht übte Harmel, wiewohl praktizierender Katholik, keinen Druck auf sie aus, sondern suchte mit Hilfe religiös und sittlich hochstehender Arbeiter unauffällig auf diejenigen zu wirken, die der Kirche entfremdet waren[24]. Als einer der ersten Unternehmen in Frankreich führte er in seiner Fabrik einen Betriebsrat ein;[25] auch selbständigen Arbeitergewerkschaften ließ er Raum, nachdem er zunächst, wie in der katholischen Sozialbewegung üblich, von einem *syndicat mixte* ausgegangen war, das Arbeiter und Unternehmer vereinigte.

Trotz des Widerstandes der älteren Generation setzten sich Harmels Ideen im sozialen Katholizismus Frankreichs durch. Sie fanden ihren ersten konkreten Ausdruck in den sogenannten *Secrétariats du*

---

[21] Zit. bei Rollet, S. 250.
[22] Über Val-des-Bois: L. H. A. Geck: Die sozialen Arbeitsverhältnisse im Wandel der Zeit, Berlin 1931, S. 79 ff. und Guitton, passim.
[23] Geck, a. a. O. S. 80. Für Harmels Betriebsgestaltung vgl. sein Manuel d'une Corporation chrétienne, Tours 1879.
[24] Über die religiöse Erziehung der Arbeiter und die Rolle des Priesters in der Betriebsgemeinschaft: Harmel, Manuel, §§ 241-243.
[25] Ein Betriebsausschuß (Comité corporatif, später Conseil professionnel) wurde schon 1875 gegründet; ein Betriebsrat (Conseil d'usine) bestand von 1893 an. Rollet, S. 229.

peuple: freiwilligen Hilfsverbänden, die für mittellose Arbeiter Wohnungssuche, Krankenhilfe und juristische Beratung übernahmen. Daneben suchte Harmel die katholischen Arbeiter auch außerhalb des *Œuvre* zu sammeln und organisatorisch zusammenzufassen in einem Verband, der eine Vorstufe christlicher Gewerkschaften darstellte. Der Erfolg gab seinen Bemühungen recht: Während die Arbeiterzirkel zerfielen oder von der Regierung verboten wurden, nahmen die *Réunions d'études ouvrières,* die Harmel zunächst in Reims, später auch an anderen Orten veranstaltete, einen raschen Aufschwung.

2. Ein gewichtiges Hindernis für die Ausbreitung der katholischen Sozialbewegung lag aber, wie Harmel erkannte, im Mißtrauen und in der Indifferenz des Klerus. Er hatte daher schon früher versucht, auf Klerusversammlungen, die er im Val-des-Bois abhielt, das Verständnis der Geistlichkeit für die sozialen Probleme zu wecken – mit dem Ergebnis, daß sich viele, besonders jüngere Priester, seinen Ideen voll Eifer zuwandten, während der Episkopat über diese für einen Laien ungewöhnliche Aktivität mißvergnügt war.[26] Harmel hatte jedoch das Glück, die Unterstützung und das Vertrauen des Papstes zu gewinnen, den er mehrfach aufsuchte, um ihn über seine Pläne zu unterrichten. Er organisierte die französischen Arbeiter-Pilgerfahrten nach Rom, die nicht nur in Frankreich, sondern in ganz Europa großes Aufsehen erregten.[27] Henri Rollet, der Historiker des sozialen Katholizismus in Frankreich, hat auf die eigentümliche Mischung von demokratischer Volksbewegung und mittelalterlichem Pilgergeist hingewiesen, der diese Fahrten kennzeichnete: war es doch Harmels Absicht, den Arbeitern den Papst als „Gefangenen im Vatikan" zu zeigen und sie zu Äußerungen der Solidarität aufzurufen, nachdem die katholischen Regierungen Europas es versäumt hatten, gegen die Wegnahme des Kirchenstaates zu protestieren! Die *Pèlerinages ouvriers,* vor allem die große „Pilgerreise der Zehntausend" von 1889, haben das Klima für die sozialen Erklärungen Papst Leos XIII. vorbereitet und zugleich jene Annäherung des Heiligen Stuhls an die französische Demokratie vorweggenommen, die später in der Ralliementspolitik fruchtbar werden sollte. Das Schauspiel, wie die Arbeiter im Vatikan festlich aufgenommen, vom Papst begrüßt und von den Kardinälen bewirtet wurden, hat sich den Zeitgenossen als ein Zug von eigener Symbolkraft eingeprägt. *Les spectateurs sentaient confusé-*

---

[26] Rollet, S. 225.
[27] Darüber: Card. Langénieux: Les pèlerinages des ouvriers français à Rome et la question sociale, Paris s. d.

ment, schrieb Melchior de Vogüé in seiner pathetischen Sprache, *que ceux-ci n'étaient point des pèlerins comme les autres. Ce qu'on introduisait solennellement dans Saint-Pierre, c'etait le nouveau pouvoir social, les nouveaux prétendants à l'empire. Ces ouvriers venaient là comme y vinrent Charlemagne, Othon et Barberousse, pour y chercher le sacre et l'investiture.*[28].

---

[28] In: Les Débats, zit. bei M. Turmann: Le développement du Catholicisme social depuis l'encyclique „Rerum Novarum", Paris 1901, S. 187. Vgl. auch de Mun: Discours et écrits divers d'Albert de Mun, avec des notices par Ch. Geoffroy de Grandmaison, Paris 1893 ff., Bd. V, S. 179.

III. Leo XIII. und die Christliche Demokratie

1. In die so vorbereitete Stimmung traf 1891 die Enzyklika *Rerum Novarum* hinein. Sie wirkte auf die katholische Sozialbewegung in einer doppelten Richtung. Einmal gewann sie den bisher abseitsstehenden Klerus für ihre Aktion; zum andern bestärkte und unterstützte sie die katholischen Laien auf dem Weg, den sie eingeschlagen hatten. Die strukturelle Reform der wirtschaftlichen Verhältnisse erhielt den Vorrang vor bloßen caritativen Hilfsmaßnahmen; auch die Intervention des Staates, die der katholische Liberalismus stets bedingungslos abgelehnt hatte, wurde in dem päpstlichen Dokument als ein gangbarer, in einigen Fällen sogar unausweichlicher Weg zur Lösung der sozialen Frage bezeichnet.[29] Darüber hinaus durften Harmel und seine Freunde in der Enzyklika und besonders in jenen Abschnitten, in denen der Papst die Arbeiter zur Selbsthilfe aufrief,[30] eine Bestätigung ihrer eigenen, im Val-des-Bois erprobten Methoden sehen.

In Reims, wo Harmel Ende 1891 einen Kreis von Arbeitern zusammenrief, um ihnen die Enzyklika zu erklären, entstand der erste Studienzirkel der künftigen *Démocratie chrétienne*. Die Bewegung breitete sich, getragen hauptsächlich vom jüngeren Klerus, rasch über das ganze Land hin aus. Lille und Charleville im Norden, Blois, Tours, Angers, Nantes, Rennes und Brest im Zentrum und in der Bretagne, Lyon im Süden wurden die Hauptstützpunkte der Christlichen Demokraten. Paris folgte später. Die Bezeichnung *Démocratie chrétienne,* die wahrscheinlich auf den belgischen Kanonikus Pottier zurückgeht,[31] wurde ihres suggestiven Klangs und ihrer erhofften Wirkung auf die breiten Bevölkerungsmassen wegen gewählt; sie hatte ursprünglich, wie bei Ozanam, einen vorwiegend sozialen Charakter, nahm aber mit der Zeit eine politische Färbung an, parallel zu den Aktionen des Papstes, der neun Monate nach der Arbeiterenzyklika das Rundschreiben

---

[29] Acta Leonis XIII, vol. IV, p. 177–209. Über die Aufgaben des Staates: p. 193–202.
[30] Loc. cit. p. 202–208.
[31] T'Serclaes: Le pape Léon XIII, Lille 1894 ff., Bd. III, S. 260.

Au milieu des Sollicitudes erließ, in dem die französischen Katholiken zur Versöhnung mit der Republik aufgefordert wurden.[32]

Die *Démocratie chrétienne* war keine reine Laienorganisation; der Klerus spielte in ihr eine maßgebende Rolle. Es waren junge Geistliche, die sogenannten *abbés démocrates*, die, begeistert von den Weisungen des sozialen Papstes und erfüllt von Gedanken einer Versöhnung von Kirche und moderner Gesellschaft, den Schritt von der sozialen Aktion zum *Ralliement* vollzogen. In den Jahren, in denen sich erstmals in Frankreich katholische Arbeiter zu öffentlichen Kundgebungen versammelten, fanden auch die ersten Geistlichenkongresse statt, so in Reims, wo 1896 die Vierzehnhundertjahrfeier der Taufe Chlodwigs festlich begangen wurde, und vier Jahre später in Bourges, wo man im Anschluß an ein Schreiben Leos XIII. über die intellektuelle Schulung des Klerus und seine Aufgaben in der Öffentlichkeit beriet.[33] An all diesen Bewegungen haben die *abbés démocrates* führenden Anteil genommen. Sie holten nach, was die französische Kirche, in Ermangelung großer Führerpersönlichkeiten wie Ketteler oder Manning, bisher versäumt hatte: die soziale Erziehung des Klerus. Anderseits wiesen die Anregungen, die von ihnen ausgingen, auch auf die Zukunft voraus. Man kann sie in gewissem Sinn als Vorläufer der späteren Arbeiterpriester betrachten, nicht weil sie sich ausschließlich auf die soziale Arbeit beschränkten – manche von ihnen waren Journalisten, andere Politiker –, sondern weil sie durch ihre Hinwendung zu weltlichen Berufen und Tätigkeiten den Boden vorbereiteten für den Versuch, das katholische Priestertum durch radikale Anpassung an die modernen Gegebenheiten der Verkündigung neu in die Gesellschaft einzugliedern.

Während die *abbés démocrates* und mit ihnen die jüngere Generation der katholischen Laien, die in der Republik aufgewachsen waren, die Ralliementspolitik des Papstes begrüßten, fiel es den älteren Führern der katholischen Sozialbewegung bedeutend schwerer, sich von dem Gewicht der monarchistischen Tradition freizumachen und den Absprung in die Demokratie zu wagen. Zwar hat sich Léon Harmel rasch mit der Republik versöhnt;[34] auch de Mun ist, wenn auch schweren Herzens und nach anfänglichem Zögern, dem Ruf Leos XIII. nachge-

---

[32] Acta Leonis XIII, vol. V, S. 36ff.
[33] Über die Démocratie chrétienne und die abbés démocrates: P. Dabry: Les catholiques républicains. Histoire et souvenirs, Paris 1905, und das S. 59, Anm. 98 genannte Buch von H. Gayraud. Eine zusammenfassende Darstellung fehlt.
[34] Guitton, Bd. I, S. 330f.

kommen.³⁵ La Tour aber und mit ihm viele andere hielten starr an ihren legitimistischen Grundsätzen fest.³⁶ Die Hinwendung zur Politik, der Versuch, dem Gedanken des *Ralliement* in der Öffentlichkeit und im Parlament Nachdruck zu verleihen, mußte daher zur Bewährungsprobe für den Bestand der *Démocratie chrétienne* werden.

1896 beschloß der erste Nationalkongreß der *Démocratie chrétienne* in Reims die Gründung einer christlich-demokratischen Partei. Ein Generalsekretär wurde gewählt und ein Nationalrat ins Leben gerufen, in dem je zwei Delegierte der einzelnen Landesverbände Sitz und Stimme hatten. Bei den Beratungen zeigte es sich jedoch, daß man über ein konkretes politisches Programm keineswegs schlüssig war. Meinungsverschiedenheiten bestanden vor allem in der Frage des Aufbaus christlicher Gewerkschaften³⁷ und der taktischen Haltung gegenüber den Laiengesetzen der Republik.³⁸ Man zögerte daher den direkten Schritt in die Politik hinaus, und die Versammlung nahm eine Entschließung an, in der es hieß: *Le parti démocrate chrétien, estimant que les questions sociales priment toutes les autres, laisse à chacun de ses groupements la possibilité de se placer ou non sur le terrain politique, mais si ces groupements se placent sur le terrain politique, ils doivent se déclarer nettement républicains démocrates.*³⁹

Ein tieferer Einbruch in die Fronten der Dritten Republik ist der *Démocratie chrétienne* nicht gelungen. Zwar sind einige der *abbés démocrates* ins Parlament gelangt, wo sie sich mit andern katholischen *Ralliés* zu einer republikanischen Gruppe vereinigten. Aber da sie nicht nur die laizistische Linke, sondern auch die katholischen Konservativen gegen sich hatten, war ihre Stellung von Anfang an schwierig. Unter der Herrschaft der gemäßigten Republikaner, die von 1893 an im Zeichen des sogenannten *esprit nouveau* einen versöhnlicheren Kurs gegenüber der Kirche einschlugen,⁴⁰ schienen sich den christlichen Demokraten gewisse politische Chancen zu bieten. Aber mit der Dreyfusafffäre erwachte der Konflikt der *deux Frances* zu neuer Schärfe, und die Wahlen von 1898, das *Sedan électoral* des französi-

---

³⁵ Rollet, S. 449ff.
³⁶ La Tour erklärte: „Le pape a toujours eu ses grenadiers, ses voltigeurs (de Mun!), souffrez qu'il ait aussi ses grognards – pour lui-même." Zit. bei Rollet, a. a. O.
³⁷ Darüber Turmann, a. a. O. S. 74ff.
³⁸ Es ging darum, ob man den Kampf gegen die Laiengesetze oder die Mitwirkung an der Sozialgesetzgebung der Republik vordringlich behandeln sollte, eine Frage, die vor allem wahltaktische Bedeutung hatte.
³⁹ Rollet, S. 388.
⁴⁰ Das Wort vom „esprit nouveau" stammt aus einer Rede des Kultusministers Spuller vom 3. März 1894. Vgl. A. Dansette: Histoire religieuse de la France contemporaine, Bd. II, Paris 1951, S. 235ff.

schen Katholizismus,[41] machten der Ralliementspolitik und damit auch dem Versuch des *parti démocrate chrétien* ein Ende.

Die Politisierung des sozialen Katholizismus hatte übrigens schon auf dem Gründungskongreß der Partei den Widerstand de Muns hervorgerufen, der an seiner Auffassung vom hierarchischen Aufbau der Gesellschaft und der Erzieherrolle der *classes dirigeantes* festhielt. Ihm erschien die Möglichkeit, daß sich innerhalb der *Démocratie chrétienne* eine autonome katholische Arbeiterbewegung mit selbständigem Programm und eigenen gewerkschaftlichen Formen bilden könnte, als eine Gefahr für die Entwicklung des sozialen Katholizismus und als eine Abkehr von der bisherigen Haltung, die auf eine Versöhnung, nicht Entzweiung der Klassen gerichtet war. Der Vorwurf, daß die *Démocratie chrétienne* zu einer Klassenpartei zu werden drohe, war insofern nicht ganz unberechtigt, als bei der Gründung des *parti démocrate chrétien* eine Bestimmung in die Statuten aufgenommen worden war, wonach dem Nationalrat nur Arbeiter angehören konnten.[42] In Verbindung mit einer in Kreisen der *abbés démocrates* vorhandenen Neigung, die Demokratie und den Sozialismus zu theologisieren, konnte diese Entwicklung zweifellos zu neuen Spaltungen im französischen Katholizismus und zu einer völligen Auflösung der Ralliementspartei führen.

Auch Harmel, der Generalsekretär der *Démocratie chrétienne*, erkannte nach der Wahlniederlage der christlich-demokratischen Partei, daß der Vorstoß in die Politik verfrüht gewesen war. In den folgenden Jahren suchte er zwischen den Forderungen de Muns und dem Drängen der *abbés démocrates* einen Mittelkurs zu steuern, mußte aber erkennen, daß die politischen Zerwürfnisse unter den Katholiken schon zu weit fortgeschritten waren. Die *Démocratie chrétienne* hatte ihre anfängliche Kraft eingebüßt. Der Streit zwischen den Fronten des sozialen Katholizismus in Frankreich wogte einige Jahre hin und her, bis Rom im Jahr 1901 eingriff und eine grundsätzliche Klärung des Begriffs der Christlichen Demokratie herbeiführte.

Die Enzyklika *Graves de communi* zog eine Bilanz der bisherigen Arbeit der *Démocratie chrétienne*.[43] Sie zollte ihren Erfolgen Anerkennung und lobte den Mut der Männer, die sich der Verwirklichung der katholischen Soziallehre im öffentlichen Leben widmeten. Sodann hob sie, in Fortführung von *Rerum Novarum*, den Gegensatz hervor, der zwischen der Christlichen Demokratie und der Sozialdemokratie

---

[41] So Leo XIII. zu Harmel; Rollet, S. 439.
[42] Rollet, S. 388.
[43] ASS vol. XXXIII (1900/01), p. 385–396.

bestand. Der entscheidende Satz war aber der, daß die Christliche Demokratie, fernab aller Politik, als eine *benefica in populum actio christiana* bezeichnet wurde, mit dem ausdrücklichen Hinweis darauf, daß eine politische Auslegung und Anwendung des Begriffes dessen Sinn verfälsche. *Nam naturae et evangelii praecepta quia suopte iure humanos casus excedunt ea necesse est ex nullo civilis regiminis modo pendere; sed convenire cum quovis posse, modo ne honestati et iustitiae repugnet. Sunt ipsa igitur manentque a partium studiis variisque eventibus plane aliena: ut in qualibet demum rei publicae constitutione, possint cives ac debeant iisdem stare praeceptis, quibus iubentur Deum super omnia, proximos sicut se diligere. Haec perpetua Ecclesiae disciplina fuit; hac usi Romani Pontifices cum civitatibus egere semper, quocumque illae administrationis genere tenerentur. Quae quum sint ita, catholicorum mens atque actio, quae bono proletariorum promovendo studet, eo profecto spectare nequaquam potest, ut aliud prae alio regimen civitatis adamet atque invehat.*[44] Damit war einer vorschnellen Ineinssetzung von Kirche und Demokratie ein Riegel vorgeschoben. Zwischen Demokratie als Regierungsform und Demokratie als sozialer Haltung unterscheidend, zog der Papst die *Démocratie chrétienne* aus den konstitutionellen Streitfragen der französischen Innenpolitik heraus und lenkte sie vom politischen wieder auf das soziale Feld zurück, von dem sie ursprünglich ausgegangen war.

2. Wie war diese Intervention des Papstes zu erklären, der doch bis dahin einer republikanischen Front der französischen Katholiken keineswegs ablehnend, sondern im Gegenteil mit Sympathie gegenüberstand? Um diese Frage zu beantworten, müssen wir zurückgreifen auf die kirchenpolitischen Vorgänge der ersten Zeit der Dritten Republik und auf die Anfänge der sogenannten Ralliementspolitik.[45]

---

[44] Loc. cit. p. 387.
[45] Zur Ralliementspolitik Leos XIII. vgl. außer den päpstlichen Rundschreiben die Memoiren des päpstlichen Nuntius in Paris, Dominique Ferrata: Mémoires, 3 Bde., Rom 1921. Der zweite Band ist gesondert erschienen unter dem Titel Ma nonciature en France. Dazu U. Stutz: Die päpstliche Diplomatie unter Leo XIII. (= Abhandlungen der preußischen Akademie der Wissenschaften, phil.-hist. Klasse), Berlin 1926; auch als Einzeldruck. Wichtig auch die Erinnerungen des Führers der „Ralliementskatholiken" in Frankreich, Jacques Piou: Le ralliement, Paris 1928. Neue Beleuchtung der kirchenpolitischen Seite des Ralliement (mit Dokumenten) in einem Aufsatz von F. Guédon: Autour du Ralliement, RHEF 44 (1958), S. 86 ff. Zur Struktur der Politik Leos XIII. grundlegend Ch. Weber: Quellen und Studien zur Kurie und zur vatikanischen Politik unter Leo XIII., Tübingen 1973; vgl. künftig auch E. Greipl: Römische Kurie und Deutsches Reich. Die vatikanische Deutschlandpolitik unter Papst Leo XIII. (1878–1903) (erscheint 1989).

Leo XIII. fand, als er 1878 den päpstlichen Stuhl bestieg, in Frankreich eine schwierige und verworrene kirchenpolitische Lage vor.[46] Die Katholiken, die größtenteils im monarchistischen Lager standen, hatten durch den Wahlsieg der Republikaner 1876 eine schwere Niederlage erlitten. Parlamentarisch waren ihnen die Hände gebunden, und in der Öffentlichkeit verloren sie immer mehr an Boden. Sie hatten nicht die Mittel, sich wirksam gegen die Offensive des *esprit laïc* zu verteidigen, der mit der Schul- und Ordensgesetzgebung Ferrys[47] zum entscheidenden Schlag gegen die privilegierte Stellung der Kirche im Erziehungswesen ausholte. Die Schwäche ihrer Position lähmte auch die Bemühungen der päpstlichen Diplomatie; denn da die Kurie, der Stütze einer starken katholischen Partei beraubt, nur ein einziges Druckmittel, nämlich die Drohung, Frankreich das Protektorat über die Kirchen des Orients zu entziehen, besaß, konnte sie nicht mehr erreichen, als daß die republikanischen Regierungen sich vorläufig vor einem offenen Bruch des Konkordats zurückhielten:[48] die Laiengesetze zu mildern oder rückgängig zu machen waren sie nicht bereit. Der Papst, der sich 1883 in einem persönlichen Schreiben an Präsident Grévy wandte und ihn bat, den kirchenfeindlichen Maßnahmen gegen die Kongregationen und den Klerus Einhalt zu gebieten,[49] erhielt eine ausweichende Antwort. Auch die Friedensbemühungen des versöhnlichen Nuntius Czacki blieben ohne Erfolg. Während die Katholiken, politisch uneiniger denn je, sich gegenseitig befehdeten, nahm die Laisierungskampagne ihren Fortgang, wurden die Wohlfahrtsanstalten säkularisiert, die Kreuze aus den Schulen und Gerichtssälen entfernt, der Klerus dem Militärdienst unterworfen und die Ausgaben für den Kult von Jahr zu Jahr vermindert.[50]

In der Uneinigkeit der französischen Katholiken sah bereits Czacki den Schlüssel zu dem kirchenpolitischen Dilemma, in das man mit dem Zusammenbruch des *ordre moral* geraten war. Die päpstliche Diplomatie, die sich zunächst sehr zurückhaltend zeigte, um auf keinen Fall den Republikanern einen Vorwand für die Auflösung des Konkordats zu liefern, wurde unversehens in einen Zweifrontenkrieg ver-

---

[46] Vgl. zum folgenden meinen Aufsatz: Politischer Katholizismus, sozialer Katholizismus, christliche Demokratie, in: Civitas. Jahrbuch für christliche Gesellschaftsordnung 1 (1962), S. 9 ff. (15 ff.).
[47] E. M. Accomb: The French Laic Laws, Columbia University Press 1941.
[48] Gambetta ließ sich 1881 sogar zu dem Zugeständnis bewegen, daß er Kardinal Lavigerie von Algier versicherte, der Antiklerikalismus sei kein Ausfuhrartikel. Stutz, a.a.O. S. 65.
[49] Der Brief und die Antwort Grévys bei T'Serclaes, Bd. I, S. 300 ff.
[50] Ferrata, Ma nonciature, S. 143 ff.

wickelt, da sie einerseits dem weiteren Vorrücken des Laizismus nicht tatenlos zusehen konnte, andererseits aber die katholischen Monarchisten zurückhalten mußten, deren maßlose Agitation immer neue antikirchliche Maßnahmen der Republikaner hervorrief. Unaufhörlich ermahnte Leo XIII. die französischen Katholiken zur Einheit und zum Verzicht auf politische Sonderwünsche und -interessen, ohne daß dieser Appell ein nennenswertes Echo fand. Die Überlegungen, wie dieser Zustand geändert und eine einheitliche politische Front der französischen Katholiken hergestellt werden könnte, gewannen daher in der päpstlichen Politik einen immer größeren Raum.[51]

Es war klar, daß in Frankreich keine Partei nach Art der belgischen katholischen Demokraten oder des deutschen Zentrums entstehen konnte. Denn bei aller formalen Ähnlichkeit der Kulturkampfsituation war die Lage des Katholizismus in diesen Ländern gänzlich anders als in Frankreich, wo der Streit nicht um die Abgrenzung der Kompetenzen von Staat und Kirche ging, sondern um den Anspruch des radikalen Laizismus, die *république sans Dieu* zu verwirklichen. In Deutschland und Belgien griff der Kampf nicht in diese weltanschaulichen Tiefen hinab. Außerdem stand hier nicht, wie bei den französischen Katholiken, die Staatsform zur Debatte; es handelte sich vielmehr darum, die katholischen Kräfte im Rahmen eines anerkannten konstitutionellen Systems zur Geltung zu bringen. Und schließlich war man gegenüber einem Eingreifen der Kirche in die Politik sehr viel unbefangener als die Franzosen der Dritten Republik, die durch Gambettas Schlachtruf *Le cléricalisme c'est l'ennemi* hellhörig gemacht waren für die leisesten diplomatischen Interventionen und Tastversuche der Kurie.

Das Ziel des Papstes mußte es also sein, die französische Kirche von jeder Verbindung mit der Politik, insbesondere aber mit der monarchischen Parteisache zu trennen und auf diese Weise erst einmal die Basis für Gespräche mit der Republik zurückzugewinnen. Solange nämlich die Forderung nach kirchenpolitischen Reformen und einer Zurückdämmung des laizistischen Einflusses in der Kulturpolitik verbunden blieb mit dem Programm eines gewaltsamen Umsturzes der bestehenden Verhältnisse und einer monarchischen Restauration, so lange war es unvermeidlich, daß Republikaner und Katholiken miteinander in Feindschaft lebten. Erst wenn die Katholiken die bestehende Staatsform als legitim anerkannten und sich auf den Boden der Verfassung stellten, öffnete sich ein Weg, auf dem sie in die Politik zu-

---

[51] Ferrata, a.a.O. S. 20 ff. (über sein Memorandum zur Lage in Frankreich).

rückkehren und ihren Einfluß auf die gesetzliche Ausgestaltung der Republik geltend machen konnten.

In diesem Sinn begann nun die päpstliche Diplomatie auf die französischen Katholiken einzuwirken.[52] Bereits die Enzyklika *Immortale Dei* (1885) hatte die grundsätzliche Indifferenz der Kirche gegenüber den einzelnen Staatsformen unter der Voraussetzung festgestellt, daß die kirchlichen Rechte und die Freiheit der Glaubensverkündigung in ihnen gesichert seien.[53] Dies rief im französischen Episkopat ein lebhaftes Echo hervor.[54] Zur gleichen Zeit trat Leo XIII. Versuchen des Comte de Mun, der in Frankreich die Gründung einer katholischen Partei betrieb, entgegen mit dem Hinweis, eine solche Absicht werde zu neuen Spaltungen im französischen Katholizismus führen.[55] Als die laizistischen Republikaner trotz aller Friedensbemühungen nicht einlenkten und der antikirchliche Kurs sich nach dem Scheitern des Boulangerabenteuers immer mehr verschärfte, fand es der Papst schließlich geraten, den französischen Katholiken offen den Anschluß an die Republik zu empfehlen. Er tat dies, nachdem der berühmte Toast Kardinal Lavigeries in Algier die Stimmung vorbereitet hatte, in der Enzyklika *Au milieu des Sollicitudes* (1892), in welcher er den Katholiken den Rat gab, für eine Reform der Gesetzgebung *innerhalb* der bestehenden Verfassung einzutreten: *Voilà précisément le terrain sur lequel, tout dissentiment politique mis à part, les gens de bien doivent s'unir comme un seul homme, pour combattre, par tous les moyens légaux et honnêtes, ces abus progressifs de la législation. Le respect que l'on doit aux pouvoirs constitués ne saurait l'interdire: il ne peut importer, ni le respect, ni beaucoup moins l'obéissance sans limites à toute mesure législative quelconque, édictée par ces mêmes pouvoirs. Qu'on ne l'oublie pas, la loi est une prescription ordonnée selon la raison et promulguée, pour le bien de la communauté, par ceux qui ont reçu à cette fin le dépôt du pouvoir.*[56] Die Republik sollte also anerkannt, zugleich aber der Laiengesetzgebung

---

[52] Ferrata, a.a.O. S. 82 ff.
[53] Acta Leonis XIII., vol. II, p. 146–168. Vgl. besonders p. 147 sq.: „Ius autem imperii per se non est cum ulla reipublicae forma necessario copulatum: aliam sibi vel aliam assumere recte potest, modo utilitatis bonique communis reapse efficientem. Sed in quolibet genere reipublicae omnino principes summum mundi gubernatorem Deum intueri, eumque sibimetipsis in administranda civitate tamquam exemplum legemque proponere."
[54] Über die Vorgeschichte der Enzyklika und ihre Wirkungen siehe T'Serclaes, Bd. I, S. 392 ff., u. Ferrata, a.a.O. S. 15 ff.
[55] Darüber jetzt H. Rollet: Albert de Mun et le parti catholique, Paris 1947, bes. S. 106 ff.
[56] Acta Leonis XIII, vol. V, p. 36 sqq.

mit legalen und demokratischen Mitteln der Kampf angesagt werden.

Um aber die Katholiken zu einer einheitlichen Front zusammenzuschließen, bedurfte es einer Losung, die außerhalb der politisch-konstitutionellen Streitfragen lag und die auf den vielfach gespaltenen französischen Katholizismus sammelnd, nicht zerstreuend wirkte. Es kann nicht zweifelhaft sein, daß der Papst hier vor allem an die katholische Sozialbewegung gedacht hat, der er selbst ein Jahr zuvor durch die Enzyklika *Rerum Novarum* den Weg gewiesen hatte. Es ist durchaus möglich, daß die Entstehung einer christlich-demokratischen Bewegung in Frankreich im Anschluß an diese Enzyklika die Einleitung der Ralliementspolitik wenn nicht verursacht, so doch beschleunigt und gefördert hat. Jedenfalls fand der Papst in der *Démocratie chrétienne* die stärkste Stütze für eine Politik, die darauf abzielte, die Frage der Regierungsform auszuklammern zugunsten einer legalen Einflußnahme auf die Gesetzgebung und einer Stärkung des moralischen Ansehens der Kirche durch erhöhte soziale Aktivität. Daß sich der konservative de Mun dem Ralliement anschloß, mochte ihn in der Überzeugung bestärken, daß innerhalb des Sozialkatholizismus und auf dem Boden der päpstlichen Weisungen eine Einigung zwischen Monarchisten und Republikanern am ehesten zu erwarten war.[57]

Diese Bemühungen waren jedoch ernstlich gefährdet in dem Augenblick, da die *Démocratie chrétienne* ihrerseits in den Fehler der Monarchisten fiel, sich auf politisches Gebiet begab und aus dem Problem der Staatsform eine religiöse Grundsatzfrage machte. Dem Versuch, aus der Lehre der Kirche ein integrales politisches Programm abzuleiten, widersetzte sich der Papst bei den Christlichen Demokraten mit gleicher Entschiedenheit wie früher bei de Mun. Es kam hinzu, daß die *Démocratie chrétienne* seit 1896 zu Recht oder Unrecht als Klassenpartei galt, was gleichfalls den Absichten widersprach, die Leo XIII. mit *Rerum novarum* verfolgt hatte.

Bei der großen Arbeiter-Pilgerfahrt von 1898, die wiederum Harmel führte, gebrauchte der Papst in einer Ansprache erstmals das Wort *démocratie chrétienne*. Seine Sätze waren eine stillschweigende Korrektur der bisherigen Entwicklung der christlich-demokratischen Bewegung in Form einer bedingungsreichen Definition dessen, was er unter einer Christlichen Demokratie verstand und verstanden wissen wollte:
Si la démocratie s'inspire des enseignements de la raison éclairée par la foi; si, se tenant en garde contre de fallacieuses et subversives théories, elle ac-

---

[57] Dazu das Breve Notre consolation vom 3. Mai 1892 an die französischen Kardinäle, Acta Leonis XIII, vol. V, p. 66–72.

cepte avec une religieuse résignation et comme un fait nécessaire la diversité des classes et des conditions; si, dans la recherche des solutions possibles aux multiples problèmes sociaux qui surgissent journellement, elle ne perd pas un instant de vue les règles de cette charité surhumaine que Jésus-Christ a déclarée être la note caractéristique des siens; si, en un mot, la démocratie veut être chrétienne, elle donnera à votre patrie un avenir de paix, de prospérité et de bonheur. Si, au contraire, elle s'abandonne à la révolution et au socialisme; si, trompée par de folles illusions, elle se livre à des revendications destructives des lois fondamentales sur lesquelles repose tout l'ordre civil, l'effet immédiat sera pour la classe ouvrière elle-même la servitude, la misère et la ruine.[58]

Daß diese Worte jedoch nicht als Tadel, sondern als Wegweisung für die *Démocratie chrétienne* gedacht waren, bestätigte eine Erläuterung, die Kardinal Parocchi zu den Äußerungen des Papstes gab. Bei einem Bankett im Vatikan sagte er zu den Arbeitern: *La question d'une saine et légitime démocratie est désormais résolue. Vous êtes vraiment démocrates chrétiens, et je vous en félicite. Mais votre tâche va plus loin: vous devez faire ce que saint Remy a fait de Clovis, baptiser la démocratie et la rendre chrétienne. Pour réussir, vous n'avez qu'à suivre la sagesse, l'adresse, la patience et la longanimité de Notre Saint-Père le Pape Léon XIII. Gardez en votre coeur ses dernières paroles, précieux commentaire de ses encycliques. L'enseignement exposé dans l'encyclique Rerum Novarum, cette Magna Charta des ouvriers, se trouve embelli et complété par les paroles d'aujourdhui. Faites que votre démocratie soit si chrétienne qu'elle oblige vos amis et vos ennemis à devenir comme vous démocrates chrétiens.*[59]

War hier durch den Bezug auf *Rerum Novarum* deutlich genug ausgesprochen, daß die soziale Aktion für die Christlichen Demokraten das eigentliche Feld des Handelns sei und bleiben müsse, so stellte die Enzyklika *Graves de communi*, um allen Spaltungen über die Christliche Demokratie ein Ende zu machen, unmißverständlich fest, daß das Wort nicht politisch verstanden werden dürfe. *Nefas autem sit*, so sagte der Papst, *christianae democratiae appellationem ad politica detorqueri. Quamquam enim democratia, ex ipsa notatione nominis usuque philosophorum, regimen indicat populare; attamen in re praesenti sic usurpanda est, ut, omni politica notione detracta, aliud nihil significatum praeferat,*

---

[58] Allocutio ad Galliae opifices vom 8. Oktober 1898, Acta Leonis XIII, vol. VII, p. 196–198.
[59] T'Serclaes, Bd. III, S. 263.

*nisi hanc ipsam beneficam in populum actionem christianam.*⁶⁰ Für diese vorsichtige Zurückhaltung waren gewiß auch taktische Gründe maßgebend, vor allem die Überlegung, daß eine allzu starre Festlegung der Christlichen Demokraten auf die Republik die katholische Einheitsfront ins Wanken bringen konnte, die eine Voraussetzung für das Gelingen des *Ralliement* war. Auch war es angesichts der französischen Verhältnisse notwendig, daß sich die soziale Aktion der Katholiken im vorpolitischen Raum hielt, weil nur auf diese Weise das Mißtrauen und der Verdacht, man strebe nach der Macht im Staat, allmählich zerstreut werden konnte. Über die taktischen Erwägungen hinaus aber spiegelte *Graves de communi* das Bedürfnis des Papstes, die Sache der Religion von jeder Bindung an eine Partei, sei sie monarchistischer oder republikanischer Herkunft, freizuhalten.

Man kann den Entschluß des Papstes, selbst in der Führung der katholischen Sozialbewegung initiativ zu werden, seine Politik gegenüber dem republikanischen Frankreich und seine Haltung gegenüber Demokratie und Sozialismus als einen Versuch verstehen, durch eine Annäherung an berechtigte moderne Bedürfnisse und Interessen die verlorengegangene Präsenz der Kirche im Zeitgeschehen wiederherzustellen. Sicher ist, daß seine Lehren über die soziale Frage und über die Christliche Demokratie zur Festigung des Ansehens und der moralischen Souveränität des Papsttums nicht unerheblich beigetragen haben. John Courtney Murray, dem wir wesentliche Aufschlüsse über die Wandlungen des Verhältnisses von Staat und Kirche im 19. Jahrhundert verdanken, hat den weiteren Zusammenhang, in den die Kirchenpolitik Leos XIII. gehört, mit den Worten gekennzeichnet, „that history and experience have brought the Church to ever more perfect respect for the autonomy of the state (as a form of respect for an essential element in the ›whole man‹) and consequently to ever more purely spiritual assertions of her power in the temporal order. Moreover, in proportion as these assertions of a power have become more spiritual, they have become more universal and searching, reaching all the institutions of human life, to conform them in their idea and operation to the exigences of the Christian conscience."⁶¹ Im demokratischen

---
⁶⁰ ASS vol. XXXIII (1900/01), p. 385–396. Egon Greipl (München) macht mich darauf aufmerksam, daß der mit der Vorbereitung der Enzyklika befaßten Kardinalskommission am 4.10.1900 ein Thesenpapier vorlag, in dem der Begriff „Christliche Demokratie" im obigen Sinn präzisiert wird: eben weil diese Bewegung christlich und sozial ist, darf sie nicht auf eine politische Volksregierung abzielen oder sie bevorzugen!
⁶¹ J. C. Murray: Contemporary orientations of catholic thought on church and state in the light of history, ThSt X (1949).

Zeitalter wirkt der Papst nicht mehr auf die Staaten, sondern auf die Gesellschaft, das Volk, den *civis christianus* ein; aber er tut es mit der gleichen Dringlichkeit, mit der er zur Zeit des geschlossenen Konfessionsstaates dem katholischen Monarchen ins Gewissen redete und ihn an seine Pflichten erinnerte.

3. Das kirchenpolitische Nahziel, das Leo XIII. mit seiner Ralliementspolitik verfolgte, ist freilich nicht oder nur halb erreicht worden. Die laizistische Offensive war schon zu weit fortgeschritten, die Katholiken unter sich zu uneins, als daß dem kühnen Versuch der *Démocratie chrétienne* mehr als ein vorübergehender Erfolg beschieden sein konnte.[62] Trotz der Anstrengungen Harmels und trotz des eifrigen Wirkens der *abbés démocrates* war der Zerfall der Bewegung nach 1900 nicht aufzuhalten. Wie den konservativen Katholiken wurde auch den katholischen Republikanern ihr Antisemitismus zum Verhängnis: Da sie in der Dreyfusaffäre größtenteils gegen den jüdischen Hauptmann Partei ergriffen hatten, traf sie die laizistische Reaktion unter Combes mit voller Wucht und machte ihren politischen Chancen endgültig ein Ende.[63]

Im sozialen Bereich jedoch, auf den *Graves de communi* sie beschränkte, ist die *Démocratie chrétienne* fruchtbar und erfolgreich gewesen. Sie hat auf die soziale Bildung des französischen Klerus ebenso eingewirkt wie auf die Erziehung der Unternehmer und die Formung einer christlichen Arbeiterbewegung. Aus ihr sind nicht nur die christlichen Gewerkschaften Frankreichs, sondern auch die katholisch-sozialen Jugendbünde erwachsen, die wesentlich zur Wiederbegegnung von Kirche und Arbeiterschaft beigetragen haben.[64] Marc Sangnier,

---

[62] Vgl. eine von Ferrata, a.a.O. S. 51, mitgeteilte Äußerung Clémenceaus zu Jacques Piou: „Vous auriez dû adopter cette politique il y a vingt ans; il est trop tard maintenant, nous avons pris une trop grande avance ..." – Nicht eingegangen wird hier auf den Zusammenhang der Ralliementspolitik mit den kirchenstaatlichen Interessen Leos XIII. Ralliement bedeutet auch: Hinwendung der kurialen Politik zu Frankreich als europäischer Großmacht in der Hoffnung auf internationale Unterstützung in der Römischen Frage. Freilich war diese Hoffnung von Anfang an illusionär.

[63] Über den Antisemitismus der Démocratie chrétienne, besonders des Lyoner Zweigs: Rollet, S. 420 ff. Gayraud, Les Démocrates chrétiens, S. 198, nennt den Antisemitismus einen „mouvement de défense nationale contre une race étrangère que l'on tient pour malfaisante".

[64] Vor allem die von de Mun gegründete Association catholique de la Jeunesse Française (ACJF) und später der Sillon, den man als eine „christlich-demokratische Jugendbewegung" (Hermann Platz) bezeichnet hat. Vgl. J.-M. Mayeur: Catholicisme social et démocratie chrétienne. Principes romains, expériences françaises, 1986.

der Gründer des *Sillon*, der später aus dem sozialen Bereich wiederum in die Politik vorstieß,[65] ist aus der *Démocratie chrétienne* hervorgegangen: er verbindet das Werk Léon Harmels mit dem sozialen Katholizismus zwischen den beiden Weltkriegen und mit dem MRP. So fügt sich auch die zweite *Démocratie chrétienne* in Frankreich, obschon wesentlich unpathetischer als ihre revolutionäre Schwester, als ein Glied in die Vorgeschichte der christlich-demokratischen Bewegungen des zwanzigsten Jahrhunderts ein.

---

[65] Über Marc Sangnier und den Sillon: N. Ariès: Le ‚Sillon' et le mouvement démocratique, Paris 1910; G. Lestrat: Les beaux temps du Sillon, Paris 1926; J. Zamanski: Nous, catholiques sociaux, Paris 1947; J. Caron: Le Sillon et la démocratie chrétienne 1894–1910, 1967; M. Barthélemy-Madaule: Marc Sangnier 1873–1950, 1973.

IV. Ergebnis und Ausblick

1. In der Form, die sie in Frankreich angenommen hat, steht die *Christliche Demokratie* in einem eigenartigen Doppelverhältnis zu ihrem historischen Ursprung: sie versteht sich zugleich als Erfüllung und als Überwindung der Revolution. Theoretisch kommt dieser Gegensatz zum Ausdruck in der Spannung zwischen dem christlichen und dem revolutionären Naturrechtsgedanken, welche die Geschichte des christlich-demokratischen Denkens durchzieht. Praktisch äußert er sich im Wechsel der politischen Haltung, die bald zu den Ideen der Freiheit, bald zu denen der Gleichheit hinneigt. Zwischen dem Liberalismus der Praxis und dem Absolutismus der Theorie, zwischen der nachgiebigen Anpassung an das Mögliche und der Verführung, dogmatisch das Spiel der Politik im Sinne einer politischen Theologie zu regulieren, halten die christlichen Demokraten eine schwankende, stets bedrohte Mitte. Die von Talmon stammende Unterscheidung zwischen liberaler und totalitärer Demokratie [66] läßt sich auch auf die *Christliche Demokratie* anwenden: ihre geschichtlichen Formen nähern sich, je nachdem das Politische als Feld der Empirie oder als Reich der Theologie betrachtet wird, dem einen oder andern Typus an. Liberaler oder sozialistischer Katholizismus, Demokratie der Menschenrechte oder Demokratie der evangelischen Gleichheit – das sind die historischen Ausprägungen dieses Gegensatzes.

Die *Christliche Demokratie,* wie sie nach 1830 in Frankreich hervor-

---

[66] „The essential difference between the two schools of democratic thought as they have evolved is not ... in the affirmation of the value of liberty by one, and its denial by the other. It is in their different attitudes to politics. The liberal approach assumes politics to be a matter of trial and error, and regards political systems as pragmatic contrivances of human ingenuity and spontaneity. It also recognizes a variety of levels of personal and collective endeavour, which are altogether outside the sphere of politics. The totalitarian democratic school, on the other hand, is based upon the assumption of a sole and exclusive truth in politics. It may be called political Messianism in the sense that it postulates a preordained, harmonious and perfect schema of things, to which men are irresistibly driven, and at which they are bound to arrive." J. L. Talmon: The origins of totalitarian Democracy, London 1952, S. 1 f.

tritt, stammt nicht aus einer einzigen Wurzel. Vielmehr lassen sich in ihrer Entstehungsgeschichte zwei getrennte Linien verfolgen: eine, die ihren Ursprung in der Revolution von 1789 hat, und eine andere, die aus dem katholischen Traditionalismus stammt.[67] Die erste führt von Fauchet und Bonneville zu Buchez und seiner Schule; das verbindende Zwischenglied ist das revolutionäre Illuminatentum und der Saint-Simonismus.[68] Die zweite führt von den Traditionalisten zum katholischen Liberalismus; das verbindende Zwischenglied ist Lamennais, der in seiner eigenen Person den Wechsel vom Monarchismus zur Demokratie vollzieht. Beide Linien laufen zusammen in der Revolution

---

[67] In diesem Punkt unterscheiden sich die vorausgegangenen Darlegungen wesentlich vom Ergebnis der Studie von J. Hours (vgl. oben S. 46 f.). Hours geht von einem ideologisch vorgeprägten Entwurf der démocratie chrétienne aus; er faßt unter diesen Begriff: „réaction féodale" (a. a. O. S. 93), „contrerévolution" (95), „opposition à l'histoire de la France" (106), „organisation corporative de la société" (111), „aspiration vers un moyen âge idéalisé" (120), „tentatives persistantes pour construire l'union européenne et mettre fin à la souveraineté nationale" (123). Ein so weitgefaßter Typenbegriff dürfte jedoch kaum hinreichen, um die historische Eigenart der démocratie chrétienne zu erfassen, zumal da die Betrachtung der außenpolitischen Gedankenwelt der Christlichen Demokraten, auf die es Hours besonders ankommt, methodisch einen sehr ungünstigen Ausgangspunkt darstellt. Betrachtet man nämlich die historische Entfaltung der démocratie chrétienne, so zeigt sich, daß deren Eigenart am frühesten auf kirchlichem und sozialem Gebiet hervortritt; weiterzielende politische Vorstellungen haben sich dagegen nur langsam entwickelt und sind Fragment geblieben; von einer außenpolitischen Gesamtkonzeption kann vollends keine Rede sein. Aus der jahrzehntelangen sozialpolitischen Blickverengung und dem Mangel an praktisch-diplomatischer Erfahrung rührt vielmehr eine gewisse außenpolitische Richtungslosigkeit der christlichen Demokraten Frankreichs her, eine Tatsache, die von Maurice Vaussard in seinem Buch über die Christliche Demokratie (vgl. oben S. 14) offen zugegeben wird. Die „habsburgische Orientierung", die Hours der démocratie chrétienne zuschreibt, ist ein Mythos.

[68] Die wichtigsten Stützen für diese These sind die saint-simonistische Vergangenheit Buchez' und seine Herkunft aus der Loge der Amis de la Vérité. Daneben steht die Tatsache, daß der religiöse Frühsozialismus seinen Ursprung, soweit erkennbar, im Cercle social der Revolution hat. Um den Zusammenhang zwischen der Großen Revolution und den katholischen sozialistischen Bewegungen aufzuhellen, sind freilich noch umfangreiche Forschungen nötig; es bedürfte vor allem, parallel zu Viatte, einer Untersuchung über die „sources occultes du socialisme chrétien". Die Darstellung von Th. Ramm: Die großen Sozialisten, Stuttgart 1955, die u. a. Babeuf, Saint-Simon und Fourier behandelt, bringt hier, entsprechend ihrer monographischen Begrenzung, wenig Neues. Daß sich bisher nur wenige katholische Forscher mit dem Frühsozialismus beschäftigt haben, ist bedauerlich, nachdem H. de Lubacs meisterliche Studie: Proudhon et le christianisme, Paris 1945, die Fruchtbarkeit der Anwendung theologischer Methoden auf die Erkenntnis der frühsozialistischen Ideengeschichte gezeigt hat.

von 1848. Hier entwickelt sich zum ersten Mal eine einheitliche Form des politischen Katholizismus in Frankreich. Liberaler Katholizismus und katholisierender Saint-Simonismus begegnen sich in Lacordaire und Buchez, in Maret und Feuguerray; ein katholischer Sozialismus entsteht, dem Ozanam und Arnaud de l'Ariège republikanische Züge verleihen.

Daß sich beide Strömungen – die revolutionäre und die antirevolutionäre – 1848 vereinigen konnten, ist nicht nur der Wirkung der Revolution zuzuschreiben. Vielmehr hatten beide sich schon früher von ihren ursprünglichen Ausgangspunkten entfernt. Der gegenrevolutionäre Katholizismus vollzog eine politische, der revolutionäre Katholizismus eine religiöse Konversion. Aus dem Traditionalismus wurde unter der Hand Lamennais' eine liberale politische Doktrin, während die katholischen Saint-Simonisten, unbefriedigt vom Sektenchristentum der Schule, sich gleichzeitig zum Katholizismus der Kirche zurückzuwenden begannen. Beide Richtungen begegneten sich zunächst in einem soziologischen Katholizismus, in einer Denkweise, die im Dogma vornehmlich ein *lien d'unité*, in der Kirche ein Prinzip sozialer Einheit sah. Die religiöse Erneuerung nach 1830 schmolz jedoch die positivistischen Restbestände des politischen Katholizismus hinweg. Buchez' Schüler wandten sich, weil sie Katholiken sein wollten, zur Kirche zurück, und während noch Lacordaire durch Rousseau und Chateaubriand zum Christentum geführt wurde, wuchs der junge Ozanam bereits in eine erneuerte Orthodoxie hinein, die der soziologischen und emotionalen Stützen nicht mehr bedurfte.

1848 steht die *école démocrate-chrétienne* in ihren Abstufungen und Schattierungen überblickbar vor uns, eine Sonderform der Demokratie aus christlicher Inspiration. Es genügt, an ihre wichtigsten Merkmale zu erinnern: an den von Ozanam formulierten Primat des Sozialen vor dem Politischen; an die Ergänzung der Menschenrechte durch Bürgerpflichten; an die Einschränkung der Staatssouveränität zugunsten individueller, aber auch körperschaftlicher Rechte; an die Forderung nach subsidiärem Aufbau der Gesellschaft durch politische Dezentralisierung und berufsständische Wirtschaftsgliederung. Es ist kein unmittelbar auf die praktische Politik bezogenes, an der Forderung des Tages orientiertes Aktionsprogramm, das die christlichen Demokraten vereint. Der innere Zusammenhang ihrer Ideen liegt vielmehr im Theoretischen, in einer neuen Auffassung des Staates und der Gesellschaft, die der aufklärerisch-jakobinischen schroff entgegengesetzt ist. Die utilitaristische Formulierung des Staatszwecks wird verworfen; eine Sozialethik, die auf dem Gedanken des *bonum commune* aufgebaut ist, soll an die Stelle des bürgerlichen Individualismus treten.⁶⁹ Gleichwohl ist die organische, durch das Prinzip der *association* gegliederte Demokratie Lacordaires und Ozanams kein Abbild der mittelalterlichen Ständegesellschaft. Es handelt sich nicht um eine von der romantischen Staatslehre inspirierte Korrektur an den Prinzipien von 1789, sondern um eine Verlebendigung kirchlicher Gemeinschaftsformen innerhalb des politischen Bereichs, ein Vorgang, den bereits Lamennais mit seiner Forderung: *reconstituer la société politique à l' aide de la société religieuse* eingeleitet hatte. Daß das katholische Selbstbewußtsein dabei neben der hierarchischen Struktur der Kirche auch wieder deren Gemeinschaftscharakter hervorheben konnte, deutet auf Veränderungen innerhalb des Katholizismus hin, die nicht zuletzt durch die Französische Revolution verursacht oder doch beschleunigt wurden.

Die Glanzzeit der Christlichen Demokratie in Frankreich war freilich nur von kurzer Dauer. Sie fiel zusammen mit der flüchtigen Blüte der Zweiten Republik. Mit der Junischlacht und dem Staatsstreich Napoleons löste die *démocratie chrétienne* sich auf, und später räumte auch der liberale Katholizismus den Syllabus-Katholiken das Feld. In der Folgezeit gingen Kirche und Demokratie getrennte Wege; die Arbeiterschaft zog sich aus der christlichen Gesellschaft zurück; die katholische Sozialbewegung war konservativ, der politische Katholizismus bürgerlich.⁷⁰ Frankreich schuf zwar in Lamennais eine christlich-demokratische Theorie, vermochte sie aber in der politischen Praxis nicht durchzusetzen. Den späteren christlich-demokratischen Parteien Europas hat nicht die französische *démocratie chrétienne*, son-

---

[69] J. de Meyer: De Staatsidee bij de Fransche Philosofen op den Voravond van de Revolutie, Antwerpen 1949, zeigt, wie der thomistische Begriff des bonum commune sich in der Aufklärungsphilosophie in ein zwar möglichst ausgedehntes, aber doch auf einen umgrenzten Kreis beschränktes innerweltliches „Glück der größten Zahl" verwandelt: aus dem bonum commune wird ein intérêt général (Helvétius) oder eine volonté générale (Rousseau). Man kann die katholische Sozialbewegung des 19. Jahrhunderts als einen Versuch auffassen, diesen Prozeß rückgängig zu machen.

[70] H. Rollet, der Historiker des sozialen Katholizismus in Frankreich, sieht in dem Festhalten an paternalistischen Ideen den Hauptgrund für das Scheitern der katholischen Sozialbewegung nach 1871. „Substituer un ordre social chrétien à l'organisation libérale de la bourgeoisie capitaliste, ce n'était rien moins que faire une révolution ... imposer au capitalisme triomphant les entraves de l'organisation professionnelle, donner à la classe ouvrière un encadrement rigide dans le métier avec d'importantes mesures protectrices, faire passer une partie des ressources de l'État aux corporations ... une telle révolution ne peut être l'œuvre des classes sociales." L'action sociale des catholiques en France (1871–1901), Paris 1947, S. 688.

dern der politische Katholizismus Belgiens, Hollands und Deutschlands den Weg gezeigt.

Die Gründe liegen auf der Hand. In den genannten Ländern führte der Katholizismus einen Kampf um die Eingliederung in den nationalen Staat; er nahm zu diesem Zweck vorübergehend die Form einer politischen Partei an. In Frankreich dagegen ging es nicht um die Mitarbeit der Katholiken innerhalb eines schon vorgegebenen politischen Rahmens, sondern um ein grundsätzliches Ja oder Nein zu den Prinzipien der Revolution. Der juristische Geist der Traditionalisten hatte das Problem politischer Wirkungsfreiheit der Katholiken mit der Frage der Staatsform verknüpft: nur in einer Monarchie, so schien es, konnte der Katholizismus zu der vollen sozialen Geltung kommen, die er nach seinem Wesen fordern mußte. Umgekehrt traten aber auch die demokratischen Naturrechtslehren, die im Katholizismus stets lebendig waren, während des 19. Jahrhunderts im Gewand einer politischen Theologie auf: auch hier zeigte sich die Neigung, die Staatsform zu dogmatisieren. Der *heiligen Monarchie* de Bonalds entsprach die *heilige Demokratie* Fauchets und Buchez'. Da beide Richtungen einen theologischen Absolutheitsanspruch erhoben, der mit dem katholischen Dogma unvereinbar war, konnte die Kirche in den Streit um die Revolution nicht unmittelbar eingreifen. Sie beschränkte sich darauf, die religiös-politische Totalitätsforderung, die in einer Dogmatisierung politischer Formen lag, zurückzuweisen. Gegenüber dem politischen Katholizismus in seiner konservativen wie in seiner revolutionären Spielart wahrte das offizielle Rom eine vorsichtig reservierte Distanz.[71]

2. In der Geschichte der Auseinandersetzung zwischen Revolution und Kirche blieb die Bildung des liberalen Katholizismus und der Christlichen Demokratie also zunächst ein Ereignis ohne Folgen. Sie wäre es auch in der folgenden Zeit geblieben, hätte nicht unerwartet unter Leo XIII. in der Kirche erneut eine lebhafte Beschäftigung mit den Fragen der modernen Demokratie eingesetzt, hervorgerufen durch die kirchenfeindliche Politik der Dritten Republik und durch die Spaltungen im politischen Katholizismus Frankreichs. Der Versuch des Papstes, die französischen Katholiken in letzter Stunde mit

---

[71] Nicht nur der Avenir wurde von der Kirche verurteilt, sondern auch Chateaubriand. Und de Maistre hatte erleben müssen, daß Rom sein Werk „nicht verstand" und sich über die neue Methode „erstaunt" zeigte. Von den theologischen Konstruktionen, die dem Papsttum eine ins Weltliche hineinreichende Souveränität zuschrieben (de Maistre, Lamennais), machten die Päpste keinen Gebrauch.

der Republik zu versöhnen, ließ die Gedanken des liberalen Katholizismus, die theologisch längst abgetan schienen, mit einem Schlag zu neuem Leben erwachen; er leitete eine umfassende Rehabilitierung der christlich-demokratischen Bewegung ein und rückte die Bemühungen von Männern wie Lamennais und Montalembert auch innerkirchlich in ein neues Licht. In der Perspektive der Ralliementspolitik erschienen liberaler Katholizismus und Christliche Demokratie nicht mehr als häretische Abweichungen, sondern als ein erster und grundlegender Beitrag zur Dogmengeschichte des Kompromisses von Revolution und Kirche – eines Kompromisses, der die Kirche bis ins 20. Jahrhundert hinein beschäftigen sollte und der erst in den Äußerungen Pius' XI. und XII. und Johannes' XXIII. seine endgültige Form erhielt.

Das *Ralliement*, die Aussöhnung der Katholiken mit der Republik, auf die Leo XIII. abzielte, vollzog sich in den Bahnen, die der liberale Katholizismus vorbereitet hatte. Der Papst stellte zunächst die grundsätzliche Indifferenz der Kirche gegenüber den einzelnen Staatsformen fest – unter der Voraussetzung jedoch, daß die kirchlichen Rechte und die Freiheit der Glaubensverkündigung in ihnen ausdrücklich gesichert seien.[72] Er forderte sodann die französischen Katholiken in der Enzyklika *Au milieu des Sollicitudes* zur Anerkennung der republikanischen Staatsform auf, wobei er, zwischen *pouvoir constitué* und *législation* unterscheidend, den Rat gab, die Staatsform anzuerkennen, um die Gesetzgebung zu ändern. Damit war die „Anerkennung der demokratischen Prinzipien als formaler Regeln der staatlichen Willensbildung"[73] vollzogen, der Grundgedanke des liberalen Katholizismus gerechtfertigt. Die Mitarbeit in einem Gemeinwesen, das nicht katholischen Grundsätzen entsprach – nach der Praxis des *Syllabus* nur in konfessionell gemischten Staaten gestattet – wurde möglich für die Katholiken auch der französischen Republik.

Doch blieb der Papst bei dieser Anerkennung des *liberalen Formalprinzips* nicht stehen. Mit der Enzyklika *Rerum Novarum* griff er gleichzeitig das Anliegen der katholischen Sozialbewegung wieder auf. Der „ideelle Exemplarismus" der päpstlichen Sozialenzykliken (Ernst Karl Winter) war zwar mit keiner bestimmten politischen Doktrin verknüpft; er drückte aber einen Anspruch der Kirche auf Präsenz in der Gesellschaft aus, der neu war und als neu empfunden wurde. Die soziale Ordnung wurde in die Hände des *civis christianus* gelegt,

---

[72] In der Enzyklika Immortale Dei (1885).
[73] A. Bergstraesser: Staat und Wirtschaft Frankreichs, Berlin – Leipzig 1930, S. 32.

der durch sein Gewissen an die Erfüllung seiner Pflichten im öffentlichen Leben gebunden werden sollte. Die Gestaltung der politischen Verhältnisse war zur Aufgabe der Laien geworden. Die im Spirituellen gründende Weisungsgewalt des Papstes wandte sich nicht mehr an den Monarchen als Träger öffentlicher Verantwortung in einer *christlichen Gesellschaft*, sondern an den neuen demokratischen Souverän. Für die Stellung der Kirche in der demokratischen Gesellschaft waren die Sozialenzykliken das unentbehrliche *Materialprinzip*.[74]

Diese spirituelle Einwirkung der Kirche auf die demokratische Gesellschaft[75] konnte jedoch erst wirksam werden, nachdem der Atomismus der jakobinischen Demokratie, die Vorstellung eines beziehungslosen Gegenüber von Individuum und Staat, überwunden war – wie umgekehrt die „Liberalisierung" der katholischen Staatstheorie erst möglich war, nachdem die Demokratie ihren religiösen Herrschaftsanspruch preisgegeben hatte. Die Parallele von Arbeiterbewegung, Gewerkschaftsbewegung und Christlicher Demokratie in den westeuropäischen Ländern ist daher kein Zufall. Wenn wir in unserer Vorbetrachtung die *Christliche Demokratie* typologisch zwischen den liberalen und den sozialistischen Parteien angesiedelt haben, so wird jetzt auch der historische Grund verständlich: die Kirche als Gemeinschaft (Ozanam) öffnet sich der Demokratie in dem Augenblick, in dem die Demokratie ihrerseits den Gedanken der *association* in sich aufnimmt. Vollendung und Überwindung der Revolution können sich nunmehr in der Kirche selbst vollziehen, und damit wird möglich, was Lamennais und Buchez als Ziel der *Christlichen Demokratie* formulierten: *baptiser la démocratie.*

---

[74] „Die systematische Erneuerung der kirchlichen Soziallehren seit den großen Enzykliken Leos XIII. und ihre wachsende Entfaltung haben eine doppelte Bedeutung. Sie sollen dem einzelnen Christen die Normen für eine Ordnung von Wirtschaft und Gesellschaft aufweisen, innerhalb deren er sein christliches Leben zu führen vermag. Sie haben aber gleichzeitig die Aufgabe, in einer neuen Ordnung von relativer Stabilität und gebändigter Dynamik die Kirche aus ihrer sozialen Standortlosigkeit innerhalb der modernen Industriegesellschaft herauszuführen und sie wieder einen festen Platz gewinnen zu lassen, damit sie wirklich eine societas perfecta zu werden vermag. Gerade aus diesem Bestreben heraus erwächst dann über die klare Fixierung ethischer Normen und Prinzipien für die Gestaltung menschlichen Zusammenlebens in Gesellschaft, Wirtschaft und Staat hinaus ein vorläufiges Ordnungsbild, das der berufsständischen Ordnung als eines Status, der das Gegenbild der Massen- und Industriegesellschaft mit ihrer Labilität und stetig umwälzenden Dynamik repräsentiert." C. Bauer: Bild der Kirche – Abbild der Gesellschaft, Hochland Bd. 48 (1955/56), S. 527.

[75] Vgl. J. C. Murray: Contemporary orientations of catholic thought on church and state in the light of history, ThSt Bd. X (1949), S. 214.

Exkurse

I. Über revolutionäre Feste und Zeitrechnungen*

Die Feste der Französischen Revolution gehören zu den erstaunlichsten Erscheinungen der Revolutionsgeschichte. In ihnen verdichtet sich das revolutionäre Geschehen und wird der Mit- und Nachwelt sinnlich faßbar. Halb Nachklang barocken Pomps, halb Vorspiel moderner Nationalfeste und -feiertage,[1] sind diese Feste ebenso ein Instrument politischer Massenwirkung und Propaganda wie auch ein Magnet und Sammelpunkt der Künste – von der Architektur und Malerei bis zur Dichtung, von der Musik bis zum Theater. Und sie spiegeln nicht nur die politische und soziale Entwicklung in den Jahren 1789–1799, sie treiben sie selbst voran: durch Märsche und Tänze, Spiele und Prozessionen, Bilder und Symbole soll der einzelne aus dem Alltag, aus der Isolation herausgerissen werden, er soll sich vereinigen mit allen, soll aufgehen in der staatlichen Gemeinschaft. Ein Gefühl der Einheit, der Zusammengehörigkeit soll entstehen. Im revolutionären Fest soll der Mensch wiedergeboren werden als Bürger.

Die Feste der Revolution[2] haben lange Zeit ausschließlich bei Historikern Aufmerksamkeit gefunden.[3] In jüngster Zeit sind sie auch

---

* Antrittsvorlesung bei der Übernahme des Lehrstuhls für Christliche Weltanschauung, Religions- und Kulturtheorie an der Universität München am 4.2.1988.
[1] Mit Recht sieht P. Häberle, Feiertagsgarantien als kulturelle Identitätselemente des Verfassungsstaates, Berlin 1987, S. 9, Anm. 1, im vorletzten Absatz des Titels I der Französischen Verfassung vom 3. September 1791 („Il sera établi des fêtes nationales pour conserver le souvenir de la Révolution française, entretenir la fraternité entre les citoyens, et les attacher à la Constitution, à la Patrie et aux lois") den „meist übersehenen juristischen ‚Klassikertext' des Verfassungsstaates in Sachen Feiertage". Zur Weiterentwicklung, vor allem zur späteren Aufspaltung in Nationalfeste und Dekadenfeste, siehe unten Anm. 72.
[2] Ansätze zu einer Ikonographie der revolutionären Feste bei Marie-Louise Biver, Fêtes révolutionnaires à Paris, Paris 1979 (im folgenden: Biver); vgl. auch G. Mourey, Le Livre des fêtes françaises, Paris 1930 (im folgenden: Mourey), bes. S. 289ff. Aufschlußreich die Kataloge zu den Ausstellungen Les Fêtes de la Revolution (Clermont-Ferrand, Musée Bargoin, 1974) und La Révolution Française. Le Premier Empire (Paris, Musée Carnavalet, 1982).
[3] Die ältere Forschung repräsentieren: A. Aulard, le Culte de la Raison et le Culte de l'Être Suprême (1793–1794), Paris 1892 (im folgenden: Aulard); A. Mathiez, Les

von Kunst- und Musikwissenschaftlern, Soziologen, Psychologen, Kommunikationsfachleuten entdeckt worden.[4] Im folgenden will ich einige ihrer Züge unter zwei Gesichtspunkten näher untersuchen: 1. der Beziehung dieser Feste zur überlieferten christlichen Festtradition; 2. der Entstehung eines autonomen Zeitgefühls in ihnen, das aus dieser Tradition herausführt.[5] Zeigt sich in der ersten Perspektive – zumindest anfangs – ein Moment der Kontinuität, so führt die zweite mitten hinein in den Konflikt zwischen Revolution und Kirche, christlicher und revolutionärer Zeitrechnung. Es geht um die Alternative: Sonntag oder Decadi, Heiligenfeste oder Feste der Vernunft, Jahre nach Christi Geburt oder nach Gründung der Republik?

I

Zunächst erscheint im Festplan der Jahre 1789–1791 nichts oder fast nichts, was der christlichen Festtradition von Grund auf widerspräche und nicht mehr in sie einzufügen wäre. Die Tradition, so scheint es, ist noch breit und fest genug, um den Anprall des revolutionären Enthusiasmus auszuhalten. Ja, die Revolution führt sogar zu einer Neubelebung des öffentlichen Festes, das sich im späten 18. Jahrhundert

---

origines des cultes révolutionnaires (1789–1792), Paris 1904 (im folgenden: Mathiez I); ders., La Théophilanthropie et le Culte décadaire (1796–1801), Paris 1904 (im folgenden: Mathiez II); J. Tiersot, Les fêtes et les chants de la Révolution Française, Paris 1908 (im folgenden: Tiersot). – Die jüngere Forschung faßt zusammen und führt mit bemerkenswerten „strukturalistischen" Fragestellungen weiter: Mona Ozouf, La fête révolutionnaire (1789–1799), Paris 1976 (im folgenden: Ozouf). Lesenswert bleibt die (in der französischen Forschung nicht rezipierte) Heidelberger philosophische Dissertation „Die Nationalfeste der Französischen Revolution" von U. Simon, 1937 (Masch.; im folgenden: Simon).
[4] J. A. Leith, The Idea of Art as Propaganda in France (1750–1799), Toronto 1965, bes. S. 96 ff.; J. Ehrard/P. Viallaneix (Hrsg.), Les Fêtes de la Révolution. Colloque de Clermont-Ferrand (juin 1974), Paris 1977 (im folgenden: Colloque); F. Mastropasqua, Le feste della Rivoluzione Francese 1790–1794, Milano 1976; B. Baczko, Lumières de l'utopie, Paris 1978; D. Whitwell, Band Music of the French Revolution, Tutzing 1979 (im folgenden: Whitwell); J. Starobinski, 1789. Die Embleme der Vernunft, Paderborn 1981 (im folgenden: Starobinski); F. W. J. Hemmings, Culture and Society in France (1789–1848), Leicester University Press 1987, S. 7 ff., 29 ff.
[5] Die Literatur ist bisher der Verknüpfung von revolutionärem Fest und revolutionärer Zeit nicht systematisch nachgegangen, obwohl hier nach Ansicht eines Kenners wie Bronislaw Baczko (siehe Colloque, S. 639) ein Schlüssel zur Geschichte und zum Selbstverständnis der Revolution liegt. Ansätze bei Ozouf, S. 188 ff., wo auch auf den republikanischen Kalender eingegangen wird.

immer mehr ins Ländliche und Regionale, in Schlösser und Gärten zurückgezogen hatte.[6] Angesichts der allgemeinen Bewegung und Begeisterung verstummen Festüberdruß und Festkritik, verstummt sogar das aufklärerische Argument, man feiere in einem katholischen Land ohnehin zuviel.

Die Verbrüderungsfeste des Sommers 1790, getragen von den neugebildeten Nationalgarden, führen in der Provinz und in Paris Zehntausende von Menschen in großen Versammlungen und Aufmärschen zusammen. Man schwört Eintracht und Brüderlichkeit über regionale Grenzen hinweg, man erfährt sich als Nation. In diesen Festen überwiegt der spontane Impuls; erst nachträglich greifen die Behörden planend und regulierend ein; in Paris bleibt die Nationalversammlung dem festlichen Treiben auf Straßen und Plätzen gegenüber reserviert.[7] Ganz selbstverständlich ergießt sich das Fest in traditionelle religiöse Formen: wo man zusammenkommt, dürfen ein Altar, ein Hochamt, eine Prozession nicht fehlen. In Straßburg erinnert vieles an eine Fronleichnamsprozession: In der Frühe, um fünf Uhr, wird zum Sammeln geblasen, man kommt zusammen auf einer großen Wiese vor einem Altar, die Zünfte wirken mit, Fischer mit Rheinkarpfen, Bauern mit dem Pflug, Gärtnerinnen mit frischen Blumen.[8] Der Höhepunkt ist eine Messe unter freiem Himmel. Gewiß herrscht der katholische Ritus nicht überall: so findet der Eid außerhalb des Gottesdienstes statt, und auch das lutherische und kalvinische Bekenntnis sind am Fest beteiligt. Religiöse, militärische und nationale Stimmungen gehen ineinander über. Aber das entspricht französischer Tradition ebenso wie die vom Münster wehenden Flaggen in den Farben der Nation. Und warum soll sich in revolutionären Zeiten ein sommerliches Volksfest nicht mit soldatischen Kundgebungen und kirchlichem Zeremoniell verbinden?

---

[6] Über das Fest im 18. Jahrhundert: Colloque, S. 11–117.
[7] Zu den Föderationsfesten: Mourey, Tafeln 242–247; Tiersot, S. 17 ff., der nur Paris behandelt; erheblich breiter und differenzierter, die Feste der Provinz (Straßburg!) einbeziehend, Simon, S. 23 ff., die gründlichste Analyse bei Ozouf, S. 44 ff., die den militärischen Charakter der Feste betont: bei aller Spontaneität sind doch in den meisten Fällen der Adel, aber auch „das Volk" ausgeschlossen. Bezüglich der Festelemente urteilt sie: „Non sans doute l'invention d'un cérémonial jamais vu, mais le brassage d'éléments disparates" (S. 66) – dazu gehört vor allem die Überlieferung katholischer Feste. Immerhin sollte man den Hinweis von Mathiez (I, S. 43) nicht überhören, daß schon beim Straßburger Föderationsfest ein „baptême civique" gefeiert wurde, das später zu einem „Sakrament" des Vernunftkults werden sollte!
[8] Simon, S. 15 ff.; Ozouf, S. 223. In späteren Jahren verschwinden die Zünfte; an ihre Stelle treten die Altersstufen.

Auch die folgenden nationalen Feste bis zum Ende der Nationalversammlung halten sich noch im Rahmen kirchlicher Festtraditionen – wenn auch dieser Rahmen jetzt mehr und mehr erweitert und gedehnt wird. Das gilt für die Totenfeier der beim Aufstand von Nancy Gefallenen, die am 20. September 1790 auf dem Pariser Marsfeld stattfindet; das gilt für die Überführungen Mirabeaus und Voltaires ins Pantheon im April und Juli 1791.[9] Zwar ist das Pantheon bereits ein „Tempel des Vaterlandes" und nicht mehr eine christliche Kirche. Aber für viele Zeitgenossen sind die Grenzen fließend geworden: die Tradition der Heiligenverehrung wird einfach auf die Gegenwart, auf die Helden des Vaterlandes erstreckt. Der Zug des toten Mirabeau vom Sterbehaus zur Kirche St. Eustache, wo das Requiem stattfindet, die stumme Gegenwart der Massen am späten Abend im Fackelschein, die Trommelwirbel, die zwischen den Häusern widerhallenden Klänge der Totenmusik – das alles hat noch den Stil der alten „Pompes funèbres".[10] Und selbst die Überführung Voltaires ins Pantheon – von David im Stil eines römischen Triumphs inszeniert – gehört noch in diese Linie: das Volk empfindet sie als Apotheose des „heiligen Patrioten" Voltaire, des Freiheitskämpfers und Anwalts der Schwachen; es ist nicht das Fest des Aufklärers oder gar die Verherrlichung des Kirchenfeindes.[11]

Doch dann folgen Zeiten, in denen die verschmelzende Kraft der Kirche schwächer wird, in denen die religiösen Formen, auch bei größter Elastizität und Dehnung, Richtung und Dynamik der politischen Bewegung nicht mehr fassen können. Vor allem seit dem Konflikt über die Eidleistung der Priester gehen revolutionärer Wille und kirchliche Überlieferung auseinander.[12] Frontbildungen überlagern den anfänglichen Grundkonsens. So wird die Kirche den revolutionären Kräften fremd: man holt sich aus der kirchlichen Überlieferung willkürlich die passenden Stücke heraus. An die Stelle wechselseitiger Durchdringung tritt die selektive Entlehnung einzelner Formen. Die revolutionären Kulte, die sich jetzt entwickeln, arbeiten mit Versatzstücken des katholischen Kultus wie zum Beweis, daß man aus einer alten Tradition nicht einfach ausbrechen kann – doch sie verändern und verfremden sie zugleich. Im Rahmen einer selbstbewußter gewor-

---

[9] Tiersot, S. 47 ff.; Simon, S. 43 ff.; Ozouf, S. 81 ff.
[10] Simon, S. 49 ff., Whitwell, S. 26 f.
[11] Simon, S. 52; siehe auch Biver, Tafel 16, 17.
[12] Grundlegend: T. Tackett, Religion, Revolution and Regional Culture in Eighteenth Century France: The Ecclesiastical Oath of 1791, Princeton 1985 (frz. Übs. 1986).

denen Revolution wird das, was aus Überlieferungen der Bibel, der Liturgie, des religiösen Festes stammt, zunehmend zum Irrläufer und Fremdkörper.

Der Prozeß geht langsam vor sich, er ist ungleichzeitig in Stadt und Land. In manchen Provinzstädten kann man noch während der Konventsherrschaft bei Staatsakten feierliche Hochämter im Stil des Straßburger Föderationsfestes antreffen, und auf dem Land widerstehen die alten Festgewohnheiten den neuen „künstlichen" Festen zäh.[13] Auch in Paris gibt es solche Spuren der Tradition, doch werden sie allmählich seltener. Wenn am ersten Jahrestag des Bastillesturms in Notre Dame ein Geistliches Spiel aufgeführt und ein Te Deum gesungen wird,[14] so ist das noch ein Stück Überlieferung: die Politik wird aufgenommen in der Kirche; die geistliche Feier umschließt das staatliche Ereignis. Auch die Anrufungen und Kehrreime in Liedern und Hymnen der Revolution – vielfach aus Litaneien und Meßresponsorien stammend – bezeugen die Lebendigkeit, die in den Alltag überfließenden Kräfte kirchlicher Überlieferung.[15] Doch das weltliche Fest emanzipiert sich bald von seinen geistlichen Vorläufern und Vorbildern. Wenn am 18. September 1791 auf dem Marsfeld die Verfassung gefeiert wird – der König ist zu dieser Zeit schon ein Gefangener in seinem Palais –, dann ist das eine staatliche Feier ohne kirchliches Zeremoniell: an Stelle des Te Deums wird eine „Französische Ode" gesungen. Nur ausschnitthaft sind kirchlich-liturgische Traditionen noch präsent: so wenn der Pariser Bürgermeister am Altar des Volkes feierlich das Buch der Verfassung in die Höhe hebt wie bei der Wandlung in der Messe.[16] Doch das sind Zitate, Entlehnungen; es steht nicht mehr im Zusammenhang einer lebendigen religiösen Praxis. Und es konkurriert mit anderen Entlehnungen, aus denen das revolutionäre Fest sich aufbaut, humanistischen und barocken Reminiszenzen, Anleihen aus Griechenland und Rom, Symbolen der Natur und der Vernunft.[17]

---

[13] Simon, S. 120; Ozouf, S. 260 ff.
[14] Tiersot, S. 27 ff. Die Initiative geht von der Oper aus – wie auch bei späteren Veranstaltungen (Vernunftkult!) in Notre Dame!
[15] Beispiele bei Tiersot, passim; Whitwell, S. 103 ff. Die Revolutionsmusik kann ihre Abhängigkeit von der Kirchenmusik – wie auch von der Oper! – nicht verleugnen.
[16] Tiersot, S. 64 ff.
[17] Aulard, S. 16 ff.; Mathiez I, S. 29 ff.; Leith (Anm. 4), 102 ff., 108 ff.; Starobinski, S. 40 ff., 59 ff. – Starobinski sagt von der seit der Totenfeier von Nancy sich abzeichnenden, zunehmend autonomen „revolutionären" Symbolik (in der schon Michelet den Kern einer „neuen Religion" erkannte!): „Die Fahnen, Orchester,

Je mehr die Revolution sich verselbständigt, je mehr sie sich – im Bruch mit Monarchie und Kirche, europäischer Staatenwelt und christlicher Tradition – auf eigene Füße stellt, desto drängender stellt sich das Problem der neuen Fundamente. Was heißt das: gänzlich neu beginnen?[18] Was feiert man an den nationalen Feiertagen? Welchen Inhalt haben revolutionäre Feste? Darüber wird in Clubs und Gesellschaften, im Parlament und in der Literatur heftig debattiert. Die Antworten sind nicht einheitlich. Die Festtheorien jagen sich manchmal bis zum Absurden und Satyrhaften.[19] Da sind die Rousseau-Anhänger, Adepten einer natürlichen Religion, die sich in frischer Luft, unter freiem Himmel den lieblichen Gefühlen des Glücks hingeben wollen nach dem Motto: „Versammelt das Volk, und ihr habt ein Fest."[20] Da sind die Erzieher, die das Volk auf dem Weg des Vergnügens zum Guten führen wollen, denen das Fest zum Mittel nationaler Pädagogik wird.[21] Da sind die Staatsgründer, die wie Mirabeau aus den Festen einen Kultus der Freiheit und des Gesetzes machen wollen.[22] Und da sind, in der Ferne, schon die Hierophanten des revolutionären Festes, die aus Orgien und Exzessen eine neue Welt erstehen lassen wollen, Eiferer einer nach Opfern hungrigen neuen Religion wie der Marquis de Sade.[23]

Chöre, Kanonen und Umzüge, die in diesen provisorischen Einrichtungen hin- und herwogten, bildeten ein Schauspiel, eine heilige Handlung ..., durch die die Lebenden Ihren Gehorsam gegenüber den ewigen Prinzipien erklären. Es sind die Riten einer neuen Unterwerfung, die nicht mehr die Menschen der Willkür eines einzigen Menschen – Tyrannen oder Despoten – preisgeben; was fortan regiert, ist die Macht des Gefühls und der Vernunft, welche die Menschennatur in jedem einzelnen erhellt und unterhält und welche ihn mit den anderen Menschen verbindet ... *Das revolutionäre Fest ist der feierliche Akt, in dem der Mensch die göttliche Macht ehrt, die er in sich selbst erkannt hat*" (a. a. O. S. 75; Kursivierung von mir).
[18] Zum Problem des Neubeginns im Zusammenhang der Pläne einer neuen Zeitzählung und eines neuen Kalenders: Ozouf, S. 190 ff. Allgemein zum Problem revolutionärer Neugründungen: Hannah Arendt, Über die Revolution, München 1965, S. 24 ff., 63 ff., 255 f., 271 ff. (mit deutlicher Entgegensetzung des amerikanischen und des französischen Modells).
[19] Simon, S. 26 ff., 66 ff., 96 ff., 131 ff., Ozouf, S. 235 ff.
[20] Rousseau, Lettre à M. d'Alembert (1758); Simon, S. 26 ff.
[21] Simon, S. 39 ff. (Talleyrand), 66 ff. (Condorcet, de Moy). Ozouf, S. 236, bemerkt: „Dans le cours de la Révolution, pas de débat sur l'instruction où il ne soit aussi question des fêtes; pas de débat sur les fêtes où il ne soit dit que les fêtes doivent servir à l'instruction."
[22] Simon, S. 32 ff.; Ozouf, S. 76 ff.
[23] Simon, S. 186 f. Nach Ozouf halten sich solche Tendenzen beim „gedachten Fest" freilich in Grenzen – wie sie auch beim „realen Fest" nur selten vorkommen; dieses konnte schon deshalb kein „théâtre de la cruauté" sein, weil es, selbst wäh-

Von all diesen Thesen und Theorien des gedachten Festes findet sich etwas im wirklichen Fest der Jahre 1792–1794. Die Feste sind ein Spiegel, ein Prisma der revolutionären Entwicklung, bunt und vielfältig wie diese selbst. Längst sind sie übrigens keine Volksbewegungen mehr. Sie werden vom Unterrichtsausschuß des Konvents geplant und in feste Regeln gebracht.[24] Nichts wird dem Zufall überlassen. Selbst das Spontane ist vorbedacht, Freiräume sind ausgespart für Improvisationen und Unvorhergesehenes. Es herrscht präzise Pünktlichkeit der Bewegungen und der Gefühle. Selbst die Äußerungen der Begeisterung, der Ekstase folgen einem minuziösen Protokoll. In den auf David zurückgehenden Regieanweisungen für das Fest des Höchsten Wesens liest sich das so: „Die Mütter heben die jüngsten ihrer Kinder in ihren Armen hoch und bringen sie dem Schöpfer der Natur in Ehrfurcht dar. Die jungen Mädchen werfen Blumen zum Himmel empor... Die jungen Männer ziehen ihre Säbel und schwören, sie überall siegreich zu führen. Die von der Begeisterung ihrer Söhne fortgerissenen Alten legen ihnen die Hände auf und teilen ihre väterlichen Segnungen aus... Eine furchtbare Artilleriesalve, das Zeichen der nationalen Rache erschallt, und alle Franzosen vereinigen ihre Gefühle in einer brüderlichen Umarmung: sie haben nur mehr eine Stimme, deren vereinigter Schrei: Es lebe die Republik! die Lüfte erbeben läßt".[25]

Dennoch gleicht gerade auf dem Höhepunkt der Revolution kein Fest dem anderen. In kurzen Abständen wechselt die revolutionäre

---

rend des Terrors, an der Idee der moralischen und politischen Harmonie festhielt (a.a.O. S. 121, 124). Dennoch fehlen apotropäische Opfersymbole – im Sinne René Girards – auch beim revolutionären Fest nicht ganz.

[24] Über die Debatten, Pläne, Beschlüsse und Ausführungsbestimmungen: Procès-verbaux du Comité d'Instruction publique de la Convention Nationale publiés et annotés par M. J. Guillaume, 6 Bde.; Paris 1891–1907 (im folgenden: Guillaume I, II, III ...). Der zugehörige Registerband (Guillaume VII) mit einer Einleitung von G. Bourgin enthält Korrekturen und Addenda (Paris 1957); darin die Art. *Fêtes, Cultes.*

[25] Détail des cérémonies et de l'ordre à observer dans la fête à l'Être suprême qui doit être célébrée le 20 Prairial d'après le décret de la Convention Nationale du 18 Floréal, L'an deuxième de la République une et indivisible. Imprimé par ordre de la Convention Nationale, in: Guillaume IV, S. 561 ff. (das Zitat 565 f.). Vgl. auch Simon, S. 223 ff., und Biver, S. 192 ff. – Im Rückblick hat sich der unter der Restauration des Landes verwiesene David in Brüssel an die von ihm ausgerichteten Feste erinnert: „Die Vernunft und die Freiheit, auf antiken Wagen thronend, herrliche Frauen, mein Herr; die griechische Linie in ihrer ganzen Reinheit, schöne junge Mädchen im Chlamys, die Blumen werfen, und dann über alledem die Hymnen von Lebrun, Méhul und Rouget de Lisle" (zit. bei Starobinski, S. 77).

Festpolitik ihre Positionen. Verkürzt und vereinfacht gesprochen, durchwandert sie drei Stufen. Zunächst werden christliche Traditionen immer unverhohlener angegriffen, travestiert, verspottet – parallel zum Kirchenkampf, zur Verfolgung der eidverweigernden Priester, zur Schließung der Kirchen, zum Verbot des katholischen Kultus.[26] Dann rücken autonome revolutionäre Symbolisierungen in den Mittelpunkt, mit deutlicher Wendung gegen das Christentum – am augenfälligsten in den Vernunft- und Freiheitskulten der Jahre 1793 und 1794.[27] Der Gedanke verbreitet sich, daß der Staat nicht nur von außen in kirchliche Liturgien einbezogen werden dürfe, daß er ein Eigenrecht auf Respekt, Hingabe, ja kultische Verehrung habe. „Das Gesetz ist die Religion des Staates, die gleichfalls ihre Diener, ihre Apostel, ihre Altäre und ihre Schulen haben muß", so sagt es schon 1791 Gilbert Romme, der spätere Konventsabgeordnete und Schöpfer des republikanischen Kalenders;[28] andere folgen ihm. Doch das ist noch keineswegs der letzte Akt. Auf dem Höhepunkt des Terrors, am 8. Juni 1794, lenkt Robespierre die revolutionäre Festpolitik in die Bahnen eines gemäßigten Deismus zurück, indem er den Festen der Vernunft ein „Fest des Höchsten Wesens" entgegenstellt. Für einen Tag wird die Guillotine vom Platz der Revolution entfernt. In einem Frühlingsfest im Tuileriengarten inmitten von Fahnen, Blumen und Grün soll sich das Volk unter dem Schutz der Gottheit „den Verzükkungen einer reinen Freude" hingeben. Das Symbol des Atheismus wird verbrannt, die Statue der Weisheit enthüllt. Blinde Kinder singen eine Hymne an die Gottheit. Weihrauchwolken steigen auf wie bei einem kirchlichen Fest.[29]

Der Rest ist Abgesang. Nach dem Sturz Robespierres haben die Vernunftkulte nochmals einige Jahre Konjunktur.[30] Aber das „Große

---

[26] B. Plongeron, Conscience religieuse en Révolution, Paris 1969, S. 105 ff.; M. Vovelle, Religion et Révolution. La déchristianisation de l'an II, Paris 1976, S. 145 ff., Ozouf, S. 99 ff.
[27] Aulard, S. 43 ff., 52 ff.; Mathiez I, S. 136 ff., Tiersot, S. 91 ff., Simon, S. 188 ff. Beim Fest der Vernunft in Notre Dame in Paris am 10. November 1793 handelt es sich, wie Guillaume, Études révolutionnaires, I, Paris 1908, S. 45, nachgewiesen hat, um die Übertragung eines in der Oper gespielten Stückes (Offrande à la Liberté) in die Kirche.
[28] Zit. bei Simon, S. 41. Über Romme: Guillaume I, S. LXXXIX; und neuerdings: Gilbert Romme et son temps (1750–1795). Actes du colloque tenu à Riom et Clermont les 10 et 11 juin 1965, Paris 1966.
[29] Aulard, S. 307 ff., Tiersot, S. 123 ff., Simon, S. 200 ff.
[30] Grundlegend: Mathiez II, passim. Mona Ozouf überschreibt das entsprechende Kapitel: 1794–1799: retour aux lumières (a. a. O. S. 125 ff.).

Fest" der Revolution kehrt nicht wieder. Allmählich zieht man sich auf den kleinsten Nenner der Militär- und Siegesfeste zurück. Nach 1799 mündet das revolutionäre Fest in die alten nationalpolitischen Traditionen ein. Napoleon schließt auch hier den „Krater der Revolution". In seiner Zeit leben die alten Hoffeste in modifizierter Form wieder auf.[31] Etwas länger hält sich der Revolutionskalender und die revolutionäre Zeitrechnung, nämlich bis Ende 1805. Beide stehen in engem Zusammenhang mit dem revolutionären Fest. Und diesem Zusammenhang wenden wir uns jetzt zu.

II

Folgt man der Entfaltung der Feste in der Französischen Revolution, so treten sie zunächst als etwas Spontanes, Einmaliges, Unwiederholbares auf. In den ersten Festen bricht sich etwas Neues Bahn und sucht nach Ausdruck: ein Gefühl, eine Erfahrung, ein Echo auf erhebende oder bedrückende Ereignisse. Diese frühen Feste gehen verschwenderisch um mit der Zeit. Sie wollen lange dauern. Sie fänden am liebsten kein Ende. Es herrscht in ihnen die glorreiche Unbefangenheit und Seligkeit der Freigelassenen der Schöpfung. Für einen Tag wenigstens will man aus dem Alltag, aus der täglichen Lebenssorge heraus, will eintauchen in ein Glück, das keine Stunden kennt. Im Fest steht die Zeit still und gibt den Raum frei für ein erhöhtes Leben.

Heraustreten aus der Zeit, feiern ohne Ende, – das ist auch der Horizont des kirchlichen Festes. Auch ihm liegt der Gedanke der „fête sans fin" zugrunde,[32] des Festes ohne Zeitenge und Arbeitsdruck. In der Feier öffnet sich die Kirche nicht nur zu den Mitmenschen hin. Sie nimmt teil an der himmlischen Liturgie. Gottes Herrlichkeit spiegelt sich im menschlichen Antlitz wider. Der liturgische Kalender kennt daher nur Feiertage.[33] Wie es ein moderner Liturgiker ausdrückt: „Ohne Feier sänke der Glaube in Theismus zurück, die Hoffnung wäre von ihrem Anker losgerissen, die Liebe würde sich in Philanthro-

---

[31] Siehe die Bilddokumentation bei Mourey, S. 329 ff.
[32] J. Pieper, Zustimmung zur Welt. Eine Theorie des Festes, München ²1964, weist auf die Meinung des Origines hin, „die Einsetzung einzelner bestimmter Feiertage sei nur wegen der ‚Uneingeweihten' und ‚Anfangenden' geschehen, die ‚noch' nicht fähig seien, das ‚ewige Fest' zu feiern" (S. 53). Vgl. Frère Roger, Ta fête soit sans fin, Taizé 1971, S. 15 ff., 130 ff.; dort der Hinweis auf Athanasius: „Le Christ ressuscité fait de la vie de l'homme une fête continuelle" (131).
[33] So J. Pieper, a.a.O. S. 53, in Anschluß an J. Pascher.

pie auflösen. Feierte die Kirche ihre Liturgie nicht, so hörte sie auf, die Kirche zu sein, und wäre nichts weiter als eine soziologische Körperschaft, ein geisterhaftes Überbleibsel des Leibes Christi."[34]

In der Wirklichkeit ist das Idealbild des „Festes ohne Ende" freilich selten anzutreffen. Irdische Feste können nun einmal keine endlosen Feste sein. Sie bedürfen der Folie des Alltags, des Arbeitstages, der Arbeitswoche – sonst würden sie auf die Dauer ermüden, ja langweilen. Feste sind auch, von Ausnahmen abgesehen, keineswegs so einzigartig, daß sie sich nicht wiederholen könnten. Ja, sie verlangen sogar nach Wiederholung: man will sie noch einmal und immer wieder erleben. So entsteht allmählich ein Geflecht, ein Zeitrahmen, ein kalendarischer Zusammenhang, in dem das Fest seine genau bezeichnete Stelle hat, ohne einfach alles zu beherrschen. Die Feste werden alltäglich. Man begegnet ihnen überall. Man kann das noch heute am Bedeutungswandel des römischen Wortes feriae verfolgen. Uns erinnert das Wort „Ferien" an die ursprüngliche Bedeutung feriae = Feiertage; im kirchlichen Kalender sind feriae jedoch gerade die Festtage der Woche und damit die Wochentage.

Im bescheidenden Zeitrahmen einer zehnjährigen Festpraxis macht die Französische Revolution ähnliche Erfahrungen. Auch sie steht vor dem Problem der Wiederkehr, der Wiederholung: der Bastillesturm, die „Großen Tage" der Revolution, Sieges- und Heldengedenktage – das alles muß jährlich neu gefeiert werden.[35] Wir sahen schon, wie in der Revolution das spontane Fest allmählich dem geplanten und schließlich inszenierten weicht, wie rings um die Feste Pädagogisierung und Systematisierung sich ausbreiten, wie weltliche Liturgien installiert werden und neue Festkalender entstehen, bis endlich alles zum Gegenstand politischer Lenkung und Massenregie wird. Doch das ist den konsequenten Revolutionären keineswegs genug. Sie wollen dem revolutionären Fest nicht nur Raum auf Straßen und Plätzen verschaffen – sie fordern für dieses Fest immer lauter auch eine eigene Zeit.[36] Warum sollen die neuen Feste ständig dem Gregorianischen

---

[34] J. Corbon, Liturgie aus dem Urquell, Einsiedeln 1981, S. 96.

[35] Zum Problem der „Commémoration" vgl. die subtile Analyse bei Ozouf, S. 199 ff., die mit Recht das Zerbrechliche geschichtlicher Feste und damit eine Schwäche des „profanen Festes" überhaupt hervorhebt: „Mais y a-t-il alors un seul événement qu'on puisse consacrer par des fêtes et dont la mémoire n'offre aucun danger?" (203).

[36] Zum Zeitmoment im revolutionären Fest vgl. die Beobachtungen von Starobinski, S. 78 ff., über den Eid: „Das revolutionäre Fest läuft wie ein Stiftungsfest ab; es stellt den *Einsetzungsakt* eines Seelenbündnisses dar: es wird nicht der schillernde und bald zerstobene Schaum auf der Woge einer labilen Zeit sein, sondern die

Kalender nachhinken, sich gar an seinen beweglichen Festen orientieren, die dem revolutionären Rationalisierungswillen ohnehin ein Greuel sind?[37] Warum soll, nach dem Tod des Königs, nach der Gründung der einen und unteilbaren Republik, nach dem epochalen Einschnitt, den die Revolution bedeutet, noch in Jahren nach Christus gezählt werden?

So stürzt sich der Konvent in das gewagte Unternehmen eines neuen, eines republikanischen Kalenders, der zugleich eine neue Zeitrechnung einschließt.[38] Er soll nicht nur der Vereinheitlichung und Vereinfachung dienen, der Einführung des Dezimalsystems in die

---

Heimstätte eines Versprechens, das die Folgezeit wird halten müssen. Der Fluß der Zeit (bald skandiert durch einen den Ansprüchen der Vernunft gemäßen Kalender, der vom Jahr I eines neuen Zeitalters aus seinen Ursprung nimmt) muß eine ununterbrochene Treuelinie aufzeigen. Nun bedarf es aber eines bedeutungstiftenden Aktes, um das Zusammentreffen dieser an einem Tag vereinten Menschenmenge mit den ewigen Prinzipien hervorzuheben, sowie auch das unzertrennliche Band, das die Menschen zwischen sich schließen und das sie zum Ausgangspunkt eines neuen Bundes machen werden. Dieser Akt ist der des Eides ... Der Revolutionseid *schafft* die unumschränkte Herrschaft – während der Monarch sie vom Himmel *empfing*. Der besondere Wille jedes Einzelnen *verallgemeinert* sich in dem Augenblick, in dem alle die Eidesformel sprechen: vom Grund eines jeden individuellen Lebens steigt das gemeinsam gegebene Versprechen auf, in dem das zugleich unpersönliche und menschliche Gesetz der Zukunft seine Quelle finden wird." (Kursivierungen von St.) – Die Anfänge der neuen Zeitrechnung liegen übrigens schon früher. „Die französische Revolution rechnete seit dem 14. Juli 1790, dem ersten Jahrestage ihres Beginnens, statt nach christlichen Jahren nach Jahren der Freiheit, die man mit dem 1. Januar um eine Einheit erhöhte, so daß man am 1. Januar 1792 das Jahr 4 der Freiheit begann. Seit dem 10. August 1792 fügte man auch das Jahr der Gleichheit hinzu. Schon seit dem 22. September 1792 aber zählte man nur nach Jahren der Republik, und bereits am 1. Januar 1793 begann man das Jahr 2 derselben" (H. Grotefend / Th. Ulrich, Taschenbuch der Zeitrechnung des deutschen Mittelalters und der Neuzeit, Hannover [10]1960, S. 29).

[37] Ozouf S. 193.
[38] Siehe Guillaume I, S. XLIX ff.; II, S. LXXVI ff.; VII (Art. Calendrier, Ère républicaine). – Nach Guillaume (I, S. LXI ff.) hat sich der Unterrichtsausschuß des Konvents zuerst am 21. Dezember 1792 mit der Reform des Kalenders beschäftigt; Romme, Prieur und Dupuis werden mit der Arbeit beauftragt; der Bericht von Romme liegt am 14. September 1793 vor, und der neue Kalender wird vom Konvent am 6. Oktober beschlossen. – Die Beratungen über den Kalender stehen in engem Zusammenhang einerseits mit der Arbeit des Ausschusses am neuen Erziehungsplan (in dessen Rahmen die Feste als Unterrichtsmittel figurieren!), andererseits mit der Reform der Maße und Gewichte, die das Dezimalsystem als ein geeignetes Mittel zur Neueinteilung auch der Zeit und des Jahres erscheinen lassen. Sieyes, der nicht unbeträchtlich zur Ausgestaltung des Festes im Erziehungsplan beigetragen hatte, ist offenbar das einzige prominente Mitglied des Unterrichtsausschusses, das sich gegen die Einführung eines neuen Kalenders ausgesprochen hat (Guillaume I, S. XLVIII f. mit Anm. 1 zu XLIX).

Zeiteinteilung, analog zu Maßen und Gewichten; er soll vor allem das revolutionäre Zeitgefühl auf den Begriff bringen, es in den Alltag übersetzen, ins Taschenformat, zum Gebrauch für Schulkinder, Standesbeamte, Notare. Vor allem aber soll er die christliche Zeitrechnung und den Gregorianischen Kalender ablösen. Gilbert Romme, die schon erwähnte Hauptfigur und treibende Kraft der Reform, sagt es unumwunden zu seinem Konventskollegen, dem konstitutionellen Bischof Grégoire: es gilt den christlichen Sonntag abzuschaffen.[39]

Der Unterrichtsausschuß des Konvents, der die Sache verhandelt, hat sich viel vorgenommen. Nicht nur die neue Ära muß eingeführt werden, auch der Jahresbeginn ist festzulegen, die Monate sind zu gliedern und neuzubenennen. Am 20. September 1793 trägt Romme dem Konvent seinen Bericht vor.[40] Er beginnt naturwissenschaftlich streng: wie bei Maßen und Gewichten gelte es auch in der Zeit ein Maß zu finden, das von Irrtümern, Aberglauben, Ungenauigkeiten frei sei. Dieses gewinnt man einerseits aus dem Gang der Gestirne, anderseits aus dem Dezimalsystem. Künftig soll das Jahr mit der Mitternacht des Tags der Herbstnachtgleiche beginnen. Denn zu dieser Zeit, am 22. September des Jahres 1792, hat auch die Republik begonnen. So stimmen Natur und Geschichte überein: der Gleichheit der Tage und Nächte entspricht die bürgerliche und politische Gleichheit, proklamiert von den Volksvertretern – ein „fondement sacré" des neuen Regierungssystems.[41]

Sodann muß der „bizarren Ungleichheit" der Monate abgeholfen werden. Welch lästige Schwierigkeit, immer zu wissen, ob ein Monat

---

[39] Guillaume II, S. LXXVII. A. Soboul (in: Gilbert Romme, siehe Anm. 28) sieht in Rommes Werk zwei Antriebe wirksam: seine mathematische Bildung und rationalistische Orientierung und seine antireligiöse, antikatholische Haltung. „Il s'agissait en remplaçant le dimanche par le décadi, d'affaiblir, sinon de supprimer une des cérémonies essentielles du culte." Soboul vermutet, daß Robespierre den republikanischen Kalender abgelehnt hat.

[40] Guillaume II, S. 440 ff.

[41] „Ainsi le soleil a passé d'un hémisphère à l'autre le même jour où le peuple, triomphant de l'oppression des rois, a passé du gouvernement monarchique au gouvernement républicain ... les traditions sacrées de l'Égypte, qui devinrent celle de tout Orient, faisaient sortir la terre du chaos sous le même signe que notre République, et y fixaient l'origine des choses et du temps. Ce concours de tant de circonstances imprime un caractère sacré à cette époque, une des plus distinguées dans nos fastes révolutionnaires et qui sera sans doute une des plus célébrées dans les fêtes des générations futures" (Guillaume II, S. 442 f.). – Mit den Ägyptern gegen den gregorianischen Kalender zu argumentieren ist aufklärerische Tradition; einige Formulierungen Rommes gehen, wie Guillaume anmerkt, auf den Art. *Ère* der Encyclopédie zurück.

30 oder 31 Tage hat! Romme teilt das Jahr in 12 Monate zu 30 Tagen ein; am Ende des Jahres folgen fünf Tage, später „Sansculottiden" genannt, jedes vierte Jahr ergänzt durch einen sechsten, alles Festtage.[42] Der Woche gilt die besondere Abneigung des Berichterstatters. Sie teilt nicht einmal das Jahr und den Monat genau! Also soll sie verschwinden.[43] An ihre Stelle tritt die Dekade, die den Monat in drei gleiche Teile zerlegt – so hat man endlich das Dezimalsystem in der Zeitrechnung! Also setzt sich künftig das Jahr aus 36 Dekaden oder 73 Halbdekaden zusammen. Jedes Kind kann eine Halbdekade an den fünf Fingern seiner Hand abzählen. Und immer sind die Tage gleichmäßig durchgezählt, im Monat und im Jahr die gleichen, ein großer Vorteil, wie Romme meint; denn bisher konnte ein 4. Februar ein Donnerstag, ein 4. März ein Freitag sein.

Endlich die Monatsbezeichnungen. Es sind entweder Götternamen wie beim Februar, März, Mai – oder sie leiten sich von Tyrannen, Unterdrückern her wie der Juli, der nach Cäsar, der August, der nach Augustus benannt ist. Eigentlich dürfte nur noch der Juni durchgehen, meint Romme, weil er an den älteren Brutus erinnert, der die Tarquinier vertrieb. Romme schlägt eine neue Nomenklatur vor,[44] die ganz aus der Revolution genommen ist, eine Art Kalendarium der wichtigsten Ereignisse, Ziele, Mittel: das reicht von *Régénération* und *Réunion* bis zu *Bastille* und *Peuple*, von *Unité* und *Fraternité* bis zu *Liberté, Justice, Égalité*. Für die Ergänzungstage schlägt er vor: *Adoption, Industrie, Récompense, Paternité, Vieillesse* – und für den sechsten Tag im Schaltjahr: *Révolution*.[45]

Übrigens wird dieser Teil der Vorschläge Rommes vom Konvent

---

[42] Guillaume II, S. 443. Auch hier schließt sich Romme den Ägyptern an, die den Monat zu 30 Tagen eingeteilt hatten und am Ende des Jahres Ergänzungstage einfügten.
[43] Und mit ihr der Sonntag! „La superstition a transmis jusqu'à nous, au grand scandale des siècles éclairés, cette fausse division du temps qui n'a pas peu servi à étendre l'influence sacerdotale par les jours de repos qu'elle ramène régulièrement et qui sont devenus, dans les vues de la cour de Rome, des jours de prosélytisme et d'initiation. Vous n'hésiterez pas sans doute à la retrancher de notre calendrier, qui doit être indépendant de toute opinion, de toute pratique religieuse, et recevoir de votre sagesse ce caractère de simplicité qui n'appartient qu'aux productions d'une raison éclairée" (a. a. O. 444).
[44] „Nous vous proposons une nouvelle *nomenclature*, qui n'est ni céleste, ni mystérieuse; elle est toute puisée dans notre révolution, dont elle présente ou les principaux évènements, ou le but, ou les moyens" (a.a.O. 445f.).
[45] A.a.O. S. 446f. – Für die Tage der Dekade schlägt Romme u. a. einen Tag der Mütze, der Kokarde, der Pike, des Liktorenbündels, der Kanone (des „Instruments unserer Siege") vor.

nicht angenommen. Eine neue Kommission unter der Leitung des Dichters Fabre d'Églantine bemüht sich, Namen für die Monate und die Tage des Jahres zu finden.[46] Sie erstattet am 24. Oktober 1793 Bericht.[47] Im Unterschied zu dem frostig-genauen Romme bringt Fabre naturhaft poetische Farben in den republikanischen Kalender. Die Monatsnamen orientieren sich an Klima, Wetter, Jahreszeiten; das Jahr beginnt (im Herbst) mit Vendémiaire, Brumaire, Frimaire (Herbsterich, Dunsterich, Frosterich übersetzt man im revolutionär gestimmten Deutschland)[48] und endet im Sommer mit Messidor, Thermidor, Fructidor (Ernte-, Hitze-, Früchtegieberich). Die Tagesnamen kombinieren Blumen und Früchte mit Geräten der Land- und Hauswirtschaft.[49]

Nun müssen noch die Sansculottiden benannt werden. Der Konvent beschließt auf Robespierres Antrag, die Tugend an die Spitze zu stellen, nicht das Genie (denn auch Tyrannen wie Cäsar waren Genies, wie die entwaffnende Begründung lautet!).[50] Es folgen: das Genie, die Arbeit, die Meinung, die Belohnung.[51] Am Fest der Meinung soll jeder über die Beamten seine Meinung sagen dürfen wie im alten Rom.[52]

---

[46] Über diese Kommission und den Anteil ihrer Mitglieder Chénier, David, Fabre d'Églantine, Romme an der Arbeit: Guillaume II, S. 693 f. Demnach gehen die poetischen Tagesnamen auf Fabre *und* Chénier zurück.

[47] Guillaume II, S. 697 ff. Gleich zu Anfang setzt Fabre d'Églantine als Berichterstatter andere Akzente als Romme: „Vous avez réformé ce calendrier, vous lui en avez substitué un autre, où le temps est mesuré par des calculs plus exacts et plus symétriques; *ce n'est pas assez.* Une longue habitude du calendrier grégorien a rempli la mémoire du peuple d'un nombre considérable d'images qu'il a longtemps révérées, et qui sont encore aujourd'hui la source de ses erreurs religieuses; il est donc nécessaire de substituer à ces visions de l'ignorance les réalités de la raison, et au prestige sacerdotal la vérité de la nature. *Nous ne concevons rien que par des images:* dans l'analyse la plus abstraite, dans la combinaison la plus métaphysique, notre entendement ne se rend compte que par des images, notre mémoire ne s'appuie et ne se repose que sur des images. Vous devez donc en appliquer à votre nouveau calendrier, si vous voulez que la méthode et l'ensemble de ce calendrier pénètrent avec facilité dans l'entendement du peuple et se gravent avec rapidité dans son souvenir" (Kursivierung von mir).

[48] B. M. Lersch, Einleitung in die Chronologie oder Zeitrechnung verschiedener Völker und Zeiten nebst christlichem und jüdischem Festkalender, Aachen 1889 (im folgenden: Lersch), S. 94.

[49] Guillaume II, S. 707 ff.   [50] Guillaume II, S. 696; siehe auch Ozouf, S. 194 f.

[51] Guillaume II, S. 713.

[52] Guillaume II, S. 705. Fabre erwartet von diesem „zugleich fröhlichen und schrecklichen Fest", daß es, besser als drakonische Gesetze und Gerichte, die Behörden an ihre Pflichten binden werde. Der „Meinung" sei an diesem Tag alles erlaubt: „les chansons, les allusions, les caricatures, les pasquinades, le sel de l'ironie, les sarcasmes de la folie". Ozouf, S. 195, Anm. 1, urteilt: „Seule réminiscence carnavalesque dans les projets de fêtes".

Am Fest der Belohnung sollen alle Tugenden durch den Dank des Vaterlandes geehrt werden. In den Schaltjahren sollen nationale Spiele stattfinden. Die Olympischen Spiele sollen erneuert werden in einer „Olympiade française".[53]

Beinahe im Vorübergehen schafft der Konvent die christliche Zeitrechnung – verschämt oder veräctlich „ère vulgaire" genannt – ab. Romme hat in seinem Bericht nur ein paar wegwerfende Worte für diese Zeitrechnung der Grausamkeit, Lüge und Sklaverei übrig. Kritische Meinungen dagegen, so die von Sieyès, wagen sich in der Öffentlichkeit kaum mehr vor. Die Sache geht sang- und klanglos über die Bühne; über die Monatsnamen wird viel länger debattiert.[54]

Das ist nicht nur deswegen erstaunlich, weil damit eine fast 1300jährige Übung mindestens für Frankreich (wenn auch nur vorübergehend) ihr Ende findet – jene Zählung nach Christus, die der römische Abt Dionysius Exiguus in der ersten Hälfte des 6. Jahrhunderts eingeführt hatte.[55] Auch die schnelle Übernahme der republikanischen Ära in Frankreich und in Teilen Europas – wo sie als „neufränkische Zeitrechnung"[56] zitiert und kommentiert wird – muß verblüffen. War man überrascht, daß die Franzosen die neue Zeit so rigoros beim Wort nahmen? Wenige Jahre später, 1798, postuliert Kant, daß sich die Chronologie nach der Geschichte zu richten habe, nicht umgekehrt.[57] Aber an Konsequenzen, wie sie Gilbert Romme –

---

[53] Bericht Romme, Guillaume II, S. 445 u. 449.

[54] Guillaume II, S. 440f.

[55] B. Krusch, Studien zur christlich-mittelalterlichen Chronologie. Die Entstehung unserer heutigen Zeitrechnung (= Abhandlungen der Preußischen Akademie der Wissenschaften, Jg. 1937, phil.-hist. Kl.), Berlin 1938, S. 59ff.; R. L. Poole, Studies in Chronology and History, Oxford 1934. S. 28ff.; H. Zemanek, Bekanntes und Unbekanntes aus der Kalenderwissenschaft, München 1978, S. 97ff.; Lersch, S. 18, 69. Die Zeitrechnung nach Christus taucht übrigens schon – lange vor Dionysius – im 2. Jahrhundert auf, scheint sich aber damals nicht durchgesetzt zu haben; siehe A. A. T. Ehrhardt, Politische Metaphysik von Solon bis Augustin, Bd. II, Tübingen 1959, 71 mit Anm. 2. – Sehr viel jünger als die Zählung der Jahre *nach* Christus ist die rücklaufende Zählung der Jahre *vor* Christus; sie geht auf den italienischen Astronomen G. B. Riccioli (1598–1671) und seine *Chronologia reformata* (Bologna 1669) zurück und hat sich erst im 18. Jahrhundert durchgesetzt; bis dahin zählte man nach den älteren Weltära-Kalendern von der Schöpfung an; siehe O. Cullmann, Christus und die Zeit, Zürich ³1962, S. 33f. mit Anm. 2.

[56] Lersch, S. 94ff.

[57] Kant, Der Streit der Fakultäten (1798), AA Bd. 7 (1907), S. 62 (gegen Bengels Auslegung der Johannes-Apokalypse): „als ob sich nicht die Chronologie nach der Geschichte, sondern umgekehrt die Geschichte nach der Chronologie richten müßte"; dazu R. Koselleck, Vergangene Zukunft. Zur Semantik geschichtlicher Zeiten, Frankfurt 1979, 321f. – Kant ist entgegenzuhalten, daß die christliche

er war um diese Zeit schon tot[58] – und der Konvent gezogen hatten, hat im damaligen Deutschland wohl niemand gedacht.

Wie bitter ernst die Mitglieder des Unterrichtsausschusses ihr Werk nahmen, zeigt das Beispiel von Jacques-Louis David. Wir sind ihm schon als Organisator und Regisseur revolutionärer Feste begegnet. Er ist aber auch an den Konventsarbeiten über Erziehung, Akademien, Hochschul- und Kunstpolitik beteiligt gewesen.[59] Und nicht zuletzt war er Maler und als Maler Politiker, Mitglied der Bergpartei, zeitweise Konventspräsident – überzeugt, daß jeder Künstler verpflichtet sei, seine Begabung in den Dienst der Republik zu stellen. Das reicht bei ihm bis zum Fanatismus und zur Kollegendenunziation – nach dem 9. Thermidor, dem Sturz Robespierres, wird er verhaftet und hat Mühe, nicht unter die Räder zu kommen.[60]

Dieser David malt im Sommer 1793 im Auftrag der „Section du Contrat social" den ermordeten Marat. Der Maratkult verbreitet sich zu dieser Zeit in Windeseile im ganzen Land; Altäre werden aufgerichtet, Prozessionen veranstaltet; der Tote, immerhin ein reichlich bedenkenloser Demagoge, der in seinem Blatt „L'Ami du peuple" zu Massenhinrichtungen aufgerufen hat, wird jetzt wie ein Martyrer, wie ein Heiliger verehrt.[61] Die Maratfeste sind Beispiele jener unbekümmerten Sakralisierung revolutionärer Personen, die jetzt um sich greift – vielfach gegen den ohnmächtigen Widerstand der Kirche. Die

---

Chronologie ihrerseits auf einer Geschichtsdeutung beruht, welche das Christusereignis als zeitliche Mitte allen Geschehens betrachtet, daß „diese Einteilung nicht nur eine auf christlicher Tradition beruhende Konvention ist, sondern eigentlich grundlegende Aussagen der neutestamentlichen Theologie über Zeit und Geschichte voraussetzt. Diese Voraussetzungen sind dem heutigen Denken allerdings ebenso fremd, wie der christliche Kalender ihm geläufig ist" (Cullmann – siehe Anm. 55 –, S. 34).

[58] Im Zusammenhang mit der Besetzung des Konvents durch Aufständische verhaftet und zum Tod verurteilt, beging er mit fünf anderen gleichfalls Verurteilten am 17. Juni 1795 Selbstmord. Siehe Gilbert Romme (Anm. 28), S. 19f. Vgl. im selben Werk: R. Andrews, Le néo-stoicisme et le législateur montagnard. Considérations sur le suicide de Gilbert Romme (S. 189ff.).

[59] Über Davids ausgedehnte parlamentarische Aktivitäten siehe Guillaume VII, Art. *David* (S. 300–305), sowie D. L. Dowd, Pageant Master of the Republic. Jacques Louis David and the French Revolution, Lincoln 1948.

[60] D. L. Dowd, Jacques-Louis David, Artist Member of the Committee of General Security, in: The American Historical Review 57 (1952), S. 871ff.

[61] Über den Maratkult und seine Vorläufer: Mathiez I, S. 53; Tiersot, S. XIIIf., 119ff., 191ff.; A. Soboul, Sentiments religieux et Cultes populaires pendant la Révolution: Saints patriotes et martyrs de la liberté, in Annales historiques de la Révolution Française 29 (1957), S. 193ff.; B. Plongeron (Anm. 26), S. 114ff. Zur Nachgeschichte: Mathiez II, S. 275.

Revolution emanzipiert sich vom christlichen Heiligenkalender, sie schafft sich selbst ihre Apotheosen und Martyrologien. Sakraler Glanz umgibt politische Opfer, die ganz von dieser Welt sind. David malt sein Bild mit deutlicher Referenz auf diesen revolutionären Totenkult. Auch andere Elemente kehren wieder, die den revolutionären Festen das Gepräge gegeben hatten: Jörg Traeger hat sie jüngst in einer sorgfältigen Studie analysiert.[62] Da sind Anklänge der barocken Emblematik in der Widmung des Bildes, im Verhältnis von Schrift und Malerei. Da sind Beziehungen zum christlichen Martyrer- und Totenkult. Das Bild ist angelegt wie eine revolutionäre Pietà: Der herabhängende Arm Marats nimmt auf den Arm Christi in Michelangelos Pietà Bezug, ebenso die Kopfhaltung, wie Klaus Lankheit gezeigt hat.[63] Da sind aber auch Elemente des Revolutionär-Neuen: sie äußern sich vor allem im dokumentarischen Realismus des Bildes, der an die Grenzen von Fotografie und Wachsfigurenkabinett führt, und im malerischen Pathos des Bildes, das einen Neuanfang der Kunst bezeichnet.[64]

In unserem Zusammenhang interessiert ein spezieller Zug. Als David sein Bild malte, waren die Verhandlungen des Konvents über den republikanischen Kalender und die neue Zeitrechnung in die entscheidende Phase eingetreten. Am 6. Oktober 1793, acht Tage vor der Fertigstellung des Bildes, wurde die christliche durch die revolutionäre Zeitrechnung ersetzt, die rückwirkend mit dem 22. September 1792 begann. David hat auf diese neue Zeitrechnung umgehend reagiert. Auf der Holzkiste, welche die Widmung trägt, erkennt man links und rechts an den unteren Ecken noch die Jahreszahl 1793 – doch sie ist übermalt; statt dessen steht nun in der Mitte: L'An Deux. Der alten Zeitrechnung ist Charlotte Corday, die Mörderin, mit dem Datum ihres Briefes in Marats Hand noch unterworfen. Und so geht die Grenze zwischen der christlichen Zeitrechnung und der neuen Ära der Revolution mitten durch das Bild hindurch.[65]

III

Selbst im revolutionär erregten Frankreich, unter der Herrschaft des Terrors und der Konventskommissare, hat sich der neue Kalender nicht völlig durchgesetzt. Vor allem die Konkurrenz von Sonntag und

---

[62] J. Traeger, Der Tod des Marat. Revolution des Menschenbildes, München 1986.
[63] K. Lankheit, Jacques-Louis David. Der Tod Marats, Stuttgart 1962.
[64] Traeger, S. 75, mit Beziehung auf das Urteil Baudelaires.
[65] Traeger, S. 76f.

Decadi sollte zu einem heillosen Durcheinander führen. Daß man plötzlich am Sonntag arbeiten mußte, am Decadi nicht arbeiten durfte, leuchtete dem Volk nicht ein. Die Akten der Konventskommissare sind voll von Beschwerden der Kommunen, Berichten über Verweigerungen, heftigen Repliken der Autoritäten.[66] Auch der Konvent beschäftigte sich mehrfach mit dem Problem.[67] Da und dort gingen besonders schlaue Bürgermeister dazu über, am Sonntag *und* am Decadi zu feiern, was bei den revolutionären Gesellschaften heftigen Widerspruch auslöste, weil es, wie ein Bericht an den Konvent sagt, der Landwirtschaft schade.[68] Anderswo stand man vor dem Problem, den Decadi, der von der Bevölkerung nicht angenommen wurde, attraktiv zu machen; patriotische Anlässe, Tugendfeste und Vernunftkultus reichten dafür offenbar nicht aus. So verlangte die *Société populaire* von Charolles vom Staat Geld für Freizeitangebote am Decadi – sonst würden sich die Landfrauen wie bisher am Sonntag treffen.[69]

Hinter dem Widerstand gegen die neue Monats- und Jahreseinteilung stecken nicht nur religiöse und traditionelle Motive, Unlust am Neuen, Ärger über Reglementierungen – man darf auch soziale Gründe dahinter vermuten. Es war ein gewagtes Spiel, daß der Staat mit den alten Festen und dem Sonntag ein erhebliches Stück Freizeit einzog, daß er plötzlich die Arbeitstage von sechs auf neun ausdehnte, daß er aus dem jahrhundertalten Konsens über die Ruhe am siebten Tag ausbrach. Selbst in Kriegs- und Revolutionszeiten war dies ein harter, nur widerwillig hingenommener Eingriff.[70] Die neuen Dekadenfeste konnten den Sonntag und die kirchlichen Feiertage nicht ersetzen. Der Dekadenkult, die Theophilanthropie, die sich aus ihnen entwickelten, blieben eine Angelegenheit verhältnismäßig kleiner Kreise.[71]

---

[66] Ozouf, S. 188 mit Anm. 1.
[67] Guillaume III, S. 595, 599; siehe auch Guillaume VII, Art. *dimanche et décadi*.
[68] Guillaume III, S. 595: „Cet abus est préjudiciable à l'agriculture; elle demande qu'on y rémedie, et que l'instruction publique soit promptement organisée."
[69] Guillaume III, S. 598.
[70] Und erst recht später! Im Anschluß an das Nationalkonzil der Konstitutionellen Kirche im November 1798 protestierten die Bischöfe scharf gegen die Anweisung des Innenministers, die Hochämter auf den Decadi zu verlegen. Sie bemerken: „Au surplus, depuis quatre ans, on a déjà inventé quatre ou cinq religions: le culte de la *Raison*, le culte de *Marat*, auxquels succedèrent les fêtes de l'Être suprême imaginées par Robespierre; elles ont disparu pour faire place à la *théophilanthropie* et déjà on parle d'une invention nouvelle, le culte *providenciel*, tandis qu'un autre propose tout bonnement d'adorer le soleil!" (Zit. bei Mathiez II, S. 275; dort 276 ff. weitere Beispiele für den Widerstand gegen den Decadi).
[71] Mathiez II, passim.

Angesichts der kleinlichen, pedantischen, buchhalterischen „Erfassung" des Jahres und seiner Arbeitszeit im republikanischen Kalender verblaßte schließlich die Utopie des Festes, die den Ausgang der Debatten über die neue Zeiteinteilung gebildet hatte. Keine Rede mehr von den alten Plänen, die neue Zeit von der „Eroberung der Freiheit" an zu zählen, das Jahr mit „großen Erinnerungen zu besäen", es zu einer Erinnerungsgeschichte der Revolution zu machen.[72] Im Alltag pragmatischer Ernüchterung verhallte der Aufruf des Dichters und Konventsabgeordneten Marie-Joseph Chénier, es gelte die großen Schritte der Vernunft, die über Europa hinaus bis an die Grenzen der Welt gegangen seien, durch die Feste in die Zukunft zu tragen.[73]

So ist die revolutionäre Festidee und -politik schließlich gescheitert – und mit ihr die neue Zeitrechnung und der neue Kalender. Sonntag und christliche Zeitrechnung behaupteten sich auch in nachrevolutionärer Zeit. Auf den Münzen der Amerikanischen Revolution, die der Französischen vorangegangen war, war der „novus ordo saeclorum" ohnehin von Anfang an nicht mehr als ein humanistisches Zitat – man war weit entfernt davon, daraus Konsequenzen für die chronologische Ordnung zu ziehen.[74] Im 19. Jahrhundert experimentierten Gruppen um Comte mit neuen, zum Teil der Französischen Revolution entlehnten Jahreseinteilungen und mit Kalendern, in denen statt Heiligen und Festen große Männer und bedeutende Ereignisse figurierten. Kreise von Jüngern Nietzsches entwickelten später eine paradoxe Übung daraus, die Jahre nach dem Tod Gottes zu zählen. Aber

---

[72] Die entsprechenden Texte bei Simon, S. 88, 110, 165, 203 ff. Mona Ozouf verweist auf die Spannung zwischen dem mathematischen Systematisierungswillen, der die Mitglieder des Unterrichtsausschusses beherrschte, und der Notwendigkeit, geschichtliche Daten im Festkalender zu berücksichtigen – Daten, die naturgemäß keiner Logik und Symmetrie folgen (a. a. O. S. 198). B. Plongeron, La fête révolutionnaire devant la critique chrétienne (1793–1802), in: Colloque, S. 537 ff., macht darauf aufmerksam, daß sich mit dem Dekret vom 18. Floreal des Jahres II zwei Kategorien von Festen herausbilden: Nationalfeste (wie schon von der Constituante eingeführt, siehe oben Anm. 1) und Dekadenfeste. Die Schwierigkeiten im Verhältnis zwischen revolutionärem Fest und Kirche rühren von der Vermischung staatlicher und religiöser Züge in beiden Festen her – wobei diese Vermischung bei den Dekadenfesten, die ja den christlichen Sonntag kopieren und travestieren, fast unvermeidlich ist, während sie bei den Nationalfesten zwar de facto existiert, nicht aber notwendig sein *muß:* in der allmählichen „Desakralisierung" dieser Feste liegt eine Chance, daß sie sich zu normalen „Staatsfeiertagen" weiterentwickeln.
[73] Guillaume II, S. 757.
[74] Hannah Arendt (Anm. 18), S. 232 ff., 262 ff., 275. Wenn die Französische Revolution nach Marx' bekanntem Wort in römischem Gewand den Schauplatz der Geschichte betrat, so zeigt sich das u. a. darin, daß sie entschlossen ihre neue Zeit „ab urbe condita" gerechnet hat.

das waren kleine Zirkel ohne große Wirkung. Und selbst die Revolutionen und Diktaturen des 20. Jahrhunderts haben – zumindest im europäischen Kulturkreis – die gebräuchliche Zeitrechnung und Jahresgliederung nicht mehr dauerhaft in Frage gestellt. Lenins Versuch einer Ausdehnung der Arbeitstage auf Kosten der Feste stieß in der Revolution zunächst auf den Widerstand der Arbeiter, die hier einen sozialpolitischen Besitzstand gefährdet sahen.[75] Mussolinis Versuch einer neuen Zeitrechnung – die mit dem Marsch auf Rom beginnen sollte – verfiel der Nichtbeachtung oder der Lächerlichkeit.[76] Hitler hat mit gewaltigen Aufmärschen und kultischen Feiern im 20. Jahrhundert vielleicht am entschiedensten an den Formenschatz der revolutionären Feste angeknüpft[77] – doch seine Feste feierten nicht, wie die französischen, ein Menschheitsideal, sondern waren Ausdruck völkischer Hegemonie und rassischer Abgrenzung.

So wirkt von den Festen der Französischen Revolution nur weniges dauerhaft und unumstritten weiter. Am stärksten ist ihre Wirkung auf die modernen weltlichen Feiertage gewesen. Politisch hat die Französische Revolution den modernen Nationalfeiertag, den geschichtlichen Gedenktag begründet – gemeinsam mit den amerikanischen Revolutionären, freilich mit einem weit stärkeren Einschlag des Religiösen und (Pseudo-) sakralen als in den USA. Künstlerisch haben die Feste das Modell eines politischen Gesamtkunstwerks geschaffen und neue Maßstäbe für die öffentliche Darstellung des Staates entwickelt. Musikalisch klingen sie nach in der vehementen Rhythmik der Revolutionslieder, in den Fanfaren- und Signalthemen einer soldatischen Orchestermusik und in der Revolutionsoper, die zum Vorbild für Beethovens „Fidelio" wird. Auch die Wiederbelebung der Olympiade ist ein Nebenergebnis der Konventsberatungen über den republikanischen Kalender – der Gedanke wird mehr als ein Jahrhundert später von Pierre de Coubertin verwirklicht. Endlich sei an die revolutionären Fastnachtsbräuche erinnert, die in Europa an alte Traditionen an-

---

[75] P. Scheibert, Lenin an der Macht, Weinheim 1984, S. 335.
[76] Grotefend/Ulrich (siehe Anm. 36), S. 29. In Italien wurde in der faschistischen Epoche doppelt gezählt, indem neben das normale Datum die weitere Zeitangabe „anno I, II, III ..." trat.
[77] Kalendarisch dagegen war das millenarische „Dritte Reich" – vielleicht auch wegen seiner kurzen Lebensdauer – zurückhaltender; es beschränkte sich darauf, die Spuren der christlichen Zeitrechnung zu verwischen („nach der Zeitwende"), Kalenderzensur zu üben und in seinem bis ins Kalendarium neuheidnischen „Deutschen Bauernkalender" (1934) germanische Mythologie und „Eintopfsonntage" anstelle der Heiligenfeste und christlichen Gedenktage zu propagieren; siehe L. Rohner, Kalendergeschichte und Kalender, Wiesbaden 1978, S. 476 f.

knüpfen und sie politisch neu beleben – die Kokarden und Schärpen der Mainzer Fastnacht verraten noch heute etwas über diese Zusammenhänge.

Sonntag und christliche Zeitrechnung sind heute nicht mehr von revolutionären Festen und republikanischen Kalendern bedroht. Eher drohen ihnen von innen her Gleichgültigkeit und Vergessen. Über die Unfähigkeit zu feiern wird heute viel räsonniert. In den Verhandlungen über Arbeitszeit und Freizeit regiert die Zweckhaftigkeit: längst geht es nicht mehr um die Utopie des „Großen Festes", sondern allenfalls um die Prosa arbeitsfreier Tage.

So mag es nützlich sein, sich daran zu erinnern, daß eine Festkultur nichts Selbstverständliches ist und daß sie noch in ihren weltlichen Ausläufern von der Erinnerung an ihren Ursprung lebt. In Europa hat das Christentum diese Festkultur über Jahrhunderte hin entwickelt und angereichert. Die Französische Revolution versuchte, sie durch ein weltliches Modell zu ersetzen – in Auseinandersetzung mit den katholischen Traditionen; vor Augen das antike Ideal der Ungeschiedenheit von Kult und Politik. Aus dem Kampf ist keine Verschmelzung hervorgegangen, wohl aber ein schärferes Bewußtsein von Differenz und Zusammengehörigkeit weltlicher und geistlicher Feste im Abendland. Daher ist die Französische Revolution noch heute für die europäische Festkultur bedeutsam, und es lohnt sich, ihre Feste aus der Nähe zu betrachten.[78]

---

[78] Nach Abschluß des Manuskripts sind mir bekanntgeworden: P. Aufgebauer, Die astronomischen Grundlagen des französischen Revolutionskalenders, in: Die Sterne 51 (1975), S. 40 ff.; H. Krauss, Das Ende des Fortschritts. Zur Funktion der uchronischen Dramen während der Französischen Revolution, in: Romanistische Zeitschrift für Literaturgeschichte, Heft 3/4 1979, S. 387 ff.; B. Baczko, Le calendrier républicain, in: Les lieux de mémoire I: La République, 1984.

II. Zum Problem „katholischer" und „evangelischer" Politik

Während noch vor dreißig Jahren dem Phänomen des „politischen Katholizismus" keine vergleichbare Erscheinung auf evangelischer Seite gegenüberstand, hat sich die Lage inzwischen durch das Auftreten interkonfessioneller Parteien, aber auch durch neue Formen evangelischer Wirksamkeit im öffentlichen Leben (Gründung Evangelischer Akademien, Ausbau der kirchlichen Presse, politische „Worte" der Synoden usw.) grundlegend verändert. In der Öffentlichkeit der mittel- und westeuropäischen Länder tritt der Protestantismus heute mit verstärkter Autorität hervor. Die theologischen Probleme, die sich aus diesem Vorgang ergeben, können hier nicht ausdrücklich erörtert werden. Sie sollen nur insoweit zur Sprache kommen, als sie das politische Wirken christlicher Kräfte im Rahmen *konfessioneller Parteien* – mithin eine charakteristische Erscheinungsform „katholischer" und „evangelischer" Politik innerhalb der modernen Demokratie – betreffen.

1. Die politische Aktivität von Konfessionen im demokratischen Staat kann von zwei Seiten betrachtet werden: von der des Staates und von der der Konfession aus. Von beiden Seiten empfängt diese Aktivität ihre Form, ihre Begrenzung, ihre spezifischen Wirkungsbedingungen. Sie sind im einen Fall politischer, im andern Fall theologischer Natur. Nicht nur die äußere politische Situation, sondern auch die inneren religiösen Voraussetzungen bestimmen Gestalt und Ansatz des politischen Handelns. Betrachten wir zunächst die aus der Natur des Staates sich ergebenden *politischen* Wirkungsbedingungen.

a) Politisches Handeln religiöser Konfessionen in einer Demokratie setzt eine wenigstens grundsätzliche Übereinstimmung mit den Anschauungen der diese Demokratie tragenden politischen Kräfte voraus. Erforderlich ist also eine Übereinkunft bezüglich der Grundlagen der politischen Gemeinschaft, eine Verständigung über die Aufgaben und Ziele des Staatswesens, in dessen Rahmen die Konfession politisch wirken und sich entfalten soll. Eine solche Übereinstimmung schließt Meinungsverschiedenheiten über bestehende Verhältnisse und den Willen zu Änderungen nicht aus. Sie verhindert jedoch, daß

Streit darüber entsteht, auf welchem Weg solche Änderungen erreicht werden sollen. Der Staat hat ein Interesse daran, daß die Konfession von vornherein auf bestimmte, innerhalb des Verfassungsrahmens gegebene politische Gestaltungsmöglichkeiten verwiesen wird; andernfalls muß er damit rechnen, daß ihre politischen Kräfte den Weg der Revolution beschreiten.[79]

b) Weiterhin ist die Konfession bei ihrem politischen Wirken innerhalb des demokratischen Staates darauf angewiesen, ihre Absichten den anderen, nichtkonfessionellen Partnern verständlich zu machen. Da die politische Willensbildung sich im Zusammenwirken vieler und unterschiedlicher Kräfte vollzieht, ist diese Verpflichtung für die Konfession zwingend. Sie kann sich ihr nur dann entziehen, wenn sie von vornherein entschlossen ist, auf die Wahrnehmung ihrer politischen Wirkungschancen zugunsten einer rein verkündenden, „prophetischen" Haltung zu verzichten. Vom Staat her besteht kein *unmittelbares* Interesse, sie in dieser Haltung zu beirren. Doch muß er befürchten, daß eine religiöse Protesthaltung, die nicht in den Dialog der bei der politischen Willensbildung konkurrierenden Kräfte aufgenommen wird, sich mit der Zeit zu einer grundsätzlichen Opposition nicht nur gegen die Politik einer Regierung, sondern gegen Form und Grundlagen des Staates schlechthin verhärtet – eine Entwicklung, die ihm zumindest nicht gleichgültig sein kann.

c) Nimmt die Konfession, wie es in einem fortgeschrittenen Stadium der Demokratie naheliegt, die Form einer politischen Partei an, so wird der Staat im Interesse des Gemeinwohls darauf bestehen müssen, daß diese Partei nicht nur religiöse und kirchenpolitische Ziele verficht, sondern ein *politisches* Programm von einheitlichem Aufbau und realisierbarer Form vorlegt. Nur dann kann ihr innerhalb der den Staatswillen bildenden Instanzen Gleichberechtigung und Koalitionsfähigkeit zugesprochen werden. Vom Staat her gesehen genügt es also nicht, wenn sich die politische Haltung der Konfessionspartei in ei-

---

[79] Von der Möglichkeit, die Gesetzgebung zu ändern, ohne die Staatsform anzutasten, geht z. B. der politische Katholizismus aus. Die theoretische Grundlage für diese Haltung bieten die Klarstellungen, die Papst Leo XIII. im Zuge der Ralliementspolitik (vgl. oben S. 251 ff.) getroffen hat. Die leoninische Unterscheidung von formalem Verfassungsrahmen und materiellem Wertgehalt der Demokratie, die auch dem in der Opposition stehenden Katholiken ein staatsloyales Verhalten nahelegt, ist freilich nur anwendbar bei einem Staat, der sich streng auf seinen politischen Aufgabenbereich beschränkt. Sie hat keine Geltung bei totalitären Staaten, die gegenüber ihren Bürgern ein religiös-weltanschauliches Weisungsrecht beanspruchen und in ihrer gesetzgeberischen Praxis keine selbstgezogene Verfassungsschranke anerkennen.

nem dialektisch wechselnden Widerspruch zur jeweiligen politischen Linie der Regierung (also in einer Art von negativer Anpassung) bewegt: sie muß vielmehr – über die Möglichkeiten des Protestes, der Verneinung, des korrigierenden Eingriffs hinaus – in der Lage sein, eine eigenständige Politik zu entwickeln.

Die Erfüllung dieser politischen Bedingungen, die sich aus der Eigenart des Staates ergeben, ist nun wiederum an bestimmte *theologische* Bedingungen geknüpft, die mit dem Wesen der *Konfession* zusammenhängen. Wir versuchen, sie kurz an Hand des oben entwickelten Schemas zu beschreiben.

a) Eine allgemeine Übereinstimmung mit den Zielen der politischen Gemeinschaft setzt auf der Seite der Konfession voraus, daß das Politische nicht als vom Religiösen abgelöster, faktisch in sich selbst stehender Bereich verstanden wird, der seinen eigenen Gesetzen – und nur ihnen – folgt. Umgekehrt kann aber auch das Politische nicht einfach als bloße Funktion des Religiösen bestimmt werden, weil gerade im staatlichen Leben eine weitgehende Autonomie der einzelnen Sachbereiche vorliegt. Für die politisch handelnde Konfession werden daher alle theologischen Schemata unbrauchbar, die entweder von der völligen Geschiedenheit von Politik und Religion ausgehen oder die wechselseitige Beziehung beider Mächte ausschließlich als ein Überherrschtwerden der einen durch die andere auffassen. Was sich aus dem politischen Handelnwollen der Konfession ergibt, ist vielmehr ein theologischer Ansatz, der mit der Einsicht in die Wesensverschiedenheit von Politik und Religion (Staat und Kirche) die Möglichkeit eines geordneten Zusammenwirkens beider Mächte vereint.[80]

b) Ähnliches gilt für den personalen Bereich der Politik: Die Notwendigkeit, sich dem politischen Partner, der außerhalb der eigenen religiösen Voraussetzungen steht, verständlich zu machen, erfordert das Vorhandensein geeigneter Transformationsmittel, mit deren Hilfe religiöse Entscheidungen rational faßbar gemacht und in politische Strukturen übersetzt werden können. Ohne eine solche Übersetzung kann auch das ernsthafteste prophetische Zeugnis nicht politisch wirksam werden. Die Ziele konfessioneller Politik können also zwar „von jenseits" der Politik begründet werden; sie müssen aber „diesseits", das heißt in der Sprache des politischen Lebens selbst erläutert

---

[80] Für den politischen Katholizismus ist hier wiederum an die Staatslehre Leos XIII. mit ihrer Erneuerung der gelasianischen Zweigewaltentheorie (bei gleichzeitiger Forderung nach einer „ordinata colligatio" beider Mächte) zu erinnern.

werden, um auch den Unbeteiligten, den Außenstehenden zu überzeugen.

c) Was endlich die Programmatik einer konfessionellen Partei angeht, so wird die politische Forderung nach Einheitlichkeit, Zusammenhang und Überzeugungskraft der verfochtenen Ziele nur dann zu erfüllen sein, wenn hinter der konfessionellen Partei ein soziologisch homogener Kirchenkörper steht, der infolge der relativen Einheitlichkeit, die er in einer bestimmten geschichtlichen Lage annimmt, eine weitgehende Homogenität auch der politischen Zielsetzungen verbürgt. Je weiter dieser Körper dabei selbst in den Bereich der politischgeschichtlichen Welt hineinragt, desto leichter wird es sein, das politische Programm der konfessionellen Partei, die ihm entspricht, seinerseits im Politisch-Geschichtlichen zu verankern. Und eben dadurch wird dieses Programm jene Biegsamkeit und Anpassungsfähigkeit erhalten, die der auf Situationsentscheidung angewiesenen, auf kooperativem Handeln aufgebauten Struktur der Politik in einer Demokratie entspricht.

2. Aus dieser doppelten Voraussetzung ergibt sich unschwer, daß die Lage einer katholischen Konfessionspartei theologisch wie politisch ganz anders aussieht als die einer evangelischen Konfessionspartei. Die Differenz liegt – auf die einfachste Formel gebracht – in dem *unterschiedlichen Grad der politischen Rationalisierbarkeit religiöser Entscheidungen* bei der einen und bei der andern Konfession. Während die „evangelische Politik" die Kluft zwischen kirchlicher und politischer Welt (den zwei Reichen Luthers) entweder gar nicht oder allenfalls mit Hilfe einer theokratischen Überformung der politischen Welt schließen kann, steht der „katholischen Politik" der Rückgriff auf eine naturrechtliche Tradition offen, die eine zwischen beiden Bereichen vermittelnde (und in der Struktur beider selbst begründete) Verbindung schafft. In diesem politischen Vorzug [81] liegt auch der Grund für den historischen Vorsprung des politischen Katholizismus vor ähnlichen evangelischen Erscheinungen.

Die Erfahrungen mit den totalitären Staaten des 20. Jahrhunderts haben jedoch innerhalb der evangelischen Kirchen einen spezifisch modernen „politischen Protestantismus" entstehen lassen, der aus den älteren theologischen Voraussetzungen des Luthertums und des Calvinismus nicht abgeleitet werden kann. Historisch ist dieser Protestan-

---

[81] den freilich evangelische Christen immer als einen theologischen Nachteil betrachten und daher ablehnen werden; vgl. H. Thielicke: Theologische Ethik, Bd. I, Tübingen 1955, S. 652 ff.

tismus unter ähnlichen Bedingungen ans Licht getreten wie der politische Katholizismus nach der Französischen Revolution. Dem religiösweltanschaulichen Übergriff des totalitären „Heilsstaates" antwortete eine Neubesinnung auf die Rechte und Pflichten des Christen gegenüber der weltlich-politischen Ordnung; dabei trat die ältere Lehre von der Trennung der Bereiche von Kirche und Staat gegenüber einem neuen Bewußtsein ihrer inneren Zusammengehörigkeit zurück.[82] Es mag gerade im Hinblick auf die Ähnlichkeit der historischen Ausgangssituationen nicht unwichtig sein, zu fragen, in welchen Punkten sich heute die protestantische Auffassung des Politischen der katholischen genähert hat und wie diese Annäherung theologisch begründet worden ist. Wir greifen dabei auf unser früheres Schema zurück.

a) Zunächst ist anzumerken, daß sich in der Einschätzung der politischen Verantwortlichkeit des Christen in der neueren evangelischen Theologie eine Wandlung vollzogen hat.[83] Die Zwei-Reiche-Lehre in ihrer alten Form, die faktisch dazu geführt hatte, daß man den staatlich-politischen Bereich sich selbst überließ und sich auf eine quietistische Innerlichkeitsreligion zurückzog, ist abgelöst worden durch eine (im Calvinismus schon längst sichtbare) Hervorhebung der Königsherrschaft Christi auch und vor allem im Bezirk des staatlichen Lebens. Kirche und Staat, Christengemeinde und Bürgergemeinde stehen nicht mehr beziehungslos nebeneinander; sie sind aufeinander zugeordnet, und zwar im Hinblick auf *Hilfe* (des Staates für die Kirche) und *Zeugnis* (der Kirche für den Staat).[84] Damit ist zugleich ein

---

[82] K. Barth: Christengemeinde und Bürgergemeinde, München 1946.
[83] Hierzu und zum folgenden: K. Barth: Politische Entscheidung in der Einheit des Glaubens, München 1952, S. 3 ff. u. H. Gollwitzer: Die christliche Gemeinde in der politischen Welt, Tübingen 1954, S. 16 ff. u. 31 ff.
[84] K. Barths Neuformung der Zwei-Reiche-Lehre geht davon aus, daß zwischen den beiden Größen Christengemeinde und Bürgergemeinde eine „positive Beziehung und Verbindung" besteht (Christengemeinde und Bürgergemeinde, S. 3). Die Beziehung wird a. a. O. S. 8 ff. dahingehend bestimmt, daß die Bürgergemeinde mit der Christengemeinde „sowohl den Ursprung als auch das Zentrum gemeinsam" habe. „Wo Bürgergemeinde, wo Staat ist, da haben wir es, wieviel menschlicher Irrtum und menschliche Willkür dabei im einzelnen mitlaufen mag, in der Sache nicht etwa mit einem Produkt der Sünde, sondern mit einer der Konstanten der göttlichen Vorsehung und Weltregierung in ihrer zugunsten des Menschen stattfindenden Gegenwirkung gegen die menschliche Sünde und also mit einem Instrument der göttlichen Gnade zu tun." Daraus folgert Barth (S. 11): „Im Raum der Bürgergemeinde ist die Christengemeinde mit der Welt solidarisch und hat sie diese Solidarität resolut ins Werk zu setzen." Daß dies ein Hinausschreiten über die reformatorischen Bekenntnisschriften bedeutet, ist nicht nur von Barths Kritikern, sondern auch schon früher von ihm selbst beobachtet und ausgesprochen worden: „Wir sollten doch offenbar nicht nur wissen, daß und inwiefern beides einander

verstärkter Öffentlichkeitsanspruch der Kirche angemeldet und das Recht, ja die Pflicht des einzelnen Christen proklamiert, in der politischen Welt ein Glaubenszeugnis abzulegen.

b) Auch in der Frage der Mitteilbarkeit religiöser Entscheidungen und ihrer Übersetzung in die Sprache der Politik sind bedeutende Annäherungen zu verzeichnen. Die Notwendigkeit, sich im Zusammenwirken mit den außerhalb der eigenen Glaubensüberzeugungen stehenden Kräften der beiden Seiten gemeinsamen humanen Basis zu bedienen, ist allgemein deutlich geworden. Zwar war von den theologischen Voraussetzungen des Protestantismus aus eine Übernahme katholischer Naturrechtslehren in der einen oder anderen Form nicht möglich.[85] Doch erlaubte die christologische Begründung der politischen Verantwortung des Christen den Rückgriff auf einen *theologisch* fundierten politischen Humanismus, der dem außerhalb stehenden Partner als Anknüpfungspunkt dienen konnte.[86]

c) Es fehlte nicht an Versuchen, auch das Wirken evangelischer Christen in Parteien (oder sogar in einer spezifischen *christlichen* Partei) theologisch zu sanktionieren.[87] Allerdings haben sich diese Versu-

---

nicht widerspricht, sondern zuerst und vor allem: daß und inwiefern beides (das Leben des Christen im Reiche Christi und das politische Handeln) *zusammengehört* ... Das Interesse dieser Frage fängt dort an, wo das Interesse der reformatorischen Bekenntnisschriften und überhaupt der reformatorischen Theologie aufhörte oder doch erlahmte." Rechtfertigung und Recht, Basel 1938, S. 1 ff., zit. bei Gollwitzer, a. a. O. S. 23.
[85] Vgl. Barth, a. a. O. S. 15 f.; Gollwitzer, a. a. O. S. 34 f.
[86] Die eindrucksvollste Formulierung eines solchen Humanismus wiederum bei Barth, a. a. O. S. 22 f.: „Die Christengemeinde ist begründet auf die Erkenntnis des einen ewigen Gottes, der als solcher *Mensch* und so des Menschen Nächster geworden ist, um Barmherzigkeit an ihm zu tun (Luk. 10, 36 f.). Das zieht unweigerlich nach sich, daß die Christengemeinde sich im politischen Raum immer und unter allen Umständen in erster Linie des Menschen und nicht irgendeiner Sache annehmen wird ... Nachdem Gott selbst Mensch geworden ist, ist der Mensch das Maß aller Dinge, kann und darf der Mensch nur für den Menschen eingesetzt und u. U. geopfert – muß der Mensch, auch der elendeste Mensch – gewiß nicht des Menschen Egoismus, aber des Menschen Menschlichkeit – gegen die Autokratie jeder bloßen Sache resolut in Schutz genommen werden. Der Mensch hat nicht den Sachen, sondern die Sachen haben dem Menschen zu dienen." – Daß die Richtung des christlichen politischen Denkens, die Barth a. a. O. vom Evangelium her entwickelt, sich mehrfach mit naturrechtlichen Aufstellungen trifft, gibt Barth selbst zu (S. 31): „Sollten wir uns mit naturrechtlich begründeten Thesen im Ergebnis hier wirklich getroffen haben, so würde darin nur eine Bestätigung dessen zu erblicken sein, daß die Polis sich auch da im Reiche Jesu Christi befindet, wo ihre Träger diesen Sachverhalt nicht kennen ..."
[87] Vgl. das oben S. 36, Anm. 49 angeführte Zitat von H. Asmussen und das Referat von H. Ehlers auf dem Evangelischen Kirchentag in Stuttgart 1953.

che nicht in erwartetem Maße durchgesetzt. In der praktischen Politik aber ist die Anteilnahme und Einsatzwilligkeit evangelischer Kreise, verglichen mit der früheren Abstinenz, unzweifelhaft gestiegen. Und schon diese Wendung wäre nicht möglich gewesen ohne eine deutliche Änderung der theologischen Voraussetzungen, die ein solches Verhalten nahelegte und ermutigte.[88]

Nun darf dieser Prozeß der „Politisierung" in der evangelischen Kirche freilich nicht überschätzt und auch nicht einlinig verstanden werden. Denn abgesehen davon, daß inzwischen politische Fragen wie der Ost-West-Konflikt, der deutsche Wehrbeitrag, die atomare Rüstung usw. eine erhebliche Differenzierung innerhalb des „politischen Protestantismus" herbeigeführt haben, waren hier auch die theologischen Voraussetzungen von Anfang an andere als im politischen Katholizismus. Ein harmonischer Ausgleich der kirchlichen und staatlichen Lebensordnungen, wie er dort wenigstens in der Theorie besteht, war hier weder beabsichtigt noch überhaupt möglich. So müssen wir abschließend, um Mißverständnisse zu vermeiden und das oben gezeichnete Bild abzurunden, noch kurz auf die inneren Gegenwirkungen des „Politisierungsprozesses" eingehen, die in eben jenen theologischen Voraussetzungen begründet sind.

a) Zunächst stößt die Tendenz, kirchliche und politische Welt in ein Verhältnis wechselseitiger Beziehung und Verbindung zu bringen, auf die Schwierigkeit, daß nach den Voraussetzungen der evangelischen Theologie in der politisch-staatlichen Welt keine „natürlichen Werte" enthalten sind, die schon als solche dem sittlichen Handeln des Christen einen Anknüpfungspunkt bieten könnten.[89] Die Herstellung einer positiven Verbindung von kirchlicher und politischer Welt scheint daher nur auf dem Weg einer Funktionalisierung und Instrumentalisierung des Staates möglich zu sein.[90] Dadurch aber wird ge-

---

[88] Hier ist die politische Praxis zweifellos über die theologische Diskussion hinausgegangen. Daß ein solcher Vorgriff auch Gefahren in sich schließt, hat besonders H. Thielicke: Die evangelische Kirche und die Politik, Stuttgart 1953, betont.
[89] Die reformatorische Erbsündenlehre läßt – im Gegensatz zur katholischen – die Annahme eines nach dem Sündenfall verbliebenen positiven (und naturrechtlich ausformbaren) Ordnungsrestes im Kosmos nicht zu. Sie kann daher Politik nicht als Entwicklung und Entbindung eines potentiellen Natur-Rechts, sondern höchstens als Eindämmung des bestehenden Natur-Unrechts (H. Thielicke) ansetzen. Strukturell erhält die „evangelische Politik" dadurch immer den Charakter eines korrigierenden Eingriffs von außen.
[90] Vgl. die oben Anm. 84 angeführten Äußerungen Barths und (an der gleichen Stelle) die Ablehnung der Eigengesetzlichkeit des Staates: „Sie (sc. die Bürgerge-

rade die relative Eigengesetzlichkeit des Politischen[91] verkannt. Die protestantische Neufassung des Verhältnisses von Christengemeinde und Bürgergemeinde bleibt theologisch auf der Stufe eines „Integralismus" stehen, die der politische Katholizismus bereits überschritten hat.

b) Auch die im Widerstand gegen die totalitären Staaten entstandene Gemeinschaft mit außerhalb der Kirche stehenden Gruppen und Persönlichkeiten kann im „politischen Protestantismus" keine strukturbildende Kraft gewinnen. Denn der Rückzug auf das Humanum ist hier nur eine vorübergehend akzeptierte Notlösung, nicht aber ein den Zusammenhang von kirchlicher und politischer Welt begründendes Moment.[92] Aus theologischen Gründen muß der Protestantismus an dem Vorrang des prophetischen Zeugnisses festhalten, auch wenn er damit auf die Gemeinsamkeit der Sprache mit dem möglichen politischen Partner verzichtet.[93]

---

meinde) hat keine vom Reich Jesu Christi abstrahierte, eigengesetzlich begründete und sich auswirkende Existenz, sondern sie ist – außerhalb der Kirche, aber nicht außerhalb des Herrschaftskreises Jesu Christi – ein Exponent dieses seines Reiches." – Sehr deutlich kommt der von außen eingreifende, aneignende, in Besitz nehmende Charakter „evangelischer Politik" bei Gollwitzer, a.a.O. S. 35f., heraus: „... indem die Gemeinde von ihrem Herrn her prüft und indem es beim Tun dieses Irdisch-Guten und Gehorsam gegen ihren Herrn, um die Konkretion seines Gebotes geht ..., darum ist jedes Befolgen natürlich einsichtiger Regeln, jedes Anerkennen auch sonst anerkannter Werte ein Bebauen des Ackers ihres Herrn, der die Welt ist (Matth. 13, 38), ein Geltendmachen der Herrschaft ihres Herrn über die Welt, eine Beanspruchung von Natur und Geschichte und Gesellschaft für ihn, ein Aufruf zum Gehorsam gegen ihn. Für ihn beschlagnahmt sie all das, was ‚ehrbar, gerecht, keusch, lieblich' usw. ist (Phil. 4, 8) ..."
[91] Sie kommt im katholischen Bereich deswegen stärker zur Geltung, weil der politische Katholizismus die thomistische Schöpfungslehre mit ihrer Betonung der Zweitursachen in sich aufgenommen hat. Über das Problem der Eigengesetzlichkeit der Sachbereiche im Zusammenhang mit der Lehre von der Königsherrschaft Christi vgl. Y. Congar: Jalons pour une théologie du Laïcat, Paris 1954, S. 85ff.
[92] Schon der christologisch bestimmte „Humanismus" Karl Barths ist in evangelischen Kreisen auf heftige Kritik gestoßen; vgl. W. Schweitzer: Grenzen evangelischer politischer Ethik, in: Evangelische Theologie, September 1952. Weitere kritische Stimmen führte Gollwitzer, a.a.O. S. 33 u. 38f., an.
[93] „Darum hat die Synode der EKiD von Weißensee (Mai 1950) recht getan, wenn sie die Regierungen in Ost und West nicht einfach an natürliche Rechte der Menschen erinnerte, sondern an *Gottes Recht auf den Menschen*, ohne zu fragen, ob sie damit eine diesen Regierungen zugängliche Kategorie ins Feld führte oder nicht..." H. Gollwitzer, a.a.O. S. 37. H. H. Walz: Der politische Auftrag des Protestantismus in Europa, Tübingen 1955, weist demgegenüber darauf hin, daß ein solches Vorgehen nur da in Frage kommt, wo es „fast nicht mehr um den Inhalt einer Mitteilung (geht), die der andere, in diesem Falle die Regierung, ohnedies nicht versteht, sondern ... um die Aufrichtung eines Zeichens des Protestes"

c) Der politischen Einsicht in die plurale Struktur des demokratischen Staates steht die aus dem Denken in den zwei Reichen herrührende Neigung entgegen, die politische Welt als eine Einheit zu betrachten, die als Ganzes der kirchlichen Welt gegenübertritt.[94] Der Wegfall der humanen Verbindungslinie zwischen beiden Reichen und die daraus resultierende theokratische Überformung oder Eingemeindung der politischen Welt führt außerdem zu einer verstärkten Belastung rein politischer Diskussionen mit theologischen Gewichten.[95] Beides hat zur Folge, daß ein „politischer Protestantismus" in der Öffentlichkeit kaum mit der gleichen Einheitlichkeit und Geschlossenheit hervortreten kann wie die entsprechenden Erscheinungen auf katholischer Seite.

Die obigen Feststellungen sind keineswegs im Sinne einer Kritik gemeint. Eine solche käme der historischen Betrachtung gar nicht zu. Wenn die „evangelische Politik", wie sich hier zeigt, trotz ähnlicher Ausgangspunkte, trotz der gemeinsamen Erfahrung des Totalitaris-

---

(a.a.O. S. 65). Der politische Dienst reduziert sich aber nur in Ausnahmesituationen auf eine bloße Protesthaltung, die auf das Vorhandensein allgemein zugänglicher Kategorien verzichten kann. In der ausschließlichen Fixierung auf solche Ausnahmesituationen wirkt zweifellos die historische Formung des modernen „politischen Protestantismus" im Abwehrkampf gegen den Totalitarismus nach.
[94] Dies führt bei Barth, a.a.O. S. 32 ff., zu einer Ablehnung nicht nur der christlichen Parteien, sondern der Parteien überhaupt, wobei seine theologischen Konklusionen mit der Rousseauschen Staatslehre zusammentreffen: „Nun sind aber die Parteien ohnehin eines der fragwürdigsten Phänomene des politischen Lebens: keinesfalls seine konstitutiven Elemente, vielleicht von jeher krankhafte, auf jeden Fall nur sekundäre Erscheinungen. Ist die Christengemeinde wohl beraten, wenn sie zur Erfüllung ihrer Mitverantwortung in der Bürgergemeinde diese Gebilde um ein weiteres vermehrt? Gibt es in christlicher Sicht eine andere ‚Partei' im Staate als eben – die christliche Gemeinde selber mit ihrem allerdings besonderen Sinn und Auftrag dem Ganzen gegenüber? Und könnte in christlicher Sicht als politische Entsprechung der Kirche im Staat (wenn diese die Form einer Partei haben sollte) etwas anderes erlaubt und möglich sein als – man erschrecke nicht zu sehr! eine einzige, alle anderen ausschließende Staatspartei, deren Programm mit der umfassend verstandenen Aufgabe des Staates (unter Ausschluß aller Sonderideen und Sonderinteressen) identisch sein müßte?"
[95] Vgl. den in den letzten Jahren in der evangelischen Kirche entstandenen Streit über die politische Predigt. Einen Überblick über das Pro und Contra geben H. Thielicke u. H. Diem: Die Schuld der andern. Ein Briefwechsel über Grundfragen der politischen Predigt, Göttingen 1952. Für die „evangelische Politik" ist offenbar eine Betrachtung des Politischen als säkularer und relativer Größe von den theologischen Voraussetzungen her nicht möglich. In diesem Sinne Barth, Politische Entscheidung, S. 19: „Was wäre das für eine *Verkündigung*, die aus lauter Sorge vor unerlaubten Vorwegnahmen des Eschaton ... dem 1952 lebenden, irrenden und leidenden Menschen nichts Besseres zu bieten hätte als den müden ‚Hinweis auf die Zweideutigkeit und Vorläufigkeit alles politischen Handelns'!"

mus, trotz der in den letzten Jahren immer deutlicher gewordenen Verkörperlichung des evangelischen Kirchenbegriffs eine andere Entwicklung genommen hat als die entsprechenden katholischen Formen, so bestätigt sich damit nur die eingangs aufgestellte Behauptung, daß das Schicksal einer im Religiösen gründenden politischen Gemeinschaft nicht allein von den Forderungen der historischen Situation, sondern auch von den immanenten theologischen Voraussetzungen bestimmt wird, die in den geschichtlichen Wandlungen immer wieder zum Vorschein kommen. Eben diese Überzeugung aber war es, die uns auch bei den vorliegenden Untersuchungen über den politischen Katholizismus in Frankreich geleitet hat.[96]

Nachtrag: Die vorstehende Skizze geht vom Stand des Problems im Jahre 1959 aus. Ich würde heute, vor allem im Hinblick auf die seither eingetretene Entwicklung innerhalb des deutschen Protestantismus, manche Akzente anders setzen und manche Thesen sorgfältiger nuancieren; doch schien es mir richtig, den Exkurs als ganzes unverändert zu lassen.

---

[96] In vielen Punkten sehe ich mich durch die historische Analyse von Shanahan (siehe oben S. 18, Anm. 9) bestätigt.

III. Die Christliche Demokratie als politische und als soziale Bewegung

Die neuzeitliche Loslösung des Begriffs der Demokratie von seinem ursprünglichen *politischen* Inhalt, seine Ausdehnung (und gleichzeitige Festlegung) auf den Bereich des *Sozialen* hat Gustav Gundlach zum Thema einer kleinen Studie gemacht.[97] Da er seine Aufstellungen hauptsächlich am Beispiel der modernen christlich-demokratischen Bewegungen entwickelt hat, seien die Hauptgedanken seines Beitrags hier kurz wiedergegeben.

Gundlach geht von der Beobachtung aus, daß die „Christliche Demokratie", wie sie seit den achtziger Jahren des vorigen Jahrhunderts in Belgien, Frankreich, Italien und Österreich hervortrat, nicht eine *politische* Bewegung war, die eine Veränderung der Staatsform (also den Übergang von der Monarchie zur Demokratie oder eine stärkere Beteiligung des Volkes an der Regierungsgewalt) zum Ziel hatte. Sie war vielmehr eine *soziale* Bewegung, die ihren Hauptzweck darin sah, die materielle Lage der unteren Schichten zu bessern. Das Wort *Demokratie* wurde also von den Christlichen Demokraten nicht im aristotelisch-politischen Sinn – als Form der Staatsgewalt – gebraucht, sondern diente zur Bezeichnung einer bestimmten sozialen Haltung. Dementsprechend erstrebten die christlich-demokratischen Politiker oder Gewerkschaftsführer auch keine Veränderung der Staatsform, ja, sie standen dem Einbruch der politischen Demokratie, als er schließlich erfolgte, völlig unvorbereitet und hilflos gegenüber. „Keiner der maßgebenden Männer in der christlichen Arbeiterbewegung Deutschlands oder Österreichs hat 1918 eigentlich den Wechsel der Regierungsform positiv gewollt. Man war bisher ‚Christliche Demokratie' gewesen, aber eben rein als ‚soziale Bewegung'..." Gundlach stellt nun die Frage, ob „nicht gerade die lange Gewöhnung an Demokratie ‚als soziale Bewegung' unter gewissen Gesichtspunkten schädlich wurde, als ... die politische Demokratie im Sinne der Staatsform in manchen Ländern wie zum Beispiel in Deutschland Wirklichkeit wurde".[98]

---

[97] G. Gundlach S.J.: Christliche Demokratie, in: Stimmen der Zeit 153 (1953/54), S. 252–56.
[98] Gundlach, a.a.O. S. 253 f.

Wenn man diese Frage bejaht (und es kann tatsächlich kaum einen Zweifel geben, daß die in Kreisen der „Christlichen Demokratie" vielfach eingetretene sozialpolitische Blickverengung der Entwicklung der politischen Demokratie mehr hinderlich als nützlich war), dann stellt sich die weitere Frage, wie die Festlegung der christlich-demokratischen Bewegung auf das Gebiet des Sozialen historisch entstanden ist. Dabei ist nun das Erstaunliche, daß diese Fixierung keineswegs (oder jedenfalls nur zu einem geringen Teil) in der Geschichte der „Christlichen Demokratie" selbst begründet liegt: sie wurde ihr vielmehr von außen auferlegt. Und zwar liegt der Schlüssel zum Verständnis der „Entpolitisierung" der christlich-demokratischen Bewegungen, wie schon Gundlach festgestellt hat, in dem prekären Verhältnis dieser Bewegungen zum Römischen Stuhl. Von dort nämlich wurde ein öffentliches Wirken nur unter der Bedingung gestattet, daß man sich strikt aller politischen Betätigung enthielt. Die „Christliche Demokratie" durfte also nicht *politische,* sie konnte nur *soziale* Bewegung sein. Ausdrücklich ist diese Bedingung von Papst Leo XIII. (in der Enzyklika *Graves de communi)* ausgesprochen worden,[99] nachdem schon frühere Päpste „christlich-demokratischen" Strömungen, die zu ihrer Zeit auftraten, die politische Lizenz versagten – ohne ihnen dafür als Ausgleich das soziale Feld freizugeben.

Auf der Suche nach den Gründen für diese Haltung ist schon Gundlach auf die Römische Frage gestoßen, die naturgemäß nach 1870 die politische Haltung der Päpste sehr stark (zeitweise beinahe ausschließlich) bestimmte. Man schreckte begreiflicherweise im Vatikan davor zurück, sich durch eine unvorsichtige Ermutigung politisch-revolutionärer Bestrebungen den moralischen Rechtsgrund für die Nichtanerkennung der 1870 geschaffenen Tatbestände (die ja ihre Entstehung gleichfalls einem revolutionären Umsturz verdankten) zu entziehen. Auch fiel in dem mehrheitlich noch immer monarchischen Europa vor 1919 die Rücksicht auf die katholischen Fürsten stark ins Gewicht. Den Hauptgrund für die zögernde oder abwehrende Haltung der Kurie gegenüber den politischen Aspekten einer „Christlichen Demokratie" wird man indes nicht in solchen taktisch-diplomatischen Rücksichten suchen müssen. Er hängt vielmehr mit dem Weltanschauungscharakter der in Frankreich hervorgetretenen modernen Demokratie (und dementsprechend auch ihrer christlich-demokratischen Spielarten) zusammen. Nicht die Demokratie als Staatsform suchten die Päpste abzuwehren, sondern eine *demokratische Ideologie.*

---

[99] Siehe oben S. 250, 255f.

Hier erlauben uns die in der vorliegenden Arbeit gewonnenen Gesichtspunkte, das Problem der „Entpolitisierung" der Christlichen Demokratie in einen größeren Zusammenhang einzuordnen. Der Widerspruch der Päpste gegen eine *politische* christlich-demokratische Bewegung wird verständlicher, wenn man sich klarmacht, daß die Demokratie, die sie vor Augen hatten, keineswegs ein wertneutrales *Regierungssystem*, sondern ein mit zahlreichen, zum Teil nicht unbedenklichen ideologischen Prämissen versehenes *Weltanschauungssystem* war. Es mußte das Bestreben der Päpste sein, die in der Französischen Revolution sichtbar gewordenen Übergriffe des radikal-demokratischen Staates in die Sphäre der kirchlichen Autonomie und des persönlichen Gewissens zurückzuweisen. Dies ist, wie John Courtney Murray gezeigt hat, eine Leitlinie aller päpstlichen Äußerungen zur Revolution und zur modernen Demokratie gewesen.[100]

Zwar ist es nicht so, daß eine Verständigung zwischen der Kirche und der modernen Demokratie völlig unmöglich gewesen wäre. *Theoretisch* hat zum Beispiel die Wiederentdeckung der thomistischen Staatsdoktrin mit ihrer Lehre von der Wertneutralität der Staatsformen den Weg zu einer solchen Verständigung gewiesen. Und *praktisch* unternahm ja Leo XIII. mit seiner Ralliementspolitik zu Ende des 19. Jahrhunderts den Versuch, die Demokratie als Staatsform von der Demokratie als Weltanschauung zu trennen. Freilich zeigte gerade sein Scheitern, wie weit man (auf konservativ-katholischer wie auf radikal-demokratischer Seite) von einer Entideologisierung der Demokratie noch entfernt war. Man kann bezweifeln, ob unter dem Druck der laizistischen Offensive in Frankreich und der offenen Gleichsetzung des demokratischen Staates mit der *République sans Dieu* für die Christliche Demokratie ein anderer Ausweg offenblieb als der in die Autonomie einer sozialen Bewegung.

Doch kann selbst hier gefragt werden – und dies wäre ein weiterer Einwand gegen Gundlach –, ob es sich bei dieser „Entpolitisierung" nur um einen taktischen Rückzug auf die Linie des geringeren Widerstandes gehandelt hat oder ob nicht in der päpstlichen Stellungnahme auch weiterführende Gesichtspunkte enthalten waren. Angesichts des Versagens der bürgerlich-liberalen Demokratie vor dem sozialen Problem (gerade in Frankreich) war ja die Umorientierung der Christlichen Demokratie auf das Feld des Sozialen fraglos auch ein politischer Akt. Und daß die päpstlichen Sozialehren – ungeachtet der Mängel, die der späteren Praxis der katholischen Sozialpolitik anhaften – für die naturrechtliche Sicherung auch der *politischen Demo-*

---

[100] J. C. Murray: The Church and Totalitarian Democracy, ThSt XIII (1952).

kratie wichtig werden konnten, wird niemand bestreiten wollen. In diesem Zusammenhang wäre zu prüfen, ob die schroffe Entgegensetzung von *Demokratie als Form der Staatsgewalt* und *Demokratie als sozialer Bewegung*, von der Gundlach ausgeht, für das späte 19. und das beginnende 20. Jahrhundert überhaupt in dieser Schärfe zutrifft. Wer dies bezweifelt, wird dennoch seiner Ansicht, die Christliche Demokratie müsse heute „von der Versuchung zur Autonomie ... als ‚sozialer Bewegung' loskommen" und vor allem *politische* Demokratie sein..., um im demokratischen Sinn ‚soziale Bewegung' sein zu können"[101], uneingeschränkt zustimmen können.

---

[101] Gundlach, a.a.O. S. 225.

IV. „Liberaler Katholizismus", „sozialer Katholizismus", „Christliche Demokratie"

1. Die Begriffe *libéraux catholiques, catholiques libéraux* finden sich erstmals in einem Artikel *Mission du peuple français, c' est-à-dire, des catholiques de France,* der am 3. Januar 1831 im *Avenir* erschien.[102] Der Gedanke einer politischen Verbindung von Liberalen und Katholiken ist aber älter und tritt schon in den zwanziger Jahren des 19. Jahrhunderts in Belgien auf, wo ein großer Teil der katholischen Bevölkerung sich in Oppostion gegen die holländisch-protestantische Vorherrschaft befand. Die Vorstöße des belgischen Katholikenführers Gerlache in den niederländischen Generalständen und des Liberalen Devaux in der Presse (1825/27) dienten dem Zweck, eine gemeinsame Kampffront von Liberalen und Katholiken gegen die Regierung zustande zu bringen; sie standen am Beginn der katholischen Bewegung in Belgien, die wesentlich zur staatlichen Emanzipation des Landes in der Revolution von 1830 beitrug.[103] Dieser aus praktischen Bedürfnissen erwachsene „liberale Katholizismus" – von der belgischen Geschichtsschreibung meist als *unionisme* bezeichnet[104] – übernahm von Lamennais und dem *Avenir* das theoretische Rüstzeug, ohne sich im übrigen an die theologische Konzeption der Lamennais-Schule zu binden; er überstand daher ohne größere Einbußen die päpstlichen Maßregelungen von 1832 und 1834 und konnte sich später unter der bischöflichen Protektion von Sterckx in der *École de Malines* ungestört entfalten. Das belgische Vorbild – *la liberté comme en Belgique* – wurde dann verpflichtend für den politischen Katholizismus in ganz Europa.

Kennzeichnend für diese Frühstufe der Bewegung ist die ausschließlich politische, genauer: kirchenpolitische Zielrichtung, die den „liberalen Katholizismus" von allen weltanschaulichen Liberalismen trennt: Liberal ist dieser Katholizismus nur in bezug auf das for-

---

[102] C. Constantin: Art. Libéralisme catholique, in: Dictionnaire de théologie catholique, Bd. IX, 1 (1926), S. 510 f.
[103] H. Haag: Les origines du catholicisme libéral en Belgique (1789–1839), Löwen 1950, u. K. Jürgensen: Lamennais und die Gestaltung des belgischen Staates, Wiesbaden 1963.
[104] H. Haag, a.a.O. S. 99 ff.

male Verfahren der Politik (Teilnahme am Parlamentarismus, Bildung von Parteien, öffentliche Wirksamkeit durch Volksversammlungen und -petitionen), nicht aber im Hinblick auf eine dogmatisch aufgefaßte Idee der Freiheit oder die Absolutsetzung der Demokratie als Staatsform. Auch der „liberale Katholizismus" Frankreichs nach 1831, der sich von Lamennais getrennt hat, gehört noch der Frühstufe des *Unionismus* an. Er tritt vor allem mit kulturpolitischer Tendenz auf, als Sachwalter der katholischen Freiheiten in Kirchen- und Unterrichtsfragen. Vom weltanschaulichen Liberalismus hält er sich betont fern. Die Blütezeit des „liberalen Katholizismus" in Frankreich fällt in die Jahre 1835–1848; sein letzter bedeutender Erfolg (zugleich das letzte Beispiel des Zusammengehens katholischer und liberaler Parteien in Europa) ist das Schulgesetz von 1850, die sogenannte *Lex Falloux*. In der Revolution von 1848 in die Opposition gedrängt, weicht der „liberale Katholizismus" in der Zeit des Zweiten Kaiserreiches allmählich der intransigenten Richtung in der französischen Kirche: der *Syllabus* scheint auch theologisch sein Schicksal zu besiegeln. Doch kommt es gerade in dieser Zeit noch einmal zu bedeutenden Anstrengungen der liberal-katholischen Vermittlungstheologie. Dupanloup, der Wortführer des *Unionismus* im französischen Episkopat, löst den Begriff der Freiheit von der Bindung an die demokratische Staatsform los und öffnet mit der Unterscheidung von *These* und *Hypothese* den Weg für den Einbau liberal-konstitutioneller Elemente in die katholische Politik.[105] Diese Lösung, von Ketteler auch für den deutschen politischen Katholizismus übernommen,[106] wird später von Papst Leo XIII. weiter ausgebaut und differenziert.

Je mehr dann in der zweiten Hälfte des 19. Jahrhunderts der Liberalismus auf seine voltairianischen Ausgangspositionen zurückfällt und ein antikirchliches, kulturkämpferisches Gepräge annimmt, desto schwankender werden die Grundlagen des katholisch-liberalen Unionsgedankens. Dies um so mehr, als der liberale Katholizismus nach 1848 seinerseits einen Ideologisierungsprozeß durchmacht und auch innerkirchlich mit eigenen Reformideen hervortritt. Die entscheidenden Stufen dieser Entwicklung sind: die Spaltung des politischen Katholizismus in Frankreich nach 1848 in die gegnerischen Schulen des *Correspondant* (liberal) und des *Univers* (konservativ), von denen die zweite den Sieg über die erste davonträgt; die Inanspruchnahme der

---

[105] Mgr. Dupanloup: La convention du 15 septembre et l'encyclique du 8 décembre, Paris 1865; vgl. oben S. 196, Anm. 44.
[106] W. E. von Ketteler: Deutschland nach dem Kriege, Mainz 1866.

katholisch-liberalen Formel *L'église libre dans l'état libre* (Montalembert) durch Cavour, den politischen Gegner der Päpste; endlich die katholisch-liberale Opposition gegen das Infallibilitätsdogma (1870) und die späteren – tatsächlichen oder vermeintlichen – Verbindungen zwischen dem „liberalen Katholizismus" und dem Modernismus. Durch alle diese Ereignisse gewinnt der „liberale Katholizismus" im öffentlichen Bewußtsein eine häretische Farbe: es wird immer schwieriger, das Wort unpolemisch zu gebrauchen und auf seinen politischen Sinn zu beschränken.

In den Kämpfen zwischen dem *Correspondant-* und dem *Univers-*Kreis taucht dann erstmals der Begriff *catholicisme libéral* auf. Er trägt von Anfang an polemischen Charakter und dient dazu, die Katholizität der liberalen Katholiken unter Hinweis auf deren angebliche Verbindung mit den Voltairianern in Frage zu stellen.[107] Dementsprechend wehren sich die liberalen Katholiken (die gegen die Bezeichnung *catholiques libéraux* nichts einzuwenden haben) gegen diesen Ausdruck: *catholicisme libéral, accouplement de mots qui est une insulte s'il n'est une absurdité*, heißt es in einem Artikel des *Correspondant* vom 25. Juli 1888.[108]

In die wissenschaftliche Literatur ist der Begriff durch Georges Weill und Emmanuel Barbier eingeführt worden.[109] Weill, der den liberalen Katholizismus von Lamennais an datierte, faßte das Wesen der Bewegung in drei Grundzügen zusammen: *sympathie pour la liberté politique, sympathie pour la démocratie sociale, sympathie pour la libre recherche intellectuelle*.[110] Er stellte fest, daß diese Grundzüge nicht gleichzeitig, sondern nacheinander hervorgetreten waren. Weills Schema ist, in polemischer Zuspitzung, von E. Barbier übernommen worden.[111] In dessen monumentaler *Histoire du catholicisme libéral et du catholicisme social en France* liegt indes der Nachdruck auf der Untrennbarkeit des politischen und des dogmatisch-doktrinären Aspekts. Dieser Streit um die politische oder religiöse Deutung des liberalen Katholizismus ist heute abgeklungen. Die moderne For-

---

[107] Die Hauptkampfschriften gegen den liberalen Katholizismus stammen aus der Zeit nach 1870: Mgr. De Ségur: Hommage aux jeunes catholiques libéraux (der Titel ist eine captatio benevolentiæ!), Paris 1873, u. J. Morel: Somme contre le catholicisme libéral, Paris 1877.
[108] Zit. bei G. Weill: Histoire du catholicisme libéral en France (1828–1908), Paris 1909, S. 1.
[109] Weill, op. cit. E. Barbier: Histoire du catholicisme libéral et du catholicisme social en France, 5 Bde., Bordeaux 1924.
[110] Weill, a. a. O. S. 283.
[111] Barbier, a. a. O. Bd. I, S. 2 ff.

schung spricht jedoch, um Mißverständnisse zu vermeiden und den politischen *Unionismus* vom dogmatischen *Modernismus* schärfer zu trennen, fast durchweg von *libéralisme catholique*,[112] beziehungsweise von *libéralisme religieux*.[113]

2. Etwas jünger als der Begriff des liberalen ist der des *sozialen Katholizismus*. Er geht in die Zeit der *Dritten Republik* zurück. Hier tritt er bald als Gegenbegriff zum liberalen Katholizismus, bald als dessen Ergänzung und Spezialfall auf. Joseph Folliet führt den Ausdruck *catholicisme social* zurück auf das 1894 ff. erschienene dreibändige Werk von Paul Lapeyre: *Le Socialisme catholique ou Christianisme intégral*, dessen zweiter Band den Titel *Le Catholicisme social* trägt.[114] Hier ist das Wort ein Sammelname für die zur gleichen Zeit in den Lehrschreiben Leos XIII. fixierte *katholische Soziallehre*.[115]

Als Bezeichnung für die *katholische Sozialbewegung*, die sich an *Rerum Novarum* anschloß, begegnet es uns bei Georges Goyau[116]. Nach dem Ersten Weltkrieg ist der Begriff *catholicisme social* in Frankreich allgemein üblich geworden.

Älter als *catholicisme social* sind die Begriffe *socialisme catholique* und *socialisme chrétien*. Sie haben in Frankreich zwischen 1830 und 1848, in der Periode des Frühsozialismus und der Romantik, ihre Blüte erlebt. Dabei ist der Ausdruck *socialisme* bis 1848 in einem sehr weitgefaßten Sinne zu verstehen: er bildet vielfach (so bei Buchez und Leroux) einen Gegenbegriff gegen das Wort *individualisme* oder *libéralisme*.[117]

---

[112] Vgl. den schon erwähnten Artikel von Constantin.
[113] Siehe den S. 66, Anm. 118 angeführten Forschungsbericht von Aubert, Duroselle und Jemolo.
[114] J. Folliet: Artikel Catholicisme social in der Enzyklopädie Catholicisme, Paris 1948 ff., S. 703–722.
[115] Ähnlich in der 1898 in Paris erschienenen Schrift von Abbé Naudet: Le Christianisme social (Propriété, capital et travail).
[116] G. Goyou: Autour du catholicisme social, Paris 1901.
[117] Die älteste Bedeutungsschicht des Wortes socialisme ist etwa mit „Antiindividualismus" zu umschreiben. So wird das Wort z. B. in einem Aufsatz in der religiösen Zeitschrift Le Semeur vom 12. November 1831 dazu verwendet, die katholische „soziale" Lehre von der individualisierenden des Protestantismus abzuheben, vgl. C. Grünberg: Der Ursprung der Worte Sozialismus und Sozialist, in: Zeitschrift für Sozialwissenschaft 1906, S. 495 bis 508, u. L'origine des mots socialisme et socialiste, in: Revue d'Histoire des Doctrines économiques et sociales 1909, S. 289–308. Ähnlich bei P. Leroux, der das Wort in die philosophische Sprache eingeführt hat (Œuvres, Paris 1850, Bd. I, S. 21). Bei dem italienischen Geistlichen Giacomo Giulani, der bereits 1803 ein Buch L'antisocialismo confutato veröffentlichte, bezeichnet socialismo den bestehenden Zustand des sozialen Zusammenhangs der Individuen: die Schrift Giulanis ist gegen Rousseau gerichtet, der diese Ordnung durch radikalen Individualismus (= Antisozialismus) umstürzen will.

Sehr lange bleibt ein kryptoreligiöser Sinn mit ihm verbunden.[118] Erst mit der wissenschaftlichen Verfestigung des Begriffs durch Proudhon und Marx (die ihn zugleich mit dem Gehalt ihrer atheistischen Philosophie füllen) wird das Wort unbrauchbar für die Bezeichnung einer christlichen Sozialordnung. Der *soziale Katholizismus* in Frankreich, der von Le Play und de Mun ausgeht, meidet daher den Ausdruck, und nur radikale Schwärmergruppen bezeichnen sich fortan als *socialistes chrétiens*[119]. Die Wendung von der politischen zur sozialen Aktion, die sich in den Enzykliken Leos XIII. vollzog, ist in erster Linie dem sozialen Katholizismus zugute gekommen. Gleichwohl blieb der Begriff noch lange umstritten. Noch Barbier behandelte den sozialen Katholizismus wie den liberalen als eine innerkirchliche Schwärmer- und Ketzerbewegung. Doch ist der *catholicisme social* niemals in die Zone offener Häresie gelangt. In den *Semaines sociales,* die seit 1904 regelmäßig stattfanden, hat er seine Lehre präzisiert und sich eine dogmatisch unangreifbare Position geschaffen. Seine Grundgedanken werden heute von offizieller kirchlicher Seite verbreitet. Obwohl die praktischen Erfolge des sozialen Katholizismus in Frankreich hinter denen der vergleichbaren Bewegungen in Österreich, Belgien und Deutschland zurückgeblieben sind, ist er auf theoretischem Gebiet lange Zeit führend gewesen; seine innere Entwicklung gehört dank den Arbeiten von Duroselle, Hoog und Rollet zu den besterforschten Gegenständen der Sozialgeschichte des 19. Jahrhunderts.[120]

3. Der Ausdruck *démocratie chrétienne* tritt vereinzelt schon in der Großen Revolution auf, hat aber dort noch keine ausgeprägt politische, sondern eine vornehmlich religiöse Bedeutung. Er bezeichnet die urkirchliche Verfassung der Christenheit, die ecclesia paupera, wie sie nach Ansicht der radikalen Schwärmergruppen von Christus verkündigt worden ist und nach ihrem Willen in der Revolution erneuert

---

[118] P. Leroux, a. a. O. S. 161, Anm. 1 (zit. bei Grünberg, L'origine, S. 290): „Quand j'inventai le terme de Socialisme pour l'opposer au terme de l'Individualisme, je ne m'attendais pas que vingt ans plus tard, ce terme serait employé pour exprimer, d'une façon générale, la Démocratie religieuse."
[119] Dessenungeachtet bleiben die Begriffe socialisme chrétien, socialisme catholique noch lange in Gebrauch; vgl. die Schriften von Ch. Périn: Le socialisme chrétien, Paris 1878, u. von A. Valez: Le Socialisme catholique en France à l'heure actuelle, Montauban 1892.
[120] J.-B. Duroselle: Les débuts du catholicisme social en France (1822–1870), Paris 1951. G. Hoog: Histoire du Catholicisme Social en France, de l'Encyclique ‚Rerum Novarum' à l'Encyclique ‚Quadragesimo Anno', Paris 1942. H. Rollet: L'Action

werden soll. Wieweit in dem Begriff *démocratie* ständisch-soziale und rechtlich-konstitutionelle Elemente durcheinanderspielen, kann kaum mehr mit Sicherheit festgestellt werden;[121] um den genauen Wortsinn zu fixieren, müßten erst systematisch die Belege gesammelt werden.

Eine schärfere Bedeutungsnuance gewinnt das Wort zwischen 1830 und 1848, wo es erneut in Kreisen romantischer Sozialisten und katholischer Republikaner auftaucht. Auch jetzt überwiegt noch der religiöse Sinn,[122] doch dient das Wort nicht mehr ausschließlich zur Kennzeichnung eines verlorengegangenen, reformatorisch zu erneuernden Ideals der Kirchenverfassung: es kann auch für den Zustand einer gerechten *Gesellschaftsverfassung*, mithin als Entwurf für eine zukünftige soziale Neuordnung, stehen. In diesem Sinn ist es bei Ozanam verwendet.[123] Die politisch-republikanische Komponente ist dabei zwar noch vorhanden, bildet aber nicht mehr den Hauptbestandteil des Wortes; allerdings setzt die republikanische *démocratie chrétienne* von 1848 den liberal-katholischen *Unionismus* bereits voraus.

Europäische Verbreitung hat der Begriff „Christliche Demokratie" nach 1891 gefunden, als sich im Anschluß an die Enzyklika *Rerum Novarum* in zahlreichen Ländern sozialpolitische Studienkreise und Bewegungen bildeten.[124] Das Wort scheint damals zuerst in Belgien aufgekommen zu sein; es wird später von der französischen katholischen Sozialbewegung (beziehungsweise von deren linkem Flügel) übernommen. Abbé Six, einer der sogenannten *abbés démocrates*, gibt von 1894 an in Lille die Monatsschrift *La Démocratie chrétienne* heraus; im gleichen Jahr erscheint die erste Nummer der Zeitschrift *Sillon*, deren Namen später gleichfalls zum Programm einer politisch-sozialen Bewegung wird. Die *Démocrates chrétiens* umschreiben ihre politische Richtung mit den Worten *Dieu, Famille, Propriété, Travail, Patrie*. Ihre Ideen werden in zahlreichen Zeitschriften und Büchern

---

sociale des catholiques en France (1871–1901), Paris 1947.
[121] Im Gegensatz zum Deutschen kann démocratie im Französischen nicht nur zur Bezeichnung der Staatsform, sondern auch als Ausdruck für die niederen Stände verwendet werden, ähnlich wie aristocratie, das gleichfalls eine staatsrechtlich-ständische Doppelbedeutung hat.
[122] Vgl. die oben S. 172, Anm. 8 angeführten Belege; außerdem die Schrift von de Gérando: Le Démocrate chrétien ou Manuel évangélique de la Liberté, de l'Egalité et de la Fraternité, Paris 1848.
[123] Siehe oben S. 209, Anm. 106.
[124] Siehe oben S. 246 ff.

verbreitet.[125] Eine ausführliche Analyse der Bewegung gibt Rollet.[126] Auch in Österreich und Italien treten in dieser Zeit christlich-demokratische Strömungen auf; zum führenden Theoretiker der europäischen „Christlichen Demokratie" wird der Pisaner Universitätsprofessor Giuseppe Toniolo.[127]

Der Einspruch Papst Leos XIII. (Enzyklika *Graves de communi*) schränkt jedoch das Wort „Christliche Demokratie" auf eine rein sozial-caritative Bedeutung ein. Damit ist den weiterzielenden politischen Absichten der französischen *Démocratie chrétienne* der Weg verlegt. Noch schärfer weist später Pius X. in seiner Verurteilung des *Sillon* den Versuch zurück, aus einer religiösen und sozialen Konzeption der Demokratie politische Folgerungen abzuleiten. Dementsprechend bleibt das Wort historisch zunächst auf die kurzlebige christlich-demokratische Bewegung von 1891–1901 fixiert.

Erst nach dem Zweiten Weltkrieg wird das Wort „Christliche Demokratie" *(Démocratie chrétienne, Democrazia cristiana)* allgemein gebräuchlich zur Bezeichnung der religiös-politischen, religiös-sozialen Bewegungen des 19. und 20. Jahrhunderts, die auf einen Ausgleich zwischen Kirche und Demokratie oder auf die Entwicklung einer christlichen Sonderform der Demokratie abzielen. In diesem Sinne verwendet, hat es, besonders in den romanischen Ländern, aber auch in England und den USA, die älteren Begriffe *liberaler Katholizismus* und *sozialer Katholizismus* verdrängt, beziehungsweise in sich aufgenommen.[128] Diese Begriffsausweitung entspricht einer erst heute sichtbar gewordenen geschichtlichen Perspektive, in der beide Bewegungen sich als Teile des großen Anpassungsvorgangs von Kirche und moderner Demokratie enthüllen – eines Vorgangs, der mit Lamennais beginnt und der in den christlich-demokratischen Parteien des 20. Jahrhunderts seinen vorläufigen Abschluß gefunden hat.

---

[125] Außer La Démocratie chrétienne sind hier zu nennen: Le peuple français, Le monde (Tageszeitungen); La Justice Sociale, La Vérité Sociale (Wochenzeitungen). Wichtig die Schrift von H. Gayraud: Les Démocrates Chrétiens. Doctrine et Programme, Paris 1899.
[126] a.a.O. S. 339 ff.
[127] Vgl. G. Toniolo: Democrazia cristiana, concetti e indirizzi, Vatikanstadt 1949. Eine Gesamtausgabe der Werke Toniolos ist seit 1947 am gleichen Ort im Erscheinen.
[128] Vgl. die oben S. 13 f., Anm. 2 erwähnten Arbeiten von Biton, Einaudi-Goguel, Fogarty, Magri, Somma, Vaussard und anderen.

Nachwort

Als „Revolution und Kirche" 1959 zum erstenmal erschien, herrschte Windstille in den Beziehungen von Kirche und Öffentlichkeit – in Deutschland ebenso wie in den meisten europäischen Ländern. Es waren halkyonische Jahre, wie Ranke die Zeit des Vormärz genannt hat, und niemand dachte an Revolution, es sei denn rückwärtsgewandt, in forschender Absicht. Die europäische Christliche Demokratie stand auf der Höhe ihrer politischen Wirksamkeit. Die europäische Einigung war mit den Römischen Verträgen in ihre entscheidende Phase getreten. In Adenauer, Schuman, De Gasperi manifestierte sich die Kraft einer politischen Bewegung, die ihre theoretische Frühphase hinter sich gelassen und ihre kirchliche Getto-Existenz gesprengt hatte. Fast erschien es als eine müßige Rückwendung in die Vergangenheit, wenn man an die beschwerlichen Anfänge der Christlichen Demokratie im 19. Jahrhundert erinnerte, an ihre lange Wanderung zwischen drohender kirchlicher Häretisierung und politischer Ohnmacht, an ihre tief in theologische Kämpfe verstrickten Wegbereiter von Lamennais bis Harmel und Marc Sangnier. Hatte man nicht längst kampflos erreicht, um was jene vergeblich gerungen hatten, nämlich die kirchliche Aneignung der Demokratie – und dies nicht nur institutionell in Kirchenverträgen, sondern politisch in christlichen Parteien?

Nur wenige Jahre sind seither vergangen, und das Bild hat sich tief gewandelt, im akademischen wie im politischen Bereich. Die christlich-demokratische Bewegung ist in Europa auf Grenzen ihrer Ausdehnung gestoßen. Ihr Verhältnis zur Kirche ist nicht mehr so problemlos offen wie in den ersten Nachkriegsjahren. Das ursprünglich enge Band hat sich gelockert. Die Gründe liegen auf der Hand: Die Stellung der Kirchen im demokratischen Verfassungsstaat ist – oder scheint – heute stabiler als im 19. Jahrhundert, und je mehr ihre Rechte in den Konsens des Gemeinwesens eingehen, desto entbehrlicher erscheint der (oft auch innerkirchlich unangenehme) Stoßtrupp der politisch tätigen christlichen Laienschaft. Umgekehrt ist das konfessionsspezifische Element nicht mehr genügend tragfähig für die politische Programmatik christlicher Parteien, weil diese inzwischen aus der Defensive des Kulturkampfes herausgewachsen sind und von den Aufgaben der Staatsführung vielfältig und umfassend, nicht nur im engeren Bereich der Kultur- und Sozialpolitik, angefordert werden.

So verwischt sich das Telos der Auseinandersetzungen von Kirche und Revolution, die Christliche Demokratie als Idee, Bewegung und Partei – und hätte ich das Buch noch einmal neu zu schreiben, würde ich die Akzente vor allem in der Einführung vorsichtiger setzen. Denn das hier geschilderte Geschehen ist noch nicht abgeschlossen. Mannigfache Wiederholungen des Kampfes zwischen politischen Messianismen und Totalitarismen und einer um Selbstbehauptung ringenden Kirche sind denkbar, ja schon greifbar – und ähnlich deutet sich innerkirchlich im Auftauchen politischer und revolutionärer Theologien das Unabgeschlossene des Vorgangs an. Soviel ist sicher: Christliche Demokratie im hier entwickelten Sinn ist kein Endpunkt, schon gar nicht ein banales happy end nach einer Serie von Tragödien und Katastrophen in der kirchlichen Auseinandersetzung mit der modernen Demokratie. Sie ist vielleicht nur ein vorübergehender Ruhepunkt vor neuen Krisen und Problemen und bleibt auch künftigen Generationen als eine nie völlig lösbare (dennoch notwendige) Aufgabe gestellt.

Anders das Hauptthema dieser Untersuchungen, das Problem Revolution und Kirche. Es hat sich in jüngster Zeit aktualisiert. Vor Jahren schien es noch ein Gegenstand akademischer und antiquarischer Historie. Einzig Karl Dietrich Erdmann – dem diese Arbeit viel verdankt – hat schon 1949 in „Volkssouveränität und Kirche" die Problematik scharf umrissen. Inzwischen sind zahlreiche Arbeiten erschienen, die unser Thema berühren. Ich greife aus einer Fülle von Neuerscheinungen nur die für unser Thema wichtigsten heraus: die Untersuchungen von Chaunu, Darnton, Furet, McManners, Plongeron, Roche, Th. Schleich zur vorrevolutionären Gesellschaft, Religion, Mentalität; die neuen Synthesen der Interpretationsgeschichte, wie sie von Plongeron, Vovelle, E. Schmitt, R. Reichardt vorgelegt wurden; neue Gesamtdarstellungen von Reinhardt, Soboul, Vovelle, E. Weis und jüngst von Timothy Tackett, der die Vorgänge um Zivilkonstitution und Verfassungseid des Klerus in ihrer Größenordnung und geographischen Verteilung wohl abschließend geklärt und ihre zentrale „strukturierende" Rolle in der Geschichte der Revolution und des modernen Frankreich herausgearbeitet hat, endlich die kaum mehr zu zählenden Regional- und Lokalstudien, die unsere Kenntnis der Vorgänge wesentlich erweitert haben.

Welche Perspektiven ergeben sich daraus für diese Studien? Das sei in wenigen Strichen kurz skizziert. Zunächst die „Soziologie der Parteibildung": ich würde sie im Ergebnis heute nicht viel anders fassen als in den früheren Auflagen dieses Buches. Die Eigenart der Christlichen Demokratie liegt darin, daß in ihr soziale Bewegungen mit einer unverwechselbaren, Kontinuität schaffenden Sicht und Interpretation der nachrevolutionären Welt zusammengehen („parti de confiance").

Doch gäbe es hier auf Grund der von fleißigen Parteihistorikern und -soziologen zusammengetragenen Materialien manches zu nuancieren; vor allem wäre die Entstehung der Parteien in einen größeren historischen Zusammenhang zu stellen: Auflösung des Hauses, der Korporationen, der Kirchengemeinde; Entstehung neuer Formen der „Association", unter denen Parteien nur einen kleinen Ausschnitt bilden.

Dann die Kirche des Ancien régime. Hier ist die Forschung in lebhaftere Bewegung geraten. Neuere Untersuchungen (Palmer, Furet, Plongeron) haben dargetan, daß zu keiner Zeit die Praxis des Kirchenbesuchs, der Volksfrömmigkeit so groß war wie im späten 18. Jahrhundert. Das scheint der geläufigen, auch von mir vertretenen Tendenz der älteren Forschung zu widersprechen, die in dieser Zeit die Aufklärung in breitere Volksschichten eindringen sah (Groethuysen, H. Friedrich). Und doch sind beide Phänomene in den Quellen gut bezeugt. Wie stimmen sie zusammen? Einer der besten Sachkenner, Eberhard Schmitt, hat die Vermutung geäußert, daß das „vivre bourgeoisement" (als Gegensatz zum „vivre noblement") als Ideal und Lebensform nur eine kleine Schicht des damaligen Dritten Standes erfaßt hatte, nämlich die in den Steuerrollen registrierte „bourgeoisie" der Städte bis hinunter zu den gehobenen Handwerkern, vielleicht noch einem Teil der Gesellen (Brief an mich vom 6. 1. 1973). Um 1789 lebten in den Städten rund 15%, auf dem flachen Land rund 85% der Bevölkerung. Diese soziale Schicht ist zwar umfangreicher als die Schicht der Privilegierten, bleibt aber dünn. Sie macht in den Städten 20-40% der Bevölkerung aus. Auf dem Land existiert sie kaum.

Die jüngere französische Forschung hat scharf herausgearbeitet, wie Konflikte innerhalb des Dritten Standes vor und während der Revolution stets in die Kirche hineinschlugen. Sie hat damit viele verstreute Beobachtungen dieser Studien (etwa über den „Cercle social") bestätigt. Folgt man Tilly, so ist selbst der Kampf in der Vendée nicht primär religiös oder royalistisch motiviert, er gilt in erster Linie den Stadtbürgern und den reichen Bauern. Ähnliche Tendenzen hat man in der Auvergne, im Département Sarthe festgestellt. Wir haben noch keinen Schlüssel, um das Auseinanderbrechen der Kirche während der Revolution, den vielfach abrupten Wechsel von Volksfrömmigkeit zu religiöser Abstinenz zu erklären. Sicher war die Gemengelage des Religiösen und des Sozialen in dieser Zeit viel enger, als wir es unter dem

Druck des Trennungsdenkens und spiritualistischer oder materialistischer Geschichtserklärungen zu denken gewohnt sind. Hier hat die Forschung noch ein weites Feld vor sich. Neue Gesichtspunkte sind in letzter Zeit vor allem von Robert Mandrou entwickelt worden, der auf die Rolle der Priesterseminare als Verbreiter aufklärerischer Ideen hingewiesen hat. Auch Homiletik, Bibliothekswesen, Amtssprache der Kirche des Ancien régime wären unter diesen Gesichtspunkten noch weiter zu untersuchen; doch scheinen die bisherigen Forschungen die Interpretationslinien dieser Arbeit eher zu bestätigen als in Frage zu stellen.

Unerwartete Aktualität hat der ideengeschichtliche und theoretische Part der Arbeit erhalten. Das betrifft vor allem das Problem Kirche und revolutionäre Demokratie. Bei meinem Studium der revolutionären Zeit- und Flugschriftenliteratur 1957 und 1959 in Paris war mir aufgefallen, wie stark die Ideen der revolutionären „démocratie chrétienne" abhängig waren vom Konzept der Rousseauschen Staatstheorie. Deren Grundmuster einer radikal-direkten, zugleich quasikirchlichen, weltanschaulich geschlossenen Demokratieauffassung schlug überall deutlich durch. Insofern schien mir das Scheitern dieser Bewegungen in der Großen Revolution (und auch später, 1830 und 1848/49) nicht zufällig und rein „ereignishaft" bedingt zu sein, es ergab sich vielmehr zwingend aus der Unmöglichkeit, der Kirche einen Raum freier Entfaltung zu lassen, nachdem die Gesellschaft nach Art einer antiken Polis total politisiert und mit Hilfe säkularisierter Kulte „divinisiert" worden war. Wo der Gemeinwille schrankenlos diktiert, wo über alles abgestimmt werden kann, auch über Gewissensfragen und kirchliche Dogmen, da schlägt Demokratie notwendig in Tyrannis und Gewissenszwang um. Eine solche Ordnung ist aber unvereinbar mit dem Geist des Christentums (sowenig dieses eine spezifische politische Form präjudiziert). Ich habe diesen Vorgang in diesen Studien so ausgedrückt: „Die christliche Scheidung der Gewalten schließt den Gedanken einer Souveränität aus, welche die politische und die kirchliche Welt zugleich umfaßt. Die Grenze zwischen religiöser und politischer Gewalt kann, wie die Geschichte der Kirche zeigt, nicht einmal nach der Theokratie hin ungestraft überschritten werden. Vollends unverträglich mit der christlichen Weltauffassung jedoch ist der Versuch, den Staat zu divinisieren (unten S. 134 f.)." Ich schloß daraus, daß sich Kirche und (revolutionäre) Demokratie einander erst annähern konnten, als der jakobinische Monismus des Politischen sich in den liberalen Dualismus von staatlicher Macht und individueller Selbstverfügung aufzulösen begann. Hier schien sich jene Nähe des Christlichen zu liberal-rechtsstaatlichen Prinzipien, zu Menschenrechten und Gewissensfreiheit zu bestätigen, die auch die Erfahrung der unmittelbaren Nachkriegszeit nach den Exzessen des Totalitarismus war. *Tempi passati?* Ich halte jene Sätze, die den systematischen Kern der Arbeit bilden, auch heute aufrecht – so fremd sie Zeitgenossen in den Ohren klingen mögen, die sich neuerlich an einer „Theologie der Revolution" und an der Vorstellung eines politischen Integralismus mit quasi-religiösem Anspruch berauschen. Gerade die Untersuchung der verschlungenen Wege der Christlichen Demokratie vom messianischen Schwärmertum zu konkreter sozialer Aktivität zeigt auf Schritt und Tritt, wie leicht man über der Mythologisierung der Revolution als „Einbruchsstelle der Transzendenz" den konkreten Menschen und die hier und heute gestellten politischen Aufgaben aus dem Blick verlieren kann. Es ist ja viel leichter, schwärmerisch den Verheißungen einer universalen Humanisierung der Welt nachzujagen und „das Bestehende" hoffnungsfroh im Feuer der Eschatologie untergehen zu lassen, als die reale Geschichte mit ihren Schrecken anzunehmen und sich dem, was ist, zu stellen. Es ist auch leichter, am „uneinlösbaren Anspruch" christlicher Politik Kritik zu üben, als sich öffentlich dafür einzusetzen, daß die Demokratie eine gute Staatsform werde oder bleibe. Nichts anderes war aber, bei aller historischen Unzulänglichkeit, die Bemühung der „Christlichen Demokratie" im nachrevolutionären Zeitalter – und wenn diese Bemühung heute schwächer geworden ist, so liegt dies auch daran, daß nicht unmaßgebliche Richtungen der modernen Theologie in schwärmerische und spiritualistische Totalentwürfe des Politischen zurückgefallen sind.

Wer die Geschichte des christlich-revolutionären Schwärmertums überschaut, wird in der „Theologie der Revolution" eher eine übersteigerte Reprise traditioneller Denkansätze (vor allem des Widerstandsrechts) als einen wirklichen Neubeginn sehen. Auf die christokratischen Komponenten dieses Denkens und das darin enthaltene integralistische Moment habe ich schon 1959 im Exkurs I (jetzt Exkurs II, unten S. 290 ff.) am Beispiel K. Barths und H. Gollwitzers hingewiesen. Gollwitzers Entwicklung zum Theologen der Revolution ist für mich nur die konsequente Weiterentwicklung seines Ansatzes: der „aneignende", in Besitz nehmende Charakter „evangelischer Politik" drängt, ähnlich wie der ältere katholische Integralismus, zu einer theologisch legitimierten „Gesellschaftsveränderung" hin. Nicht anders steht es mit den Radikalisierungen neo-calvinistischer Ethik bei P. Lehmann und R. Shaull: auch sie sind genötigt, historische Konfigurationen ebenso willkürlich wie unbiblisch zu Beweisen von „God's action in history" zu erklären.

Ob sich Theologie mit der statischen Ordnung einer Gesellschaft verbündet (Thron und Altar) oder die Einheit mit dem revolutionären Prozeß der Geschichte sucht (Theologie der Revolution), das Grundmuster ist das gleiche: immer handelt es sich um Säkularisierungen christlicher Heilshoffnungen in einem Reich ganz von dieser Welt. Demgegenüber fällt dem Historiker der Part der Skepsis, ja der Desillusionierung zu. Doch auch Skepsis kann heilsam sein. Sie kann in Nüchternheit den Boden für neue Gläubigkeit bereiten. Wie aus den langen und verworrenen Diskussionen um Kirche und Revolution eine neue Weltzuwendung der Christen hervorging, so wird die nicht minder verworrene theologisch-politische Diskussion unserer Zeit eines Tages in neue konkrete soziale und politische Aktivitäten der Christen im Dienst an den Menschen münden. In dieser Hoffnung wünsche ich meinem literarischen Erstling auch in der fünften Auflage viele Leser.

Bibliographie

Die Bibliographie enthält nicht alle im Buch zitierten Werke; für die Spezialliteratur sei auf das Register verwiesen. Um die Orientierung zu erleichtern, wurde die Bibliographie in einzelne Sachgebiete aufgegliedert; ihre Reihenfolge entspricht dem Aufbau des Buches. Fehlender Erscheinungsort bedeutet Paris.

A) Bibliographien, Nachschlagewerke, Sammlungen

Bibliographie critique des travaux parus sur l'histoire de France de 1600 à 1914, hrsg. vom Comité de direction de la Revue d'histoire moderne, 1933 ff.
Bulletin of International Institute for Social History, Amsterdam 1937 ff.
Caron, P. u. H. Stein: Répertoire bibliographique de l'histoire de France, 1923 ff.
Duine, F.: Essai de bibliographie de Félicité Robert de La Mennais, 1923.
Galopin, E.: Essai de bibliographie chronologique sur Antoine-Frédéric Ozanam, 1933.
Grandin, A.: Bibliographie générale des sciences juridiques, politiques, économiques et sociales, 1929 ff.
Hahn, G.: Bibliographie zur Geschichte der CDU und CSU 1945–1980, Stuttgart 1982.
Hatin, E.: Bibliographie historique et critique de la presse périodique française, 1866.
Ledos, G.: Morceaux choisis et bibliographie de Lacordaire, 1923.
Maas, G.: Bibliographie der Sozialwissenschaften, Berlin 1913 ff.
Martin, A. u. G. Walter: Catalogue de l'histoire de la Révolution française, 6 vol., 1936–1955.
Walter, G.: Répertoire de l'histoire de la Révolution française, 2 vol., 1941/1952.
Weill, G.: Le Catholicisme français au XIXe siècle, RSH XV (1907) u. XLI (1925).

Catholicisme – hier – aujourd'hui – demain. Encyclopédie en sept vol., hrsg. von G. Jacquemart, 1948 ff.
Centre International Démocrate-Chrétien d'Études et de Documentation: La doctrine sociale-chrétienne en Europe occidentale, Rom 1963.
La Démocratie Chrétienne dans le monde. Résolutions et déclarations des organisations internationales démocrates-chrétiennes de 1947 à 1973, Rom 1973.
Dictionnaire de Théologie catholique, hrsg. von A. Vacant u. E. Mangenot, 1909 ff.
Dokumente zur Christlichen Demokratie, Deutschland, Österreich, Schweiz, hrsg. von der Politischen Akademie Eichholz, 1969.
Enciclopedia di scienze politiche, economiche e sociali, Bologna 1956 ff.
Encyclopædia of Social Sciences, New York 1950.
Wörterbuch der Politik, hrsg. von O. v. Nell-Breuning u. H. Sacher, Freiburg 1947 ff.

Staatslexikon, hrsg. von der Görresgesellschaft, 5. Aufl. Freiburg 1926 ff., 6. Aufl. 1957, 7. Aufl. 1985 ff.
Lexikon für Theologie und Kirche, hrsg. von M. Buchberger, Freiburg 1930 ff., 2. Aufl. 1958 ff.
Acta Gregorii Papae XVI, Rom 1901 ff.
Acta Pii Papae IX, Rom 1857 ff.
Acta Leonis Papae XIII, Rom 1881 ff.
Acta Sanctae Sedis, Rom 1865 ff.
Acta Apostolica Sedis, Rom 1909 ff.
Albertini, R. v.: Freiheit und Demokratie im politischen Denken Frankreichs. Die Diskussion von der Restauration bis zur Résistance, Freiburg – München 1957.
Denzinger, H.: Enchiridion symbolorum, definitionum et declarationum de rebus fidei et morum, Freiburg ³⁶1977.
Duguit, L. u. H. Monnier: Les Constitutions et les principales lois politiques de la France depuis 1789, 1925.
Michon, G.: Les textes pontificaux sur la démocratie et la société moderne, 1928.
Mirbt, C.: Quellen zur Geschichte des Papsttums und des römischen Katholizismus, Tübingen ⁵1934.
Theiner, A.: Documents inédits relatifs aux affaires religieuses de la France (1790–1800), 1857.

B) Allgemeines; Einführung

Albertini, R. v.: Parteiorganisation und Parteibegriff in Frankreich 1789–1940, in: HZ 193 (1961), 529–600.
Alexander, E.: The Sociological Problem of Catholicism, in: Church and Society. Catholic Social and Political Thought and Movements (1789–1950), New York 1953.
Allemeyer, W.: Christliche Demokratie in Europa und Lateinamerika, Bonn 1965.
Arendt, H.: Über die Revolution, München 1965.
Aubert, R.: Le pontificat de Pie IX (1846–1878) (= Histoire de l'Église, hrsg. von A. Fliche u. V. Martin, Bd. 21), 1952.
Baget-Bozzo, G.: Il partito cristiano al potere. La DC di De Gasperi e di Dossetti, 1945–1954, Florenz 1974; ders.: Il partito e l'apertura a sinistra. La DC di Fanfani e di Moro, 1954–1962, Florenz 1977.
Barbier, E.: Histoire du catholicisme libéral et du catholicisme social en France, 5 Bde, Bordeaux 1923 ff.
Barth, K.: Christengemeinde und Bürgergemeinde, München 1946.
Bauer, C.: Politischer Katholizismus in Württemberg bis zum Jahr 1848, Freiburg 1929.
Bauer, C.: Bild der Kirche – Abbild der Gesellschaft, in: Hochland 48 (1955/56).
Becker, W., Maier, H., Spieker, M.: Revolution – Demokratie – Kirche, Paderborn 1975.
Becker, W.: Christliche Parteien, in: Staatslexikon, hrsg. v. d. Görres-Gesellschaft, 7. Aufl., Freiburg 1985 ff., Bd. I.
Bellamy, J.: La Théologie catholique au XIXe siècle, 1904.
Bergstraesser, A.: Staat und Wirtschaft Frankreichs, Berlin – Leipzig 1930.
Bichet, R.: La démocratie chrétienne en France. Le Mouvement Républicain Populaire, Besançon 1980.
Biton, L.: La Démocratie chrétienne dans la politique française, Angers 1954.
Brinkmann, C.: Soziologische Theorie der Revolution, Göttingen 1948.

Böckenförde, E.-W.: Das Ethos der modernen Demokratie und die Kirche, in: Hochland 50 (1957/58) (jetzt auch in: ders., Schriften zu Staat – Gesellschaft – Kirche Bd. 1, Freiburg i. Br. 1988).
Böckenförde, E.-W. u. Spaemann, R. (Hrsg.): Menschenrechte und Menschenwürde, Stuttgart 1987.
Bosworth, W.: Catholicism and Crisis in Modern France. French Catholic Groups at the Threshold of the Fifth Republic, Princeton University Press 1962.
Buchheim, K.: Geschichte der christlichen Parteien in Deutschland, München 1953.
Chasseriaud, J. P.: Le parti démocrate-chrétien en Italie, 1965.
Congar, Y.: Art. „Église et État" in der Enzyklopädie Catholicisme, 1948 ff.
Coutrot, A. / Dreyfus, F.: Les forces religieuses de la société française, 1965.
Curtius, E. R.: Die französische Kultur, Berlin – Leipzig 1930.
Dansette, A.: Histoire religieuse de la France contemporaine, 2 Bde, 1948/51.
Dansette, A.: Destin du Catholicisme Français: 1926–1956, 1957.
Darbon, M.: Le conflit entre la droite et la gauche dans le catholicisme français (1830–1953), 1953.
Débidour, A.: Histoire des rapports de l'Église et de l'État en France, 1898.
Dempf, A.: Demokratie und Partei im politischen Katholizismus, Wien 1932.
Di Lalla, M.: Storia della Democrazia Cristiana, I, II, Turin 1979/81.
Droits des peuples, droits de l'homme. Actes du colloque organisé par l'Institut international Jacques Maritain, 1984.
Dunn, R.: Modern Revolutions. An introduction to the analysis of a political phenomenon. Cambridge 1972.
Duverger, M.: Les partis politiques, ²1954 (dt. Die politischen Parteien, Tübingen 1959).
Einaudi, M. u. F. Goguel: Christian Democracy in Italy and France, University of Notre Dame Press 1952.
Fogarty, M. P.: Christian Democracy in Western Europe, 1820–1953, London 1957 (dt. Christliche Demokratie in Westeuropa, Freiburg 1959).
Friedrich C. J. (Hrsg.): Revolution. New York 1969 (= Nomos VIII. Yearbook of the American Society for Political and Legal Philosophy).
Friedrich, H.: Das antiromantische Denken im modernen Frankreich. Sein System und seine Herkunft (= Münchener romanistische Arbeiten 4), München 1935.
Galli, G.: Storia della Democrazia Cristiana, Rom/Bari 1978.
Galton, A. H.: Church and State in France, 1300–1907. New York 1972.
Giovannini, C.: La Democrazia Cristiana dalla fondazione al centro-sinistra, 1943–1962, Florenz 1978.
Gotto, K.: Christlich-Demokratische Union, in: Staatslexikon, hrsg. v. d. Görres-Gesellschaft, 7. Aufl., Freiburg 1985 ff., Bd. I.
Guillemin, H.: Histoire des catholiques français au XIXe siècle, 1947.
Gundlach, G.: Zur Soziologie der katholischen Ideenwelt und des Jesuitenordens, Freiburg 1927.
Gurian, W.: Die politischen und sozialen Ideen des französischen Katholizismus, M.-Gladbach 1929.
Habermas, J.: Strukturwandel der Öffentlichkeit. Untersuchungen zu einer Kategorie der bürgerlichen Gesellschaft, Neuwied – Berlin 1962, ²1965 u. ö.
Hartmann, A.: Toleranz und christlicher Glaube, Frankfurt a. M. 1955.
Havard de la Montagne, R.: Histoire de la Démocratie chrétienne. De Lamennais à Georges Bidault, 1948.
Hours, J.: Les origines d'une tradition politique. La formation en France de la

démocratie chrétienne et des pouvoirs intermédiaires, in: Libéralisme, Traditionalisme, Décentralisation. Cahier 31 de la Fondation Nationale des Sciences Politiques, 1952.
Hürten, H. (Hrsg.): Christliche Parteien in Europa, Osnabrück 1964.
Jedin, H. (Hrsg.): Handbuch der Kirchengeschichte, Freiburg 1962 ff., Bde. IV–VI (Neuausgabe 1985).
Irving, R. E. M.: Christian Democracy in France, London 1973.
Johnson, Ch.: Revolutionstheorie, Köln – Berlin 1971.
Kupisch, K.: Zwischen Idealismus und Massendemokratie. Eine Geschichte der Evangelischen Kirche in Deutschland, Berlin ²1959.
Latreille, A.: Le Catholicisme, in: Les forces religieuses et la vie politique, Cahier 23 de la Fondation Nationale des Sciences Politiques, 1951.
Latreille, A. / Rémond, R.: Histoire du catholicisme en France, 3 Bde., 1962.
Laurent, R.: Le Parti Démocrate Populaire 1924–1944, 1965.
Lavau, G.: Partis politiques et réalités sociales, Cahier 38 de la Fondation Nationale des Sciences Politiques, 1953.
Le Bras, G.: Introduction à l'histoire de la pratique religieuse en France, 1942.
Le Bras, G.: Études de sociologie religieuse, 2 Bde, 1955/56.
Lecler, J.: L'Église et la souveraineté d'État, 1946.
Leflon, J.: La crise révolutionnaire (1789–1846) (= Histoire de l'Église, hrsg. von A. Fliche und V. Martin, Bd 20), 1949.
Lenk, K.: Theorien der Revolution, München 1973.
Leroy, M. Histoire des idées sociales en France, 3 Bde, 1946–1954.
Letamendia, P.: Le MRP, Diss. Bordeaux 1975
Letamendia, P.: La démocratie chrétienne (Que sais-je), 1977.
Lubac, H. de: Le pouvoir de l'Église en matière temporelle, in: Revue des sciences religieuses 1921.
Lubac, H. de: Catholicisme. Les aspects sociaux du dogme, ⁵1952 (dt. Katholizismus als Gemeinschaft, Einsiedeln 1943 u. ö.).
Maier, H.: Schriften zu Kirche und Gesellschaft I–III, Freiburg 1983–85.
Martin, A. v.: Die Revolution als soziologisches Phänomen, in: Festschrift für Jan Romein, Amsterdam 1953 (wiederabgedruckt in: Ordnung und Freiheit. Materialien und Reflexionen zu Grundfragen des Soziallebens, Frankfurt a. M. 1956).
Maritain, J.: The Rights of Man and Natural Law, New York 1943.
Maritain, J.: Christianisme et Démocratie, 1945.
Maritain, J.: Man and the State, Chicago 1951.
Mayeur, J.-M.: Des Partis catholiques à la Démocratie chrétienne, 1980.
Michel, H.: L'idée de l'État. Essai critique sur l'histoire des théories sociales et politiques en France depuis la Révolution, 1895.
Michels, R.: Zur Soziologie des Parteiwesens in der modernen Demokratie, Leipzig ²1925 (Neudruck der 2. Aufl., hrsg. u. m. e. Nachwort vers. von W. Conze, Stuttgart 1957).
Mintzel, A.: Die CSU. Anatomie einer konservativen Partei 1945–1972. Opladen ²1978.
Monnerot, J.: Sociologie de la Révolution, 1969.
Monzel, N.: Struktursoziologie und Kirchenbegriff (= Heft 10 der Reihe Grenzfragen zwischen Theologie und Philosophie), Bonn 1939.
Moody, J. N. (Hrsg.): Church and Society. Catholic Social and Political Thought and Movements (1789–1950) New York 1953.
Müchler, G.: CDU/CSU. Das schwierige Bündnis, München 1976.

Nell-Breuning, O. v.: Art. Demokratie, Christliche Demokratie, Volkssouveränität, in: Wörterbuch der Politik, Freiburg 1947 ff.

Neumann, S. (Hrsg.): Modern Political Parties. Approaches to Comparative Politics, Chicago 1956.

Nipperdey, Th.: Verein als soziale Struktur in Deutschland im späten 18. und frühen 19. Jahrhundert, in: Geschichtswissenschaft und Vereinswesen im 19. Jahrhundert. Beiträge zur Geschichte historischer Forschung in Deutschland von H. Boockmann, A. Esch, H. Heimpel u. a., Göttingen 1972 (= Veröffentlichungen des Max-Planck-Instituts für Geschichte 1), 1–44.

Nürnberger, R.: Revolution und Tradition, in: Verhandlungen des 13. Deutschen Soziologentages in Bad Meinberg, Köln–Opladen 1957.

Ostrogorsky, M. Y.: La démocratie et l'organisation des partis politiques, 2 Bde, 1903.

Papini, R.: Quelle identité pour la Démocratie Chrétienne? Rom 1978.

Passerin d'Entrèves, E. u. Repgen, K. (Hrsg.): Il cattolicesimo politico e sociale in Italia e Germania dal 1870 al 1914, Bologna 1977.

Peterson, E.: Die Kirche, München 1929.

Peterson, E.: Briefwechsel mit Adolf Harnack, in: Hochland 32 (1932) (beide wiederabgedruckt in: Theologische Traktate, München 1950).

Platz, H.: Geistige Kämpfe im modernen Frankreich, München 1922.

Pouthas, Ch.: L'Église catholique de l'avènement de Pie VII à l'avènement de Pie IX (Cours de Sorbonne, vervielfältigt).

Pouthas, Ch.: Le pontificat de Pie IX (Cours de Sorbonne, vervielfältigt).

Possenti, P.: Storia della Democrazia Cristiana. Dalle origini al centrosinistra, Rom ²1978.

Pridham, G.: Christian Democracy in Western Germany. The CDU/CSU in Government and Opposition, 1945–1976, London 1977.

Rastoul, A.: Histoire de la démocratie catholique en France, 1913.

Reichardt, R.: Bevölkerung und Gesellschaft Frankreichs im 18. Jahrhundert: Neue Wege und Ergebnisse der sozialhistorischen Forschung 1950–1976, in: Zeitschrift für historische Forschung 4 (1977), Heft 2.

Reichardt, R.: Zur Soziabilität in Frankreich beim Übergang vom Ancien Régime zur Moderne: neuere Forschungen und Probleme, in: François, E. (Hg.): Sociabilité et société bourgeoise en France, en Allemagne et en Suisse, 1750–1850, 1987.

Reichardt, R.: Révolution à la fin du 18e siècle, in: Mots (Numéro special: Langages. Langue de la Révolution française), März 1988.

Rémond, R.: La Droite en France de la première Restauration à la Ve République, 2 Bde, ³1968.

Rémond, R., L'Anticléricalisme en France de 1815 à nos jours, 1976.

Repgen, K.: Märzbewegung und Maiwahlen des Revolutionsjahres 1848 im Rheinland, Bonn 1955.

Ritter, G.: Vom Ursprung des Einparteienstaates in Europa, HJb 74 (1955) (= Festschrift für Franz Schnabel).

Roger, J.: Ideas políticas de los católicos franceses, Madrid 1951.

Rohden, P. R.: Zur Soziologie des politischen Katholizismus in Frankreich, ASO LXII (1919).

Rommen, H.: Der Staat in der katholischen Gedankenwelt, Paderborn 1935.

Rothfels, H.: Ideengeschichte und Parteigeschichte. DVLG 8 (1930).

Rovan, J.: Le catholicisme politique en Allemagne, 1956.

Scheler, M.: Christentum und Gesellschaft, Leipzig 1924.

Schieder, Th.: Das Verhältnis von politischer und gesellschaftlicher Verfassung und die Krise des bürgerlichen Liberalismus, HZ 177 (1954).
Schieder, Th.: Die Theorie der Partei im älteren deutschen Liberalismus, in: Aus Geschichte und Politik. Festschrift für Ludwig Bergstraesser, Düsseldorf 1954.
Schieder, Th.: Der Liberalismus und die Strukturwandlungen der modernen Gesellschaft von 19. zum 20. Jahrhundert, in: Relazioni del X Congresso Internazionale di Scienze Storiche, vol. V, Florenz 1955 (jetzt vereinigt in dem Sammelband: Staat und Gesellschaft im Wandel unserer Zeit, München 1958).
Schieder, Th. (Hrsg.): Revolution und Gesellschaft. Theorie und Praxis der Systemveränderung. Freiburg 1973.
Schmidlin, J.: Papstgeschichte der neuesten Zeit, 3 Bde, München 1933 ff.
Schmitt, C.: Politische Theologie, München 1922.
Schmitt, C.: Römischer Katholizismus und politische Form, Leipzig 1923.
Schnabel, F.: Der Zusammenschluß des politischen Katholizismus in Deutschland 1848, Heidelberg 1910.
Schöllgen, W.: Die soziologischen Grundlagen der katholischen Sittenlehre (= Handbuch der katholischen Sittenlehre, hrsg. von F. Tilmann, Bd. V), Düsseldorf 1953.
Schrey, H. H.: Die Generation der Entscheidung. Staat und Kirche in Europa und im europäischen Rußland 1918–1953, München 1955.
Shanahan, W. O.: Der deutsche Protestantismus vor der sozialen Frage 1815–1871, München 1962.
Siegfried, A.: Le Protestantisme, in: Les forces religieuses et la vie politique, Cahier 23 de la Fondation Nationale des Sciences Politiques, 1951.
Smend, R.: Protestantismus und Demokratie, in: Krisis. Ein politisches Manifest, Weimar 1932; jetzt in: Staatsrechtliche Abhandlungen, Berlin 1955, S. 297 ff.
Sturzo, L.: Church and State, London 1939.
Talmon, J. L.: The Origins of Totalitarian Democracy, London 1952 (dt. Die Ursprünge der totalitären Demokratie, Köln–Opladen 1961).
Thibaudet, A.: Les idées politiques de la France, 1928.
Tischleder, P.: Die Staatslehre Leos XIII., M.-Gladbach 1925.
Tocqueville, A. de: L'Ancien Régime et la Révolution (= Œuvres complètes, éd. déf., hrsg. von J. P. Mayer, 1951 ff., Bd. II).
Toniolo, G.: Democrazia Cristiana, concetti e indirizzi, Vatikanstadt 1949.
Tupini, G.: I democratici Cristiani, Milano 1954.
Vaussard, M.: Histoire de la Démocratie chrétienne (France, Belgique, Italie), 1956.
Veen, H.-J. (Hrsg.): Christlich-demokratische und konservative Parteien in Westeuropa, 2 Bde, 1983.
Weill, G.: Histoire de l'idée laïque en France au XIXe siècle, 1929.
Wimmer, A. (Hrsg.): Die Menschenrechte in christlicher Sicht, 2. Beiheft zur Herder-Korrespondenz, Freiburg 1953.

C) Erster Teil (und Exkurs I)

1. Quellen
(NB = Nationalbibliothek Paris; StB = Bayer. Staatsbibliothek München)

Boisgelin, de: Discours sur le rapport du comité ecclésiastique concernant la constitution du clergé prononcé le 29 mai 1790 (NB).

Bonneville, N. de: De l'esprit des religions, 1791.
Fauchet, C.: Oraison funèbre de Louis duc d'Orléans, 1786 (NB).
Fauchet, C.: De la Religion Nationale, 1789.
Fauchet, C.: Trois discours sur la liberté française, 1789 (NB).
Fauchet, C.: Lettre pastorale et la traduction de sa lettre de communion adressée à N.S.P. le pape, Bayeux 1791 (NB).
Fauchet, C.: Lettre circulaire à tous les curés de son diocèse, à tous les clubs et à toutes les sociétés du département, Caen 1791 (NB).
Fauchet, C.: Lettre pastorale aux pasteurs et aux fidèles du diocèse, Bayeux 1792 (NB).
Fauchet, C.: Claude Fauchet au tribunal révolutionnaire et au public, 1792 (NB).
Grégoire, H.: Légitimité du serment civique exigé des fonctionnaires ecclésiastiques, 1791.
Grégoire, H.: Lettres pastorales (1791–1796) (NB).
Grégoire, H.: Essai historique sur les libertés de l'Église gallicane, 1818.
Lamourette, A.-A.: Instructions pastorales, 1791 (NB).
Lamourette, A.-A.: Observations contre l'article XV du projet de Décret du comité de législation sur les troubles religieux; prononcées le 21 novembre 1791 (Assemblée Législative) (NB).
de Moy, Ch.-A.: Accord de la Religion et des cultes chez une Nation libre, 2. Aufl. an IV (StB).
Rousseau, J.-J.: Du contrat social (= Œuvres complètes de Jean-Jacques Rousseau, 1832 ff., Bd V).
Rousseau, J.-J.: Lettres écrites de la Montagne (= Œuvres Bd VIII).
Rousseau, J.-J.: Profession de foi du vicaire savoyard, hrsg. von P.-M. Masson, Freiburg/Schw. 1914.

Sammlungen, Wörterbücher, Zeitschriften:

Archives parlementaires de 1787 à 1860, 1ère série (1787–1799), 1867 ff.
La Bouche de Fer (Red. C. Fauchet u. N. de Bonneville) 1791/92 (NB).
Bulletin de la Bouche de Fer, 1790 (NB).
Cercle Social 1791/92 (NB).
La Chronique du mois ou les Cahiers patriotiques (Red. N. de Bonneville), 1791–1793 (NB).
Handbuch politisch-sozialer Grundbegriffe in Frankreich 1680–1820, hrsg. von R. Reichardt u. E. Schmitt i. Vbdg. mit G. van den Heuvel u. Anette Höfer, München 1985 ff.
Journal chrétien, ou l'ami des mœurs, de la vérité et de la paix (Red. P.-V. Chalvet) 1791–1793 (NB).
Procès-verbaux du Comité d'Instruction publique de la Convention Nationale publiés et annotés par M. J. Guillaume, 6 Bde, 1891–1907, und Registerband, 1957 (StB).
Recueil de documents relatifs à la convocation des États généraux de 1789, hrsg. von A. Brette, Bd I, 1894.
Recueil de documents relatifs aux séances des États généraux, mai–juin 1789 préparé sous la direction de G. Lefebvre et d'Anne Terroine, t. I, 1: Les Préliminaires, la Séance du 5 mai, Paris 1953.
Réimpression de l'Ancien Moniteur depuis la réunion des États-Généraux jusqu'au Consulat, hrsg. von L. Gallois, 1840–1847.

2. Literatur

Aulard, A.: Le Culte de la Raison et le Culte de l'Être Suprême, 1904.
Aulard, A.: Le christianisme et la Révolution française, 1925.
Baczko, B.: Lumières de l'utopie, 1978.
Baczko, B.: Le calendrier républicain, in: Les lieux de mémoire I: La République, 1984.
Barber, Elinor G.: The Bourgeoisie in 18th Century France, Princeton University Press 1955.
Barruel, A.: Histoire du clergé pendant la Révolution, London 1793.
Barruel, A.: Mémoires pour servir à histoire du jacobinisme, Hamburg 1800.
Bremond, H.: La vie chrétienne sous l'Ancien Régime (= Histoire littéraire du sentiment religieux en France, Bd IX), 1932.
Brinton, C.: The Jacobins, New York 1930.
Brinton, C.: A Decade of Revolution, New York – London 1934 (dt. Europa im Zeitalter der Französischen Revolution, Wien ²1948).
Cassirer, E.: Die Philosophie der Aufklärung, Tübingen 1932.
Chaunu, P.: Jansénisme et frontière de catholicité, RH 127 (1962).
Chaunu, P.: Une histoire religieuse serielle. A propos du diocèse de la Rochelle (1648–1724) et sur quelques exemples normands, in: Revue d'histoire moderne et contemporaine 12 (1965).
Cros, H.: Claude Fauchet (1744–1793). Les idées politiques, économiques et sociales (Thèse), 1912.
Darnton, R.: Der Mesmerismus und das Ende der Aufklärung in Frankreich, München 1983.
Darnton, R.: Literatur im Untergrund. Lesen, Schreiben und Publizieren im vorrevolutionären Frankreich, München 1985.
Dawson, Ch.: The gods of revolution (France 1789–95). Introduction by A. Toynbee, London 1972.
Denys-Buirette, A.: Les questions religieuses dans les cahiers de 1789, 1919.
Egret, J.: La Pré-Révolution française (1787–1788), 1962.
Erdmann, K. D.: Das Verhältnis von Staat und Religion nach der Sozialphilosophie Rousseaus. Der Begriff der „religion civile", Berlin 1935.
Erdmann, K. D.: Volkssouveränität und Kirche. Studien über das Verhältnis von Staat und Religion in Frankreich vom Zusammentritt der Generalstände bis zum Schisma, Köln 1949.
Ford, F. L.: Robe and Sword. The regrouping of the French aristocracy after Louis XIV, Cambridge, Mass., Harvard University Press 1953.
Furet, F. u. Richet, D.: La Révolution, ²1973.
Furet, F. (Hrsg.): Livre et société dans la France du XVIIIe siècle, I, II, 1965/1970.
Furet, F.: Penser la Révolution, 1978.
Gazier, A.: Études sur l'histoire religieuse de la Révolution française, 1877.
Godechot, J.: Les révolutions 1770–1799, ¹1963, ²1965.
Göhring, M.: Geschichte der Großen Revolution, 2 Bde, Tübingen 1950/1951.
Gorce, P. de la: Histoire religieuse de la Révolution française, 1909 (Neudruck 1948).
Groethuysen, B.: Die Entstehung der bürgerlichen Welt- und Lebensanschauung in Frankreich, 2 Bde, Halle 1927/1930.
Groethuysen, B.: Philosophie de la Révolution française, 1956 (dt. Philosophie der Französischen Revolution, mit einem Nachwort von E. Schmitt, Neuwied – Berlin 1971).

Heinrichs, K.: Die politische Ideologie des französischen Klerus bei Beginn der großen Revolution, Phil. Diss., Kiel 1934.
Hinrichs, E., Schmitt, E., Vierhaus, R. (Hrsg.): Vom Ancien Régime zur Französischen Revolution, Göttingen 1978.
Jonas, Fr.: Zur Soziologie der französischen Revolution, in: Der Staat 5 (1966), 96–106.
Koselleck, R. u. Reichardt, R. (Hg.): Die Französische Revolution als Bruch des gesellschaftlichen Bewußtseins, München 1988.
Latreille, A.: L'église catholique et la Révolution française, 1946.
Leclercq, Dom: L'Église constitutionnelle, 1934.
Lefebvre, R., Guyot, R., Sagnac, Ph.: La Révolution française (= Histoire générale, hrsg. von L. Halphen u. Ph. Sagnac, Bd XII), 1938.
Le Harivel, Ph.: Nicolas de Bonneville, préromantique et révolutionnaire (1760–1828), Straßburg 1923.
Mandrou, R.: De la culture populaire aux XVIIe et XVIIIe siècles, 1964
McManners, J.: Death and the Enligthenment. Changing Attitudes to Death among Christians and Unbelievers in Eighteenth-Century France, Oxford 1981.
Markov, W.: Die Freiheit des Priesters Jacques Roux, Berlin 1967.
Masson, P.-M.: La religion de Jean-Jacques Rousseau (Thèse), 1916.
Mathiez, A.: Les origines des cultes révolutionnaires, 1904.
Mathiez, A.: La Théophilanthropie et le Culte décadaire (1796–1801), 1904.
Mathiez, A.: Le club des Cordeliers pendant la crise de Varennes et le massacre du Champ de Mars, 1910.
Mathiez, A.: Rome et le clergé français sous la Constituante, 1928.
Mathiez, A.: L'Église et la Révolution française, in: Revue des Cours et Conférences, Bd 32 (1931) u. Bd 33 (1932).
Menozzi, D.: „Philosophes" e „Chrétiens éclairés". Politica e religione nella collaborazione di G. H. Mirabeau e A. A. Lamourette (1774–1794), Brescia 1976.
Meyer, J. de: De Staatsidee bij de Fransche Philosofen op den Voravond van de Revolutie, Antwerpen 1949.
Mornet, D.: Les origines intellectuelles de la Révolution française, 1933, ²1954.
Orcibal, J.: L'idée d'Église chez les catholiques du XVIIIe siècle, in: Relazioni del X Congresso Internazionale di Scienze Storiche, vol. IV, Florenz 1955.
Ozouf, Mona: La fête révolutionnaire (1789–1799), 1976.
Palmer, R. R.: The Age of Democratic Revolution, Bd 1 (1770–1792), Bd 2 (1792–1799), Princeton 1959–1964 (dt. Das Zeitalter der demokratischen Revolution. Eine vergleichende Geschichte Europas und Amerikas von 1760 bis zur Französischen Revolution, Bd 1, Frankfurt/M. 1970).
Plongeron, B.: Conscience religieuse en révolution. Regards sur l'historiographie religieuse de la Révolution française, 1969.
Plongeron, B.: Théologie et politique aux siècle des Lumières, Genf 1973.
Plongeron, B.: La vie quotidienne du clergé français au XVIIIe siècle, 1974.
Plongeron, B. u. Panet, R.: Le christianisme populaire, 1976.
Pouget, A.: Les idées religieuses et réformatrices de l'évêque constitutionnel Grégoire, 1905.
Préclin, E.: Les Jansénistes du XVIIIe siècle et la Constitution civile du clergé, 1929.
Préclin, E. u. E. Jarry: Les luttes politiques et doctrinales aux XVIIe et XVIIIe siècles (= Histoire de l'Église, hrsg. von A. Fliche u. V. Martin, Bd 19), 1955.
Ravitch, N.: Robe and Sword in the recruitment of French Bishops, in: The Catholic Historical Review 50 (1965), 494–508.

Ravitch, N.: Sword and Mitre, Government and Episcopate in France and England in the Age of Aristocracy, Paris – La Haye 1966 (Studies in European History 10).
Reichardt, R.: Reform und Revolution bei Condorcet. Ein Beitrag zur späten Aufklärung in Frankreich, Bonn 1973.
Reichardt, R., Gumbrecht, H. N., Schleich, Th. (Hg.): Sozialgeschichte der Aufklärung in Frankreich, I, II, München 1981.
Reinalter, H. (Hrsg.): Revolution und Gesellschaft. Zur Entwicklung des neuzeitlichen Revolutionsbegriffs, Innsbruck 1980.
Reinhardt, M.: Religion, Révolution et Contre-Révolution, 1960.
Roche, D.: Le Siècle des Lumières en province, I, II, 1978.
Rudé, G.: The Crowd in the French Revolution, London 1959 (dt. u. d. Titel Die Massen in der Französischen Revolution, Wien 1961).
Schinz, A.: La Pensée de Jean-Jacques Rousseau, 1929.
Schleich, Th.: Aufklärung und Revolution. Die Wirkungsgeschichte Gabriel Bonnot de Mablys in Frankreich (1740–1914), Stuttgart 1981.
Schmitt, E.: Repräsentation und Revolution. Eine Untersuchung zur Genesis der kontinentalen Theorie und Praxis parlamentarischer Repräsentation aus der Herrschaftspraxis des Ancien régime in Frankreich (1760–1789), München 1969.
Schmitt, E. (Hrsg.): Die Französische Revolution. Anlässe und langfristige Ursachen (Wege der Forschung 293), Darmstadt 1973.
Schmitt, E. (Hrsg.): Die Französische Revolution, Köln 1976.
Schmitt, E. u. Reichardt, R. (Hrsg.): Die Französische Revolution – zufälliges oder notwendiges Ereignis? Akten des internationalen Symposions an der Universität Bamberg vom 4.–7. Juni 1979, 3 Bde, München–Wien 1983.
Sicard, A.: Le clergé de France pendant la Révolution, 3 Bde, 1912ff.
Simon, U.: Die Nationalfeste der Französischen Revolution, Diss. phil. Heidelberg (Masch.) 1937.
Soboul, A.: Les Sans-Culottes parisiens en l'an II. Mouvement populaire et Gouvernement révolutionnaire, ²1962.
Soboul, A.: Précis d'histoire de la Révolution française, I, II, ²1964.
Spaemann, R.: Rousseau – Bürger ohne Vaterland, München 1980.
Starobinski, J.: 1789. Die Embleme der Vernunft, Paderborn 1981.
Sydenham, M. J.: The French Revolution, London – New York 1965.
Tackett, T.: Priest and Parish in Eighteenth-Century France, Princeton 1977.
Tackett, T.: Religion, Revolution and Regional Culture in Eighteenth-Century France: The Ecclesiastical Oath of 1791, Princeton 1985 (frz. u. d. Titel: La Révolution, l'Église, La France. Le serment de 1791, 1986).
Tiersot, J.: Les fêtes et les chants de la Révolution Française, 1908.
Tilly, Ch.: La Vendée, 1970.
Vovelle, M.: Piété baroque et déchristianisation: Les attitudes devant la mort en Provence au XVIIIe siècle, 1973.
Vovelle, M.: Religion et Révolution: la déchristianisation de l'an II, 1976.
Weis, E.: Liberalismus und Totalitarismus in den Erziehungsplänen des Französischen Nationalkonvents 1792–93, HJb 74 (1955).
Weis, E.: Geschichtsschreibung und Staatsauffassung in der französischen Enzyklopädie, Stuttgart 1956.
Weis, E.: Der Durchbruch des Bürgertums 1776–1847 (= Propyläen Geschichte Europas IV), Frankfurt–Berlin–Wien 1978.

D) Zweiter Teil

1. Quellen

Bonald, A. de: Œuvres complètes, hrsg. von Migne, 3 Bde, 1859.
Bonald, A. de: Œuvres choisies, hrsg. von L. de Montesquiou, 1908.

Einzelausgaben:

Bonald, A. de: Théorie du pouvoir politique et religieux dans la société civile démontrée par le raisonnement et par l'histoire, 1796.
Bonald, A. de: Législation primitive considérée dans les derniers temps, 1802.
Bonald, A. de: Observations sur l'ouvrage ayant pour titre: Considérations sur les principaux événements de la Révolution française, par Mme. la baronne de Staël, 1818.
Lamennais, F. de: Essai sur l'indifférence en matière de religion, 4 Bde, 1817–1823.
Maistre, J. de: Œuvres complètes, 14 Bde, Lyon 1884–1886.
Maistre, J. de: Œuvres, 4 Bde, 1851/52.

Einzelausgaben:

Maistre, J. de: Considérations sur la France, Lausanne 1795.
Maistre, J. de: Du Pape, Lyon 1819.
Maistre, J. de: Essai sur le principe générateur des constitutions politiques, 1821.
Maistre, J. de: De l'Église gallicane dans ses rapports avec le Souverain Pontife, Lyon 1821.
Saint-Martin, L.-C. de: Lettre à un ami, ou considérations politiques, philosophiques et religieuses sur la Révolution française, 1795.

2. Literatur

Ahrens, L.: Lamennais und Deutschland. Studien zur Geschichte der französischen Restauration, Münster 1930.
Bagge, D.: Les idées politiques en France sous la Restauration, 1952.
Bayle, F.: Les idées politiques de Joseph de Maistre (Thèse, Lyon), Paris 1945.
Bertier de Sauvigny, G. de: Un type d'Ultra-Royaliste: le comte Ferdinand de Bertier (1782–1864) et l'énigme de la Congrégation, 1948.
Bertier de Sauvigny, G. de: La Restauration, 1955.
Ferraz, M.: Traditionalisme et ultramontanisme (= Histoire de la philosophie en France au XIXe siècle, Bd III), 1880.
Foucher, L.: La philosophie catholique en France au XIXe siècle, avant la renaissance thomiste et dans son rapport avec elle (1800–1880), 1955.
Goyau, G.: La pensée religieuse de Joseph de Maistre, 1922.
Johannet, R.: Joseph de Maistre, 1932.
Lacroix, J.: Vocation personnelle et tradition nationale, 1942.
Lebrun, R. A.: Throne and Altar. The Political and Religious Thought of Joseph de Maistre, University of Ottawa Press, 1965.
Le Guillou, L.: L'évolution de la pensée religieuse de F. Lamennais, 1966.
Le Guillou, L.: Lamennais, Brüssel 1969.
Lubac, H. de: Le Drame de l'humanisme athée, 1945, ⁷1983 (deutsch unter dem Titel: Über Gott hinaus, Einsiedeln 1984).

Maréchal, Ch.: La jeunesse de la Mennais, 1913.
Maréchal, Ch.: La dispute de l'Essai sur l'indifférence, 1925.
Merkle, S.: Die Anfänge französischer Laientheologie im 19. Jahrhundert, in: Wiederbegegnung von Kirche und Kultur in Deutschland (Festgabe Karl Muth), München 1927.
Moulinier, H.: de Bonald, 1916.
Pouthas, Ch.: Histoire politique de la Restauration (Cours de Sorbonne, vervielfältigt).
Pouthas, Ch.: Le Clergé sous la Monarchie Constitutionnelle 1814–1848, RHEF 29 (1943).
Rohden, P. R.: Joseph de Maistre als politischer Theoretiker, München 1929.
Spaemann, R.: Der Ursprung der Soziologie aus dem Geist der Restauration. Studien über L. G. A. de Bonald, München 1959.
Viatte, A.: Les sources occultes du Romantisme, 2 Bde, 1928.
(Weitere Literatur über Lamennais siehe im nächsten Abschnitt.)

E) Dritter Teil

1. Quellen

Arnaud de l'Ariège, F.: Cercle de la Démocratie chrétienne. Extrait des Statuts, 1850 (NB).
Arnaud de l'Ariège, F.: La Révolution et l'Église, 1869 (NB).
Buchez, Ph.-J.-B.: Introduction à la Science de l'Histoire ou Science du développement de l'humanité, 1833.
Buchez, Ph.-J.-B.: Essai d'un Traité complet de Philosophie du point de vue de Catholicisme et du Progrès, 1838–1840.
Buchez, Ph.-J.-B. u. P. C. Roux-Lavergne: Histoire parlementaire de la Révolution française, 40 Bde, 1834–1838 (NB).
Feuguerray, H.-R.: La République et la Commune de Paris. Association démocratique des amis de la Constitution, 1849.
Feuguerray, H.-R.: Essai sur les doctrines politiques de Saint-Thomas d'Aquin prédédé d'une notice sur la vie et les écrits de l'auteur, par M. Buchez, 1857.
Lacordaire, H. D.: Œuvres, 9 Bde, 1872–1880.
Lamennais, F. de: Œuvres complètes, 12 Bde, 1836/37.

Einzelausgaben:

Lamennais, F. de: De la religion considérée dans ses rapports avec l'ordre politique et civil, 2 Bde, 1825/26.
Lamennais, F. de: Des progrès de la Révolution et de la guerre contre l'Église, 1829.
Lamennais, F. de: Paroles d'un Croyant, 1834.
Lamennais, F. de: Les affaires de Rome, 1836.
Lamennais, F. de: Le Livre du Peuple, 1837.
Lamennais, F. de: Du passé et de l'avenir du Peuple, 1841.
Lamennais, F. de: Le prêtre et l'ami. Lettres inédites de Lamennais à la Baronne Cottu (1818–1854), 1910.
Montalembert, Ch. de: Œuvres complètes, 9 Bde, 1861–1868.
Montalembert, Ch. de: L'Église libre dans l'État libre. Discours prononcés au Congrès Catholique de Malines, 1863.
Montalembert, Ch. de: Lettres de Montalembert à La Mennais, hrsg. von G. Goyau, 1932.

Ozanam, A.-F.: Œuvres complètes, 11 Bde, 1872.
Saint-Simon, H. de: Le nouveau christianisme (= Œuvres complètes de Saint-Simon et d'Enfantin, 1865 ff. Bd XXIII) (Deutsch in der Reihe: Hauptwerke des Sozialismus und der Sozialpolitik, hrsg. von C. Grünberg, Leipzig 1911).

Zeitschriften:

L'Ami de la religion (Red. Picot, Affre, Dupanloup), 1830–1859 (NB).
L'Atelier (Red. Corban, Pascal, Chevé), 1840–1850 (NB).
L'Avenir (Red. Lamennais, de Coux, Gerbet), 1830/31 (NB).
L'Européen (Red. Buchez), 1831/32; 1835–1838 (NB).
La Revue Nationale (Red. Buchez, Bastide, Ott), 1847/48 (NB).
L'Ère Nouvelle (Red. Lacordaire, Maret, Ozanam, Arnaud de l'Ariège), 1848/49 (NB).

2. Literatur

Aubert, R., Duroselle, J. B., Jemolo, A.: Le Libéralisme religieux au XIXe siècle, in: Relazioni del X Congresso Internazionale di Scienze Storiche, vol. V, Florenz 1955.
Bastid, P.: Les doctrines et institutions de la Seconde République, 2 Bde, 1949.
Bazin, G.: Vie de Mgr. Maret, 2 Bde, 1882.
Boutard, Ch.: Lamennais, sa vie et ses doctrines, 3 Bde, 1905–1913.
Bressolette, C.: L'abbé Maret. Le combat d'un théologien pour une démocratie chrétienne 1840–1851, 1977.
Camus, L.-Y.: Frédéric Ozanam, 1953.
Carcopino, C.: Les doctrines sociales de Lamennais, 1942.
Carranza, A. R.: Ozanam et ses contemporains, 1953.
Les catholiques libéraux au XIXe siècle. Actes du Colloque internationale d'histoire religieuse de Grenoble des 30 septembre–3 octobre 1971, Grenoble 1974.
Castella, G.: Buchez historien, sa théorie du progrès dans la philosophie de l'histoire, Freiburg/Schw. 1909.
Castella, G.: Buchez, 1911.
Celier, L.: Ozanam, 1956.
Charléty, S.: Histoire du Saint-Simonisme, 1896.
Conzemius, V.: Les foyers internationaux du catholicisme libéral hors de France au XIXe siècle: esquisse d'une géographie historique, in: Les catholiques libéraux au XIXe siècle, Grenoble 1974.
Conzemius, V.: Frédéric Ozanam (1813–1853), Freiburg/Schweiz 1983
Cuvillier, A.: P.-B. Buchez et les origines du Socialisme chrétien, 1948.
Derré, J.-R.: Lamennais, ses amis et le mouvement des idées à l'époque romantique, 1824–1834, 1962.
Derré, J.-R.: Metternich et Lamennais, 1963.
Dolléans, E.: Histoire du mouvement ouvrier, Bd I, 1936.
Dudon, P.: Lamennais et le Saint-Siège, 1911.
Duroselle, J.-B.: L'esprit de 1848, in: 1848, Révolution créatrice, 1948.
Duroselle, J.-B.: L'attitude politique et sociale des catholiques français en 1848, RHEF 34 (1948).
Duroselle, J.-B.: Arnaud de l'Ariège et la démocratie chrétienne (1848–1851), (Maschinenschrift), 1949.
Fesch, P.: Lacordaire journaliste (1830–1848), Lyon 1897.
Foisset, J. T.: Vie du R. P. Lacordaire, 2 Bde, 1870.

Geissberger, W.: Philippe-Joseph-Benjamin Buchez. Theoretiker einer christlichen Sozialökonomie und Pionier der Produktiv-Genossenschaften, Winterthur 1956.
Giraud, V.: La vie tragique de Lamennais, 1933.
Goyau, G.: Ozanam, 1925 (dt. Friedrich Ozanam, München 1926).
Guihaire, P.: Lacordaire et Ozanam, 1933.
Gurian, W.: Lamennais, in: Perspektiven III (1953).
Haag, H.: Les origines du catholicisme libéral en Belgique (1789–1829), Löwen 1950.
Jürgensen, K.: Lamennais und die Gestaltung des belgischen Staates. Der liberale Katholizismus in der Verfassungsbewegung des 19. Jahrhunderts, Wiesbaden 1963.
Lallemand, P. de: Montalembert et ses amis dans le romantisme (1830–1840), 1927.
Lecanuet, R. P.: Montalembert, 3 Bde, 1900–1902.
Méjecaze, F.: Ozanam. Essai de synthèse des idées et des jugements littéraires, Thèse, 1932.
Mourre, M.: Lamennais ou l'hérésie des temps modernes, 1955.
Mourret, F.: Le mouvement catholique en France de 1830 à 1850, 1917.
Pocquet de Haut-Jussé, B.-A.: La Mennais. L'évolution de ses idées politiques jusqu'en 1832, Rennes 1955.
Prélot, M. / Gallouedec-Genuys, F.: Le libéralisme catholique, 1969.
Renan, E.: Étude sur Lamennais, in: Lamennais, Le Livre du Peuple, 1872.
Rigaudias-Weiss, A.. Les Enquêtes ouvrières en France entre 1820 et 1848, 1931.
Rischke, M.: Ozanam, Köln 1927.
Roe, W. G.: Lamennais and England. The Reception of Lamennais's Religious Ideas in the Nineteenth Century, Oxford University Press, 1966.
Seiler, E.: Die Entwicklung berufsständischer Ideen in der katholisch-sozialen Bewegung Frankreichs, 1935.
Trannoy, A.: Le Romantisme politique de Montalembert avant 1843, Thèse, 1942.
Trannoy, A.: Responsabilités de Montalembert en 1848, RHEF 35 (1949).
Valerius, G.: Deutscher Katholizismus und Lamennais. Die Auseinandersetzung in der katholischen Publizistik 1817–1854, Mainz 1983.
Vallery-Radot, R.: Lamennais ou le prêtre malgré lui, 1931.
Villefosse, L. de: Lamennais ou l'occasion manquée, 1945.
Weill, G.: Histoire du Catholicisme libéral en France, 1909.

F) Vierter Teil

1. Quellen

Boissard, A.: Le syndicat mixte, 1897.
Dabry, P.: Les catholiques républicains. Histoire et souvenir, 1905.
De Clerq, V.: La doctrine sociale catholique en France depuis la Révolution jusqu'à nos jours, t. 1: Les Précurseurs, t. 2: Les Contemporains, 1905.
Dupanloup, Mgr.: La convention du 15 septembre et l'encyclique du 8 décembre, 1865.
Féron-Vrau, P.: L'Association Catholique des Patrons du Nord, s. d.
Ferrata, D.: Ma nonciature en France, 1921.
Gayraud, H.: Les Démocrates chrétiens, 1898.
Harmel, L.: Manuel d'une Corporation chrétienne, Tours 1879.

Langénieux, Card.: Les pèlerinages des ouvriers français à Rome et la question sociale, s.d.
Lapeyre, P.: Le Socialisme catholique ou Christianisme intégral, 3 Bde, 1894ff.
Le Querdec, Y.: Lettres d'un Curé de Campagne, 1894.
Le Querdec, Y.: Lettres d'un Curé de Canton, 1895.
Maumus, P. E.-V.: L'Église et la démocratie. Histoire des questions sociales, 1893.
Naudet, Abbé: Le Christianisme social (Propriété, capital et travail), 1898.
Mun, A. de: Discours et écrits divers d'Albert de Mun avec des notices par Ch. Geoffroy de Grandmaison, 1893 ff.
Mun, A. de: Combats d'hier et d'aujourd'hui, 1906–11.
Mun, A. de: Ma vocation sociale, 1911.
Mun, A. de: La pensée sociale d'Albert de Mun. Extraits recueillis et ordonnés par Ch. Brossier, Marseille 1929.
Piou, J.: Le ralliement, 1928.
Valez, A.: Le socialisme catholique en France à l'heure actuelle, Montauban 1892.

Zeitungen und Zeitschriften:

La Justice Sociale, Bordeaux 1893 ff.
Le Peuple, Lille 1893 ff.
La Démocratie chrétienne, Lille 1894 ff.
La Vérité Sociale, Charleville 1894 f.
Le Monde, 1894 ff.
Le peuple français, 1894 ff.
Le Sillon, 1894 ff.

2. Literatur

Accomb, E. M.: The French Laic Laws, Columbia University Press 1941.
Ariès, N.: Le „Sillon" et le mouvement démocratique, 1910.
Barthélemy-Madaule, M.: Marc Sangnier 1873–1950, 1973.
Brugerette, J.: Le prêtre français et la société contemporaine, 3 Bde, 1933–38.
Caron, J.: Le Sillon et la démocratie chrétienne 1894–1910, 1967.
Cornilleau, R.: L'Abbé Naudet, s.d.
Dorigny, J.: L'Abbé Lemire, son œuvre parlementaire, 1914.
Eblé, M.: Les écoles catholiques d'économie politique et sociale en France, 1905.
Fontanille, Henri: L'Œuvre sociale d'Albert de Mun, 1931.
Geck, L. H. A.: Die sozialen Arbeitsverhältnisse im Wandel der Zeit, Berlin 1931.
Goyau, G.: Autour du Catholicisme social, 1901.
Greipl, E.: Römische Kurie und Deutsches Reich. Die vatikanische Deutschlandpolitik unter Papst Leo XIII. (1878–1903) (erscheint 1989).
Guitton, G.: Léon Harmel, 2 Bde, 1925.
Hoog, G.: Histoire du catholicisme social en France, de l'encyclique „Rerum Novarum" à l'encyclique „Quadragesimo Anno", 1942.
Jarlot, G.: Le régime corporatif et les Catholiques Sociaux, 1938.
Lecanuet, E.: La vie de l'Église sous Léon XIII, 1930.
Lestrat, G.: Les beaux temps du Sillon, 1926.
Lavasseur, E.: Questions ouvrières et industrielles en France sous la IIIe République, 1907.
Maignen, Ch.: Maurice Maignen, Directeur de Cercle Montparnasse et les origines du mouvement social catholique en France (1882–1890), Luçon 1927.

Mayeur, J.-M.: Un prêtre démocrate. L'Abbé Lemire, 1853–1928, 1968.
Molette, Ch.: Albert de Mun 1872–1890, 1970.
Moon, P. Th.: The Labor Problem and the Social Catholic Movement in France, New York 1921.
Rivain, J.: Un programme de restauration sociale. La Tour du Pin précurseur, 1926.
Rollet, H.: L'action sociale des catholiques en France (1871–1901), 1947.
Rollet, H.: Albert de Mun et le parti catholique, 1947.
Sangnier, M.: Albert de Mun, 1932.
Semichon, R.: Les idées sociales et politiques de La Tour du Pin, 1936.
Talmy, R.: Aux sources du catholicisme social. L'école du la Tour du Pin, Tournay 1963.
Talmy, R.: Albert de Mun, 1964.
Talmy, R.: Le syndicalisme chrétien en France 1871–1930, 1966.
T'Serclaes, Mgr. de: Le pape Léon XIII, 3 Bde, Lille 1894 ff.
Turmann, M.: Le développement du Catholicisme social depuis l'encyclique „Rerum Novarum", 1901.
Verdin, E.: Les origines du syndicalisme chrétien en France. La fondation du Syndicat des Employés du Commerce et de l'Industrie, 1929.
Zamanski, J.: Nous, catholiques sociaux, 1947.
Zirnheld, J.: Cinquante années de syndicalisme chrétien, 1937.

G) Exkurse II–IV, Nachwort

1. Quellen

Diskussion zur „Theologie der Revolution", hrsg. von E. Feil u. R. Weth, München–Mainz 1969, 291 ff. (Dokumente), 365 ff. (Bibliographie).
Diskussion zur „politischen Theologie", hrsg. von H. Peukert, München – Mainz 1969, 302 ff. (Bibliographie).
Barth, K.: Politische Entscheidung in der Einheit des Glaubens, München 1952.
Bennet, J. C. (Hrsg.): Christian Social Ethics in a Changing World, New York 1966.
Bonhoeffer, O.: Widerstand und Ergebung (Neuausgabe), München 1970.
Gollwitzer, H.: Die christliche Gemeinde in der politischen Welt, Tübingen 1954.
Gollwitzer, H.: Die Weltverantwortung der Kirche in einem revolutionären Zeitalter, in: Die Zukunft der Kirche und die Zukunft der Welt. Die Synode der EKD 1968 zur Weltverantwortung, hrsg. von E. Wilkens, München 1968.
Lehmann, P.: Ethics in a Christian Context, 1963 (dt. Ethik als Antwort. Methodik einer Koinonia-Ethik, München 1966).
Metz, J. B., Zur Theologie der Welt, Mainz – München 1968.
Moltmann, J.: Theologie der Hoffnung, München 1964, ⁷1968.
Moltmann, J.: Perspektiven der Theologie, Mainz – München 1968.
Rendtorff, T. u. Tödt, H. E.: Theologie der Revolution. Analysen und Materialien, Frankfurt (Main) 1968.
Shaull, R.: Revolutionary Change in Theological Perspective (Beitrag zur Weltkonferenz für Kirche und Gesellschaft in Genf 1966; dt. in: Appell an die Kirchen der Welt, hrsg. von H. Krüger, Stuttgart – Berlin 1967).

2. Literatur

Bloch, E.: Thomas Münzer als Theologe der Revolution (Neudruck), Frankfurt (Main) 1963.
Buchheim, K.: Ultramontanismus und Demokratie, München 1963.
Duchrow, U.: Christenheit und Weltverantwortung, Traditionsgeschichte und systematische Struktur der Zweireichelehre, Stuttgart 1970.
Ehrhardt, A. A. T.: Politische Metaphysik von Solon bis Augustin, Tübingen I, II (1959), III (1969).
Forster, K. (Hrsg.): Befragte Katholiken. Zur Zukunft von Glauben und Kirche, Freiburg 1973.
Hinrichs, C.: Luther und Münzer. Ihre Auseinandersetzung über Obrigkeit und Widerstandsrecht, Berlin 1952.
Iserloh, E.: Revolution bei Thomas Müntzer. Durchsetzung des Reiches Gottes oder soziale Aktion? HJb 92 (1972) 282 ff.
Lehmann, K.: Die politische Theologie: Theologische Legitimation und gegenwärtige Aporie, in: Essener Gespräche zum Thema Staat und Kirche 4 (1970), 90 ff.
Maier, H.: Theologie der Revolution und politische Theologie – kritische Anmerkungen, in: Essener Gespräche 4 (1970), 62 ff.
Maier, H.: Kritik der politischen Theologie, Einsiedeln 1970.
Maier, H.: Kirche und Gesellschaft, München 1972.
Marsch, W.-D.: Utopie der Befreiung und christliche Freiheit, in: Pastoraltheologie 58 (1969), 17 ff.
Nipperdey, Th.: Theologie und Revolution bei Thomas Münzer, in: Archiv für Reformationsgeschichte 54 (1963), 145 ff.
Rahner, K.: Strukturwandel der Kirche als Aufgabe und Chance, Freiburg 1972.
Rauscher, A. (Hrsg.): Entwicklungslinien des deutschen Katholizismus, Paderborn 1973.
Strunk, R.: Politische Ekklesiologie im Zeitalter der Revolution, München – Mainz 1971.
Thielicke, H.: Die Evangelische Kirche und die Politik, Stuttgart 1953.
Thielicke, H.: Theologische Ethik, 3 Bde, Tübingen 1958–1972.

Personenregister

Accomb, E. M. 58, *251*
Adenauer, K. *14, 16,* 311
Affre, Mgr. 199, 213
Ahrens, L. *43, 140,* 183, *183*
Alembert, J.-L. d' *274*
Alexander, E. 149
Allemeyer, W. *14*
Alzaga, O. *14*
André-Vincent, Ph. 142, *142*
Andrews, R. 284
Antraigues, d' *106*
Arendt, H. *124, 274,* 287
Argental, d' *99*
Ariès, N. 258
Arnaud de l'Ariège *30,* 67, *67,* 209 f, *209,* 219, 223, *223,* 235, 261
Arnauld, A. *95*
Arnold, F. X. *82*
Asmussen, H. *36, 295*
Aubert, R. *28, 66,* 206, *206, 214,* 220, *307*
Aufgebauer, P. *289*
Augustinus 85, *85,* 160, *283*
Augustus 116, 281
Aulard, A. *60, 77, 123, 269, 273, 276*

Baader, F. von *171, 175,* 183, *183*
Babeuf, F. N. 37, *260*
Bachem, K. *44*
Bacon, F. 117
Baczko, B. 10, *135, 270, 289*
Baget-Bozzo, G. *13*
Bagge, D. *139, 179*
Ballanche, P. S. 142, *142*
Balthasar, H. Urs von *95, 214*
Balzac, H. de 142, *142*
Barber, E. G. *94*
Barbier, E. *28,* 61 f, *242,* 306, *306,* 308
Barruel, A. *109*
Barth, K. *18,* 25, *294–298,* 315
Barthélemy-Madaule, M. *258*
Bastid, P. *41, 209,* 212, *212*
Baudelaire, Ch. *285*

Bauer, E. *26 f, 30, 44, 49, 265*
Baunard *235*
Bautain, L.-E.-M. 176
Bazin, G. *209, 219*
Becker, J. *49*
Becker, W. *14*
Beethoven, L. van 288
Bellamy, J. *139, 151, 153, 157, 161, 179*
Bellarmin, R. 82, *82*
Bengel, J. A. *283*
Béranger, P.-J. de 179
Bergstraesser, A. *264*
Bergstraesser, L. *37*
Bernardin, E. *99*
Bernhard (hl.) 115
Bertier, F. de *160*
Bertier de Sauvigny, G. de *139, 160*
Besson, Mgr. 199, *199*
Bidault, G. *13,* 20, 65, *65*
Bismarck, O. von *23,* 43, *43 f*
Biton, L. *13, 19,* 21, *21, 47,* 65, 69 *310*
Biver, M.-L. *269, 272, 275*
Blanc, L. 56, *108, 169,* 191
Böckenförde, E.-W. *31, 135*
Boisgelin, Mgr. 122, *122*
Bonald, L. G. A. de 63, 139 f, *139,* 142, 150–157, *151, 153 ff,* 159 ff, 163 ff, 170, 177, 181, 186 f, 192, 263
Bonifaz VIII. *81*
Bonneville, N. de 109–113, *109 f,* 116 f, *117,* 124, 127 f, *130, 169, 193,* 260
Borne, E. *46, 70*
Bossuet, J.-B. *83 f,* 84, 90, *90, 116,* 222, *222*
Bosworth, W. *16*
Boulanger, N.-A. 253
Boulard, F. *99*
Bourdaloue, L. *95*
Boutard, Ch. *173 ff, 178 ff, 184 f, 187, 218*
Bremond, H. *97*
Brette, A. *102*
Brienne, L. de *93*

335

Brinkmann, C. 56
Brinton, C. 55, 124
Brissot 124
Brunner, O. 68
Brunschvicg, L. 174
Brutus 124, 281
Buonarotti 134
Buchez, Ph.-J.-B. 53, 53, 60, 63, 67, 108, 169f, 170, 172, 189–200, 189, 191ff, 195–200, 205, 207, 209f, 210, 212ff, 216, 221, 224–230, 225f, 260f, 263, 265, 307
Buchheim, K. 44, 65
Cäsar (= César) 110, 281 f
Calvin, J. 126, 126
Camus, A.-G. 119, 129
Camus, L.-Y. 207
Carcopino, C. 173
Caron, J. 258
Carranza, A. R. 207
Cartier, E. 199
Cassius 124
Castella, G. 189, 195, 200, 225
Cato, C. 123f
Cavaignac 211
Cavour, C. 306
Celier, L. 207
César (= Cäsar) 110, 281 f
Chambord, Comte de 237, 240
Champagny, de 209
Champetier de Ribes 17
Charlemagne (= Karl d. Große) 245
Charron, P. 117
Chasseraud, J. P. 13
Chassin, C. L. 103
Chateaubriand, F.-R. 67, 69, 142, 142, 175, 216, 261, 263
Chaunu, P. 312
Chénier, M.-J. 282, 287
Chevé 210, 210
Chlodwig 247, 255
Clémenceau, G. 54, 57, 257
Colin, A. 13
Combes 23, 257
Comte, A. 58, 63, 70, 155, 195, 195, 287
Comte, B. 171
Condordet, M.-J.-A.-N. de 111, 197, 197, 274
Congar, Y. 83, 95, 214, 297
Constant, B. 37

Constantin (= Konstantin) 114, 117, 220
Constantin, C. 304, 307
Conze, W. 38, 47
Conzemius, V. 10, 28, 171, 207
Corbon, J. 278
Corday, Ch. 285
Coubertin, P. de 288
Courier, P. 179
Criqui, J.-C. 16
Cromwell, O. 132
Cros, H. 107f, 113, 125
Cuenca Toribio, J.-M. 28
Cullmann, O. 283f
Curtius, E. R. 97
Cuvillier, A. 189, 193ff, 194, 198ff, 205, 221
Cyprian 115
Czacki 251

Dabry, P. 247
Dansette, A. 248
Darbon, M. 50
Darnton, R. 10, 312
David, J.-L. 282 284f, 124, 284f
Débidour, A. 60 f, 60
De Gasperi, A. 13, 13, 16, 21, 311
Dehler, Th. 19
Delatte 235
Dempf, A. 44, 48f, 54
Denys-Buirette, A. 76, 102ff
Derré, J.-R. 173, 183
Desmoulins, C. 111
Descartes, R. 177
Deuerlein, E. 14, 35
Devaux 304
Diderot, D. 229
Diem, H. 298
Di Lalla, M. 14
Dionysius Exiguus 283
Dolléans, E. 226
Dossetti, G. 13
Dowd, D. L. 284
Dreyfus, A. 248, 257
Dru, G. 13
Drucker, P. F. 34
Dubreuil, H. 196
Dudon, P. 183
Duine, F. 173
Dupanloup, Mgr. 187, 203, 235, 235, 305, 305

Dupuis 279
Duroselle, J.-B. 32, 48, 63, 65ff, 108, 171f, 189, 195f, 209–213, 213, 219, 221, 229, 236, 307f, 308
Duverger, M. 37f, 45, 49

Eder, K. 80
Egret, J. 90
Ehlers, H. 295
Ehrard, J. 270
Ehrhard, A. 81
Ehrhardt, A. A. T. 283
Einaudi, M. 13, 65, 310
Eisler, A. 82
Elisabeth (hl.) 215
Elisabeth I. 81
Enfantin, B. P. 170
Erasmus 117
Erdmann, K. D. 55, 57, 60, 77f, 90, 93, 99, 101, 106, 120ff, 126, 132, 134f, 312

Fabre d'Églantine 282, 282
Fabricius 123
Falloux 58, 198, 220, 235, 305
Fanfani, A. 13, 21
Fauchet, Cl. 76, 104, 107–119, 112, 123–130, 134, 155, 169, 185, 187, 196f, 206, 225, 229, 260, 263
Faul, E. 37, 39
Fauvet, J. 13, 13, 16, 64
Febvre, L. 97
Feine, H. E. 81
Fénelon 91
Ferrata, Mgr. 54, 250–253, 257
Ferraz, M. 139
Ferry, J. 251
Fesch, P. 209
Fetscher, I. 132
Feuguerray 210, 261
Fikentscher, W. 135
Fleury 210
Fliche, A. 80, 94, 206
Fogarty, M. P. 14, 16, 25, 26, 64, 65, 66, 69, 310
Foisset 209, 230
Folliet, J. 307, 307
Ford, F. L. 93
Foucher, L. 186
Fourier, F.-Ch. 184, 209, 210, 260
Fraenkel, E. 47

Frainnet, G. 142, 142
Franck, A. 146
Franz Joseph I. 20
Frayssinous, Mgr. 175
Friedel 109
Friedrich I. (Barbarossa) 245
Friedrich, H. 70, 97f, 139, 162, 313
Furet, F. 10, 312f

Gablentz, O.-H. von der 38
Gadille, J. 171
Galli, G. 13
Galopin, E. 207
Gambetta, L. 251, 252
Gaulle, Ch. de 13, 64
Gayraud, H. 59f, 59f, 247, 257, 310
Gazier, H. 113
Geck, L. H. 243
Geiselmann, J. R. 162
Geissberger, W. 189, 195, 197
Génestal, R. 89
Gérando, de 309
Gerbet, Ph.-O. 179
Gerhard, D. 79
Gerlache 304
Gerle 120
Geyl, P. 55
Gilibert 13
Giovannini, C. 14
Girard, R. 175
Giraud, V. 173
Giulani, G. 307
Glum, F. 132
Göhring, M. 76
Goethe, J. W. von 109
Görres, J. 175
Goguel, F. 13, 65, 310
Gollwitzer, H. 294f, 297, 315
Gorce, P. de la 57, 76, 105, 106
Gorski, K. 28
Gotto, K. 14
Goyau, G. 201, 207, 307
Grandmaison, G. de 245
Grégoire 112–117, 112f, 116, 127, 155, 169, 187, 196, 225, 280
Gregor VII. 198
Greipl, E. J. 10, 250, 256
Grévy, J. 251, 251
Groethuysen, B. 85, 94–99, 95, 313
Gronchi, G. 13
Grotefend, H. 279, 288

337

Grünberg, C. *170, 307f*
Günther, A. *162*
Guédon, F. *250*
Guéranger, P.-L.-P. 214, 235, *235*
Guibert, Mgr. de *239*
Guihaire, P. *205, 209f*
Guillaume, M. J. *275f, 279–282, 284, 286f*
Guillemin, H. 65, *211*
Guitton, G. *241, 243, 247*
Gundlach, G. *96*, 300–303, *300, 303*
Gurian, W. 28, 62f, *62,* 65, 69f, *69, 76, 92, 139, 159, 161, 163,* 165, *165, 174, 177f,* 180, *180f, 186, 203, 205*
Guyon, B. 142, *142*

Haag, H. *140, 171, 304*
Häberle, P. *269*
Hättich, M. *22*
Hahn, G. *14*
Haller, J. *90*
Harmel, L. 237, 241–244, *241, 243,* 246 f, 249, *249,* 254, 257 f
Harnack, A. von *18*
Hartmann, A. *187*
Havard de la Montagne 65
Hegel, G. W. F. *38f, 134, 175,* 311
Heinrichs, K. *76, 93*
Heidenheimer, A. J. *14*
Helvétius, Cl.-A. 99, 229, *262*
Hemmings, F. W. J. *270*
Hennis, W. *38, 47*
Hermes, G. 176
Hermes, H. *91*
Hieronymus (hl.) 117
Hintze, E. *79*
Hitler, A. 288
Hobbes, Th. 128
Holbach, P.-H. D. v. 99
Hoog, G. *237, 241,* 308, *308*
Hours, J. 46 f, *46f,* 69, *70, 89, 260*
Hürten, H. *14, 16*
Hyslop, B. F. *102*

Imbart de la Tour *90*
Irving, R. E. *13*
Isensee, J. *135*

Jallet 94
Jansen, Th. *14*
Jarry, E. *80, 84f, 89*

Jedin, H. *80*
Jemolo, A. 66, *307*
Jesus Christus 110, *110,* 116, *155, 174,* 190, 255, 270, 278 f, 283, *283f,* 285, *295, 297*
Johannes XXIII. 264
Johannet, R. *55*
Jouvenel, R. de *41*
Jürgensen, K. *28, 140, 171, 187, 304*
Juhasz, W. *14*

Kaegi, W. *84*
Kamlah, W. *161*
Kant, I. 283, *283*
Kantorowicz, E. *87f*
Karl der Große (= Charlemagne) 245
Karl X. 52, *165*
Ketteler, W. E. von 28, 247, *305*
Kirsch, J. P. *80*
Klemperer, V. *84*
Koeniger, A. M. *81*
Konstantin (= Constantin) 114, 117, 220
Koselleck, R. *283*
Krauss, H. *289*
Krusch, B. *283*
Kupisch, K. *18*

Lacordaire, H.-D. *30,* 63, 67, *179* f, 184, 199–202, *200, 202,* 205–208, *205f, 209,* 210, 214, 216, 218–223, *223,* 229 ff, 261 f
Lacroix, J. 141, *141, 152*
La Harpe, F. C. de 112
Lallemand, P. de *202*
Lallier 224
Lamartine, A. de 56, 67, 216
Lambruschini, L. *203*
Lamennais, F. de 28, *28, 43,* 53, *54,* 63 ff, *65,* 67 ff, *68, 70,* 118, *118,* 139 f, *140,* 142, 157–164, *157, 161ff,* 166, 169 ff, *170f,* 173–188, *173ff, 178, 183f, 187f,* 192 f, 199–202, *202,* 206, *206,* 208, 216–219, 221–225, 227, 230, *235,* 261 f, *263,* 264 f, 304 ff, *304,* 310 f
La Morvonnais 179, 210, *210*
Lamourette, Mgr. 114, *114,* 123
Langénieux, Mgr. *244*
Lankheit, K. 285
Lapeyre, P. 307

Latreille, A. *106, 113, 120, 122f, 171*
Lavau, G.-E. *38*
Lavigerie, Mgr. 59, *251,* 253
Lavisse, E. 89
Lebrun, P. D. E. *275*
Lecanuet, R. P. *171, 202f, 206*
Le Chapelier 226
Lecler, J. 69, *69,* 198
Leclercq, H. *114*
Ledos, G. *205*
Lefebvre, G. *102*
Leflon, J. *94, 101, 103ff, 113,* 114, 120, *121, 171, 173, 223f*
Le Harivel, Ph. *109*
Lehmann, P. 315
Leith, J. A. *270,* 273
Le Jouteux 216
Lenin, W. I. 288, *288*
Lenormant, Ch. *209*
Leo XIII. *30,* 32, 54, 59, 61, 63, *69,* 226, 236, *236,* 244, 246f, *246f, 249,* 250–257, *253ff, 257,* 263ff, *291f,* 301f, 305, 307f
Le Play, F. 212, 240, 308
Leroy, M. 217
Leroux *169,* 307, *307f*
Lersch, B. M. *282f*
Lessing, G. E. 109
Lestrat, G. *258*
Letamendia, P. *13*
Levillain, P. *238*
Lincoln, A. 116
Lipgens, W. *94*
Lönne, K. E. 10
Löwith, K. *134*
Loisy, A. 61
Louis, duc d'Orléans 76
Louis Philippe 52, 169
Lubac, H. de *70, 155, 260*
Ludwig IX. (hl.) 76
Ludwig XIV. 93, *93,* 133, 150, 177
Ludwig XVI. 94
Ludwig XVIII. 165
Lüthy, H. 19, *20*
Lützow *43*
Luther, M. 293
Lykurg 126

Mac Mahon, M. 58, 237
Magri, F. *13, 310*
Maignen, Ch. 237, *238*

Maier, H. 10, *26f, 33,* 64, *251*
Maistre, J. de 31, 55ff, *55,* 63, 68, *68,* 139f, *139, 141,* 142–152, *146, 148,* 155ff, 159–166, 170, 175, 177, 181, 186f, 192f, *193,* 224, 230, *263*
Mandard *111*
Mandrou, R. 314
Mannheim, K. *37*
Manning, H. 247
Marat, J. P. 284f, *285f*
Marcel, G. *196*
Maréchal, Ch. 163, *163*
Maret *30,* 209, *209,* 218, 221, 261
Maritain, J. *31,* 64, *64,* 69, *69, 75, 97,* 133
Martin, V. *80, 90, 94, 206*
Marx, K. *21, 124, 169,* 177, *211, 287,* 308
Masson, P.-M. *126*
Mastropasqua, F. *270*
Mathiez, A. 76, *77, 99, 108,* 118, *118, 123, 269ff,* 273, *276, 284,* 286
Maurras, Ch. 63, *70*
Mayeur, J.-M. 10, *13, 66, 171, 257*
Mc Manners, 312
Méhul, E. N. *275*
Méjecaze, F. *207*
Melun, Comte de 236
Mendel, G. *197*
Menozzi, D. 10, *114, 123*
Merkle, S. *68, 142*
Metternich 43, *43,* 183, *183*
Meyer, J. de 262
Michel, E. *196*
Michel, H. 38 *139, 151,* 198
Michelangelo 285
Michelet, J. 51, *51,* 56f, *57,* 132
Michels, R. *47*
Migne, J.-P. *151*
Mintzel, A. *14*
Mirabeau, G. H. 94, *114, 135,* 272, 274
Mirbt, C. *81*
Mochi Onory 87
Möhler, J. A. *162*
Molette, Ch. *238*
Mollet, G. 19
Molt, P. *38*
Montaigne, M. E. de 97, *97,* 117, *162*
Montalembert, Ch.-F.-R. de 28f, *29, 53, 58, 63, 171, 175,* 179–184,

201–204, *201–206*, 206–212, *210*, 214f, 219f, 235f, 264, 306
Montesquieu, Ch. 99, 125, 131
Montesquiou, L. de 152
Moody, J. N. *14*, 65
Morel, J. *306*
Morin, F. *172*
Morino, L. *16*
Moro, A. *13*, 21
Morus, Th. 117
Moulinier, H. *151*
Mounier, E. 19, *28*, 68
Mourey, G. *269*, 277
Mourre, M. *173*
Mourret, F. *223*
Moy, Ch.-A. de *108*, 274
Muckle, F. *170*
Müchler, G. *14*
Mun, A. de 28, *44*, *49*, 57, *196*, 226, 237–240, *238*, 242, *245*, 247, *248*, 249, 253f, *253*, *257*, 308
Murray, J. C. *30*, 69, *69*, *134*, *173*, 256, *256*, *265*, 302, *302*
Mussolini, B. 288
Muth, K. *68*, *142*

Napoleon I. 124, 141, 189, 203, 222, 277, *68*
Napoleon III. 41, 58, 211, 219f, *226*, 262
Naudet *307*
Naumann, F. *17*
Necker, J. *98*, 105
Neumann, S. *37f*
Neufchateau, F. de 129
Nicole, P. *95*
Niemöller, M. 19
Nietzsche *134*, 287
Nipperdey, Th. *37*
Nodier, Ch. 109

O'Connel, D. 28, 219, *219*
Origenes 117
Ossowski, Z. M. *14*
Ostrogorsky, M. Y. *40*
Ott, A. *210*
Otto der Große 245
Ozanam, A.-F. *29*, 63, 108, *108*, 200, *200*, *202*, 207–210, *207*, *209*, 212, 216, 218f, 221, 224f, 227–231, 235, 246, 261f, 265, 309

Ozouf, M. 10, *123*, *270–274*, *278f*, *282*, *286f*

Pagès, G. *89*
Palmer, R. 313
Parisis, Mgr. 203
Parocchi, Kard. 255
Pascal, B. 174, *174*
Pascher, J. *277*
Passerin d'Entrèves, H. *28*
Pechaček, J. *14*
Péguy, Ch. 63
Périn, Ch. *308*
Peterson, E. *17*, *25*, *154f*
Petrus (hl.) 222, *222*, 245
Pie, Mgr. 235, *235*
Pieper, J. *277*
Piou, J. 54, *250*, *257*
Pius IX. 230
Pius X. 59, 62, 310
Pius XI. 64, 226, 264
Pius XII. 33, 264
Platon 126
Platz, H. *257*
Plongeron, B. 10, *77*, *99*, *113f*, *276*, *284*, *287*, 312f.
Pocquet de la Haut-Jussé, B. A. *173*
Poole, R. L. *283*
Pottier 246
Pouget, A. *112*, *116*
Pouthas, Ch. *160*
Préclin, E. *80*, *84f*, *89f*, *101f*
Pridham, G. *14*
Prieur *279*
Proudhon, P.-J. 47, 56, *56*, *260*, 308
Przywara, E. *87*
Psichari, E. 63

Rabelais, F. 97, *97*
Ramm, Th. *260*
Ramsauer, M. *83*
Ranke, L. von 311
Rastoul, A. 60
Raumer, K. von *79*
Reichardt, R. 10, 312
Reinhardt, M. *66*, 312
Remigius (hl.) 255
Renan, E. 54, *54*, *68*, 188, *188*
Repgen, K. *44*
Riccioli, G. B. *283*
Richelieu 93f

340

Richer, E. 102, *102*, 117
Ring, M. *227*
Rischke, M. *207*
Ritter, E. 65
Ritter, G. *133*
Robespierre, M. de 124, 192, 200, 276, *280,* 282, 284, *286*
Robinet *103*
Roche, D. 312
Roger, J. 65, 69, *188, 277*
Rohden, P. R. *55,* 69, *69, 151, 164, 198, 226*
Rohner, L. *288*
Roland, M. *99,* 111, *124*
Rollet, H. *48f, 65, 226, 237, 239–244,* 244, *248f, 253, 257, 262,* 308, *308,* 310
Romme, G. 276, *276, 279–284,* 280–283
Rosenstock, E. *196*
Rosmini, A. 64
Rothfels, H. *24*
Rouget de Lisle, C.-J. *275*
Rousseau, J.-J. *39,* 47, 69, 78, 99, 107, 111, 116f, *123f,* 125–134, *125–130, 132ff,* 151f, 197, *197,* 261, 262, 274, *274, 298, 307,* 314
Roux-Lavergne 189ff
Rovan, J. *14*
Rüstow, A. *120*
Ruffieux, R. *28*
Ruperez, J. *14*

Sade, Marquis de 274
Saint-Martin, L.-Cl. de 146f, *146,* 163, 192
Saint-Simon, Cl.-H. de 65, 69, *70, 170,* 184, 191, *191,* 193ff, 199f, 209, 227, *229, 260*
Sainte-Beuve *146, 174*
Samuel *116*
Sangnier, M. 17, *17,* 257, *258,* 311
Sauvigny, B. de *139*
Scheibert, P. *288*
Schieder, Th. *37f, 41, 45, 49*
Schiller, F. 109
Schinz, A. *123–126, 134*
Schlegel, F. *41*
Schleich, Th. 10, 312
Schleyer, K. *90*
Schmidlin, J. *222*
Schmitt, C. *25, 142, 155*

Schmitt, E. 10, 312f
Schnabel, F. *41, 44, 171, 179*
Schöllgen, W. *228*
Schramm, P. E. *88*
Schrey, H. H. *18*
Schulte, J. F. *91, 93*
Schuman, R. 16, 311
Schweitzer, W. *297*
Schwering, L. *14*
Sée, H. *103*
Ségur, Mgr. de *306*
Seiler, E. *196, 227*
Sevrin, E. *235*
Shanahan, W. O. *18, 35, 299*
Shaull, R. 315
Sibour, Mgr. 213
Sicard, A. 60
Sieburg, H. O. *198*
Siegfried, A. *33*
Sieyès, E.-J. 111, *279*
Simon, U. *270–276, 287*
Six, H. 309
Smend, R. *18, 33, 36*
Soboul, A. 10, *280, 284,* 312
Solon *283*
Sombart, N. *221*
Somma, L. *13, 310*
Soreau, E. *226*
Spaemann, R. *126, 134f, 139, 151*
Spuller 248
Starobinski, J. *270, 273, 275, 278*
Sterckx, E. 28, 304
Stoecker, A. *17,* 35
Sturzo, L. *14,* 17, *17,* 64, *64*
Stutz, U. *250f*

Tackett, T. 10, *113, 122,* 272, 312
Taine, H. *55, 70,* 121, *121,* 125
Talleyrand *114,* 274
Talmon, J. P. *119f,* 133, *134,* 259, *259*
Talmy, R. *237f.*
Tellenbach, G. *87*
Terroine, A. *102*
Théry 227
Thibaudet, A. 64
Thielicke, H. *293, 296, 298*
Thieme, K. *83*
Thiers, A. 56, *179,* 211f, 220
Thomas von Aquino *210*
Thorez, M. *13, 64*
Tiériot *99*

341

Tiersot, J. *123, 270–273, 276, 284*
Tilly 313
Tocqueville, A. C. *34, 40,* 51 f, *51f,* 58 f
Toniolo, F. 310, *310*
Tour du Pin, de la *44, 49,* 237–243, *237, 248, 248*
Traeger, J. 285, *285*
Trannoy, A. *202,* 204, *204, 210*
Trélat *193*
T'Serclaes *251, 253, 255*
Tupini, G. *13,* 65
Turmann, M. *245, 248*

Ullmann, W. *87*
Ulrich, Th. *279, 288*

Valerius, G. *28, 163, 173*
Valez, A. *308*
Vallery-Radot, R. *173*
Vaussard, M. *14,* 65, *66,* 69, *70, 260, 310*
Veit, L. Λ. *80*
Vermale *55*
Veuillot, L. 28, 57, 202, 235 f, *235*
Viallaneix, P. *270*
Viatte, A. *109, 146, 260*
Villefosse, L. de *173*

Villeneuve-Bargemont 227, *227,* 236
Villermé 236
Vogelsang, K. von 28, 238, 240
Vogüé, M. de 245
Voltaire *70, 84,* 99, *99,* 131, 151, 190, *204,* 220, 272
Vossler, O. *132*
Vovelle, M. 10, *276,* 312

Wahl, A. *76*
Walz, H. H. *297*
Warburton 128
Wassilieff, P.-J. *195*
Weber, Ch. 10, *250*
Weill, G. *28,* 62, *62, 178, 188,* 306, *306*
Weis, E. 10, 312
Weishaupt 109
Welty, E. *30*
Whitwell, D. *270, 273*
Wieck, H. G. *14*
Wilhelm II. 20
Wilhelm, J. *71*
Winter, E. K. 264

Zamanski, J. *258*
Zemanek, H. *283*

Sach- und Wortregister

abbés démocrates 247 ff, 257, 309, *247*
Absolutismus, fürstlicher 47, 87, 133, 177
– jakobinischer 47, 120, 150
– königlicher 117
– päpstlicher 87
– territorial-kirchlicher 81
Absolutistischer Staat 27, 47, 80, 148, 185, *79*
Action française 59, 64, *54,*
Adel 38, 61, 80, 92 ff, 106, 110, 116, 139 ff, 204, 207, 237, *106, 110, 162, 237, 271, 309*
Adelskirche 93
Akademie 39, 108
Allgemeines Wahlrecht 42, 220, 229
Amerikanische Revolution 287
Amis de la vérité 67, 111 f, 128, 193, *109, 193, 260*
Ancien Régime 51 f, 63, 71, 78, 80, 92, 133, 140, 148, 150, 156, 165, 185, 193, 221, 313 f, *89, 97*
Anthropologie 125, *125* (Rousseau), 144 (Maistre), 152 f (Bonald), 174 (Lamennais)
Antiepiskopalismus 104
Antiindividualismus (der christlichen Demokraten) 23 f, *307*
Antiklerikalismus 35, 171, 190, 220, 251, *251*
Antipapalismus 104, *90*
Antirevolutionäre Partei (ARP) (Holland) 18, 65, *17*
Antisemitismus 257, *257*
Apokalyptik 146, 155, 178, 202, 208, 216, 221, 231, *155, 283*
Apokalyptisches Moment (Lamennais) 163, 178 [nais
Apologetik 98 f, 159 f, 174 ff (Lamen-
Apologie des Christentums 173 ff (Lamennais), 193 (Buchez)
Apostasie des Staates 52
appel comme d'abus 89, 223, *89*

Arbeiter 41, 48, 52, 61, 196 f, 199, 207, 211 ff, 220, 225 f, 236 ff, 242 ff, 246 f, 249, 255, 262, 288, *49, 226, 243*
– assoziationen (Buchez) 195 f, 207, 226, *195 f, 226*
– bewegung 55, 198, 238 ff, 249, 257, 265, 300
– mission 213
– pilgerfahrten 244, 254 f, *244*
– priester 213, 247
– schutz 207
– zirkel s. *Œuvre des Cercles Catholiques d'ouvriers*
Arbeitszeit 229, 242, 287
Arianismus *198*
Aristokratie s. Adel
association 262, 265, 313
Atelier 67, 197
Aube 17
Aufklärung 67, 99, 131, 140, 151, 155, 175 ff, 229, 261, 271 f, 313 f, *154, 280*
– Philosophie der – 78, 99, 112, 131, 175, *99, 262*
Augustinismus 85
Au milieu des Sollicitudes 236, 253, 264
Avenir 67, 180 ff, 201 f, 205, 209, 215, 223, 304, *43, 183, 209, 218, 223, 263*
Barbaren (Ozanam) 208 f, *209*
Bastillesturm 108, 110, 273, 278
benefica in populum actio christiana 32
Bergpartei 284
Berufsständische Ordnung 261 f, *196*
Bettelorden 90, *90*
Biblische Begründung d. Politik 24 ff, 115 ff, 125 ff (Fauchet, Grégoire)
Bischöfe s. Episkopat
bonne politie 78, 123, 150
bons curés 102, 121
bonum commune 261, 262
Bourbonen 68, 150, 177, 179 f, 223, *165*
buchezisme 67, 195 f, 198, 200, *195, 205*
Bündnis von Thron und Altar 50, 52, 177

343

Bürgergemeinde 297, *294, 298*
Bürgerliche Lebensanschauung 94 ff, *48*
Bürgerrechte (s. a. Menschenrechte) 135
Bürgertum 48, 54, 61, 80, 92 ff, 107, 118, 120, 140, 183, 198 f, 203, 211 f, 220, 238, *95*

Cäsarismus 119, 132
Cäsoropapismus 119, 124, 132
cahiers de doléances 76, 102 ff, 242, *102* (Dritter Stand), *103* (Geistlicher Stand)
Calvinismus 34, 132, 148, 271, 293 f, 315
Carbonaria (Buchez) 193, 195, *193*
Caritas 31 f, 103, 227 f, 238, 240, 246, 310, *101*
Cartesianismus 157 ff, 175
Caucus-System 40
Cercle de la Démocratie catholique (Arnaud de l'Ariège) 67, 219
Cercle social (Fauchet, Bonneville) 67, 108 ff, 125, 127 f, 131, 313, *108 f, 111, 169, 260*
Cercles Catholiques d'ouvriers s. Œuvre
Charte 141, 224, *165*
Chinamission 84, *84*
chrétiens progressistes 173
Christengemeinde 297, *294 f, 298*
Christenheit 69, 84, 87, 117, 308
Christentum (s. a. Evangelium Kirche) 51, 62, 69 f, 84, 96 f, 103, 111 f, 116 f, 124, 127 ff, 134, 155, 159, 161, 170 f, 174 ff, 180, 184, 186 f, 191, 194, 196 f, 199, 217 f, 221, 227 f, 231, 261, 276, 289, 314, *161, 202*
– und Demokratie 26 ff, 33 ff, 51 f, 59 f, 69, 127 ff, 263 ff
Christian Democratic Union of Central Europe (CDUCE) 14
Christlich-demokratische und christlich-soziale Union (CDU/CSU) 13, 17, 21
Christlich-Demokratischer Appell (CDA) (Holland) 18
Christlich-Demokratische Weltunion (CWU) 15
Christlich-historische Union (CHU) (Holland) 18, *17*
Christlich-Konservative (Preußen) *17*

Christlich-soziale Arbeiterpartei (Stoecker) 35
Christlich-sozialer Volksdienst *17*
Christliche Antike 87
Christliche Demokratie (s. a. *Démocratie chrétienne, Democrazia cristiana*)
– Begriff 31 ff, 50, 64 ff, 70, 114, 171, 207, 249, 259, 300 ff, 309 f, *48, 66, 70, 256*
– Dialektik von Klasse und Konfession 49, 254, *49*
– Einheit 20 ff, 231
– Entstehung 13 ff, 22 f, 52, 67 ff, 259 ff
– Organisation 15, 44 ff, *15*
– Politische Form 20 ff, 44 ff, 49, 261 f, 300 ff
– Soziale Grundlagen 23 f, 44 ff, 300 ff
– Staatsanschauung 46 f
– Verbreitung 13 ff, *13 ff*
– Verhältnis zum politischen und sozialen Katholizismus 30 ff, 263 ff, 300 ff
– Weltanschauung 24 ff
– Wirtschaftsprogramm 21 ff, *49*
– in Belgien 14, 20, 32, 252, 304 f, *171*
– in Deutschland 13, 300, *171*
– in Frankreich 13, 20, 32, 42, 54, 64, 67 ff, 108, 171 ff, 216 ff, 248, 250 f, 300, *16*
– in Holland 14, 18
– in Irland 20
– in Italien 13, 32, 64, *16*
– in Luxemburg 14
– in Österreich 14, 300
– in Osteuropa 14, 171
– in Portugal 14, *14*
– in Skandinavien 14, 18, *14*
– in Spanien 14, *14*
– in Westeuropa 13, 171
Christliche Festtradition 270, 272
Christliche Politik 21
Christlicher Heiligenkalender 285
Christlicher Völkerbund (Maistre) 148 f
Chronologie 283, 287, *282 ff*
civis christianus 257, 264
classes dirigeantes 237 ff, 242, 249, *49*
classes élevées 62
communio sanctorum 83, 115
Constituante s. Nationalversammlung
Constituants 78, 118, 222

Contrat social (Rousseau) 111, 117, 125 ff, 152, 284, *123, 125 f, 128 ff, 132*
corps intermédiaires 46
Corpus Catholicum 81
Correspondant 305 f
croyances communes, pareilles 118, 170
Dechristianisierungspolitik des Konvents 57, 123
Deismus 144, 276
Dekadenfeste *269, 287*
Dekalog 115
Démocratie chrétienne
– Begriff 31, 65, 70, 108, 172, 246, 254 f, 259 ff, 308 f, *114, 172, 260*
– nach 1789 114
– nach 1830 und 1848 31, 108, 169 f, 212, 216, 228 f, 309, *67, 169*
– nach 1891 32, 59, 236, 254, 257 f, 262, *44, 49, 59*
Démocratie des groupes 47
Démocratie fraternelle 108
Democrazia cristiana (Italien) 13, 17, 21, 25 f, 65, *13*
Demokratie (s. a. Kirche)
– angelsächsische *18*
– individualistische 47, 225
– liberale 259
– plebiszitäre *47*
– reine 46, *47*
– revolutionäre 52
– totalitäre 120, 133, *259, 302*
– als Experiment 35, 70
– als providentielles Faktum 30 f
– als Staatsform 141, 302
– als Weltanschauung 59, 70, 302
Demophilie 61
Deutscher Bauernkalender *288*
Deutschnationale Volkspartei *17*
deux Frances 50, 248
Dezimalsystem 280 f, *279*
Doktrinarismus *54*
Dominikaner 179, 199, 205, 214, *87, 205*
Don gratuit *101*
Dreyfusaffäre 248, 257
Dritte Republik s. Republik
Dritter Stand 94 ff, 102 ff, 121, 222, 313
Dualismus der Revolution 53
Du Pape 140, 148 f, *143, 148 ff*

Ecclesia invisibilis 82
Ecclesia paupera (s. a. Urkirche) 308, *53*
école catholico-conventionelle 189, 199
école mennaisienne 179 f
église salariée 101, 104, 223
Einheit der Nation 120 ff, 197 f
– von Kirche und Demokratie (im Denken der christlichen Demokraten) 28, 50, 107 ff, 112 ff, 190 ff, 196, 208 f, 216 ff, 247 ff, 259 ff
– von Kirche und Staat (im Absolutismus) 27, 79 ff, 140 f, 155 f
– von Religion und Politik (im Denken der Aufklärung) 112, 124, *99*
Ekklesiologie 82 f, *114*
Enragés 37
Entchristlichung
– der Arbeiter 35, 212 f, 220
– des Bürgertums 96 ff
Episkopat (s. a. gallikanisch) 92 f, 105, 120, 171, 180, 184, 203, 205, 212, 222 f, 244, 253, 305, *89, 162, 222, 286*
Erbgesetzgebung 107
Ère nouvelle 67, 209 f, 215, 219, *229*
Ère vulgaire 283
Erziehungsmonopol des Staates 203
Erziehungswesen 58, 180, 198, 213, 251
esprit classique (Taine) 125
esprit laïc 251
esprit nouveau 248, *248*
Essai sur l'indifférence 140, 173, 175 ff, 181
Etatismus 39, 43
Ethischer Rigorismus *86*
Être suprême 79, 120, 124, 275 f
Europapolitik 16, *198*
Europäische Demokratische Union (EDU) *15*
Europäische Union Christlicher Demokraten (EUCD) 15
Europäische Volkspartei (EVP) 15
Européen 67, 195
Evangelische Gleichheit 108, 183, 259
Evangelische Kirche 33 ff
– Politik 290, 293, 298, 315, *296 ff*
– Sozialbewegung s. Sozialbewegung, evangelische
– Volkspartei (Schweiz) *17*
Evangelium 53, 59, 111 f, 134, 190, 192, 197, 218, *53, 226, 295*

345

familles spirituelles 38
Fasci democratici cristiani 44
Fastnachtsbräuche 288
Feiertage 274, 277, *277*
Feriae 278
Feste (s. a. Revolutionäre Feste, Nationale Feste) 269 ff, 273, 275 ff, 282 f, 286 ff, *274, 276 ff, 282*
Feudalsystem 51, 222
Fideismus 161 f
fides implicita 98
Föderalismus 41, 47
Föderationsfeste 273, *271*
Fortschritt 194 f, 211, 221
– zur Gleichheit 51, 221, *51*
Fourierismus 229
Freiheit der Kirche 29 ff, 50, 53, 88 f, 99, 122, 133, 164, 179, 182, 185, 201, 302
Freikirchliche Gemeinschaft 34
Freimaurer 67, 109, 111 f, 117, 128, 218, *111, 193*
Frühsozialismus 191, 307, *169, 260*
– katholischer 52

Gallikanisch, Gallikanismus 63, 67, 70 f, 90 ff, 107, 121 f, 128, 133, 147 f, 156, 164 f, 171, 180, 184, 203, 205, 213, 222 ff, *68, 71, 90, 121 f, 223*
Gallikanische Kirche 71, 77, 89 f, 102, 115, 121 f, 133, 147 f, 165, *91, 121, 147 f, 150*
Generalstände 76, 93 f, 104, 304
Gesamtkunstwerk 288
Geschichte
– als Abfolge „logischer Alter" (Buchez) 195, *195*
– als Beweis gegen die Revolution (Bonald) 151
– als Wahrheitsprobe des Christentums 150, *150* (Maistre), 175 ff, 186 f (Lamennais)
Geschichtsbegriff (Lamennais) 177 f
Geschichtsphilosophie 56, 162, 195
Geschichtsschreibung, katholische und laizistische 57, 77
Geschichtstheologie 56, 84, 115
Gesellschaft gegen den Staat 46, 180
Gesellschaft Jesu 86
Gesellschaftslehre 151, 153, 156 (Bonald), 194 f (Buchez)

Gestapo *13*
Gewaltenbeschränkung 150
Gewerkschaften 46, 225 f, 248, 257, 265, *45*
Glaube 69, 158 ff
– und Wissen 158 ff
Gleiche (Babeuf) 37
Gleichheit (s. a. Evangelische Gleichheit)
– aller Menschen vor Gott 51, 60, 108, 183, 197, 259
– politische 105, 225
– soziale 183, 196 f, 225
Glück 229, 262
Graves de communi 32, 249, 255 ff, 301, 310, *32*
Gregorianischer Kalender 278 ff, *280*
Heilige Allianz 149
Heilige Demokratie 19, 80, 263
Heilige Monarchie 78, 80, 263
Heiligenfeste 270
Heiligkeit 95, 214
Hierarchie (s. a. Klerus) 43, 94
Hierarchisches Gefüge der Kirche 132, 262
Hirtenbrief 112 f
Histoire parlementaire 189, 191 f, 198, *190, 193, 196, 200, 225 f, 229*
Hochamt 271, 273, 286
Höchstes Wesen s. *Être suprême*
Hoffeste 277
Honoratiorenpartei 41, 44, *41, 45*
Humanismus, christologischer (Karl Barth) 295, *295, 297*

Illuminaten 109, 260, *109*
Immortale Dei 32, 254, *264*
Individualisierung 84, 96
Individualismus 53, 96 f, 120, 135, 151, 157, 196, 213, 225, 227 f, 261, 307, *307 f*
Individualseelsorge 83
Individualvernunft 157 ff
Industrialisierung 207
Industrielle Gesellschaft 30, 193 f, 207, 226, 236, *186, 265*
Infallibilität 58, 148, 150, 224, 306, *148*
Integralismus 176, 297, 315, *28*
interêt particulier (Rousseau) 42, 129
Investiturstreit 88, *87*

Jakobiner 110f, 120, 133, 140f, 179, *111, 133*
Jakobinismus 33, 69, 135, 145, 261, 314, *109 [95*
Jansenismus 85, 95f, 148, 199, 265, *85f,*
Jesuiten 87, 95f, 179, 203, *87, 90, 95f*
Journal chrétien 115f, *115*
Juden 115f
Jugendbewegung, katholische 26, 257, *257*
Junischlacht 211, 219, 262
Kaiserreich, Zweites 58, 61, 221, 235, 238, 305
Kalender (s. a. Gregorianischer Kalender, Republikanischer Kalender) 277, 285, 287, *274, 279, 282ff, 287*
Kanonisches Prinzip 78, 122
Kanonistik 72, 88, 122, *129*
Katholische Arbeiterschaft 32
Katholische Parteien 42ff, 251, 253, *54, 253*
Katholische Politik 27, 29, 52, 66, 290, 293, 305, *27f*
Katholische Volkspartei (Holland) 17f
Katholischer Kultus 272, 276
Katholisches Dogma 53, 70, 130, 160, 231, 263
Katholizismus
– liberaler 26, 28ff, 32, 52ff, 58, 61ff, 67, 70, 135, 166, 171, 179f, 182, 188, 210, 212, 216, 219, 235f, 259, 261ff, 304ff, 310, *28, 30, 53ff, 66, 140, 171, 178, 242, 304, 306*
– politischer 16f, 23, 26ff, 36, 47, 52, 64ff, 70f, 140, 142, 177, 179, 203, 211, 261ff, 290, 293f, 296f, 299, 304f, *26f, 44, 69, 198, 226, 251, 291f, 297*
– republikanischer 58, 64, 212
– sozialer 16f, 23, 26, 29ff, 53, 61f, 64f, 70, 108, 196, 236, 243f, 249, 258, 307f, 310, *32, 66, 172, 195, 237, 242, 245, 251, 262, 307f*
Kinderarbeit 207, *236*
Kirche, evangelische 293, *298*
Kirche, katholische 68f, 77, 81, 121, 176, 178f, 182, 218, 220, 223f, 227, 229f, 235, 256, 263, 272, 274, 276, 278, 284
– als *societas perfecta* 133, 208

– öffentliche Stellung 68f, 75ff, 81ff, 98ff, 163ff, 201ff
– und Gesellschaft 94ff, 102, 163ff, 208ff
– und Staat 87ff, 165
– und Welt 81ff, 87ff, 201ff, 263ff
Kirchenbegriff
– evanglischer 299
– freireligiöser (angelsächsisch) 33, *18*
– hierarchischer (im Zeitalter der Kontroverse) 82f, 115, *82f*
– katholisch-dogmatisch 35
– positivistischer 70, 161ff, 186ff, *70*
– soziologischer 187
– spiritualistischer (Fauchet, Grégoire) 117
– utilitaristischer 99, *99* (Aufklärung), 130 (Rousseau)
Kirchengeschichte 68
Kirchengüter 121
Kirchenpolitik, revolutionäre 76, 78, 80, 102, 118, 121f, 131
Kirchenreform 101f, 105, 117, *53, 89*
Kirchenzehnten 105f, *101*
Kirchliche Orthodoxie 63, 69, 261
Kirchliches Fest 276f
Klassenkampf 196, 224, 228
Klassenpartei 48f
Klassenpolitik 37, 211ff, 249, 254
Kleinbürgertum 220
Klerikalismus 58, *43*
Klerus 76, 80, 89, 101, 103ff, 120ff, 160, 222, 235, 239, 244, 246f, 251, 257, 312, *76, 90, 101, 105, 122, 164, 239*
– hoher 89, 92f, 101, 104ff, *93*
– niederer 101f, 104f, 107, 122, 148, *89, 101, 105*
Klerusversammlungen 91, 93
Kollektivvernunft 151, 157
Kolonisation 84
Könige (biblisch) 116
Kommuneaufstand 236, 238
Kommunistisches Manifest 21, *21*
Kondominium 88 *[49*
Konfessionspartei 18, 49, 290f, 293, *44,*
Kongregationen 91, 179, 220, 251
Konkordat
– von 1516 89ff, 102, 104f, *104, 121*
– napoleonisches 113, 124, 150, 165, 180, 182, 222f, 251, *222*

347

Konkurrenz von Sonntag und Decadi 270, 285 f, *286*
Konservatismus 38, 42 f, 54, 100, 141, 162, 184, 219, 225, 229, 235, 240, 248, 254, 257, 262 f, 302, *97*
- politischer 38, 42 f, 139 ff, 235 ff
- religiöser 100, 184
Konstitutionalismus 116, 120
Konstitutionelle Kirche 113 ff, 122 f, 169, *114, 123, 286*
Konvent (1792–1795) 189, 273, 275 f, 279 ff, 283 ff, 287 f, *279, 284,*
Konventskatholiken (Buchez) 189, 199
Konzil von Trient 81 f
Korporationen 207, 225
Kulturkampf 20, 252, 312, *34, 44*
Kunst 269, 284 f
Kurie, römische s. Rom

La Chênaie 67, 179, 208, 214
La Démocratie chrétienne 309, *309 f*
Laienstaat, demokratischer 50, 69, 120
Laientheologie 68, 142, *68, 142*
Laientum, katholisches 32, 68, 71, 81, 87, 179, 188, 204, 214 f
Laizismus 15, 58, 86, 103, 252
Legislative (1791–1792) 112, 189
Legisten 78, 88, *88, 129*
Leoninische Wende 66
Lex Falloux 198, 220, 235, 305, *198*
Lex Le Chapelier 226, *226*
Liberalismus (s. a. liberaler Katholizismus) 29, 38, 43 ff, 53, 70, 108, 140, 169, 173, 178 ff, 188, 196, 200, 202 ff, 206 ff, 213 f, 220 f, 229, 246, 259 f, 265, 304 ff, 314
lien d'unité 83
Liturgieformen, abendländische 84
Luthertum 34, 293

Mainzer Fastnacht 289
Maratkult 284, *286*
Marktwirtschaft 23
Marxismus 210, *124, 210, 226*
Mechelner Reden (Montalembert) 29, 206, 219, *53, 206*
Menschenrechte 53, 111, 134 f, 183, 261, 314 f, *111, 123, 135*
Militärfeste 277
Mirari vos 32, 54, *32, 184*
Mißbrauchsappell s. *appel comme d'abus*

Mission 84 ff, 155, 230
- innere 34, 213
Mittelalter 88 f
Modernismus 61 f, 306 f
Mohammedanismus *130*
Monarchie 31, 52, 58, 79, 91, 113, 120, 131, 133, 140 f, 145, 148, 150, 154, 156, 165 f, 177, 180, 187, 202, 207, 210, 212, 224, 230, 237, 240, 247, 251 f, 257, 260, 263, 265, 274, 300 f, *154, 162, 165, 280*
Monarchie, Rechtfertigung der 139 ff, *160*
Monotheismus 25, *154*
Mouvement Républicain Populaire (MRP) 13, 21, 25, 55, 258, *17, 188*

Nachtridentinischer Katholizismus 96, 98
Nation (biblische) 115
Nationalateliers 211
Nationalfeiertag 288
Nationalfeste 269, 272, *269 f, 287*
Nationalgarden 271
Nationalismus 71, 110, *198*
Nationalkirche 92, 118 f, 164 f, 223 f, *121*
Nationalkonzil 122, *286*
Nationalreligion 103, 107, 118, 120
Nationalsozialismus 14, *288*
Nationalstaat 92, 129, 165, *129*
Nationalversammlung (1789–1791) 76 f, 102 ff, 111 f, 118 ff, 133, 189, 196, 198, 200, 271 f, *90, 108, 118, 216*
Naturrecht 26, 117, 124, 131, 259, 263, 295, *295*
Naturunschuld 117, 152
Neoguelfentum (Rosmini) 64
Neues Christentum (Saint-Simon) 170, 191, 193 f, 199, *226*
noblesse de robe 105
Nomenklatur (republikanischer Kalender) 281 f, *281 f*
nostalgie du passé 47 [15
Nouvelles Equipes Internationales (NEI)

Œuvre des Cercles Catholiques d'ouvriers 238 ff, 242 ff, *239*
Offenbarung 26, 70, 97, 116, 160, 181, 184, 192, 217
Olympische Spiele 283, 288

348

Orden 86, 103, 205, 214, 227, *205, 214*
ordre moral 58, 237, 239, 251, *237*
Organische Artikel des napoleonischen Konkordats 150, 223, *223*
Organisierte Gesellschaften 45, 226, 261 f

Papsttum 63, 81 ff, 90 f, 93, 149, 166, 256, *87, 263*
Päpstliche Gewalt 82, 149, 224
Päpstliche Weltherrschaft *87*
Päpstlicher Primat 82, *162*
Pariser Marsfeld 272 f
Pariser Proletariat 213
Parlamentarismus 40 f, 45, 203, 305
Parlamente (vorrevolutionär) 92 f, 148, *90, 93*
Partei, Parteien (s. a. christliche Demokratie, katholische Parteien)
- Bildung 37 ff, 67 ff   [*45*
- indirekte Struktur (Duverger) 45 f,
- koordinierende Struktur (Schieder) 49, *49*
- Organisation 39 f, 41 ff
- Weltanschauungscharakter der Parteien im Vormärz 37 f, 211 f
parti-classe (Duverger) 49
parti-doctrine (Duverger) 49
parti catholique 42, 203 f, 220, *216*
parti de confiance 216, 219, *209, 216*
parti de l'ordre 221
parti libéral 179
Parti Démocrate Populaire 17, 55, 64, *17*
Parti Radical 41
Partito popolare Italiano 13, 17
Pastoral 83
pauvres curés 104
Personale Wahrheitserkenntnis 161
philosophes 78, 106
philosophie positive (Comte) 195
Polis, antike 134, 314, *134*
Politische Doktrin 43 f, 47, 49, *49*
Politische Theologie 24, 29, 69, 119, 142, 150, 206, 259, 263, 312, *142, 154*
Politischer Katholizismus s. Katholizismus
Politisierung
- des Katholizismus 26 ff, 41 ff, 249, 290 ff
- des Protestantismus 34, 290 ff
Port Royal 148, *86*

Positivismus s. a. *philosophie positive* 161, 187, 200, 261, *70*
potestas indirecta 82, 150
pouvoirs intermédiaires 46 f, *46*
Pragmatische Sanktion von Bourges 90, 113, 117, *91, 104, 121*
Presbyterianismus 89, 102, 113, 132, 148, 155, *114*
Privilegierung der Bettelorden 90, *90*
privilegium fori 89
Produktivgenossenschaften (Buchez) 196, *189*
Protestantismus, politischer 17, 35, 290, 293 ff, *297 f, 307*
- und Demokratie 33 ff, 148, 290 ff, *35*
Prozessionen 269, 271, 284
Puritanismus 86

Quadragesimo anno 25, *22, 308*
Quanta cura 235
Quietismus 85, 96, 294

radikale Partei 58   [(Lamennais)
raison générale 152 (Bonald), 159, 175
Ralliement 54, 59, 62, 236, 244, 247 ff, 254, 256 f, 264, 302, *60, 238, 250, 257, 291*
Ralliementskatholiken 54, *28, 250*
Rationalismus 151
Recht
- auf Arbeit 229
- der Kirche 122, 130, 133, 227 f
- mittelalterliches 88 f
Refeudalisierung 46
Reformation 81, 84 ff, 89, 148, 155 ff, 309, *294 ff*
Regalienstreit 150
règne social du Christ 29
Religion 56, 92, 103, 106, 118 ff, 124, 126, 128, 142, 154 f, 157 ff, 161 f, 170, 194, 200, 217, 220 f, 223, 274, 276, 292
Religionsphilosophie 110, 117
Religionssoziologie 68
religion civile (Rousseau) 99, 126, 128, 130 f, *123, 128, 132*
religion du prêtre (Rousseau) 126
religion nationale (Fauchet) 107, 113, 118, *130, 134*
Renaissance 96, 124
renouveau catholique 24, 63

349

Republik
- Zweite 212, 220, 262, *212*
- Dritte 38, 41, 59 f, 248, 250, 252, 263, 307, *60*
- Vierte 41

Rerum novarum 246, 249, 254 f, 264, 307, 309, *245, 308*

Republikanische Volksbewegung s. *Mouvement Républicain Populaire*

Republikanischer Kalender 276, 279, 282, 285, 287 ff, *270, 280*

République républicaine 58

Restauration
- der Urkirche 115, 155
- politische nach 1814 57, 67, 139, 141, 159 f, 165 f, 169, 175 ff, 182, 202, 222 f, 240, 252, *139 f, 160, 175, 179, 275*
- religiöse (Lamennais) 177 ff, 260 f

Revolution
- von 1789 27, 33 f, 37 f, 53, 56 ff, 60, 62, 68, 75, 81, 108, 140, 146, 174 f, 197, 214, 218, 221, 260, 262, 269, 277 f, 287 ff, 294, 302, 308, 314, *70, 76, 99, 124, 135, 260, 270, 279, 284, 287, 289*
- von 1830 52, 58, 150, 169, 171, 173, 199, 209, 216, 224 f, 304, 314
- von 1848 31, 40, 42, 52 f, 58, 169, 171, 184, 197 ff, 206, 209 f, 212 f, 216, 221, 230, 260 f, 305, 314, *210*
- als *decret de la providence* (Saint-Martin) 146, 163, 192, *146*
- als Konsequenz des Evangeliums 190 (Buchez), 218 (Maret), 229 f (Ozanam)
- als politische Neugründung 78, 123
- als Strafgericht (Maistre) 143 ff, 147 ff
- in der französischen Historie 55 ff
- im katholischen Denken 51 ff
- mehrere Phasen 52 f, 56 ff
- *satanisch* (Maistre) 55, 143 ff, *55*
- *un bloc* (Clémenceau) 57
- vereinbar mit der Kirche 51, 230 f, 263 ff

Revolutionäre Feste 269, 273 f, 277, 284 f, 288 f, *124, 269 f, 274 f, 278, 287*

Revolutionäre Festpolitik 275 f, 287

Revolutionäre Kulte 272, 285

Revolutionäre Religiosität 52, 264 f

- Staatsidee 79, 120 f, 135, 264 f

Revolutionsoper 288

Revolutionsphilosophen 56

Richerismus 102, *102*

Ritenstreit 84, *84*

roi très chrétien 165, 223

Römische Frage 244 f, 301

Römische Verträge 311

Rom, römisch
- Diplomatie 184, 250 ff

Rom, römisch, Hl. Stuhl 32 f, 54, 59, 62, 76, 81 ff, 85, 90 ff, 113, 148, 164, 166, 171, 180, 183 f, 201, 203 f, 223 f, 235, 244, 249, 251 f, 263, 301 *121, 164, 250, 263*

Romantik 109, 169, 204, 262, 307, 309, *204*

Rousseauauslegung 124 ff, 129 f (Fauchet), 127 f (Bonneville)

Säkularinstitute 214, *214*

Säkularisation 27, 33, 57, 69, 92, 98, 133, 162, 178, 186, 199, 251, 314, 316, *34, 83*

Säkularreligion (Talmon) 119

Saint-Simonismus 169, 194, 207, 216, 228, 260 f, *63, 195, 260*

Sakralisierung 284

Sansculottiden 281 f

Schule 58, 103, 180, 203, 205, 211, 213, 243, 251, 276, 305

Schulen, katholische 148, 163, 172, 175, 179, 189, 194, 199, 212, 216, 229, 238, 260 f

Seelsorge 83 ff

Semaines sociales 308

sens commun (Lamennais) 157, 159, 161 f, 173, 176, 186

siècle croyant 97 [*257 f*

Sillon 17, 55, 59 f, 62, 258, 309 f, *54*,

Singulari Nos 32, 54, *32, 184*

Société populaire 286

Solesmes 214, *235*

Souveränität 88 f, 122, 133 f, 149, 164
- des Staates 129, 261, *129*
- des Volkes 88 f, 131, 312, *134, 162*

Souveränitätskontrolle 150

Sozialbewegung
- evangelische 23, 35
- katholische (s. a. Katholizismus) 23 f, 29 ff, 48, 52, 54, 62 f, 70, 179, 212,

236f, 239ff, 243f, 246ff, 254, 256, 262, 264, 307, 309, *54, 186, 196, 237,* 262
Sozialdemokratie 249
Sozialenzykliken 21, 29, 264f, *30*
Sozialgesetzgebung 16, 236, 248 *f227*
Sozialkatholizismus 61, 64, 225f, 254,
Soziallehre, katholische 46, 66, 226, 228, 302, 307, *30, 210*
Sozialphilosophie, antike *48*
Sozialpolitik 22, 236, 288, 301f, 309, 312, *170*
Sozialreligion 99, 130
Sozialvertrag 116, 118, 151f
Soziale Frage 238, 246
Sozialismus 34, 108, 169, 189, 191, 193, 197f, 200, 209f, 212f, 220, 227ff, 235, 237, 239, 249, 255f, 307, 309, *31, 169f, 226f, 260, 307f* [*308*
– christlicher 34f, 189, 197f, 308, *189,*
– katholischer 61, 228, 259, 261, 307, *308*
Sozialistische Parteien 32, 45ff, 265
Soziologie 58 (Comte), 68 (politisch), 195 (Buchez), 221 (franz.), *93* (Adel), *162* (romant.)
– der Parteibildung 37ff, 67ff, 312f
Soziologische Kirchenauffassung 70, 161f, 261, *70, 162*
Soziologischer Katholizismus 70, 171, 200, 261
Spiritualismus 124, 176, 187, 214, 227
Sprache (Bonald) 153, *153*
Staatskirchentum 52, 67, 88ff, 102, 104, 133, 164f, 184, 222f, *89, 91*
Staatslehre
– der Romantiker 47, 262
– der Traditionalisten 141, 181
– Hegels *38f*
– Rousseaus 124ff, 132, 314, *38f, 298*
Staatsreligion 78, 118, 120
Stände (s. a. Adel, Klerus, Bürgertum, Dritter Stand) 76, 120, *309*
Ständeversammlung 94
Ständische Ordnung 83, 94ff, 104f, 108, 141, 225, 240, 262, *164*
Steuern 223, 225, *93, 98, 101*
Subsidiaritätsprinzip 228, 240
Syllabus 32, 54, 58, 235, 262, 264, 305, *32, 135, 187, 235,* 238
Syllabuskatholiken 262

Symbole 269, 273, 276, *275*
Syndikalismus 47, 196
Synode 290

Theokratie 92, 110, 114, 118f, 132, 135, 141, 177, 182, 298, 314
Theologie (s. a. Politische Theologie) 68, 82f, 95, 157, 161, 163f, 175f, 186, 192, 202, 231, 249, 259, 263f, 290, 292ff, 305, 315f, *82, 95, 139, 186f, 284, 293, 295f, 298*
Theologie der Revolution 315f
Theophilanthropie 286, *286*
These-Hypothese 187, 305, *187*
Thomismus 186, 302, *262, 297*
Toleranz 84
Totalitarismus 297ff, 315, *298*
Totenfeier 272, *273*
Traditionalismus 31, 47, 50f, 63, 70, 135, 139ff, 143, 151, 155, 157, 159f, 162ff, 166, 170f, 173, 175ff, 181, 186f, 192, 202, 204, 213, 216, 218, 260f, 263, *28, 70, 139, 160, 179*
Trennung
– der Gewalten 134, 153, 314
– von Staat und Kirche 30f, 58, 61f, 76f, 79, 112, 118, 122, 182f, 185, 187, 205, 223, 294
Trinitätslehre (Bonald) 154, *153ff*
Tugendfeste 286

Ultramontanismus 58, 150, 164, 203, 223, *44, 139*
Unam sanctam 84
Unglaube 97
Unionismus 304f, 307, 309
Unité sociale 127, 129
Univers 235, 305f
Universität 39, 203
Unterordnung des Politischen unter das Soziale 46, 261, 300ff, *30*
Unterrichtsausschuß (Konvent) 275, 280, 284, *279, 287*
Unterrichtsfreiheit 188, 202f
Urkirche 117, 155, 193, 208, 227, 308
Utilitarismus in der Theologie 99, *99*

Val-des-Bois (Harmel) 243f, 246, *243*
Vatikanisches Europa 19, *19*
Verabsolutierung der Staatsform 187, 202, 206, 254f, 263

Verbrüderungsfeste 271
Verfassung 145, 155
Verfassungsstaat 30, 45, 49, 52, 62
Vernunftkritik 144 f (Maistre), 152 f (Bonald), 157 ff (Lamennais)
Vernunftkulte 276, 286, *271, 286*
Verschmelzung von Demokratie und Kirche 76 ff, 101 ff, 105 f, 110, 113, 124 f, 171 f, *113*
Vinzenzkonferenzen 207
vivre bourgeoisement 313
Volksfest 271
Volksgeist 161 f
Volkskirche 161 f, 162
Volkssouveränität s. Souveränität
volonté générale (Rousseau) 46, 115, 117, 126, 130, 314, *130, 262*
Vormärz 311
Vorsehung 143 ff, 146 f

Wahrheitserkenntnis 157 ff
Waterloo 149
Weltanschauungsparteien 25, 37, 40, 42 ff, 48, *38, 49*
Welteinheit 86 f
Weltkrieg
– Erster 46, 61 ff, 307
– Zweiter 64, 310, *68*

Westfälischer Friede 155, *155*
Wiedervereinigung von Religion und Politik 128 (Hobbes), 128 f, 134 (Rousseau), 176 ff, 182, 185 (Lamennais)
Wiener Kongreß 149

Zeitrechnung
– christliche 280, 283, 285, 287, 289, *283, 288*
– neufränkische 283
– revolutionäre 270, 277, 279, 285, 287, *274, 279*
Zensuswahlrecht 40, 42, 183
Zentrum 17, 54, 65, 252, *23, 43 ff, 49*
Zivilverfassung des Klerus 76, 101 f, 104, 107, 112 f, 118 f, 121 f, 312, *121 f*
Zünfte 271, *271*
Zukunftsvisionen 146 f (Saint Martin), 185 f, 217 f (Lamennais), 218, 230 f (Ozanam)
Zuordnung von Christentum und Demokratie (s. a. Politische Theologie) 30 f, 59 f, 169 ff, 173, 177, *31*
Zweigewaltenlehre, gelasianische 88, 150, *292*
Zweiparteiensystem *48*
Zwei-Reiche-Lehre *294*

Abkürzungsverzeichnis

AAS = Acta Apostolicae Sedis
AKKR = Archiv für katholisches Kirchenrecht
ASO = Archiv für Sozialwissenschaft und Sozialpolitik
ASS = Acta Sanctae Sedis
DVLG = Deutsche Vierteljahrsschrift für Literaturwissenschaft und Geistesgeschichte
HJb = Historisches Jahrbuch
HZ = Historische Zeitschrift
Mirbt = C. Mirbt, Quellen zur Geschichte des Papsttums und des römischen Katholizismus
PVS = Politische Vierteljahrsschrift
RH = Revue historique
RHEF = Revue d'histoire de l'Eglise de France
RSH = Revue de synthèse historique
ThSt = Theological Studies
ZkTh = Zeitschrift für katholische Theologie
ZPo = Zeitschrift für Politik